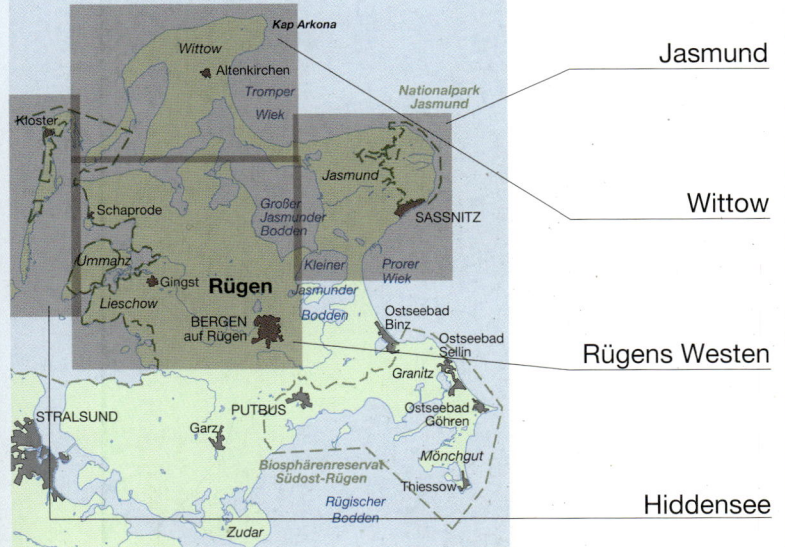

Stralsund

Rügens Süden
und Bergen

Granitz

Mönchgut

Jasmund

Wittow

Rügens Westen

Hiddensee

Text und Recherche: Sven Talaron, Sabine Becht
Lektorat: Silke Möller, Sabine Senftleben
Redaktion und Layout: Dirk Thomsen
Karten: Hana Gundel, Judit Ladik, Carlos Borell, Gábor Sztrecska, Joachim Bode
Covergestaltung: Karl Serwotka
Covermotive: Sven Talaron; oben: Die Seebrücke in Sellin ● unten: Kreideküste im Nationalpark Jasmund ● S. 1: Allee bei Garz ● S. 7: Am Bollwerk von Baabe
Fotos: Sabine Becht: 27, 28, 32, 33, 37, 38, 40, 55 (unten), 57, 59, 102, 111, 125, 132, 133, 141, 183, 184, 203, 206, 210, 217, 230, 232, 250, 253, 255, 256, 272 ● **Sven Talaron**: 8/9, 10, 12, 13, 15, 16, 17, 18, 20, 21, 22, 23, 29, 34, 41, 42, 43, 45, 46, 48, 50, 53, 54, 55 (oben), 60, 57, 58/59, 60/61, 62, 63, 65, 68, 69, 71, 72, 74, 75, 76, 77, 78, 79, 80, 82, 85, 87, 88, 92/93, 99, 101, 107, 108, 110, 113, 114, 119, 120, 123, 126, 129, 131, 135, 141, 147, 148, 151, 155, 159, 165, 166, 168, 169, 170, 172, 173, 175, 179, 181, 190, 195, 196, 202, 205, 207, 215, 219, 224, 225, 227, 229, 233, 234, 235, 236, 237, 239, 240, 242/243, 244, 246, 249, 251, 259, 260, 262, 264, 268, 270, 271, 274 ● **Hotel Hanseatic/Göhren**: 14, 161 ● **Tourismuszentrale der Hansestadt Stralsund**: 73, 81, 83, 84, 92 ● **Tourismuszentrale Rügen**: 19, 24, 31, 94, 115, 145, 152, 189, 192, 199, 209, 211

Vielen Dank für die zahlreichen Tipps und Hinweise an: Siegfried Albrecht, Gerhard Becker, Walter Bialoncig, Dieter Brinkmann, Monika Börner, Rolf Bühl, Koosje Dedden, Familie Duschinski, Cristiana und Ralf Galliazzo, Michael Grimme, Almute Heider, Daniel Hermyt, Erka Hilmer, Dr. Volkmar Hirth, Susanne Hohmann, Marlies und Hayco Jänisch, Ulla Jöckel und Familie, Sabine Kadelke, Sabine Kläsener, Norbert Kueß, Claudia Ladek, Oliver Lerch, Susanne Linke, Marianne Marburger, Tschuppi Meyer-Wanke und Susa Wanke, Susanne und Stephan Mitterwieser Gerd-Heiner Müller, Sandra Pixberg, Renate Robitzsch, Hans-Jürgen Schmanns, Andreas Schwarz, Ulrike und Frank Staub, Klaus Straub, Christiania Stieghorst, Sonja Studtrucker, Peter Völker, Peter Walter, Herbert Wohlstreicher, Karin Wolf und besonders an Diethard Brohl.
Herzlicher Dank geht auch an Jeannette Brussig, Klaus Grünewald und Ulrich Lußky von der Tourismuszentrale Rügen (Bergen) sowie an Andrea Herrmann und Jörg Matuschat von der Tourismuszentrale der Hansestadt Stralsund für die wertvolle Unterstützung und die freundliche Bereitstellung von Fotomaterial. Ein Dankeschön auch an alle Mitarbeiter der Informationsbüros vor Ort.
Besten Dank auch an Dirk Thomsen für die Textbeiträge zu Caspar David Friedrich und den Schinkel-Turm.
Besonderer Dank gilt Sabine Becht für ihre unschätzbare Hilfe bei der Erstellung dieses Reisehandbuches, für die Unterstützung bei der Recherche, für ausdauerndes Wandern sowie für zahlreiche Textbeiträge und Fotos.

ISBN 978-3-89953-633-1

© Copyright Michael Müller Verlag GmbH, Erlangen 2005, 2008, 2011. Alle Rechte vorbehalten. Alle Angaben ohne Gewähr. Druck: Stürtz, Würzburg.

3. aktualisierte und erweiterte Auflage 2011

RÜGEN
STRALSUND • HIDDENSEE

Sven Talaron

INHALT

Jasmund

Wittow

Rügens Westen

HIDDENSEE

Register

Verzeichnis der Karten und Wanderungen

^{GPS} Mittels **GPS kartierte Wanderungen**: Waypoint-Dateien zum Downloaden unter: www.michael-mueller-verlag.de/gps/homepage.html

---

Zeichenerklärung für die Karten und Pläne

▬▬ Bundestraße	▲ Erhebung	⚶ Kloster	Ⓜ Museum
▬▬ Hauptstraße	⬛ Felsen	♟ Schloss/Burg	🚖 Taxistandplatz
═══ Landstraße	✸ Aussichtspunkt	♁ Kirche	🚌 Bushaltestelle
── Piste	🗼 Leuchtturm	★ Sehenswürdigkeit	✈ Flughafen
---- Fußweg	⬛ Turm	⚓ Hügelgrab	Ⓟ Parkplatz
🔴1 Wanderung (mit GPS-Punkt)	⌂ Haus	人 Windgenerator	Ⓣ Tankstelle
----- Fähre	▨ Golfplatz	✚ Fährhafen	ⓘ Information
☐ Naturschutzgebiet	🏖 Badestrand	⚓ Sporthafen	👁 Post
─ ─ Nationalparkgrenze	💧 Wasserfall	Λ Campingplatz	✚ Krankenhaus

Was haben Sie entdeckt?

Welches Gasthaus hat Ihnen besonders gut gefallen? In welcher Unterkunft haben Sie sich wohl gefühlt? Haben Sie einen schönen Wanderweg oder einen idyllischen Strandabschnitt entdeckt?

Wenn Sie Anregungen, Empfehlungen oder auch Kritikpunkte haben, lassen Sie es uns bitte wissen. Schreiben Sie an:

Sven Talaron
Stichwort „Rügen – Stralsund – Hiddensee"
c/o Michael Müller Verlag
Gerberei 19
91054 Erlangen
s.talaron@michael-mueller-verlag.de

▲ Markant: der Rettungsturm am Strand von Binz

Rügen – Stralsund – Hiddensee

Einleitung

Kilometerlange Sandstrände an Rügens Ostküste

Rügen – Stralsund – Hiddensee

Zwischen zergliederten Boddenufern, endlosen Sandstränden und spektakulärer Steilküste erstreckt sich eine vielgestaltige Landschaft, die stets mit neuen Naturschönheiten überrascht. Im Inselinneren verbinden kilometerlange Alleen mondäne Ostseebäder mit beschaulichen Dörfern. Kulturelles Highlight ist die traditionsreiche Hansestadt Stralsund, das „Tor zu Rügen". Ruhesuchende zieht es dagegen zur Nachbarinsel Hiddensee, die ihren Beinamen „Perle der Ostsee" zu Recht trägt.

Eigentlich wäre Rügen besser als Inselgruppe beschrieben und weniger als zusammenhängende Insel, doch die Natur und der Mensch haben mit Nehrungen und Geröllwällen vom „Inselkern" Rügens Brücken zu den Nachbarinseln geschlagen: Den ländlichen, von Alleen durchzogenen Süden verbinden Landengen mit den einsamen Halbinseln Drigge und Zudar. Im Südosten hängen sich die zergliederten Küsten des Mönchguts an, das sich wie ein verkleinertes Spiegelbild Rügens zwischen Bodden und Ostsee aus dem Wasser erhebt. Die Landengen Schmale Heide und der Lietzow-Damm reichen in nordöstlicher Richtung nach Jasmund, dessen wunderbarer Buchenwald hart über den berühmten Kreidefelsen abbricht. Schließlich ist die Halbinsel Jasmund ihrerseits über eine enge, lange Nehrung namens Schaabe mit Wittow verbunden, dem flachen „Windland", dessen Leuchtturm bewehrtes Kap weit in die Ostsee ragt.

Während die stille Insel Ummanz durch eine Brücke mit dem Westen Rügens verbunden ist, hat sich Hiddensee seine exklusive Insellage erhalten. Doch auch sie wäre längst ein Teil der großen Schwester Rügen, würde man die Fahrrillen z. B. zwischen dem Hiddenseer Haken Neubessin und dem Wittower Bug nicht regelmäßig frei baggern, um den Schiffen die Durchfahrt zu ermöglichen.

Von allen meist ohnehin überkommenen Vorurteilen hat sich Rügen schon längst lässig verabschiedet: keine Nudisten-Ghettos, die dem Durchreisenden in Textil einen Zeltplatz verwehren; keine angestaubte Kurbadatmosphäre, wo man abgewandt hüstelt statt zu grüßen; keine bärbeißigen Pommern, die den Mund nicht mal beim Zahnarzt aufmachen. Näher kommen der Insel oftmals „jüngere Klischees": Inlineskater, die ihre Runden zwischen den Spaziergängern auf den Bäderpromenaden drehen; Segler, die in schicken Bars ihren nächsten Törn planen; entspannte Familien, die während der Radtour einen ausgiebigen Badestopp einlegen.

Rügen in Kürze

Daten ...

Fläche: 973 qkm gesamt, davon 926 qkm Rügen (somit die größte deutsche Insel), 20 qkm Ummanz und 18,6 qkm Hiddensee

Ausdehnung: Nord-Süd 51,4 km, West-Ost 42,8 km

Küstenlänge: 570 km, davon **Badestrände**: 63,2 km

Maximaler Abstand zur Küste: ca. 7 km

Höchste Erhebung: Piekberg auf Jasmund (161 m)

Einwohner: ca. 74.000 Einwohner (in vier Städten und 41 Gemeinden)

Größte Stadt der Insel: Kreisstadt Bergen auf Rügen mit ca. 14.500 Einwohnern; die übrigen Städte sind Sassnitz, Putbus und Garz

Größte Stadt Vorpommerns: Stralsund, ca. 58.000 Einwohner

Seebäder: sechs (vier davon mit **Seebrücke**)

(Sport-)Häfen: 19 (inkl. Hiddensee)

... und Highlights

Der markante Kreidefelsen auf *Jasmund*: **Königsstuhl**

Die **Leuchttürme** am *Kap Arkona*

Die **Seebrücke** in *Sellin*

Bäderarchitektur entlang der Strandpromenade von *Binz*

Die **feinsandigen Strände** von *Binz/ Prora* sowie zwischen *Sellin* und *Thiessow*

Putbus mit seinem klassizistischem Stadtbild und herrlichem **Schlosspark**

Die **Inselkapitale** *Bergen*

Das **Naturschutzgebiet** der Insel *Vilm*

Zahlreiche **Alleen**

Die Schmalspurbahn **Rasender Roland**

Das **Jagdschloss** Granitz

Die Perle der Ostsee: **Insel Hiddensee**

Schließlich Anfang und Ende der Rügenreise: **Stralsund**, die prächtige Hansestadt.

Kreide und Meer

Fotomotiv Nr. 1 der Insel und spektakuläre Naturkulisse sind die Kreidefelsen des Nationalparks Jasmund, allen voran der *Königsstuhl*, der Touristenmagnet schlechthin, den wohl kein Rügen-Besucher verpassen will. Der Maler *Caspar David Friedrich* verhalf ihnen zu Weltruhm und schuf gleichzeitig der Deutschen Lieblingsblick auf die Romantik. Doch die Kreide von Rügen kann mehr: Ihre heilende Wirkung hat man schon Anfang des 20. Jh. erkannt, heute kommt sie in den Kureinrichtungen der Insel zur Linderung von Haut- und Gelenkserkrankungen zum Einsatz. Und auch in den Wellness-Abteilungen der Luxushotels erfreut sich die Heilkreide mit ihrer tiefenreinigenden Wirkung großer Beliebtheit.

Ostseestrände und Boddenküste

Mehr Sonnenstunden als irgendwo sonst in Deutschland, feinsandige, breite Strände an lang gezogenen Buchten, die flach ins Meer abfallen, dazu eine ausgezeichnete Wasserqualität: Rügen ist ein Badeparadies. Die endlosen Sandstrände der Insel erstrecken sich entlang Rügens Ostseeküste. Berühmt ist der weite Strand bei Prora, beliebt sind die Hausstrände der Ostseebäder Thiessow, Göhren, Baabe, Sellin und Binz, beschaulicher geht es am abgelegenen Sandstrand der Schaabe zwischen den Halbinseln Jasmund und Wittow zu. Vielgestaltig und schilfgesäumt zeigen sich hingegen Binnen-, Süd- und Westküste Rügens an den Rändern zahlloser Bodden.

Ostseebäder

Schneeweiße Holzbalkone mit filigranen Ornamenten, ein Stockwerk tiefer eine ausladende Veranda an der Strandpromenade – die im späten 19. Jh. auf Rügen entstandene Bäderarchitektur ist einzigartig. Vor allem in den Orten Binz, Sellin, Göhren und Baabe hat man keine Kosten und Mühen gescheut, die Villen im Stil der alten Zeit wieder herzurichten – das Ergebnis kann sich sehen lassen. In Sellin beeindruckt zusätzlich die nach historischem Vorbild wieder aufgebaute Seebrücke mit ihren Aufbauten, heute eines der berühmtesten und – nach den Kreidefelsen – meist geknipsten Fotomotive der Insel.

Hanseatische Pracht in Stralsund: Nikolaikirche und Rathaus

Rügen sportlich

Zahllose Möglichkeiten bietet die Insel in sportlicher Hinsicht. Der Schwerpunkt liegt natürlich auf dem Wassersport. Vom betulichen Ruderboot bis zum athletischen Kite-Surfen ist alles möglich. Aber Rügen ist nicht minder bekannt als Angler-, Reit-, Wander-, Radfahr- und Badeparadies; Letzteres gilt übrigens auch ganzjährig dank diverser wohltemperierter Erlebnisbäder.

Rügen kulturell

Rund 30 Museen zählt man auf der Insel, darunter Kuriositäten wie das Uhrenmuseum in Putbus, aber auch das hochmoderne Multi-Media-Zentrum des Nationalparks Jasmund. Die meisten Ausstellungen sind auch für Familien mit Kindern bestens geeignet. Nur selten stößt man auf endlose Vitrinenreihen mit angestaubten Kleinfunden und gähnendem Museumswärter. Wer im Juli und August hier ist, sollte sich ein anderes kulturelles Highlight nicht entgehen las-

Am langen Strand von Hiddensee

sen: Die „Störtebeker Festspiele" auf der Naturbühne von Ralswiek, allabendlich mit Seeschlacht und Feuerwerk. Sicher auch für Kinder nicht zum Einschlafen.

Sauer macht lustig: Sanddorn und Hering

Die Zitrone des Nordens, so wirbt man hier für die auf Rügen stark verbreitete Frucht, die an dornigen Sträuchern wächst. Und in der Tat: auch Sanddorn ist ordentlich sauer. Außerdem ist er eine wahre Vitamin-C-Bombe. Es gibt ihn als Saft, Wein, Schnaps, Marmelade, Kompott, Tee … Auch eher säuerlich, zumindest wenn er eingelegt wurde, kommt die zweite typische Inselspezialität daher: der Hering. Ihn findet man in allen nur denkbaren Variationen auf wirklich jeder Speisekarte zwischen Stralsund und dem Kap Arkona.

Vor der Tür: Stralsund

Die Stadt am Strelasund ist eines der bedeutenden und sehenswerten Zentren an der Küste Mecklenburg-Vorpommerns und unbedingt einen Besuch wert. Eine traditionsreiche und lebendige Hansestadt, die ihre spröde Eleganz und eines der prächtigsten Ensembles Norddeutscher Backsteingotik bis heute bewahrt hat. Gleichzeitig verleihen spektakuläre und architektonisch gelungene moderne Großprojekte der Stadt neuen Glanz: Die neue Rügenbrücke wurde Ende 2007 fertig gestellt, und das Ozeaneum, der Museumsneubau des Deutschen Meeresmuseums am Hafen, wurde 2008 eröffnet. Und schließlich wurde auch die umfangreiche Renovierung des Stralsunder Theaters 2008 abgeschlossen.

Beliebte Nachbarin: Hiddensee

Die winzige Nachbarinsel mit Weltruhm, „Perle der Ostsee" und Urlaubsinsel berühmter Nobelpreisträger wie Gerhart Hauptmann, Thomas Mann und Albert Einstein; relax haben hier auch Sigmund Freud, Franz Kafka und Bertolt Brecht. Ein wirklich überdurchschnittlicher Auflauf an Prominenz für ein schmales Eiland mit 13 km Sandstrand und herrlicher Heidelandschaft, aber gerade mal drei Dörfern mit jeweils einer Hand voll Häusern. Die wunderbar entspannende Insel ist erfreulicherweise autofrei geblieben.

Geologisches Markenzeichen: Kreideküste im Nationalpark Jasmund

Geografie und Landschaft

Hinweise auf ihre erdgeschichtliche Entstehung sind auf der Insel überall präsent: sei es das Wahrzeichen Rügens, die Steilküste der Stubbenkammer, die Kreidepackungen der Wellness-Tempel oder die niemals weit entfernte Boddenküste.

Am Anfang war das Meer. Vor etwa 70 Millionen Jahren bedeckte ein riesiges Meer Teile Nordeuropas. Sedimente, die von den kalkhaltigen Schalen der Kleinstbewohnern des Urmeeres stammten, verfestigten sich im Laufe von Millionen Jahren zu einer dicken *Kreideschicht*. Dazwischen mischten sich die Überreste anderer Lebewesen, wie z. B. der Kieselalge. Daraus entstand *Feuerstein*, der sich heute in Bändern durch die Kreideabhänge zieht oder sogar ganze Felder bildet (wie im Norden der Schmalen Heide). Mit der Eiszeit (vor ca. 2 Mio. Jahren) begannen gigantische Gletscher, die Sedimentschichten aufzureißen und gewaltige Geröllmassen zu bewegen. Die Gletschergrenze der letzten Eiszeit verlief quer über Rügen, am Rand des sich vor- und zurückschiebenden Gletschers entstanden *Endmoränen* – eine geologische Grenzlinie, die sich von Hiddensees Dornbusch über Bergen bis Putbus verfolgen lässt und Hoch- von Niederrügen trennt.

Hinterlassenschaften der Gletscherbewegungen sind die *Findlinge*, die von den Eisriesen aus Skandinavien herangetragen wurden und nach dem Rückzug der Gletscher liegen geblieben sind (→ S. 47), und die *Sölle,* aus Toteisablagerungen entstandene kleine Seen und Sümpfe (→ S. 53), die bis heute überall auf der Insel zu finden sind. Nachdem die Gletscher zum Ende der Eiszeit abgeschmolzen waren (vor etwa 10.000 Jahren), füllte das schmelzende Eis die Ostsee, wobei der Wasserstand bis zu 100 m über dem heutigen gelegen haben dürfte. Durch den Abbau von Gletschern in Skandinavien kam es aber schließlich auch zu einer Hebung der Landmassen im Ostseeraum, da nun weniger Gewicht auf ihnen lastete. Aus der nach-eiszeitlichen Ostsee begann allmählich die Insel Rügen herauszuragen, besser gesagt eine Inselgruppe – bestehend aus den Inseln Wittow, Jasmund, Granitz und dem „Archipel Mönchgut". Rügen ist demnach eine sehr junge Insel, erdgeschichtlich betrachtet, zumal sich die Küstenlinien immer noch ständig verändern.

Rügens Küste ist auch heute noch eine Landschaft in Bewegung. Winter für Winter führen die Steilküstenabbrüche das wieder deutlich vor Augen – spektakulär mit dem Abbruch der Wissower Klinken im Frühjahr 2005. Solche Küstenabbrüche sind nichts Ungewöhnliches. Vielmehr handelt es sich um ein natürliches Phänomen, das vor allem in Folge von so genannten *Frostsprengungen* auftritt. Nach starken Regen- oder Schneefällen saugt sich die poröse Kreide voll mit Wasser, das beim nächsten Frost das Kliff im wahrsten Sinne des Wortes aufsprengt, aber noch zusammenhält. Erst bei Tauwetter gerät der aufgesprengte Fels unter dem Druck des eigenen Gewichts in Bewegung und stürzt herab.

Was die Gletscher vor Jahrtausenden aus tiefen Erdschichten gekratzt und hervorgehoben haben, wird seither von Wind, Wetter und Strömung umgeformt. Die geologische Dynamik entlang der Küstenlinien tritt übrigens nicht nur bei schwerer See auf, sondern besteht stetig. Schwerer Sturm aus Nordost und eventuell folgende Sturmfluten beschleunigen lediglich die Entwicklung. Regenerosion, Frostbrüche und Sturmfluten nagen an den *Steilufern* und tragen Kalk, Lehm und Sand ab. Das Material wird von der Strömung mitgenommen und anderorts angelandet. An den „Rändern" der Strömung, im so genannten Strömungsschatten, bereichert das Material die Sandstrände oder bildet Bänke und *Sandhaken*, die vom Ufer hervorspringen können (schönstes Beispiel: Alt- und Neubessin im Norden Hiddensees). Festigt sich ein Sandhaken, vor allem durch genügsame Vegetation, bilden sich aus den Ablagerungen so genannte *Nehrungen*, die Buchten vom Meer abschließen, Inseln verbinden und damit die typische vielgestaltige *Boddenküste* formen. Auf diese Art und Weise ist u. a. die Schaabe entstanden, eine geologisch sehr junge Landbrücke, welche die Halbinsel Wittow (ehemals gänzlich vom Meer umschlungen) mit der Halbinsel Jasmund verbindet und damit gleichzeitig den Großen Jasmunder Bodden von der Ostsee abtrennt. Da zwischen Bodden und Meer nur kleine Wasserstraßen bestehen und die Gezeiten in der Ostsee ohnehin nur schwach ausgeprägt sind, gelangt kaum Meerwasser in die Wasserzirkulation der Bodden. Dank der Regenwasserzufuhr sinkt der Salzgehalt stetig ab. Das wiederum hat zur Folge, dass eine Vegetation Fuß fassen kann, die einerseits an das *Brackwasser* angepasst ist, und die sich andererseits durch die Nehrungen vor Strömung und schwerem Wetter geschützt entfalten kann.

Eine Landschaft in Bewegung: die Hiddenseer Haken Alt- und Neubessin

Rauhwollige Pommersche Landschafe

Flora und Fauna

Ein Großteil Rügens ist landwirtschaftlich geprägt. Ausgedehnte Waldgebiete erstrecken sich über die Halbinsel Jasmund und die Granitz. Artenreichtum findet man vor allem an den Rändern der Insel – Boddenufer und Feuchtgebiete bieten teils seltenen Vogelarten ein ideales Rückzugsgebiet.

Rügens Wälder bestehen in erster Linie aus Rotbuchen, zwischen denen sich gelegentlich pittoreske Moorgebiete erstrecken. Auf den kargeren Böden wie beispielsweise der Schaabe wachsen dagegen vor allem Kiefern. Außergewöhnlich ist die große Anzahl an Alleen, die sich an den Feldern entlang von Dorf zu Dorf oder von Hof zu Hof ziehen. Überwiegend im 19. Jh. gepflanzt, spannen sich Linden, Buchen, Kastanien, Pappeln, Ulmen usw. über die teils kopfsteingepflasterten Straßen und formen im Sommer ein Schatten spendendes, grünes Dach. Da viele landwirtschaftliche Betriebe inzwischen auf ökologische Produktion umgestellt haben, sieht man heute vermehrt in den Weizenfeldern auch wilden Mohn und Kornblumen, die zur Blütezeit eine farbenprächtige Kulisse bilden.

Zu den Besonderheiten der Flora auf Rügen und Hiddensee zählen zwei gegensätzliche Naturräume: Da gibt es zum einen die genügsame Vegetation, die sich in karge Böden wie Kreidefelsabbrüche krallt, in denen auch zahlreiche Orchideen wachsen, oder sich auf sandigem Boden zu *Dünenheide* entwickelt oder aber sich als so genannter *Trockenrasen* über sanfte Hügel erstreckt. Zum anderen findet man auf Rügen einen Naturraum, der weder Land noch Meer ist, die so genannten *Salzwiesen* (Näheres → S. 156). Sie bilden sich in Sumpfgebieten nahe dem Meer, wobei Meerwasserüberschwemmungen für einen konstant hohen Salzgehalt sorgen.

Die Feuchtgebiete entlang der Boddenküsten bieten zahlreichen, darunter sehr seltenen Vogelarten ein ideales Rückzugs- und Brutgebiet. Man trifft auf diverse Möwen- und Schwalbenarten, Rohrammern oder Haubentaucher. Besonders beeindruckend gestaltet sich der Zwischenstopp der Grauen Kraniche im Frühjahr oder

Herbst, z. B. auf Ummanz. Auch Kormorankolonien gibt es auf der Insel, beispielsweise auf Zudar, und wer Glück hat, kann sogar einige Seeadlerpaare beobachten.

Der Wildbestand auf Rügen umfasst vor allem Dam- und Rotwild sowie Wildschweine. Acht geben sollte man beim Wandern, z. B. über Hiddensees Heide, auf die giftige Kreuzotter.

Natur und Umwelt

Ostsee: Noch in den 1970er Jahren galt die Ostsee als das schmutzigste Meer der Welt. Um das Meer vor dem Kollaps zu bewahren, taten sich 1974 die Anrainerstaaten über alle ideologischen Grenzen hinweg in der Helsinki-Kommission zusammen und vereinbarten den Schutz der Ostsee. Seither ist viel geschehen: Städte, Mülldeponien, Raffinerien, Fabriken und Metallhütten leiten ihre Abwässer nicht mehr ungeklärt in das Baltische Meer. Ein Anzeichen für die Erholung des angeschlagenen Meeres (mit praktischem Nutzen) ist, dass das Wasser der meisten Küstenabschnitte zumindest Badequalität hat. Aber es ist längst nicht alles im Reinen, denn die Ostsee ist ein höchst sensibler Meeresraum. Grund dafür ist ihr Tiefenrelief. Das Becken der Ostsee fällt zwar auf etwa 250 m (Gotlandtief) und stellenweise bis zu 450 m ab, die Wasserstraßen aber, die die Nord- mit der Ostsee verbinden, sind verhältnismäßig flach (v. a. an der Darßer Schwelle), so dass kaum Wasseraustausch stattfinden kann. Das wird deutlich am durchschnittlichen Salzgehalt, bis zu 3,5 % in der Nordsee stehen 1,7 % bis 0,3 % in der Ostsee gegenüber. Das eigentliche Problem aber, das ebenfalls mit dem Salzgehalt zusammenhängt, ist der Mangel an Sauerstoffzufuhr auf Grund der unzureichenden Wasserbewegungen. Lediglich spezifische Wetterkonstellationen (starker Ostwind, der das Wasser aus der Ostsee bläst, gefolgt von einem Sturm aus West,

Heide auf Hiddensee

Kornblumen auf Wittow

Rapsblüte auf Ummanz

Stimmungsvolles Waldidyll: Erlenbruch im Nationalpark Jasmund

der große Wassermassen zurückbefördert) bringen frisches, sauerstoff- und salzreiches Meerwasser in die Ostsee. Hinzukommt, dass die globale Klimaerwärmung die Ostsee nicht ausnimmt, im Gegenteil: Studien zufolge wird sich der Ostseeraum schneller erwärmen als das durchschnittliche Klima Europas. Die langfristigen Folgen für das Ökosystem Ostsee sind unabsehbar.

Naturschutz: Ein umweltpolitisches Husarenstück bescherte Rügen und Hiddensee den nachhaltigen Schutz ihrer zauberhaften Landschaften. In den letzten Tagen der DDR gelang es Michael Succow, Hannes Knapp, Lebrecht Jeschke und Matthias Freude, im Handstreich zahlreiche Landstriche unter verschärften Naturschutz zu stellen. Zunächst markierten sie mit grobem Strich auf der Landkarte, welche Gegenden sie schützen wollten, und machten sich dann mit einem Engagement an die Umsetzung, das andere ansteckte und Verbündete schuf. Darunter war auch der damalige Umweltminister der Bundesrepublik Klaus Töpfer, der das Unternehmen, das er später „Tafelsilber der deutschen Einheit" nannte, unterstützte. Auf der letzten Ministerratssitzung der DDR wurde die Schaffung von einem Dutzend Schutzgebieten beschlossen. Succow und seine Mitstreiter hatten in wenigen Monaten erreicht, wozu im vereinigten Deutschland Jahre, wenn nicht Jahrzehnte nötig gewesen wären.

Auf Rügen entstanden der kleinste Nationalpark Deutschlands, der *Nationalpark Jasmund*, der die Kreidefelsen, die Stubnitz und den Küstenstreifen umfasst (siehe auch S. 191), und das *Biosphärenreservat Südost-Rügen*, das die Granitz bis hinüber nach Putbus und das Mönchgut unter Schutz stellt. Hiddensee und Teile von Ummanz und Westrügen gehören zum *Nationalpark Vorpommersche Boddenlandschaft*. Die Nationalparks bestehen zum Großteil aus *Kernzonen*, in deren natürliche Abläufe der Mensch nicht mehr aktiv eingreift. Über das restliche Gebiet erstrecken sich die *Pflegezonen*, in denen Pflanzenbestände aktiv bewahrt werden. Auch im Biosphärenreservat gibt es Kernzonen, doch fallen die deutlich kleiner aus. Nachhaltige ökologische Landwirtschaft, Fischerei, Tourismus etc. stehen hier im Vordergrund.

Klima und Reisezeit

Klima: In kaum einer anderen Gegend in Deutschland scheint die Sonne öfter als auf Rügen und Hiddensee, im Schnitt über 1800 Stunden im Jahr. Dabei fällt gleichmäßig über das Jahr verteilt, aber von Halbinsel zu Halbinsel stark abweichend, vergleichsweise wenig Regen: Auf Jasmund regnet es mit 680 mm im Durchschnitt am häufigsten, während der Süden des Mönchguts mit knapp 500 mm die trockenste Gegend Rügens ist. Umso höher ist die Luftfeuchtigkeit, die zusammen mit dem hohen Salzgehalt der Luft und den stetigen Winden meist aus West ein gemäßigtes Reizklima ergeben. Im Sommer beträgt die mittlere Höchsttemperatur um 20 Grad Celsius, Temperaturen über 30 Grad stellen aber keine Seltenheit dar. Die Ostsee ist im Sommer im Schnitt 18 Grad warm, an geschützten flachen Buchten auch bis 20 Grad und in den Bodden bis 22 Grad. Zum Inselklima gehört natürlich auch der plötzliche Wetterwechsel, der am Morgen verhangene Himmel kann mittags strahlend blau sein (bzw. leider auch umgekehrt). Verantwortlich dafür sind die oft launischen Ostseewinde. Abschließend noch eine griffige Bauernregel, die vor allem Badeurlauber interessieren wird: Schaltjahr ist Kaltjahr – selbstverständlich ohne Gewähr...

Reisezeit: Die Inseln sind zu jeder Jahreszeit eine Reise wert. Im Frühling wird es etwas langsamer warm als auf dem Festland, und mit der ersten Blüte schwankt das Wetter zwischen Frühjahrsstürmen und milden Tagen. Hauptsaison ist natürlich die Badezeit und damit der Sommer. Im Herbst fallen mit den Temperaturen auch die Zimmerpreise, die ideale Reisezeit für teils stürmische Strandspaziergänge. Besonders schön präsentieren sich die Alleen und Buchenwälder, wenn sich das Laub verfärbt. Im Winter wird es ruhig, viele Hotels haben geschlossen, die wenigen Urlauber suchen die Wellness-Angebote auf – oder ihre Ruhe. Aber Achtung: Zwischen Weihnachten und der ersten Januarwoche kehrt die Hauptsaison (inklusive Andrang und Preissteigerung) zurück.

Auch im Winter eine Reise wert

Steinalt: die Großsteingräber bei Lancken-Granitz

Geschichte

Vorgeschichte: Mit dem Zurückweichen der Gletscher kamen wahrscheinlich die ersten Menschen nach Rügen (*Altsteinzeit*) bzw. auf den Archipel, der Rügen damals noch war. Es waren Rentierjäger, die in der aus der Eiszeit erwachenden Tundra jagten. Die frühesten Funde, natürlich Jagdgerät, stammen möglicherweise aus dem 9. Jt. v. Chr. Für den Übergang von der Nomaden- zu einer siedelnden Kultur in der *mittleren Steinzeit* gibt es auf Rügen ein eindrucksvolles Beispiel: Bei Lietzow auf der Halbinsel Jasmund wurden zahllose bearbeitete Feuersteine entdeckt. Der Verdacht liegt nahe, dass es sich hier um eine Feuerstein-„Schmiede", also eine Art Werkzeug-Manufaktur gehandelt hat, die auf die Sesshaftwerdung der steinzeitlichen Kultur verweist (4000–3000 v. Chr.). Auf Grund der beträchtlichen Funde ist zuweilen auch von der *Lietzow-Kultur* die Rede. Außerdem sind Relikte aus der Bestattungskultur der *Jungsteinzeit* (ab 3000 v. Chr.) in immenser Dichte vorhanden, auch wenn ein Großteil der Grabanlagen nicht überdauert hat. Die Großsteingräber bestehen aus meist tonnenschweren Findlingen, teils aufrecht stehend in einem Trapez angeordnet, teils mit Deckstein als Dolmen (die sehenswertesten Beispiele befinden sich südlich von Lancken-Granitz und bei Nobbin auf Wittow). Mit der *Bronzezeit* (ab etwa 1500 v. Chr.) änderte sich nicht nur das bevorzugte Material für Werkzeug und Waffen, sondern auch die Bestattungsart. In riesigen, künstlich aufgeschütteten Grabhügeln wurden nun Urnen beigesetzt. Der größte erhaltene Grabhügel liegt südlich von Sagard. Der Dobberworth ist bei einem Durchmesser von 50 m über 10 m hoch. Etwas kleiner sind die Grabhügel der Woorker Berge, dafür gibt es dort gleich 13 Stück auf einmal. Die Anlage ist damit das größte Grabhügelfeld Norddeutschlands. Noch immer sind viele Grabmonumente, ob stein- oder bronzezeitlich nicht ausgiebig erforscht – eine Einladung für Grabräuberei, wie jüngst auf Jasmund geschehen. Die Funde, die bislang gerettet werden konnten, sind in den Museen von Bergen und Stralsund zu sehen.

Germanen: Die *Rugier*, ein germanischer Stamm, der möglicherweise aus Südnorwegen eingewandert war, siedelte etwa ab 600 v. Chr. auf der Insel. Der römische Geschichtsschreiber *Tacitus* (1. Jh. n. Chr.) berichtet in seiner *Germania* von diesem Volk an der Küste, das sich vor allem „durch runde Schilde, kurze Schwerter und Gehorsam gegenüber den Königen" auszeichnete.

Slawische Zeit (7.–13. Jh. n. Chr.): Ob die germanischen Rugier von den Slawen, die der Sog der Völkerwanderung an die Ostsee brachte, vertrieben oder assimiliert wurden oder bereits lange zuvor die Insel verlassen hatten, ist ungeklärt. Ebenso unklar ist, ob der Name des slawischen Stammes, *Ranen*, mitgebracht oder von den Vorgängern übernommen wurde. Die Herkunft des Inselnamens, ob germanisch oder slawisch, wird sich demnach wohl auch nie zweifelsfrei klären lassen.

Ironischerweise hat sich genauere Kenntnis von den Ranen erst durch den Anfang vom Ende ihrer Kultur erhalten: Im Zuge der (militärisch vorbereiteten) Christianisierung der Slawen (ab 1168) kam der dänische Geschichtsschreiber *Saxo Grammaticus* nach Rügen, dessen „Reise-Bericht" über die Ranen Aufschluss gibt. Die beiden wichtigsten Tempelburgen waren *Arkona* und *Charenza* (Garz). Die Jaromarsburg am Kap Arkona war das religiöse, Garz das verwaltungstechnische Zentrum der Insel – erhalten sind v. a. die imposanten Wallanlagen, auf denen einst die von hölzernen Palisaden umringten Festungen thronten. Dem entsprach auch die politische Ordnung, die sich im Laufe der Jahrhunderte entwickelte: An der Seite eines Fürsten stand eine mächtige Priesterschaft. Die dritte bedeutende Siedlung lag in gewisser Weise auf „halbem Weg" zwischen den beiden Burgen: In Ralswiek befand sich das Handelszentrum der Ranen – hier fand man u. a. die Überreste eines Bootes aus slawischer Zeit. Die beiden wichtigsten Gottheiten der Slawen waren der Hauptgott *Svantevit*, dessen vierköpfiges Standbild in Arkona verehrt wurde, und der Kriegsgott *Rugievit*, dessen hölzerne Statue in Charenza ihn mit sieben Gesichtern, sieben Schwertern am Gürtel und einem erhobenen Schwert in der Hand gezeigt haben soll.

Christianisierung: Im Bericht des Saxo Grammaticus wird dem Fall dieser Heiligtümer (aus der Sicht des christlichen Chronisten: Götzenbilder) besondere Beachtung geschenkt. Die Christianisierung der Ranen gelang jedoch erst verhältnismäßig spät. Im Jahr 1168 landete eine dänische Armee unter der Führung *Absalons* (geb. um 1128, gest. 1201), Bischof von Roskilde, auf Rügen, belagerte und zerstörte die Tempelburg von Arkona und brach damit den slawischen Widerstand. Es ist allerdings zweifelhaft, ob das Engagement des dänischen Königs *Waldemar I.* (1131–1182) auch christlich motiviert war. Wahrscheinlicher ist, dass die kriegerischen Ranen, deren Plünderungsaktionen von See aus ihnen den Beinamen „slawische Wikinger" einbrachten, aus sicherheitspolitischen Gründen ausgeschaltet werden sollten.

Quer gelegt: möglicherweise der Grabstein Jaromars (in Altenkirchen)

Dänische Zeit: Der Fürst der Ranen machte das Beste aus der Niederlage: *Jaromar I.* begab sich unter die dänische Lehenshoheit, ließ sich taufen und stiftete zur Bekräftigung Kirchen und Klöster. Dadurch wurde nach dem Fall der Tempelburg und des Svantevit-Heiligtums zum einen Rügen friedlich christianisiert, zum anderen konnte der Ranenfürst, obschon Untertan der dänischen Krone, weitgehende Unabhängigkeit bewahren. Deutlich mehr Einfluss als die Dänen nahmen die niederdeutschen Siedler, die sich im Zuge der ersten Klostergründungen auf Rügen niederließen, z. B. in Bergen oder dem Mönchgut, dort gab es eine Dependance des Zisterzienserklosters von Eldena. Im Laufe der folgenden Generationen wuchsen Alt- und Neusiedler zusammen, wobei die slawische Sprache und Kultur mehr und mehr zurückgedrängt wurde. Nachdem das ranische Fürstenhaus 1325 mit *Witzlaw III.*, seinerzeit ein bekannter Minnesänger, ausgestorben war, wurde Rügen ein Teil Pommerns, dessen Herrscherhaus sich auf Grund seines roten Wappentiers stolz die *Greifen* nannte. Die Insel stand zwar zunächst weiterhin unter dänischer Lehenshoheit, doch der Einfluss Kopenhagens nahm allmählich ab. Die politische Wirklichkeit des 14. Jh. sah im Ostseeraum ohnehin anders aus.

Unter dem Greifenbanner und der Aufstieg der Hanse: Stralsund, das Tor zu Rügen, hatte 1234 von *Witzlaw I.* die Stadtrechte erhalten und sich in den folgenden Jahren zu einem Flaggschiff der berühmten *Hanse* entwickelt. Die junge Stadt wurde schnell zum Umschlagplatz für die landwirtschaftliche Produktion des Umlandes, allen voran die Erzeugnisse der Insel Rügen (womit sich auch die Motivation Witzlaws erklärt, Stralsund das Stadtrecht zu verleihen). Außerdem profitierte Stralsund von seiner günstigen Lage an den Handelsstraßen von West nach Ost. Zwischen Flandern und Nowgorod entstand im 13. Jh. via Nord- und Ostsee ein florierender Wirtschaftsraum. Die Rohstoffe kamen aus dem Norden und Osten: Pelze, Wachs, Teer und Honig aus Nowgorod, Hering und Erz aus Schweden, Holz und Getreide aus den neuen deutschen Kolonien. Auf umgekehrtem Weg lieferten die Händler Gewerbeprodukte wie Werkzeug und flandrisches Tuch oder Importe wie Wein in den Osten und Norden.

Die *Hanse* war aus dem Zusammenschluss norddeutscher Kaufleute entstanden, die ihren Fernhandel gemeinsam organisierten. Flottenverbände wurden zum Schutz

Der Friede von Stralsund zementierte den Machtanspruch der Hanse

gegen Piraten zusammengestellt, Handelsprivilegien erworben und überwacht sowie Zölle verhandelt. Aus der Fernfahrergemeinschaft der Kaufleute entwickelte sich im 13. Jh. ein Städtebündnis, das neben den ökonomischen Interessen auch die Sicherung der städtischen Freiheiten gegenüber den Territorialfürsten zum Ziel hatte. Das Bündnis, dem anfangs die Städte Lübeck, Wismar, Rostock, Greifswald und Stralsund angehörten, musste bald seinen ersten Härtetest bestehen. Dem dänischen König *Erich IV. Menved* war die Macht der Städte ein Dorn im Auge. 1310 führte er erfolgreiche Kriegszüge gegen Rostock und Wismar, während deren Bundesgenossen tatenlos zusahen. 1316 belagerten die Dänen Stralsund, doch hier wurden sie in die Flucht geschlagen. In der Folge konnte sich die Hanse wieder konsolidieren. Eine Generation später kam es unter dem dänischen König *Waldemar IV.* erneut zum Konflikt, der aber dank einer schlagkräftigen hanseatischen Flotte zu Gunsten der Hanse ausging. Bei Friedensverhandlungen in Stralsund im Jahre 1370 musste der dänische König die Handelsprivilegien der Hanse bestätigen, Reparationszahlungen leisten und dem Städtebündnis ein Mitspracherecht bei der dänischen Thronfolge zugestehen. Die Hanse befand sich auf dem Höhepunkt ihrer Macht.

Ausdruck hanseatischer Macht: die stattliche Ausstattung der Nikolaikirche in Stralsund

Das pommersche Rügen profitierte wirtschaftlich von der Nähe zur mächtigen Hansestadt, doch der Fürst von Pommern geriet machtpolitisch mit der Hanse zuweilen in Konflikt. Wie komplex das Mächteverhältnis im Ostseeraum war, zeigt sich besonders deutlich im Erbfolgegerangel nach dem Tod Waldemars IV. Seine Tochter *Margarete* übernahm die Macht und bestimmte ihren Großneffen *Erich von Pommern* zu ihrem Kronprinzen (1388 wählten ihn die Norweger, 1389 die Dänen zu ihrem König). Nur *Albrecht*, König von Schweden und Herzog von Mecklenburg, war damit nicht einverstanden. Die Hansestädte Rostock und Wismar schlugen sich auf Albrechts Seite, während Stralsund, zwar mit hanseatischer Freiheit gesegnet, aber dennoch auf pommerschem Boden gelegen, sich aus diesem Konflikt herauszuhalten versuchte. Es entbrannte der Dänisch-Mecklenburgische Krieg, der schließlich zu Gunsten Margaretes und Erichs ausging und in der *Kalmarer Union* mündete, welche die Macht Dänemarks im 15. Jh. zumindest sicherte und Pommern für kurze Zeit wieder enger an Dänemark band.

Während dieses Krieges tat sich ein Mann hervor, von dem es heißt, er sei auf Rügen geboren, und dessen Name synonym für den „Piraten der Ostsee" steht: Klaus Störtebeker.

Piraten der Ostsee – Klaus Störtebeker und Gödecke Michels

Klaus Störtebeker gehört zu den historischen Personen, die man gar nicht erst versuchen sollte, rein historisch zu erfassen. Zu dünn sind die Quellen, zu ausufernd die Sagen, die sich um den legendären Freibeuter ranken. So viel weiß man von ihm: Er wurde geboren, möglicherweise auf Rügen, er war ein begnadeter Pirat, der nicht wusste, wann er aufhören sollte, und er starb, aufgebracht von einer hanseatischen Flotte, durch das Schwert des Hamburger Henkers. Im Zusammenhang mit seinem Tod beginnt bereits das Sagenhafte: Sein letzter Wunsch, so die berühmteste Legende um Störtebeker, sei es gewesen, als Erster geköpft zu werden,

während sich seine Mannschaft vor ihm aufstellen sollte. Die Männer, an denen er – enthauptet – vorbeilaufen könnte, sollten frei gelassen werden. Und sein kopfloser Körper lief, bis ihm ein Henkersknecht einen Klotz zwischen die Beine warf, und eine Hand voll Männer – oder waren es 17?, oder gar die Hälfte seiner Mannschaft? – war frei.

Die Karriere Störtebekers, dessen Name – *Stürz-den-Becher* – einem Piraten angemessen ist, begann vor Stockholm. Er war einer der *Vitalienbrüder*, die das im dänisch-mecklenburgischen Konflikt belagerte Stockholm (1389) mit Lebensmitteln, „Viktualien", versorgten, indem sie die dänische Seeblockade brachen. Die Freibeuter waren zudem von der Hanse mit Kaperbriefen ausgestattet worden, die es ihnen „gestatteten", feindliche Schiffe aufzubringen und deren

Auf der Bühne: Klaus Störtebeker und Gödecke Michels

Ladung zu übernehmen, im Fachjargon „Prise zu machen". Der Akt der Piraterie konnte recht gesittet ablaufen – der fremde Kapitän fragte die enternden Freibeuter höflich nach ihrem Kaperbrief und übergab nach Einsicht der Dokumente die Ladung. Die Übernahme konnte aber auch damit enden, dass die eine Hälfte der Mannschaft niedergemetzelt wurde und der Rest die Reise in Fässer gesperrt fortsetzte.

Nachdem der dänisch-mecklenburgische Konflikt unter Vermittlung der Hanse beigelegt war, wurden konsequenterweise die Kaperbriefe wieder eingezogen. Einige der Freibeuter aber dachten nicht daran aufzuhören, schließlich ließen sich die Aktionen nun auf „fette" hanseatische Schiffe ausdehnen. Auch die berühmtesten Vitalienbrüder, Gödecke Michels und Klaus Störtebeker, begannen nun jedes Schiff zu jagen, das ihren Kurs kreuzte, bevorzugt natürlich die Koggen der hanseatischen „Pfeffersäcke". Die Piraten, die auch *Likedeeler,* „Gleichteiler", genannt wurden, legten bald den gesamten Ostseehandel lahm. Die Hanse sah sich zu drastischen und kostenintensiven Gegenmaßnahmen gezwungen. Nachdem die Freibeuter aus der Ostsee vertrieben waren, ihre Tätigkeit aber in der Nordsee ungehindert fortsetzten, stellten hanseatische Flotten die Piraten. Nacheinander wurden Gödecke Michels und Klaus Störtebeker um 1400 gefangen genommen und hingerichtet.

Die politische Vorherrschaft Dänemarks über die Ostsee konnte aber nicht darüber hinwegtäuschen, dass die eigentliche Herrin des *mare balticum* die Hanse war. Als Erich von Pommern beispielsweise Anfang des 15. Jh. versuchte, hanseatische Privilegien zu beschneiden, wehrten sich die Städte. Die Hanse, allen voran Stralsund, zog gegen Erich in den Krieg, schlug die dänisch-pommerschen Armeen und ließ sich die Handelsprivilegien bestätigen (keine Sund-Zölle für hanseatische Händler, keine Zugeständnisse an niederländische und englische Händler).

Während in den folgenden zwei Jahrhunderten Dänemark rapide an Bedeutung verlor, auch der Stern der Hanse zu sinken begann und mit Schweden eine neue Großmacht die europäische Bühne betrat, blieb das ländliche Rügen ein Teil Pommerns. 1534 wird das Land protestantisch, Stralsund bereits 1525. Im Zuge der *Reformation*, die sich in Pommern auf Geheiß des Fürsten weitgehend konfliktfrei durchsetzen konnte, werden die Klöster in Stralsund, Bergen und auf Hiddensee säkularisiert.

Auf politischer Ebene prägte sich das Feudalsystem in Pommern immer stärker aus – auf dem Rücken der Bauern. Mit der Stärkung des Land besitzenden Adels, in dieser Zeit stiegen die Freiherren von Putbus (ab 1727 Grafen, ab 1807 Fürsten) zur wichtigsten Familie der Insel auf, erhöhte sich der Druck auf die Kleinbauern. Sinkende Preise und steigende Steuerlast nötigten die ehemals freien Bauern dazu, ihr Land einem Gutsherrn zu übereignen und selbst dienstpflichtig zu werden. Aus Bauernland wurde Gutsgebiet, aus freien Bauern Leibeigene. Das so genannte *Bauernlegen* begann im 16. Jh. und wurde Mitte des 17. Jh. durch die „Bauern- und Schäferordnung" legitimiert. Die Bauern konnten je nach Gutdünken des Gutsherrn an ihre Scholle gebunden oder vertrieben werden, rechtlich waren sie ihrem „Besitzer" fast vollständig ausgeliefert.

Rügen unter schwedischem Banner: Der *Dreißigjährige Krieg*, der halb Nordeuropa in Schutt und Asche legte, traf Rügen mit voller Wucht. Zwar hatte der pommersche Herzog versucht, sich durch einen strikten Neutralitätskurs aus dem Konflikt herauszuhalten, aber mit *Albrecht von Wallenstein* kam der Krieg in das Land. Der Generalissimus glaubte in Stralsund und Rügen das Sprungbrett ins *mare balticum* gefunden zu haben. Also belagerte er 1626 die Hansestadt (allerdings erfolglos, → Geschichte Stralsund, S. 64) und ließ seine Truppen Rügen besetzen. Auf die kaiserlichen Truppen folgten dänische, schließlich die schwedische Armee unter dem großen Vasa *Gustav II. Adolf*. Rügen wurde geplündert, verwüstet und gebrandschatzt. Im Windschatten des Krieges wüteten Pest und Hungersnot. Als der lange Krieg endlich geendet hatte, war Pommernland abgebrannt.

Im *Frieden von Osnabrück*, der „schwedischen Hälfte" des Westfälischen Friedens, wurden Rügen und der westliche Teil Pommerns den Schweden zugeschlagen. Der letzte „Greif", der Pommernherzog *Bogislaw XIV.*, war 1637 ohne Erben gestorben. Rein rechtlich hätte Pommern an den Kurfürsten von Brandenburg fallen müssen, aber *Axel Oxenstierna*, Reichskanzler und nach dem Tod Gustav Adolfs de facto Regent über die Großmacht Schweden, dachte nicht daran, das Land wieder herzugeben. Der ehemalige Oberbefehlshaber der schwedischen Truppen *Carl Gustav Wrangel* wurde erster schwedischer Generalgouverneur Vorpommerns und damit Herr über Rügen. Schloss Spyker auf der Halbinsel Jasmund ließ er zu seiner Residenz ausbauen.

Diverse Bemühungen der Brandenburger, sich Vorpommern einzuverleiben, scheiterten. Rügen und Stralsund blieben bis 1815 Teil des schwedischen Reiches und die Brücke Schwedens nach Mitteleuropa. Dadurch wurden Hansestadt und Insel natürlich auch in die kriegerischen Belange der Großmacht eingebunden und mussten zuweilen auch als Kriegsschauplatz herhalten. Während des schwedisch-polnischen Krieges fielen die Dänen 1657 plündernd auf Rügen ein, 1678 landete eine brandenburgische Flotte im Süden der Insel und erneut 1715 im *Großen Nordischen Krieg* (1700–1721). In diesem langen Krieg, den der letzte der großen schwedischen Könige, *Karl XII.*, der „letzte Ritter Europas", schon beinahe gewonnen hatte und es dann versäumte, ihn zu beenden, verlor Schweden nicht nur die Vorherrschaft über den Ostseeraum, sondern auch Teile Vorpommerns. Lediglich Rügen und ein Festlandskern um Stralsund und Greifswald blieben in schwedischer Hand.

Das in Schwedisch-Pommern besonders ausgeprägte System der Leibeigenschaft, wenige Gutsherrn besaßen auf der Insel viel Land und zahllose Bauern, begann im 18. Jh. zu bröckeln. Abgeschafft wurde die Leibeigenschaft durch König Gustav IV. Adolf im Jahr 1806. Es heißt, die Schrift eines auf Rügen geborenen Dozenten an der Greifswalder Universität, dessen Vater als Leibeigener des Grafen zu Putbus geboren worden war, hätte Anteil daran gehabt, dass der schwedische König das unmenschliche System verbieten ließ. Die Schrift hieß: *Versuch einer Geschichte der Leibeigenschaft in Pommern und Rügen*, der Autor war *Ernst Moritz Arndt*.

Ernst Moritz Arndt (1769–1860)

Der einst berühmteste Sohn der Insel war schon zu Lebzeiten eine umstrittene Persönlichkeit und ist es – unter veränderten Vorzeichen – bis heute geblieben. Ernst Moritz Arndt, 1769 in Groß-Schoritz auf Rügen geboren, hatte in Greifswald studiert und arbeitete dort seit 1805 als Dozent.

Mit Leidenschaft trat er in seinen Schriften für die Aufhebung der Leibeigenschaft in Schwedisch-Vorpommern ein. Sein Vater war bis kurz vor der Geburt des Sohnes selbst Leibeigener gewesen. Nach der Abschaffung der Leibeigenschaft 1806 fand er jedoch schnell ein neues Betätigungsfeld: die napoleonische Fremdherrschaft und die deutsche Nation. Sein Engagement war derart leidenschaftlich, dass er ins schwedische Exil fliehen musste. Aber er hatte sich einen Namen gemacht. 1812 ging er als Privat-Sekretär des ebenfalls im Exil lebenden Freiherrn v. Stein nach Petersburg. Auch nach dem Sturz Napoleons blieb Arndt renitent-national, sein berühmtestes Werk ist wohl das 1813 veröffentlichte Gedicht „Was ist der Deutschen Vaterland?" 1820 muss Arndt wegen Demagogie seinen Lehrstuhl in Bonn räumen. 1848 wurde er in die Nationalversammlung in der Frankfurter Paulskirche gewählt.

Sicherlich, Arndt schrieb in einer Zeit, als das Wort *national* noch in einem Atemzug mit *liberal* genannt wurde, und *liberal* noch keine sinnentleerte Vokabel war. Aber die Hinwendung Arndts zum „Deutschen" war nicht nur von unversöhnlichem Hass gegenüber Frankreich geprägt, sondern nahm zudem rassistische und antisemitische Züge an, die auch Zeitgenossen erschaudern ließen. Dass die Nationalsozialisten Arndt als Vordenker vereinnahmten, wird nicht wundern. Aber auch nach 1945 wurde er weiterhin geehrt, in der DDR beispielsweise für seinen Kampf gegen die Leibeigenschaft, während die Brutalität seines nationalen Denkens unter den Tisch fiel. Bis heute trägt die Greifswalder Hochschule seinen Namen und auch auf Rügen ist Arndt präsent – kein leichtes Erbe.

19. und 20. Jahrhundert: Nachdem Preußen von Napoleons Armee in die Knie gezwungen und im Frieden von Tilsit 1807 gedemütigt wurde, marschierten französische Truppen auch in Schwedisch-Pommern ein. Nach einem dänischen „Beinahe-Intermezzo" – nach dem Rückzug der französischen Truppen während der Befreiungskriege wollten die Schweden Rügen den Dänen abtreten, was der Generalgouverneur Fürst Malte zu Putbus verhinderte – wurden 1815 auf dem *Wiener Kongress* auch Rügen und Stralsund zum Verhandlungsgegenstand. Den Zuschlag erhielten die Preußen. Aus Schwedisch-Pommern wurde das preußische Neuvorpommern.

Zaghaft am Anfang, dann aber immer rasanter entwickelte sich der Tourismus auf Rügen. Ein Vorreiter auf diesem Gebiet war der mächtigste Mann auf der Insel, der baufreudige Fürst *Wilhelm Malte I. zu Putbus*, der Putbus als seine Residenzstadt ausbaute und dank des nahe gelegenen Badehauses für seine adligen Gäste das erste Seebad Rügens gründete. Gegen Ende des Jahrhunderts wurde die Sommerfrische, die sich bereits unter Wilhelm Malte an die Strände der Ostküste verlagert hatte, auch für das Großbürgertum zur attraktiven Freizeitgestaltung. Gefördert wurde die Entwicklung v. a. durch die Anbindung Rügens an das Eisenbahnnetz, die Strecke Stralsund–Bergen wurde 1883, die Kleinbahnstrecke Putbus–Binz–Göhren 1895/96 eröffnet. Um die Jahrhundertwende entstand eine lebhafte Badekultur mitsamt touristischer Infrastruktur. Von großer wirtschaftlicher Bedeutung war die 1897 eingerichtete Fährverbindung von Sassnitz nach Trelleborg/Schweden. Die Hafenstadt auf der Halbinsel Jasmund wurde das „Tor des Nordens".

Während der Zeit des Nationalsozialismus sollte nördlich von Binz das „Bad der 20.000" entstehen, in dem so genannte „Volksgenossen" gleichgeschaltet entspannen sollten. Doch mit Ausbruch des Zweiten Weltkrieges blieb von der gigantischen Ferienanlage Prora nur eine gigantische Baustelle zurück (→ S. 142). In den letzten Kriegsjahren fielen die Hafenstädte Stralsund und das von Flüchtlingen überlaufene Sassnitz alliierten Bombenangriffen zum Opfer.

Auch nach dem Krieg wurde die touristische Tradition der Insel fortgesetzt, allerdings unter verstaatlichten Vorzeichen. 1953 wurden im Zuge der *Aktion Rose* die Hotelbesitzer Rügens als vermeintliche Kriminelle verhaftet und enteignet, die Immobilien wurden dem Gewerkschaftsbund FDGB zugeschlagen. Wirtschaftliche Stütze Rügens aber waren die Fischfang- und Fischverarbeitungsindustrie, vor allem in Sassnitz, und die Volkswerft in Stralsund. Nach der „Wende" und der Wiedervereinigung 1990 traten die traditionellen Erwerbsformen, von denen die Insel über die Jahrhunderte gelebt hatte, Fischerei und Landwirtschaft gänzlich hinter den Tourismus zurück. Und auch im 21. Jh. boomt der Tourismus auf Rügen unverändert weiter.

Rügens belastete Immobilie: Prora

Schneeweiß: Bäderarchitektur in Binz

Architektur

Jedes Dorf hat natürlich seine Kirche. Auf Rügen sind die Monumente sakraler Architektur teilweise ziemlich wuchtig ausgefallen. Die ältesten Kirchen der Insel haben einen romanischen Ursprung, sind durch Um- und Ausbauten aber deutlich von der Gotik geprägt. Die Innenausstattung ist selten einheitlich, sondern bietet oft einen zeitlich weit gespannten Stilmix. Besonders typisch für die Region ist die Stilrichtung der Backsteingotik. Die besten Beispiele *Norddeutscher Backsteingotik* stehen in Stralsund (siehe dort und Stichwort *Backsteingotik*, unten), auf Rügen stechen die Marienkirche von Bergen sowie die Dorfkirche von Altenkirchen (Wittow) hervor. Von der ehemals regen Klosterkultur ist auf Rügen lediglich der Klosterhof in Bergen erhalten, in dem heute das Museum der Stadt untergebracht ist. Das frühere Zisterzienserinnenkloster wurde 1945 aufgelöst. Auf Hiddensee und im Mönchgut – hier befanden sich im Mittelalter einflussreiche Klöster – lassen sich dagegen kaum noch Spuren finden. In Stralsund erhält man den besten Eindruck vom mittelalterlichen Klosterleben, denn hier haben sich große Teile der Bausubstanz des Katharinenklosters, ein im 13. Jh. gegründetes Dominikanerkloster, erhalten. Es gehörte in seiner Blütezeit zu den größten Klöstern Norddeutschlands. Die Anlage kann besichtigt werden, die Gebäude beherbergen heute die sehenswerten Museen.

Über 200 Schlösser und Herrenhäuser zählte man Anfang des 20. Jh. auf Rügen, heute sind es immerhin noch etwa 150. Teils liegen die ehemaligen Höfe des Landadels und der Großgrundbesitzer in Ruinen, andere sind sorgsam wieder aufgebaut worden. Viele von den restaurierten Gutshöfen beherbergen heute, zu Hotels umgebaut, Urlaubsgäste wie zum Beispiel das *Herrenhaus Bohlendorf* auf Wittow oder *Gut Tribbevitz*. Ebenfalls als Hotels dienen *Schloss Ralswiek* aus dem 19. Jh. und *Schloss Spyker*, eines der wenigen architektonischen Zeugnisse aus schwedischer Zeit, das dem schwedischen Feldmarschall Carl Gustav von Wrangel in seiner Zeit

Backsteinrot: der gotische Grundbaustein

Die norddeutsche Backsteingotik

Die Stil prägenden Elemente der norddeutschen Backsteingotik erklären sich bereits aus dem Namen. Im Windschatten des rasanten Aufstiegs der Hanse im 13. und 14. Jh. blühte vor allem in den deutschen Ostseehäfen nicht nur ein beträchtlicher Bauboom, sondern auch ein städtisches Selbstbewusstsein, das nach repräsentativen Bauten verlangte. In Ermangelung aber von natürlichem Baumaterial wie Sandstein musste notgedrungen auf „gebrannten Stein", so beispielsweise in der Gründungsurkunde der Marienkirche in Bergen vermerkt, zurückgegriffen werden. Genau genommen handelt es sich um Tonerde, die bei gut 1000 Grad Celsius in handlicher Form gebrannt wurde und damit auch ihre charakteristische rote Farbe erhielt.

Statt aber den Mangel an Naturstein hinter dicker Tünche zu verbergen (wie z. B. in Teilen des süddeutschen Raums), erzielte man dank der Gleichförmigkeit der gebrannten Steine und durch den Kontrast mit den hellen Fugen streng strukturierte Fassaden. Gleichzeitig ließen sich die Gemäuer durch die einfache Formbarkeit des Backsteins mit Friesen, Blenden, Giebeln und anderen Schmuckelementen aufwändig verzieren. Doch trotz des Zierrats beeindrucken die Bauten vor allem durch erhabene, geradlinige Schlichtheit und karge Eleganz.

Eines der prächtigsten Ensembles norddeutscher Backsteingotik findet sich in Stralsund, hier vor allem rund um den Alten Markt (Rathaus und Nikolaikirche). Aber auch auf Rügen gibt es zahlreiche alte ziegelrote Prachtbauten, allerdings ausschließlich sakraler Natur. An erster Stelle ist die älteste Kirche der Insel zu nennen, die bereits 1170 erbaute Marienkirche in Bergen. Hinzu kommen verteilt über die Insel mehr als zwei Dutzend Dorfkirchen, manche (wie in Bergen) mit erkennbar romanischen Wurzeln, viele in der Innenausstattung mit barockem Einschlag, aber alle backsteinrot.

als Generalgouverneur in Schwedisch-Pommern als Wohnsitz diente. Er gestaltete Spyker nach dem Vorbild seines Heimatschlosses in Schweden um. Das am meisten besuchte (da ein Museum und Aussichtspunkt und kein Hotel) ist *Schloss Granitz*, dem *Karl Friedrich Schinkel* den aussichtsreichen Turm in die Mitte stellte.

Das *Hallenhaus* ist ein bäuerlicher Haustyp, den die niederdeutschen Siedler mit nach Rügen brachten. Es zeichnet sich vor allem dadurch aus, dass Mensch und Tier, Gerätschaft, Ernte und Vorrat unter einem Dach versammelt waren. In vielen (vor allem frühen) Fällen gingen Stall und Wohnstube ohne jede Trennwand ineinander über. Meist aus Lehmfachwerk errichtet, zuweilen mit Backstein ummantelt, fehlte es dem Hallenhaus oft an einem Schornstein. Der von einer offenen Feuerstelle aufsteigende Rauch zog unter das Rohrdach und von dort aus nur zögerlich ab. Diese Häuser nannte man deshalb *Rökerkate* oder auch *Rookhus*. Ein Reisender berichtet Ende des 18. Jh. über den Besuch in einer solchen Kate: „Die Küche war dergestalt voll Rauch, dass wir kein Auge darin öffnen konnten. Dass müsse so sein, sagte der Bauer, um Schinken, Fische und Netze zu räuchern." Einige wenige Rökerkaten finden sich noch auf Rügen, vor allem im Mönchgut. Die am besten erhaltenen Exemplare sind das *Rookhus*, das zu den Mönchguter Museen in Göhren gehört, und das Pfarrwitwenhaus in Groß Zicker.

Ein besonderes architektonisches Highlight jüngeren Datums und typisch für Rügen ist die stilistisch verspielte, schnörkelfreudige *Bäderarchitektur*: Im Schatten der Veranda stehend, eine Hand auf dem reich verzierten, gusseisernen Geländer, den Blick auf das Meer und das mondäne Treiben entlang der Strandpromenade, so in etwa stellt man sich den Sommerfrischler vor, den es mit den Anfängen des Tourismus aus Berlin an die Ostsee zog (zuzüglich vielleicht einer Zigarre und einem Gläschen Port). Die Kulisse für diese am Ende des 19. Jh. aufkommende, großbürgerliche Mode des Sommeraufenthalts am Meer wurde in den Ostseebädern geschaffen.

Der Begriff Bäderarchitektur bezeichnet keine exakt definierbare Stilrichtung oder gar eine architektonische Gattung. Vielmehr besteht das verbindende Element der unter diesem Sammelbegriff gebündelten Gebäude darin, dass der Architekt alle Freiheit hatte, sich diverser Stile und Formelemente zu bedienen. Mit dem Aufkommen des Badetourismus im 19. Jh. entstanden dabei nicht nur noble Herbergen, die ein anspruchsvolles, v. a. städtisches Publikum zufrieden stellen mussten, sondern auch Kurhäuser, Veranstaltungspavillons, später Seebrücken und natürlich Badeanstalten. Was die Bauten der Bäderarchitektur verband, war also vor allem die touristische Nutzung und die ornamentfreudig gestalteten Fassaden. Hinzu kam eine besondere architektonische Mode der Zeit: die Vorliebe für Balkone und Veranden, denn das Sonnenbaden galt es zu meiden, schick bzw. standesgemäß war die noble Blässe. Eine Besonderheit unter den Bädervillen sind die seltenen *Wolgasthäuser*. Dabei handelt es sich um hölzerne, in Wolgast hergestellte Fertighäuser aus dem 19. Jh. Auf Rügen existieren noch drei dieser Häuser: die Villa Erika in Göhren, die Villa Undine und ein weiteres Privathaus in Binz.

Rügen ist mit Beispielen der Bäderarchitektur reich gesegnet. Besonders eindrucksvoll sind natürlich die wichtigen Ostseebäder Göhren, Sellin und Binz. Hier sind zahlreiche Villen, Pavillons und andere repräsentative Bauten, in den letzten Jahren sorgsam und liebevoll restauriert, zu bewundern. Aber auch in der Altstadt von Sassnitz wird man fündig. Die beiden Prunkstücke der Bäderarchitektur sind (ohne die Pracht der anderen zu schmälern) die Strandpromenade von Binz und Sellins weiße Wilhelmstraße mit der herrlichen bebauten Seebrücke als „Verlängerung".

Oft das letzte Stück der Anreise – die Deutsche Alleenstraße

Anreise

Mit dem Auto

Die Ostseeautobahn A 20, das große Straßenbauprojekt der letzten Jahre, ist mittlerweile durchgehend ausgebaut. Und auch mit der Fertigstellung des letzten großen Teilstücks, der „Zweiten Strelasundquerung", einem imposanten Brückenbau von Stralsund auf die Insel, hat sich die Anreise mit dem Auto noch mal enorm vereinfacht.

Doch bevor man an die Ostseeküste kommt, hat man natürlich ein mehr oder minder großes Stück Deutschland zu durchqueren. Je nach Abfahrtsort gibt es drei gängige Routen nach Stralsund und Rügen. Aus dem Westen geht es am schnellsten über die A 1 nach Hamburg, dann weiter nach Lübeck und schließlich von dort auf die Ostseeautobahn A 20. Aus dem Süden kommend, das gilt auch für Reisende aus Österreich und der Schweiz, fährt man am besten über Nürnberg auf die A 9 nach Berlin und weiter über Rostock nach Stralsund. Reisende aus dem Osten streifen ebenfalls Berlin, allerdings auf der östlichen Seite, und stoßen bei Greifswald auf die A 20.

Allen infrastrukturellen Verbesserungen zum Trotz gilt für die An- und Abreise mit dem Auto nach wie vor: Samstag ist kein guter Tag. Die meisten Ferienwohnungen werden von Samstag auf Samstag vermietet. Zudem ist der Samstag prädestiniert für den Großeinkauf in Stralsund. Wenn dann auch noch die Sonne scheint, zieht es wiederum die Stralsunder an die Strände. Kurzum: Wenn am Samstag alle fahren, kann es wohl auch in Zukunft noch immer so sein, dass man am Samstagnachmittag auf der B 96 von Stralsund nach Bergen nur im Schritttempo vorankommt (das gleiche gilt retour für den Samstagvormittag). Der Seiteneinstieg über die Glewitzer Fähre von Stahlbrode aus ist dann ebenfalls oft dicht. Wenn möglich, lieber noch ein, zwei Tage dranhängen oder sehr früh ab- bzw. anreisen.

Richtung Neu Mukran

Weiterreise: Rügen kann auch eine (sehr reizvolle) Zwischenstation sein. Warum nicht eine Woche auf Rügen verbringen und dann weiter nach Skandinavien reisen? Die Tradition der ehemaligen *Königslinie* führt heutzutage *Scandlines* fort und verbindet den Sassnitzer Hafen *Neu Mukran* bis zu fünfmal täglich mit *Trelleborg/Schweden* (Dauer 4 Std.). Zudem besteht im Sommer eine Fährverbindung nach *Rønne* auf *Bornholm/Dänemark* sowie nach *Ystad* in *Südschweden* (Näheres unter Sassnitz/Verbindungen, S. 185).

Mit der Bahn

Eine echte Alternative zur Anreise mit dem Auto bietet die Bahn. Wer sich nicht allzu kurz entschlossen auf den Weg macht, kann dabei auch noch günstig reisen.

Stralsund liegt an der IC-Strecke Hamburg–Rostock, die tagsüber etwa alle 90 Minuten befahren wird (außerdem alle zwei Stunden mit dem RE). Sogar auf die Insel zweigt das IC-Netz mit der Endhaltestelle Binz ab. Die Strecken führen je nach Abfahrtsort meist über Hamburg oder Berlin. Die Verbindungen sind hervorragend – etwa stündlich ab den beiden großen Städten im Norden Deutschlands. Das Tarifsystem der Bahn ist bekanntermaßen weit verzweigt, unter bestimmten Voraussetzungen kann man echte Schnäppchen machen, und das vor allem, wenn man mit einem der DB-Nachtzüge (City Night Line) fährt. Für die Sondertarife ist frühzeitige Buchung allerdings unbedingt ratsam.

● *Verbindungen/Preisbeispiele* Schnellste Verbindung von **München** nach Stralsund mit dem ICE über Nürnberg (teilweise hier Umsteigen) und Berlin (umsteigen) und dann mit dem IC oder RE zum Ziel, Fahrtzeit ca. 9,5 Std., einfacher Normalpreis 129 €. Von **Frankfurt/M.** nach Stralsund in 7–7,5 Std. (Umsteigen in Berlin oder Hamburg), Normalpreis 129 €, 3-mal tägl. durchgehender IC, 8 Std., 113 €. Ab **Hamburg** Hauptbahnhof etwa stündlich Verbindungen: mit dem IC in 2 Std. 45 Min. direkt nach Stralsund, mit dem RE (Umsteigen in Rostock) 3,5 Std., Normalpreis mit dem IC 50 €, mit dem RE 40,80 €. Ab **Berlin** Hauptbahnhof stündliche Verbindungen nach Stralsund, RE 38 €, IC 47 €, Dauer je ca. 3 Std.
● *Weiterfahrt ab Stralsund* Etwa stündlich mit dem Regionalexpress über Bergen nach Binz, 3-mal tägl. fährt auch ein IC, Fahrtdauer bis Binz jeweils knapp 1 Std., mit dem RE 10,70 € (teilweise Umsteigen in Lietzow auf Rügen), mit dem IC 13 €.

● *DB-Nachtzug* Ab **Zürich** tägl. mit der City Night Line (CNL 1258/1259 *Sirius*) über Basel, Karlsruhe, Frankfurt/M. und Berlin nach Bergen und Binz. Abfahrt in Zürich um 19.42 Uhr, Ankunft in Binz am nächsten Vormittag um 11.17 Uhr. Für die City Night Line gelten teilweise recht günstige Spezialtarife, aber *Achtung*: Diese Angebote sind kontingentiert, man sollte frühzeitig buchen! Infos unter www. bahn.de/citynight line oder am Schalter.
● *Fahrradmitnahme* Ist im ICE prinzipiell **nicht** möglich; im IC kostet die Fahrradmitnahme 9 € (mit BahnCard 6 €) pro einfache Fahrt, mit obligatorischer „Stellplatzreservierung" mind. einen Tag vor der Fahrt (am Schalter oder online); im Regionalexpress (RE) kann das Fahrrad in extra ausgewiesenen Abteilen mitgenommen werden, zuvor ist ein Fahrradticket für 4,50 € (Tageskarte) zu lösen.

Preisangaben Stand Frühjahr 2011.

Am Hafen von Lauterbach

Unterwegs auf Rügen

Mit dem Auto

Von den knapp 2000 km Straße, deren Netz sich mehr oder weniger dicht über die Insel legt, sind die wichtigen Stecken gut ausgebaut. Die beiden am stärksten befahrenen Verkehrsadern führen von Stralsund über Bergen zum „Tor des Nordens" nach Sassnitz und von Bergen Richtung Granitz (Binz, Sellin) und Mönchgut (Göhren). Wie zwei Schlingen legen sich die Straßen, die die Halbinseln untereinander und mit dem Inselkern verbinden, um die beiden Bodden: von Bergen über Jasmund hinunter nach Prora und Binz oder gen Norden nach Wittow und (via Wittower Fähre) zurück.

Auf Rügen mit Licht!

Keine verkehrstechnische Gängelei, sondern durchaus vernünftig. Die Straßen auf der Insel führen oft genug durch malerische Alleen, nicht von ungefähr verlaufen hier Teile der Deutschen Alleenstraße. Für Auto- (und Rad-)Fahrer hat das aber auch zur Folge, dass die Lichtverhältnisse durch den oft plötzlichen Hell-Dunkel-Wechsel problematisch werden können. Es gibt Stellen, bei denen man als Autofahrer das Gefühl hat, gegen eine schwarze Wand zu fahren, wenn man gegen eine tief stehende Sonne in eine Allee oder ein Waldstück hineinfährt. Auch Radfahrer sollten bedenken, dass sie bei diesen Lichtverhältnissen nicht so sichtbar sind, wie sie es gerne hätten.

Darum auf Rügen am besten fahren, als wäre man in Italien unterwegs, soll heißen: Sobald man eine geschlossene Ortschaft verlässt, das Licht anschalten.

Tankstellen gibt es selbstverständlich in allen größeren Orten (Bergen, Binz, Sassnitz), in den abgelegenen Gebieten kann es schon mal eng werden. Auf Wittow findet man eine Tankstelle in Altenkirchen, auf Jasmund (außer in Sassnitz) noch eine in Sagard. Im Mönchgut fehlen Tankmöglichkeiten völlig, lediglich etwas weiter nördlich zwischen Baabe und Sellin wird man fündig. Wer im Süden Rügens tanken will, muss nach Putbus, auf die B 96 bei Samtens oder nach Bergen. Letzteres gilt auch für den Westen, hier gibt es außer in Gingst keine Tankstelle.

Fährverbindungen

Wegen des 1936 fertig gestellten Rügendamms haben Fährbetriebe von und nach Rügen weitgehend an Bedeutung verloren. Drei wichtige Fährverbindungen aber haben sich bis ins 21. Jh. erhalten und werden auch weiter bestehen. Die Fähren sind alle Teil der *Weißen Flotte*, zu der auch die Schiffe der Reederei Hiddensee gehören.

Weiße Flotte, Fährstr. 16, 18439 Stralsund, ☎ 03831-26810, Infos auch unter ☎ 0180-3212120, 📠 03831-268130, www.weisse-flotte.de.

▶ **Glewitzer Fähre**: der „Seiteneinstieg" auf die Insel. Vom kleinen Örtchen Stahlbrode (19 km südlich von Stralsund, auf der B 96 Richtung Greifswald, bei Reinberg ab) pendelt die Fähre alle 20 Minuten über den Strelasund auf die Halbinsel Zudar. Von dort geht es auf der Landstraße nach Garz und weiter Richtung Putbus oder Bergen. Die Fähre verkehrt nur von Mitte April bis Ende Oktober.

Glewitzer Fähre: Mitte April bis Okt. tägl. 6–20 Uhr (Mai bis Sept. bis 21.30 Uhr). Pkw (inkl. Fahrer) 4,80 €, Fahrzeug bis 3 t Gesamtgewicht 7,80 € (inkl. Fahrer), jede weitere Person 1,20 €, Kinder 4–11 Jahre 0,80 €, Kinder unter 4 Jahren frei, Motorrad 3,90 €, Fahrrad 1,20 €. Auskunft ☎ 0172-7526836.

▶ **Wittower Fähre**: der „Short-cut" zum Kap Arkona, dem nördlichsten Punkt Rügens. Die Fähre verbindet die Südspitze der Halbinsel Wittow mit dem Kernland Rügens. Auf diese Weise kann man sich bei der Fahrt von Stralsund nach Wittow den gesamten Umweg ab Bergen über Jasmund und die Schaabe sparen. Das Gleiche gilt natürlich auch in umgekehrter Richtung.

Auf der Glewitzer Fähre

Wittower Fähre: Pendelverkehr ganzjährig von morgens 5.50 Uhr (ab Nordseite) bis 20 Uhr (ab Südseite), von Mai bis Aug. eine Stunde länger, von Nov. bis März eine Stunde kürzer. Pkw (inkl. Fahrer) 4 €, Fahrzeug 3–5 t Gesamtgewicht 5,80 € (inkl. Fahrer), jede weitere Person 1,20 €, Motorrad 3 €, Fahrrad 1,20 €, Kinder (4–11 Jahre) 0,80 €. Auskunft Wittower Fähre ☎ 0172-7526838.

▶ **Fähren nach Hiddensee**: Um auf die Insel Hiddensee zu gelangen, kommt man um die Fähre nicht herum. Der wichtigste Hafen des Fährverkehrs nach Hiddensee auf Rügen ist *Schaprode*, die wichtigste Linie ist die *Reederei Hiddensee* (ganzjährig, mehrmals täglich). Vom Frühjahr bis zum Herbst besteht auch eine Verbindung von und nach Stralsund (→ S. 66). Im Sommer kann man zudem von Wiek, Breege und Ralswiek übersetzen (allerdings selten). Näheres im Kapitel *Hiddensee* → S. 248 ff.

Mit Bus und Bahn

Bahnverbindungen: Eine Bahnlinie verbindet Stralsund mit Bergen und darüber hinaus mit Binz und mit Sassnitz. Eine Besonderheit Rügens stellt die *historische Kleinbahn* dar, liebevoll *Rasender Roland* genannt (→ S. 118). Die Bahn fährt von Putbus aus zu den wichtigsten Ostseebädern: zunächst nach Binz, dann durch die Granitz nach Sellin und ins Mönchgut über Baabe nach Göhren. Auch wenn die Schmalspurbahn zu den Touristenattraktionen der Insel gehört und nostalgisch unter Dampf stehend nur 30 km/h schafft, ist sie auch als gewöhnliches Nahverkehrsmittel durchaus brauchbar und ernst zu nehmen.

Das *Busnetz* auf der Insel ist verhältnismäßig dicht, so dass man auch die entlegenen Gebiete beispielsweise im Westen mit öffentlichen Verkehrsmitteln gut erreichen kann, wenn man zeitlich ein wenig flexibel ist. Zwei Hefte mit Busfahrplänen sind auf der Insel erhältlich. Das Heft *Fahrpläne* ist für den reinen Rügenbesucher nicht geeignet, da es zwar auch das Hinterland Stralsunds (es umfasst die gesamte Region Nordvorpommern) abdeckt, dafür aber im Gegenzug eine Hand voll Verbindungen auf Rügen unterschlägt. Empfehlenswerter ist das Heft speziell für Rügen, der *FahrPlan* der RPNV (Rügener Personennahverkehrs GmbH), da es alle Verbindungen der Insel lückenlos, also beispielsweise auch der Rügenschen Kleinbahnen auflistet. Außerdem sind die

Der Rasende Roland

Verbindungen der Deutschen Bahn, von Rugia-Reisen (die u. a. eine wichtige Buslinie auf Rügen betreibt), des Nahverkehrs Stralsund sowie der Reedereien Hiddensee, Kipp und der Weißen Flotte aufgeführt.

Ein wenig verkompliziert wird die Suche nach der passenden Abfahrtszeit durch die Unterscheidung von Schultagen (S) und Ferientagen (F). Oft steht ein und dieselbe Verbindung zweimal nebeneinander mit dem einzigen Unterschied, dass die Haltestelle „Schule" übersprungen wird, andere Verbindungen hingegen fallen in den Ferien gänzlich flach.

Die interessantesten Busverbindungen: Die *Linie 20* fährt die Ostküste ab und dabei alle namhaften Ostseebäder Rügens sowie Sassnitz an, Endstation ist der Königsstuhl (bzw. Klein Zicker).

Die Verbindung nach *Bergen* übernehmen die Linien 23 und 24: Die *Linie 24* fährt bis Serams, hier muss man umsteigen in die 20. Nur sehr selten fährt die 24 weiter über Sellin durch das Mönchgut bis Klein Zicker. Die *Linie 23* dagegen steuert via Binz und Sassnitz den Königsstuhl an.

Generell ist Bergen der Knotenpunkt des öffentlichen Nahverkehrs, kaum eine Linie, die in der Inselhauptstadt nicht Halt macht.

Weitere interessante Linien sind die *Linie 12*, die von Bergen aus Wittow ansteuert (von Altenkirchen nach Putgarten mit *Linie 11*), sowie *Linie 35*, die von Bergen nach Schaprode und damit zum Fährhafen nach Hiddensee fährt. Schließlich sei noch die auch von Lesern empfohlene *Linie 30* genannt: Zwar gibt es schnellere Wege von Bergen (bzw. Serams) nach Stralsund, doch ist die südliche Route via Putbus und Garz entlang zahlreicher Alleen besonders reizvoll.

Gegen Schutzgebühr sind die Fahrpläne in den größeren Informationsbüros (Infothek am Busbahnhof Bergen in der Friedensstr. 24) oder direkt bei der Rügener Personennahverkehrs GmbH erhältlich. Tilzower Weg 33, 18528 Bergen auf Rügen, ☎ 03838-822910 (Info-Tel. 03838-202955), 📠 03838-822929, www.rpnv.de.

> **Achtung**: Die in den Ortskapiteln unter *Verbindungen/Bus* aufgeführte Verbindungen bezieht sich auf den Sommerfahrplan, der in der Regel von Mai bis September gültig ist. Im Winterhalbjahr verkehren die meisten Linien seltener.

Schließlich gibt es noch die oft als Spielzeug-Eisenbahnen verkleideten Touristenkutschen in den größeren Ostseebädern (nur zur Saison). Sie sehen aber nicht nur niedlich aus, sondern sind zuweilen auch nützlich. Auch wenn die Elektromotoren nicht gerade einen Geschwindigkeitsrausch erzeugen, werden sie in den Ostseebädern durchaus als eine Art „Stadtbus" genutzt.

Hiddensee ist wie in vielem eine Ausnahme: Die Insel ist (nahezu) autofrei. Wer schweres Gepäck mit sich führt, ist auf die eigene Muskelkraft (mit oder ohne Handwagen) oder eben auf die klassischen zwei Pferdestärken im Gespann angewiesen. Fuhrunternehmen bieten sowohl Gepäcktransport als auch Ausflugs- oder „Taxi"fahrten zwischen den Inselorten an. Außerdem verbindet ein Inselbus (gleichzeitig Schulbus und „Linientaxi") die Orte auf Hiddensee.

Mit dem Fahrrad

Mit dem Mountainbike auf Rügen? Bei einer maximalen Höhe von 161 m nicht wirklich notwendig. Allerdings wird man auf „Platte" oder dem nostalgischen Kopfsteinpflaster zuweilen für die Vollfederung des Rades dankbar sein.

Apropos *Kopfsteinpflaster*: Sehr hübsch anzusehen ist der alte Straßenbelag vor allem unter den Bäumen entlang der Alleestraßen. Allerdings handelt es sich hier zuweilen um eine brisante Mischung: Kopfsteinpflaster ist bei Nässe nicht eben für seine Griffigkeit bekannt; liegt auch noch Laub darauf, kann einem die Bodenhaftung unter dem Fahrrad schon mal entgleiten, also Vorsicht bei der Fahrradtour nach Regen und besonders im Herbst. Eine weitere Gefahrenquelle für Fahrradfahrer auf Alleen ist das Problem mit der Sichtbarkeit. Im ständigen Wechsel von Licht und Schatten unter den langen, teils dichten Baumreihen ist es für Autofahrer nicht immer einfach, den Durchblick zu behalten.

Grundsätzlich sind die *Radwege* gut ausgebaut. Über 200 km ziehen sich über die Insel, ein Großteil des Wegenetzes liegt in der Granitz und auf dem Mönchgut (fast durchgehend als Radweg ausgebaut ist die Strecke von Klein Zicker im Süden des Mönchguts bis Binz und Prora). Manche Wegstücke muss sich der Radler mit den Wanderern teilen, dafür hat man so manche Nebenstraße, auf die sich nur sehr selten ein Auto (und wenn, dann meist ein Trecker) verirrt, für sich allein.

Die *Mitnahme von Fahrrädern* im öffentlichen und privaten Nahverkehr ist grundsätzlich möglich. Aber wenn bereits eine Radlergruppe ihre MTBs im Mittelgang des Busses abgestellt hat, kann es natürlich eng werden. Auf wichtigen Strecken werden deswegen zur Saison manche Busse (im Fahrplan ersichtlich) mit Anhängern ausgestattet, um Fahrräder zu transportieren. Zudem dreht im Sommer der Fahrradbus *RADzfatz* seine Runden über die Insel. Auch in der Regionalbahn und in der Schmalspurbahn ist die Fahrradmitnahme kein Problem.

Auf die Fähren nach Hiddensee kann man das Fahrrad natürlich ebenfalls mitnehmen (wo sonst könnte man es dringender brauchen), doch auch hier gilt: nur solange der Platz reicht. Allerdings gibt es ein Schiff der Reederei Hiddensee, die *MS Vitte*, auf der die Mitnahme des Rads garantiert wird, da es über einen großen Frachtraum verfügt. Es verkehrt abwechselnd auf den Strecken Stralsund–Hiddensee und Schaprode–Hiddensee (im Fahrplan gekennzeichnet). Im Prinzip ist die Fahrradmitnahme auch auf allen Ausflugsschiffen möglich, die von den Ostseebädern aus die Kreidefelsen anfahren und gleichzeitig Göhren, Sellin, Binz und Sassnitz auf dem Seeweg verbinden.

Abschließend noch einige **Tourenvorschläge**:

Sehr beliebt ist die Tour durch das **Mönchgut**: *Göhren – Thiessow* mit Abstecher *Groß Zicker* und *Klein Zicker*, zurück bis *Lobbe*, dann bei *Middelhagen* ab nach *Alt Reddevitz* (sehr schön: Abstecher zum *Reddevitzer Höft*, hier Platte/Schotter) und boddenseits über *Baabe* und durch die Baaber Heide zurück nach *Göhren*. Mit allen Abstechern ca. 55 km, die nördliche Rundtour ca. 26 km, Göhren – Thiessow einfach ca. 9 km. Hier bieten sich natürlich auch nur Ausschnitte der Tour an (mit entsprechend verlängertem Badeaufenthalt).

Nicht minder frequentiert: die **Granitz-Tour**: von *Binz* durch die Granitz nach *Sellin* (nördliche Route) und über das *Jagdschloss Granitz* (nennenswerte Steigung!) zurück nach *Binz*, Belag vor allem Platte, Schotter und gut fahrbare Forstwege, ca. 24 km, möglicher Abstecher: rund um den Selliner See (weiter nach Baabe zum Bollwerk, mit der Personenfähre nach Moritzdorf übersetzen und über Altensien nach Sellin zurück, ca. 10 km).

Im **Westen** bieten sich zahllose Möglichkeiten für eine Radtour, allerdings muss man meist auf wenig befahrene Landstraßen ausweichen, ausgeschriebene Radwege gibt es kaum. Ein schöne Strecke führt beispielsweise von *Patzig* (nördlich von Bergen) an den *Woorker Bergen* vorbei nach *Rappin* und zurück (wahlweise ab/bis Ralswiek). Schön, einfach und ruhig ist die *Ummanz-Rundtour* ab Waase, ca. 15 km.

Außerdem: zum **Königsstuhl**. Der Fahrradweg von *Sassnitz* zum *Königsstuhl* führt allerdings mitten durch die Stubnitz (einfach ca. 12 km), der Hochuferweg ist für das Fahrrad weder geeignet noch gestattet. Weiter dann auf wenig bis normal frequentierten Landstraßen bis *Glowe*, über die *Schaabe* führt ein Fahrradweg parallel zur Straße durch das Kiefernwäldchen.

Für Ambitionierte: Rund um den **Großen Jasmunder Bodden**: *Lietzow – Glowe – Breege – Wiek – Wittower Fähre – Trent – Neuenkirchen – Rappin – Ralswiek – Lietzow* (über 70 km); oder die **Große Rügenrundtour** (ca. 270 km).

Tipp: Bei der Planung einer Radtour sollte man bedenken, dass Meer und Bodden Wasserstraßen sind. Warum also nicht die Tour z. B. in Göhren oder Breege enden lassen und dann mit dem Schiff ein Stück zurück? Die Schiffs- und Bus-Verbindungen sind in den jeweiligen Ortskapiteln angegeben.

Infomaterial zum Radwegenetz ist u. a. bei der Tourismuszentrale in Bergen erhältlich.

Mit ganz großem Pool: „Ferienhausbootsiedlung" bei Lauterbach

Übernachten

**Das Angebot ist groß und vielfältig, schließlich spielt auf Rügen der Touris-
mus eine zentrale Rolle. Insgesamt verteilen sich über 45.000 Betten und
Stellplätze auf 157 Hotels, 111 Pensionen und Gasthöfe, 22 Campingplätze,
zwei Jugendherbergen, mehrere Ferienparks und zahllose Ferienwohnungen und -häuser.**

Aber Hotel ist nicht gleich Hotel. Auf Rügen gibt es das ganze Spektrum: Nobelho-
tels, die gleichzeitig Wellness-Tempel und/oder Kurhäuser sind, Hafen- und Land-
hotels, Erlebnis- und Kunsthotels, in denen jedes Zimmer eine eigene Vernissage
sein könnte, sowie Schlosshotels und zu Nobelunterkünften umgebaute Herrenhäuser. Hinzu kommen zahllose Pensionen, einfache Gasthäuser mit Fremdenzim-
mern, Appartement-Anlagen und -Häuser (auch auf Reiterhöfen, und sogar in
schwimmende Ferienhäuser kann man sich einbuchen), privat vermietete Zimmer,
Jugendherbergen, Caravanstell- und Campingplätze. Die Liste ist jedenfalls lang.

Die großen, sehr noblen *Hotels* haben sich natürlich vor allem in den Ostseebädern
niedergelassen, allen voran in Binz. Die meisten von ihnen verfügen neben der
schon fast obligatorischen Saunalandschaft auch über einen Wellness-Bereich mit
entsprechendem Angebot. Alternativ zum Hotel kann man sich in den Ostseebädern auch stilvoll in alten *Bädervillen* einquartieren, die – sorgfältigst saniert –
wieder oder noch immer als Appartement-Häuser für Badegäste zur Verfügung stehen. Exklusiv wohnt man außerdem in den zu Nobelherbergen umgebauten Schlös-
sern Ralswiek und Spyker, und den oft allein auf weiter Flur stehenden Herrenhäusern. Auf dem Land bietet der gute alte Dorfkrug meist auch Übernachtungsmöglichkeiten, zuweilen hat sich die einfache Gastwirtschaft in ein veritables
Landhotel verwandelt. Schwieriger sieht es mit *Jugendherbergen* aus. Derzeit gibt es

auf Rügen lediglich zwei: in Binz und in Sellin; am Rand der Stralsunder Innenstadt gibt es außerdem ein Hostel. Geplant ist zudem, einen (kleinen) Teil Proras in ein riesiges Jugendhotel umzubauen, wann aber (und ob überhaupt) dieses Projekt in Angriff genommen wird, ist unklar. Camper hingegen kommen voll auf ihre Kosten. Über zwanzig *Campingplätze* verteilen sich über die Insel, die größte Dichte findet man rund um den Bakenberg auf Wittow, Feriencamps und -siedlungen haben hier eine lange Tradition. Es gibt aber auch einsam gelegene Campingplätze (wie z. B. bei Lohme oder bei Alt Reddevitz).

Wer auf der Suche nach einer *Ferienwohnung* oder einem *Ferienhaus* ist, bestellt sich am besten den Gastgeberkatalog bei der Tourismuszentrale in Bergen oder informiert sich direkt im Internet. Das Angebot an Anbietern und Vermittlern ist allerdings recht unübersichtlich. Tipp: Die Websites der lokalen Tourist-Informationen (die jeweiligen Adressen sind im Reiseteil verzeichnet) verfügen meist über einen umfassenden Überblick über die Objekte vor Ort, sind soweit möglich verlinkt und bieten oft auch einen Buchungsservice an.

Eine gute Adresse zum Einstieg ist die offizielle Homepage der Touristenzentrale www.ruegen.de (und weiter über „Gastgeber Übersicht"). Abschließend noch eine kleine Auswahl von Anbietern und Vermittlern: www.ruegeninsel.de; www.ruegen. im-web.de; www.frosch-ferienhaus.de; www.kreidefelsen.de; www.ruegener-reise lotse.de; www.ruegenmagic.de; www. ruegen-abc.de; schließlich für Hiddensee: www.seebad-insel-hiddensee.de; www. hiddenseeservice.de.

Die in diesem Reisehandbuch aufgeführten *Preise* entsprechen immer der Hochsaison und gelten, wenn nicht anders angegeben, für eine Übernachtung von zwei Personen im Doppelzimmer. In vielen Fällen variieren die Preise zwischen Vor-, Neben- und Hauptsaison stark, teils muss man im November gerade einmal die Hälfte zahlen im Vergleich zu den besucherintensiven Monaten Juli oder August. In anderen Fällen hingegen gelten Ganzjahrespreise.

Was die Frage betrifft, wann gerade welche Saison herrscht, gilt folgende Faustregel: Die *Hochsaison* orientiert sich natürlich an den deutschen Schulferien (Sommer), also meist beginnend mit den beiden Ferienwochen um Pfingsten und dann Ende Juni/Anfang Juli bis Ende August. Außerdem zählen in vielen Fällen auch die Tage zwischen den Jahren bis in die erste Januarwoche hinein und die Zeit rund um Ostern dazu. Das gilt vor allem auf Hiddensee und in den Ostseebädern. Die *Nebensaison* beginnt in der Regel im April (bzw. mit Ostern) und erstreckt sich – mit Ausnahme der Pfingstferien – bis Mitte/Ende Juni und dann über die Monate September und Oktober. *Nachsaison,* wenn nicht ohnehin geschlossen ist, ist der Winter (mit oben genannter Ausnahme von Weihnachten bis erste Januarwoche).

Viele Übernachtungen, vor allem in Pensionen und kleineren Hotels, werden günstiger, wenn man länger als zwei Nächte bleibt. Der fällige Aufschlag für die „ein-nächtige" Belegung ist im Reiseteil gegebenenfalls auf den jeweiligen Preis bereits draufgerechnet. In den meisten Unterkünften sind Aufbettungen möglich, die den Preis dann im Verhältnis nach unten drücken.

In den allermeisten Hotels sowie Gaststätten mit Zimmerangebot wird auch Halbpension angeboten. In den Ferienhäusern und -wohnungen fällt nach Abreise noch die Endreinigung an, die im Normalfall aber in überschaubarem Rahmen bleibt (ca. 30–40 €). Für Reservierungen oder um besondere Angebote einzuholen: Viele Übernachtungsmöglichkeiten verfügen über Internetpräsenz, die jeweiligen Adressen sind im Text vermerkt.

So gemütlich kann eine Strandhalle sein: beliebtes Restaurant in Binz

Essen und Trinken

Die vorpommersche Küche präsentiert sich überwiegend bodenständig, wenngleich nicht ohne Schnörkel und die eine oder andere Finesse. In vielen Landgasthöfen und Hafenrestaurants wird mit Großmutters Rezepturen hantiert (und geworben); die Speisekarten dominiert natürlich der Fisch: Vom Aal bis zum Zander kommt alles auf den Tisch, was Meer und Bodden hergeben. Die Zubereitungsarten sind ebenfalls umfassend: gebraten, gegrillt oder gebacken, frittiert oder gedünstet, gekocht, geräuchert und sogar roh (nicht nur als Japanimport, sondern auch eingelegt in Essig und Gewürzen als Saurer Hering). Bemerkenswert für Binnenländer: Das Ostsee-Fastfood ist vom Feinsten. Die diversen Variationen des Fischbrötchens sind ganz sicher frisch (d. h. beides: Fisch und Brötchen) und ausgezeichnet. Hinzu kommt der meist auf traditionelle Weise zubereitete Räucherfisch. Fischbrötchen und Räucherfisch gibt es in Stralsund sowie auf Rügen und Hiddensee praktisch an jeder (hafennahen) Ecke. Wer im Mai da ist und die Gelegenheit hat, sollte sich die Saisonspezialität *Hornfisch* (mit grünen Gräten!) nicht entgehen lassen.

Selbstverständlich bekommt man auch fischfreie Gerichte. Schnitzel mit Kartoffelsalat, Jäger- oder Schweinebraten, Kartoffelsuppe mit Würstchen und Speck fehlen beispielsweise auf fast keiner Karte. In den waldreichen Gebieten (Granitz, Jasmund) besteht oftmals die Möglichkeit, zwischen (relativ günstigen) Wildgerichten zu wählen. Sehr präsent auf den Speisekarten, aber nicht jedermanns Sache sind diverse Kohlgerichte. Zwar wird die pommersche Küche bei der Zubereitung mit verschiedenen kulinarischen Kunstgriffen variiert – z. B. der pommersche Braten im Heumantel oder der in Salbei gebackene Aal –, aber die einheimischen Spezialitäten bleiben vor allem eines: deftig.

Sanddorn

Die Pflanze genügsam, die Frucht vitaminreich – das ist das Erfolgsrezept des Sanddorns. In dichten, dornigen Hecken wächst die „Zitrone des Nordens" auch auf sandigem Boden (wodurch sich auch der Name erklärt), wild oder als Plantage. Den kleinen orange-farbigen Früchten werden sagenhafte Wirkungen zugeschrieben: Nicht nur, dass sie weit mehr Vitamin C haben als Zitronen (hinzu kommen die Vitamine E, K und A), sie sollen

außerdem den Cholesterinspiegel senken, Entzündungen hemmen usw. Kurz und gut: Wellness von innen, nur der Geschmack ist gewöhnungsbedürftig. Der vor 200 Jahren aus Schweden importierte Sanddorn lässt sich übrigens vielfältig verarbeiten: Saft und Marmelade sind gängig, Tee und Likör verbreitet. Destilliert gibt es den Sanddorn auch als Schnaps oder als Heißgetränk zur Erkältungsvorsorge. Schließlich wird sogar ein (zugegebenermaßen vom Geschmack her eigenwilliger) Wein gekeltert.

Es zieht allerdings inzwischen immer mehr Gourmet-Köche auf die Insel. In den Seebädern, aber auch abseits der Touristenströme hat sich eine kulinarische Landkarte entfaltet, die hochklassige Abwechslung verspricht. Kreative, herausragende Küche kann man beispielsweise im Restaurant *Knoblochs Kräuterküche* in Göhren, im *Gutshaus Kubbelkow* bei Bergen oder im Restaurant des *Panorama-Silence-Hotels* in Lohme genießen, und 2009 hat mit dem *Restaurant Nixe* in Binz auch die

Apfelblüte rund um die Edeldestille im Westen Rügens

Räucherofen

Gierschlund

Sterneküche Einzug auf der Insel gehalten. Unnötig zu erwähnen, dass die hier angebotenen Menüs ihren Preis haben.

Viele Restaurants unterschiedlicher Preisklassen werben mit einem Email-Schild, auf dem *Regionale Esskultur* und *Rügen* zu lesen ist (auf einer weißen Kochmütze, flankiert von Messer und Gabel, auf blauem Grund). Dahinter verbirgt sich ein Zusammenschluss von Lebensmittel-Erzeugern, die die Restaurants mit regionaltypischen Produkten beliefern. Auch Selbstversorger profitieren von dieser Tendenz (heißt vor allem: keine industriellen Lebensmittel, sondern vom nahen Bauernhof, der oft unter strengen ökologischen Bestimmungen erzeugt). An vielen Stellen auf Rügen kann man in Hofläden einkaufen, in der *Alten Pommernkate* in Rambin z. B., bei *Bauer Lange* in Lieschow oder im *Bio-Hofgut Bisdamitz* auf Jasmund (Tipps und Adressen zum Einkaufen in den jeweiligen Ortskapiteln).

Von diversen trinkbaren Sanddorn-Derivaten abgesehen, finden sich keine für Rügen typischen Getränke. Getrunken wird vor allem Bier. Größter regionaler Erzeuger ist die *Stralsunder Brauerei*, gebraut werden unter anderem Pils, Schwarzbier und das Bernstein-Weizen, zusammengefasst unter dem Slogan „Störtebeker – das Bier der Gerechten". Gebraut wird natürlich nach dem Deutschen Reinheitsgebot, so auch in den wenigen kleinen Gasthof-Brauereien, die in den letzten Jahren den Braubetrieb (wieder) aufgenommen haben, z. B. in der *Linde* in Middelhagen.

Auf Rügen veredeln zwei empfehlenswerte Brennereien heimische Früchte in Hochprozentiges: Die *Erste Rügener Edeldestillerie* (→ S. 233) im Westen der Insel und die Mönchguter Brennerei *Zur Strandburg* (→ S. 171). Neben den feinen Bränden (von Apfel bis Zwetschge) findet man natürlich auch Sanddorngeist im Angebot.

Reisepraktisches

Wissenswertes von A bis Z

Angeln

Wo die Fischerei eine lange Tradition hat und es Räucherfisch an jeder Ecke gibt, ist auch der Hobbyangler gut aufgehoben. Ob auf einem kleinen Boot im Bodden oder mit dem Kutter zum Hochseeangeln, zahlreiche organisierte Fahrten und Bootsverleihe stehen an Rügens Küste zur Verfügung. Exklusiv Angeln lässt es sich übrigens auch auf einer Seebrücke (z. B. in Binz), allerdings ist das nur am späten Abend oder am frühen Morgen gestattet. Natürlich ist ein Angelschein Voraussetzung, um sich auf die Jagd nach dem Abendessen zu machen. Den darüber hinaus benötigten Berechtigungsschein kann man in fast allen (küstennahen) Tourist-Informationsbüros, Kurverwaltungen oder in den diversen Anglershops erwerben (dort auch Infos zu den organisierten Fahrten z. B. zum Hochseeangeln).

Vor dem Räuchern

Baden

Über vielen Strandabschnitten Rügens weht die *Blaue Flagge*. Sie wird nach alljährlicher, strenger Prüfung vergeben und ist ein weithin sichtbares Zeichen für die ausgezeichnete Qualität des Meerwassers, die sämtliche europäischen Normen problemlos erfüllt. Sie belegt den umweltbewussten Umgang der Küstenorte mit „ihrem Stück" Ostsee. Jahr um Jahr wird die Blaue Flagge über den großen Stränden im

Osten Rügens gehisst: an der Prorer Wiek, dem Strand zwischen Sellin und Göhren sowie dem langen Strand südlich von Göhren. Aber auch an den abseitigeren Stränden kann man getrost ins Wasser gehen. Rund um Rügen und Hiddensee ist die Wasserqualität nahezu überall unbelastet und badetauglich.

Am Rande: Auch wenn die vielen weiten Buchten ideale, natürlich geschützte Bademöglichkeiten bieten, so sind doch zeitweilige oder dauerhafte Badeverbote dringend zu beachten.

Zuweilen ist noch zu hören oder zu lesen, dass die Ostseestrände auf Rügen noch immer so geteilt sind wie die Republik in den Köpfen ihrer Bürger: konservativ verhüllt (aber zahlungskräftig) auf der einen, schamlos entblößt (aber schon seit der Kindheit hier im Urlaub) auf der anderen Strandseite, dazwischen unversöhnliches Unverständnis ob der Prüderie respektive Freizügigkeit. Ganz so dramatisch ist es natürlich längst nicht mehr. An den Stränden Rügens geht es tolerant und vor allem entspannt zu. Zumal die Strände unterteilt sind: in FKK- und Textil-Abschnitte. Hinzu kommt eine dritte Strandausweisung: für Hunde (und ihre Halter), die die unangenehme Angewohnheit haben, sich nach dem Bad zu schütteln, bevorzugt in der Nähe belegter Badetücher. Doch an den Grenzen dieser Abschnittszuteilungen in Textil, Textilfrei und Fell kann es, vor allem in unmittelbarer Umgebung der Ostseebäder, vorkommen, dass die verschiedenen Seiten um jeden Zentimeter Sand erbittert ringen. Im Zweifelsfall hält man sich am besten an die Strandzuweisungen bzw. orientiert sich an den jeweiligen Gepflogenheiten. Abseits der Strandpromenaden von Binz, Sellin oder Göhren interessiert sich ohnehin kaum noch jemand dafür, was man trägt oder auch nicht.

Mit Badekarren gegen die Melancholie

Die Idee entstand im 18. Jh. in England: Um die in Adelskreisen verbreitete Gemütsschwere zu lindern, tauchte man Melancholiker jeden Alters ins Meerwasser. Salzig musste es sein und vor allem kalt. Die Schocktherapie sollte auch gegen Hysterie helfen, hieß es, und gegen Rheumatismus und Rachitis, Fallsucht, Harnwegserkrankungen etc. – die Thalassotherapie, in der Antike gängige Behandlungsmethode, war wieder entdeckt worden.

Gebadet wurde natürlich nicht im „offenen" Meer, sondern in einem blickdichten Badekarren, der ins Wasser gezogen wurde und aus dem der Patient ins Seewasser stieg. Auch als aus der ärztlich verordneten Therapie eine Mode geworden war, blieb der Badekarren in Gebrauch. Zudem wurde der Strand geteilt – in einen Herren- und einen Damenstrand sowie einen Abschnitt dazwischen, auf dem beide Geschlechter gesellig sein konnten, komplett bekleidet, versteht sich. Es wurde ohnehin kein Bad in der Sonne genommen, denn gebräunte Haut galt als ungesund und unschicklich, da nicht standesgemäß.

Fürst *Wilhelm Malte I. zu Putbus*, der die Mode Anfang des 19. Jh. nach Rügen brachte, ließ zuerst bei Putbus ein Badehaus (Goor) errichten, in dem das Meerwasser in marmorne Wannen geleitet wurde. Mit dem Wunsch aber, das Meer unmittelbarer zu erleben, ließ er Badekarren an einen Ostseestrand schaffen. Bald entstanden eine Badeanstalt, eine Strandpromenade, dazu Villen, eine Allee, ein Hotel; kurzum: Binz, das erste Ostseebad auf Rügen.

Heisepraktisches

Bakenberg

Der geografischen Bezeichnung *Bakenberg* für einen Hügel begegnet man auf Rügen und Hiddensee häufiger. Das verweist nicht unbedingt auf die Fantasielosigkeit der Insulaner. Vielmehr erklärt es einen Zweck, den die jeweilige Erhebung erfüllte. *Bake* bezeichnet eine *Landmarke* bzw. (eine Frage der Sichtweise) ein *Seezeichen*, meist in Form einer Richtfeuerbake, also ein weithin sichtbares Pech- oder Holzfeuer auf einer Hügelkuppe. Sinn und Zweck bestand zum einen darin, als Leuchtfeuer für die küstennahe Schifffahrt zu dienen. Die meisten Bakenberge findet man deshalb in Ufernähe. Die Leuchtfeuer konnten aber auch Teil eines Kommunikationssystems sein, mit dessen Hilfe sich Informationen in Windeseile über weite Strecken verbreiten ließen. Einen Bakenberg gibt es z. B. am Nordufer Wittows oder in der Stubnitz. Den schönsten „Bakenberg-Blick" hat man von der höchsten Erhebung der Zickerschen Berge (Mönchgut → Wanderung 3, S. 176). Auch Hiddensee kann mit einem Bakenberg aufwarten und zwar an seinem höchstgelegenen Punkt (→ Wanderung 8, S. 261).

Bernstein und anderes „Strandgut"

Zu einem Rügenurlaub gehört der Strandspaziergang. Mit etwas Glück und dem richtigen Blick lässt sich dabei die ein oder andere Entdeckung im Sand oder zwischen den Kieseln machen. Das beliebteste Fundstück ist ohne Zweifel der Bernstein, das „Gold der Ostsee". Der Bernstein stammt aus urzeitlichen, subtropischen Wäldern, die vor ca. 50 Mio. Jahren hier standen; genauer gesagt entstand er aus Baumharz, das aus den Stämmen quoll, sich verfestigte und im Sediment von Jahrmillionen zu einem honiggelben bis dunkelbraunen Stein gepresst wurde. Bereits seit der Bronzezeit wurde Bernstein zu Schmuck verarbeitet. Auch heute noch gibt es kaum einen Souvenirladen auf Rügen oder Hiddensee, der nicht Bernstein-Schmuck im Sortiment hat. Besonders gefragt und wertvoll sind Steine mit *Inklusen*: kleine Luftbläschen, subtropische Pflanzenstücke oder urzeitliche Insekten, die vom noch zähflüssigen Harz umschlossen worden waren und so über Millionen Jahre konserviert wurden. Wer sich ernsthaft auf die Suche nach Bernstein machen will, geht am besten nach schwerer See an den Strand.

Weitere beliebte Fundstücke auf Rügen sind die so genannten *Donnerkeile*. Das sind Fossilien von Belemniten, urzeitlichen Kopffüßern. Der Name der länglichen, kegelförmigen Fossilien geht auf Thor, den germanischen Donnergott zurück. Wo die von ihm geschleuderten Blitze einschlugen, blieben die Donnerkeile zurück, so der alte Volksglaube. Traditionelle Glücksbringer sind die *Hühnergötter*, Feuersteine mit oft kreisrunden Löchern. Die Löcher sind die Folge von Einlagerungen, die sich im Laufe der Jahrhunderte auflösten, während der Feuerstein überdauerte. Früher wurden die Hühnergötter mit einer Schnur zusammengebunden und an Hühnerställe gehängt, damit das Federvieh gesund blieb.

Fossiliensammler sollten sich übrigens keinesfalls der Versuchung hingeben, auf jüngst abgegangenen Küstenabbrüchen herumzuklettern. Auch wenn sie reiche Beute versprechen, auf einen Kreide- oder Lehmrutsch kann ohne Vorwarnung ein zweiter folgen, und dann besteht Lebensgefahr (siehe auch den Warnhinweis unter Wandern, S. 56).

Bodden

Ein Bodden ist, kurz gefasst, das Gegenteil einer Halbinsel. Die oft weit ins Land hineinreichenden, flachen Buchten öffnen sich meist nur an einer engen Stelle zum Meer hin. Es entstehen Binnenseen vergleichbare Gewässer, deren Wasser ruhiger und wärmer ist als das der Ostsee. Da nur ein sehr beschränkter Wasseraustausch mit dem Meer stattfinden kann, haben Bodden einen geringen Salzgehalt (daher auch die Bezeichnung *Brackwasserseen*). Die unregelmäßigen, oft mit Schilf bewachsenen Ränder der Bodden sind typisch für die Ostseeküste Mecklenburg-Vorpommerns und prägen auch Rügens Küstenlandschaft.

Bis in die Mitte des 19. Jh. gab es auf Rügen nur einen einzigen riesigen Bodden, der sich zwischen Jasmund und Zentralrügen erstreckte. Mit dem Bau des Eisenbahndamms, der seither via Lietzow Bergen mit Sassnitz verbindet, wurde der Brackwassersee in den *Großen* und den *Kleinen Jasmunder Bodden* geteilt.

Nicht immer ganz einfach ist die Unterscheidung zwischen Bodden und *Wiek* (→ S. 56). Eine Wiek bezeichnet ebenfalls eine seichte Bucht, die sich aber im Normalfall zum Meer hin weit öffnet, beispielsweise die Prorer Wiek an der Schmalen Heide oder die Tromper Wiek bei der Schaabe. Andererseits wird die schmale Meerenge bei Zudar als kleine Schoritzer Wiek bezeichnet, die dann in den weiten Rügischen Bodden mündet; und auch die Bucht, die durch die Halbinsel Bug vom offenen Meer getrennt wird, trägt nicht gerade zur Klärung bei: das Gewässer heißt nämlich Wieker Bodden.

Diese Wiek heißt Hagensche Wiek und mündet in den Greifswalder Bodden

Ermäßigungen

Bei den meisten Museen, Bädern, Ausflugsdampfern etc. gelten die üblichen Ermäßigungen für Schüler und Jugendliche, oft auch für Studierende und Rentner, manchmal zudem für Soldaten und Zivildienstleistende. In der Regel zahlen diese Personengruppen bei Vorlegen eines entsprechenden Ausweises die Hälfte des Eintrittspreises.

Feste, Festivals und Veranstaltungen

Das Angebot an Festen und Veranstaltungen auf Rügen ist groß und breit gefächert. Für praktisch jede Altersgruppe ist etwas dabei. Das Spektrum reicht vom klassischen Kurkonzert über Segelregatten, Beachvolleyball- und Strandfußball-Turniere bis hin zu Hafenfesten, Mittelaltermärkten sowie Musik- und Kabarettfestivals.

Topevent der Insel sind die Störtebeker-Festspiele in Ralswiek Mitte/Ende Juni bis Anfang September: Störtebekers Abenteuer werden auf einer Naturbühne eindrucksvoll in Szene gesetzt, mit dem Großen Jasmunder Bodden als Kulisse. In der sommerlichen Hochsaison werden auch am Kap Arkona Open-Air-Theaterstücke aufgeführt. Abendunterhaltung das ganze Jahr über und mit einem Dach über dem Kopf bietet das Theater von Putbus, untergebracht in einem sehenswerten klassizistischen Bau. Das Programm reicht von Klamauk bis Klassik.

Ein Grund zum Feiern findet sich im Übrigen immer: sei er skurril (Pferdefasching), gängig (Osterfeuer), bodenständig (Spargelfest) oder nostalgisch (Wallensteintage). Die Ostseebäder, die eine Seebrücke besitzen, lassen es sich selbstverständlich nicht nehmen, ein Seebrückenfest zu feiern. Hinzu kommen meist noch Frühlings-, Sommer- und/oder Herbstfeste. Das gute alte Kurkonzert hat hier natürlich keineswegs ausgedient. In Göhren zum Beispiel kann man kostenlos Klassik an der Strandpromenade im historischen Pavillon genießen.

Um einen Überblick über die Feste und Veranstaltungen zu erhalten und die dazugehörenden Termine, wendet man sich am besten an die Tourismuszentrale in Bergen oder an die Kurverwaltung/Touristeninformation des ausgewählten Urlaubsortes (Anschrift → S. 49, *Information* bzw. in den jeweiligen Ortskapiteln). In der Regel erscheinen die Veranstaltungskalender im Frühjahr.

Findlinge

Die „Wanderer des Nordens", deren markanteste Exemplare vor Rügens Küste aus dem Wasser ragen, stammen ursprünglich aus Skandinavien. Die teils gigantischen Granitfelsen waren mit den gewaltigen Inlandgletschern der Eiszeit auf die Insel transportiert worden. Vielen der erratischen Blöcke wurden vom Volksmund Namen gegeben, und es entstanden Geschichten und Legenden rund um die jeweiligen Steine. Der größte Findling an der deutschen Ostseeküste beispielsweise liegt bei Göhren: Der 1600 Tonnen schwere Fels heißt *Buskam*. Der Sage nach war er ein beliebter Treffpunkt von Hexen und Meerjungfrauen. Weitere bekannte Findlinge sind der *Waschstein* zu Füßen des Königsstuhls und der *Siebenschneiderstein* am Kap Arkona.

FKK

→ Baden, S. 43.

Vorgeschichtliche Grabhügel: die Woorker Berge

Großsteingräber und Grabhügel

Als ein Wissenschaftler und Kartograf sich im frühen 19. Jh. daran machte, die Großsteingräber zu zählen, die sich auf Rügen befanden, kam er auf weit über 200. Heute ist nicht einmal mehr ein Viertel davon erhalten, was aber dennoch ein bemerkenswert dichtes Vorkommen prähistorischer Grabanlagen im nordeuropäischen Raum darstellt. Bedenkt man dann noch, dass zahlreiche Gräber bereits vor dem 19. Jh. zerstört wurden, um die Steine als Baumaterial z. B. für Kirchen zu benutzen, wird die Dichte noch eindrucksvoller.

Die Großsteingräber, auch Megalith- oder Hünengräber genannt, sind Relikte der Jungsteinzeit (ab 3000 v. Chr.). Sie bestehen aus trapezförmig angeordneten Findlingen und/oder Dolmen, also zwei oder mehreren Gesteinsblöcken, auf denen oft tonnenschwere Decksteine liegen. Die sehenswertesten Megalithgräber befinden sich südlich von Lancken-Granitz.

Die Grabhügel stammen aus der Bronzezeit (ab etwa 1800 v. Chr.). Im Inneren der künstlich geschaffenen Hügel wurde die Asche der Verstorbenen in Urnen und mit wertvollen Grabbeigaben beigesetzt. Der größte Grabhügel ist *Dobberworth* bei Sagard, aber sehenswerter sind die 13 Grabhügel der *Woorker Berge*, das größte Grabhügelfeld Norddeutschlands.

Die ebenfalls künstlich aufgeworfenen Wallanlagen z. B. in Garz oder am Kap Arkona sind hingegen keine prähistorischen Monumente. Vielmehr handelt es sich um die Reste von Fluchtburgen aus slawischer Zeit.

Hunde

Rügen, Stralsund und Hiddensee sind ideale Urlaubsziele für Hundebesitzer. An den gut besuchten Stränden sind extra Abschnitte für Hunde und ihre Halter ausgeschrieben, an den abseitigen Ufern stört sich niemand an den Vierbeinern. In nahezu jedem gastronomischen Betrieb, von der einfachen Bierkneipe bis zum Gourmet-Tempel, wird zu den Getränken auf dem Tisch meist auch dem Hund eine Schale Wasser angeboten. Die meisten Hotels, Pensionen, Appartements etc. erlauben Hunde in den Zimmern, in der Regel für einen Aufpreis zwischen 2 € und 10 € am Tag. Auf Campingplätzen gilt natürlich Leinenzwang. An die Leine müssen Hunde ebenfalls im Nationalpark, den Schutzzonen des Biosphärenreservates und den ausgeschriebenen Naturschutzgebieten.

Information

Die Informationslage auf Rügen und in Stralsund ist übersichtlich und gut organisiert. Es gibt drei zentrale Anlaufstellen: die *Tourismuszentrale der Hansestadt Stralsund,* die *Tourismuszentrale Rügen* in Bergen auf Rügen (in Bergen zusätzlich noch eine Touristinformation nur für die Stadt) und die *Insel Information Hiddensee* in Vitte. In allen drei Büros ist umfangreiches Infomaterial erhältlich, zudem werden Zimmer vermittelt.

In den touristisch erschlossenen Gebieten befinden sich gut ausgestattete Informationsbüros, manchmal sind sie identisch mit der Kurverwaltung. In den größeren Orten an der Ostküste gibt es jeweils beide Varianten. Für Urlauber ist die Touristen-Info die beste Anlaufstelle, wenn diese geschlossen sein sollte (z. B. außerhalb der Saison), hilft natürlich auch die Kurverwaltung weiter (die zudem in manchen Fällen Zusatzangebote liefert, wie Fahrradverleih, Internetzugang, Bibliothek etc.). Schwieriger ist die Lage, was Informationen angeht, in den ländlichen Gebieten: Manch kleines Büro liegt sehr versteckt, andere scheinen ihre Öffnungszeiten geheim halten zu wollen. Adressen, Öffnungszeiten, Angebote etc. der diversen (auch privaten) Anlaufstellen für Reisende sind in den entsprechenden Ortskapiteln vermerkt.

Tourismuszentrale Rügen, Bahnhofstraße 15, 18528 Bergen auf Rügen, ✆ 03838-80770, ✆ 03838-254440, www.ruegen.de.

Tourismuszentrale der Hansestadt Stralsund, Alter Markt 9, 18439 Stralsund, ✆ 03831-24690, ✆ 03831-246922, www.stralsundtourismus.de.

Insel Information Hiddensee, Norderende 162, 18565 Vitte, Insel Hiddensee, ✆ 038300-64226 o. 64227, ✆ 038300-64225, www.seebad-insel-hiddensee.de.

Karten

Rügen, Stralsund und Hiddensee sind aufs Ausgiebigste kartografisch erfasst. Um sich im Kartendschungel nicht zu verlaufen, bevor man das erste Blatt auch nur aufgeschlagen hat, hier eine Auswahl:

● *Rügen* Die mit Abstand gelungensten kartografischen Werke zu Rügen und Hiddensee sind die **Rad- und Wanderkarten** des *Klemmer Verlags,* Waren/Müritz www.klemmer-verlag.de, 2. Aufl. 2011 (6,90 €), und des *Studio Verlags,* Norderstedt, www.studioverlag-maiwald.de, 4. Aufl. 2007/08 (6,90 €). Beide im Maßstab 1:50.000 stecken voller Informationen, sind exakt und decken die gesamte Insel Rügen ab, inklusive Stralsund und Hiddensee. Nachteile: wegen der Größe etwas unhandlich (v. a. beim Radfahren). Nichtsdestotrotz unbedingt empfehlenswert.

Im Maßstab 1:30.000 bieten sich die **Rad- und Wanderkarten** aus dem Verlag *grünes herz,* Ilmenau an, www.gruenes-herz.de. Leider decken die Detailkarten die Insel Rügen nicht vollständig ab. Was die vorliegenden Gebiete angeht, sind die Karten an Übersichtlichkeit und Handlichkeit unübertroffen, allerdings teilweise nicht absolut exakt. Es liegen vor: **Bergen/Putbus** (2. Aufl. 2005), **Mönchgut/Granitz** (7. Aufl. 2006) inkl. Ausschnitt Prora, **Halbinsel Jasmund** (4. Aufl. 2005) inkl. Ralswiek und Ausschnitt Prora, **Wittow/Kap Arkona** (5. Aufl. 2005) sowie **Hiddensee/Ummanz** (2. Aufl. 1996) im Osten bis Gingst (alle Karten je 3,75 €).

Kartenstudium vor der nächsten Etappe

Ungewöhnlich ist das von einer Grafikerin handgezeichnete und im Eigenverlag mittlerweile in 5. Auflage erschienene Kartenwerk *Insel Rügen Intim*, 2003/04 (6,60 €, auf Rügen oder unter insel-intimverlag@t-online.de erhältlich). In erfrischend unprofessionellem Layout präsentieren sich die beiden maßstabsfreien Karten mit vielen informativen, handschriftlichen Vermerken sowie kleinen Zeichnungen der Sehenswürdigkeiten. Obwohl auch Wander- und Radwege vermerkt sind, sind die Karten nicht unbedingt für die präzise Orientierung vor Ort geeignet. Das Ganze ist eher etwas zum Anschauen und Schmökern.

● *Stralsund* Für Stralsund brauchbar ist der kostenlos von der Tourismuszentrale zur Verfügung gestellte Orientierungsplan. Unglücklich hingegen Falk: zu weitläufig ist das gesamte Stadtgebiet verzeichnet, während der Innenstadtausschnitt eher ungenau bleibt. Nützlich um abzuschätzen, ob sich der Taxifahrer auf der Fahrt nach Grünhufe einen Umweg gönnt, ansonsten eher weniger.

● *Hiddensee* Für die Insel empfiehlt sich die Karte **Hiddensee** aus dem *Nordland Kartenverlag*, Schwerin (www.nordland-wanderkarten.de), Maßstab 1:30.000, ca. 5 €. Sie enthält alle wichtigen Informationen und ist übersichtlich gestaltet.

Zudem ist Hiddensee in der **Rad- und Wanderkarte Rügen** des *Studio Verlags* sowie der **Rad- und Wanderkarte Hiddensee/Ummanz**, Verlag *grünes herz* erfasst (→ oben).

Alle Karten sind in der Regel über den Buchhandel erhältlich, sicher aber vor Ort (zumindest in den jeweiligen Informationsbüros) zu erwerben.

Kuren

→ Wellness, S. 56.

Kurtaxe

Dass der Obolus in verschiedenen Urlaubsorten unterschiedlich ausfällt, hat damit zu tun, dass die Erhebung der Kurtaxe Sache der Städte und Gemeinden ist. Die Berechnung richtet sich nach der Zahl der Aufenthaltstage. Oftmals schließt die Kurkarte einige Angebote mit ein: ermäßigter Eintritt zu Museen beispielsweise oder freie Fahrt mit den kleinen „Bäder-Bähnchen".

Normalerweise erhält zunächst der Vermieter den Betrag, der ihn dann an die Gemeinde weitergibt. Insgesamt wird der Umgang mit der Kurkarte auch in vernünftigem Maß gehandhabt. Nicht überall stehen Kontrolleure an den Strandpromenaden und patrouillieren am Strand. Allerdings werden Tageskurkarten immer häufiger erhoben. Dann ist die Strandnutzung nur mit Kurkarte gestattet, und am Zugang zum Strand steht ein Automat, an dem man sich ein „Ticket" ziehen kann...

Liete

Lieten sind Schluchten in der Steilküste, die von Bächen und Regenwasser in die weichen Kreidefelsen gekerbt werden. Die durch Erosion oft tief eingeschnittenen Scharten wurden früher oft auch als Vitten genutzt, also als saisonaler Treffpunkt von Heringfischern und -händlern. Der Ort Vitt auf Wittow liegt zum Beispiel ungemein idyllisch in einer Liete, andere finden sich – durch den Hochuferweg zugänglich gemacht – an Jasmunds Kreideküste, u. a. die enge, steile Schlucht des Kieler Bachs.

Literaturtipps

● *Allgemeines* **Lexikon Mecklenburg-Vorpommern**, Rostock 2007 (Hinstorff). *Das* Nachschlagewerk zu Mecklenburg-Vorpommern, 1483 Stichworte kenntnisreich und prägnant auf 768 Seiten verteilt; verspricht, ein umfassendes Lexikon zu sein und wird diesem Anspruch auch gerecht.

Pfotenhauer, Angela (Text); Lixenfeld, Elmar (Fotos): **Backsteingotik**. Bonn 2005 (monumente edition). Informative, vorzüglich bebilderte, großformatige Publikation der Deutschen Stiftung Denkmalschutz über die Norddeutsche Backsteingotik im Allgemeinen und herausragende Bauten.

Kiesow, Gottfried: **Wege zur Backsteingotik. Eine Einführung**. Bonn 2003 (monumente Publikationen). Ein Muss für jeden, der sich in die Materie einarbeiten will, kenntnisreich, hochinformativ und gut lesbar.

Hartmut Schmied: **Mecklenburg-Vorpommern**. Freiburg 2001 (Eulen). Aus der Reihe „Die schwarzen Führer", Mysteriöses, Historisches, Sagenhaftes. Zuletzt auch erschienen unter: Hartmut Schmied: **Geister, Götter, Teufelssteine**. Rostock 2005 (Hinstorff).

Kutschar, Manfred: **Flora & Fauna an der Ostseeküste Mecklenburg-Vorpommerns**. Schwerin 1995 (Demmler).

● *Stralsund* Pfotenhauer, Angela (Text); Lixenfeld, Elmar (Fotos): **Wismar und Stralsund**. Bonn 2002 (monumente edition): hervorragend bebilderte Publikation der Deutschen Stiftung Denkmalschutz.

Matuschat, Jörg: **Stralsunder Geschichte von A bis Z**. Stralsund 2004 (Eigenverlag). Vom Alten Markt bis Zuckerfabrik, kaum ein Gebäude, eine historische Begebenheit

oder bedeutende Persönlichkeit bleibt ausgespart, der Schwerpunkt liegt auf den baulichen Monumenten, gut bebildert und mit zahlreichen Skizzen versehen.

Volksdorf, Dietmar u. a.: **Das Scharfrichterhaus von Stralsund**. Mit einem Exkurs zur Geschichte des Scharfrichters in Stralsund. Stralsund 2004 (Schriftenreihe Stralsunder Denkmale, Heft 1): Ein spannendes Stück Architektur- und Sozialgeschichte, informativ und gut geschrieben.

● *Rügen* Jung, Georg: **Kleines Lexikon Rügen**. Hamburg 2001 (Zeiseverlag). Handlich und informativ.

Schmidt, Ingrid: **Götter Mythen und Bräuche von der Insel Rügen**. Rostock 1997 (Hinstorff).

Farin, André: **Schaurig-schönes Rügen. Von Steinzangern, Schatzsuchern und schießenden Jungfrauen**. Putbus 2007 (Rügen Edition). Anekdotensammlung von der Insel, nicht immer schaurig, aber vergnüglich.

Seydel, Renate (Hrsg.): **Rügen. Ein Lesebuch**. München 2001 (Ullstein). Sammlung kurzer literarischer Texte zur Insel.

● *Hiddensee* Blase, Karin: **Hiddensee von A–Z**. Schwerin 1995 (Demmler). Neuauflage geplant.

Gustav, Arnold: **Die Insel Hiddensee. Ein Heimatbuch**. Berlin 2009. Der Klassiker unter den Hiddensee-Büchern. Der Inselpfarrer erzählt in den 1950ern die Geschichte Hiddensees.

Faust, Manfred: **Hiddensee. Geschichte einer Insel**. Schwerin 2009 (Demmler). Umfangreiche Darstellung der Geschichte Hiddensees von den Anfängen bis 1990.

Seydel, Renate (Hrsg.): **Hiddensee. Geschichte von Land und Leuten**. München 2000 (Ullstein). Sammlung kurzer literarischer Texte zur Insel.

● *Historische Reisebeschreibungen* Laube, Heinrich: **Eine Fahrt nach Pommern und der Insel Rügen**. Nebst 20 Abbildungen. Nach einer Ausgabe von 1837 neu herausgegeben, erläutert und mit einem Nachwort versehen von Michael Huesmann. Bremen 2004 (Temmen).

Rellstab, Johann, Carl Friedrich: **Ausflucht nach der Insel Rügen durch Meklenburg** [sic] **und Pommern**. Nebst achtzehn Kupfern und fünf Zeilen Musik. Nach einer Ausgabe Berlin 1797 neu herausgegeben, erläutert und mit einem Nachwort versehen von Wolfgang Griep. Bremen 2004 (Temmen).

● *Hörbücher* Bei Golmund Hörbücher sind **Mien Rügen** (Dresden 2005) und **Überfahrt nach Hiddensee** (Dresden 2005) erschienen. Zu hören sind diverse Texte (gerahmt von Musikbeiträgen) von Ernst Moritz Arndt über Caspar David Friedrich und Otto Runge (Rügen) oder auch von Gerhart Hauptmann und Ringelnatz (Hiddensee). Die Texte stammen weitgehend aus oben genannten Textbüchern.

● *Krimis* Brigitte Wolgarten lässt ihre Kommissare in zwei Rügenkrimis, **Und es wurde Nacht** und **Tod der Königskinder** (Prolibris Verlag), auf Rügen und Hiddensee ermitteln.

Rügen ist auch Schauplatz von Kurzkrimis im Sammelband **Endstation Ostsee** (hrsg. von H. P. Karr, erschienen bei KBV Krimi).

Öffnungszeiten

Ein leidiges Thema: Die Kanzelschnitzereien einer Landkirche werden euphorisch beschrieben, und das Kreuzrippengewölbe des Chors muss man gesehen haben – man macht sich auf den langen Weg und findet vor Ort die Kirche verschlossen ... Die Gotteshäuser der größeren Orte sind meist durchgängig geöffnet oder haben feste Öffnungszeiten. Auf dem Land kann es passieren, dass die Pforten nur zum Gottesdienst geöffnet werden (der mancherorts dann auch nur alle zwei Wochen stattfindet). Zuweilen gibt es im Ort jemanden, der auf Anfrage die Kirche aufschließt, um sicherzugehen, sollte man vorher anrufen. Öffnungszeiten, Ansprechpartner, Telefonnummern sind bei den jeweiligen Kirchen vermerkt.

Ansonsten gelten auf Rügen natürlich keine anderen Amts-, Sprechstunden- oder sonstigen Öffnungszeiten als im Rest der Republik. Erfreuliche Ausnahme (jedenfalls für die Reisenden): Auf ganz Rügen kommt während der Sommersaison die so genannte *Bäderregelung* bezüglich der *Geschäftsöffnungszeiten* zur Anwendung, d. h. es ist den Läden erlaubt, auch sonntags zu öffnen. In den Städten und Ostseebädern Rügens machen viele Supermärkte, Buchhandlungen, Souvenirläden etc. von diesem Recht Gebrauch und haben das ganze Wochenende über geöffnet.

Ortsnamen

Die Ortsnamen auf den Inseln können zuweilen für Verwirrung sorgen. Dass es sowohl auf Hiddensee als auch auf Rügen ein *Neuendorf* gibt, ist ja noch nachvollziehbar (auch wenn man in Rechnung stellt, dass Hiddensee gerade mal über drei Dörfer verfügt). Schwieriger wird es bei *Vitte*, ebenfalls auf Hiddensee, und *Vitt*, ausgerechnet auf der Halbinsel namens *Wittow*. *Zicker* gibt es gleich drei Mal: *Groß Zicker* und *Klein Zicker* im Mönchgut sowie (nur) *Zicker* auf der Halbinsel *Zudar*. Wenn dann auch noch *Lieschow* von *Lietzow* zu unterscheiden ist, das eine vor Ummanz, das andere am Jasmunder Bodden, wird es schon schwieriger. Und wenn schließlich *Prosnitz* ausgerechnet neben *Poseritz* liegt, muss man sich nicht schämen, wenn man sich verfährt ... Im Zweifelsfall hilft nur eins: Nachfragen.

Da viele Orte auf Rügen auf slawische Siedlungen zurückgehen, ist ein Großteil der geografischen Namen slawischen Ursprungs; am einfachsten erkennbar an den Endungen *-vitz*, *-itz* oder *-ow*, was in etwa *Siedlung von/bei* bedeutet (so z. B.: *Thiessow*

„Siedlung bei den Eiben" oder etwas ungewöhnlicher *Sassnitz* von *sasin*, „Sachse", also „Siedlung der Deutschen", oder Reddevitz von *red*, „Reihe", also in etwa „Reihenhaussiedlung"). Aber auch viele andere Namen sind aus dem Slawischen übertragen, Putbus z. B. stammt von *podebuz*, frei übersetzt „aus dem Busch". In mindestens einem Fall wurde der slawische Name ins Deutsche übersetzt. So kommt es, dass die Hauptstadt Rügens *Bergen* und das Ostseebad *Göhren* eigentlich den gleichen Namen tragen. Göhren geht zurück auf *gora*, slaw. für „Berg". Der alte Name Bergens war ebenfalls Gora, wurde dann zunächst ins Lateinische (*monte in Ruia*) und schließlich einfach zu *Bergen auf Rügen* ins Deutsche übertragen.

Sölle

Ein Ergebnis von Toteis-Ablagerungen sich zurückziehender Gletscher sind die so genannten *Sölle* (Singular: *das Soll*), die man in Mecklenburg-Vorpommern vielerorts finden kann: Wo sich z. B. inmitten eines Feldes eine Mulde absenkt, deren Vegetation auf einen sumpfigen oder feuchten Untergrund schließen lässt oder in der sich gar ein kleiner, oft kreisrunder See befindet, ist davon auszugehen, dass es sich um ein Soll handelt. Bei ihrem Rückzug trennten sich von den Gletschern mehr oder minder große Eisbrocken ab, so genanntes Toteis. Dieses konnte, teils von Sediment überdeckt und damit geschützt, immer noch eiskalt und erstarrt sein, wenn der Gletscher längst verschwunden war. Taute das Toteis schließlich auf, sammelte sich das Schmelzwasser in Mulden und bildete ein Soll. Diese eiszeitlichen Hinterlassenschaften sind nicht nur als Biotope und Rückzugsräume für Vögel von großem Nutzen; den Bauern dienen sie bis heute als Wasserspeicher und sorgen auf den umliegenden Feldern für höheren Ertrag. Das geschieht auch dadurch, dass die Sölle als Feuchtigkeitsspeicher die Taubildung verstärken und in einer niederschlagsarmen Gegend wie Mecklenburg für den nötigen Bewässerungsausgleich sorgen. Früher wurden Sölle zwar trocken gelegt, aber klug war das nicht. Zum einen war es schwer möglich, alle Feuchtigkeit aus dem Boden zu bekommen, zum anderen fehlte nun der Niederschlagsausgleich. Heute weiß man von der wertvollen Funktion der Sölle und bewahrt dieses Erbe der Eiszeit genauso wie die darin befindlichen Biotope.

Mächtig Verkehr: im Kiterevier vor Ummanz

Sport

Golf: Der größte (und derzeit einzige turnierfähige) Platz auf der Insel ist die *Golfanlage Schloss Karnitz* (9- und 18-Loch) zwischen Bergen und Garz. Weitere Golfplätze (beide 9-Loch) befinden sich auf Wittow (Bakenberg) und in Sassnitz; Letzterer soll ausgebaut werden.

Kajak: Mit dem Kajak über die Ostsee, das ist wie Wandern auf dem Meer. U. a. in Gager (Mönchgut) und in Binz gibt es Seekajakzentren, die Unterricht, Materialverleih und vor allem geführte Touren anbieten: Vom Schnupperkurs über die Tagestour in das Biosphärenreservat bis zur mehrtägigen Inselumrundung ist alles möglich.
  Weitere Infos im Ortskapitel Gager bzw. unter www.seekajakreisen.de oder im Ortskapitel Binz und unter www.wassersport-inselruegen.de.

Radfahren: Sehr beliebt auf Rügen. Viele gut ausgebaute Radwege sind abseits der Straßen angelegt. Näheres dazu inklusive einiger Tourenvorschläge im Kapitel *Unterwegs/Mit dem Fahrrad*, S. 36f.

Reiten: Über zwei Dutzend Reiterhöfe gibt es auf Rügen, vom gepflegten Gutshaus-Trakehner-Gestüt bis zum kleinen Appaloosa-Stall. Entsprechend umfang- und abwechslungsreich ist das jeweilige Angebot: natürlich Unterrichtsstunden, auch Dressur und Springen, Gelände- und andere geführte Ritte etc. Manche Reiterhöfe verfügen auch über Hallen, viele bieten Pensions-Boxen für das eigene Pferd. Infos in den jeweiligen Ortskapiteln, eine Broschüre zu diesem Thema ist über die Tourismuszentrale Rügen in Bergen erhältlich.

Schwimmen: Natürlich in der Ostsee. Wem die zu kalt ist, kann es im Jasmunder Bodden versuchen, der stets ein, zwei Grad wärmer ist als das offene Meer. Aber auch abseits des Sommers muss man auf die 4 x 50 m Lagen nicht verzichten. Viele der größeren Hotels verfügen über Schwimmbecken. Hallenbäder (wenngleich der Begriff oft eine Untertreibung ist) befinden sich für Südrügen in Samtens (Tiet un Wiel) und für den Südosten in Sellin (Inselparadies), auf Jasmund besucht man die Jasmund Therme und auf Wittow geht man im Winter in das Hallenbad der Appartement-Anlage Rugana (alle natürlich mit Sauna, Solarium und mehr oder weniger spektakulärer Ausstattung).

Segeln: Die Gewässer um Rügen und Hiddensee sind ein attraktives Seglerrevier. Auch das Angebot rund um das Segeln kann sich sehen lassen: Segelschulen bieten

Kurse für Anfänger und Fortgeschrittene, es gibt mehrere Anlaufstellen für Yachtcharter, Angebote für Segeltörns, diverse Fachgeschäfte und in vielen Häfen Servicegebäude und -anlagen.

Gut ausgestattete und ausgebaute Sportboothäfen verteilen sich rund um die Inseln. Die größten Häfen sind natürlich Stralsund und Sassnitz, die größten Sportboothäfen sind die vor einigen Jahren ausgebaute Marina von Lauterbach an der Südküste Rügens und der neue Hafen von Vitte auf Hiddensee. Wohl der schönste Hafen im Norden Rügens ist Lohme. Idyllische (und traditionsreiche) Anlegestellen befinden sich im Großen Jasmunder Bodden an dessen nördlichster (Breege) und südlichster (Ralswiek) Bucht.

Segelinfos über die Tourismuszentralen von Rügen und Stralsund oder unter www.segeln-auf-ruegen.de, www.segeln-in-vorpommern.de und www.mv-maritim.de.

Surfen: Zahlreiche kombinierte Surf- und Segelschulen bieten Kurse für Anfänger und Fortgeschrittene sowie entsprechenden Materialverleih. Das gängige Programm umfasst mehrtägige Surflehrgänge, Segelausbildung sowie Kurse auf Katamaranen; Scheinerwerb ist zumeist möglich.

Als bester Surfspot der Gegend gilt die Südspitze des Mönchguts (am Weststrand von Thiessow). Für Anfänger bietet sich der ruhigere, flache Große Jasmunder Bodden an. Wem das alles zu lasch ist, der kann es mit *Kite-Surfen* versuchen (sowohl Unterricht als auch Materialverleih werden angeboten).

Wandern: Die vielfältige Landschaft Rügens und Hiddensees lässt sich nicht schöner erleben als bei einer Wandertour. Ob am Bodden entlang oder über Hochuferwege, ob durch zauberhafte

Beachvolleyball-Event in Binz

Rad- und Reitweg bei Lohme

Buchenwälder oder über blühende Wiesen, manche der Naturschönheiten sind sogar ausschließlich zu Fuß zu erreichen. Die Pfade und Wege sind meist gut in Schuss und oft ausgeschildert. Geführte Wanderungen werden von den Tourist-Informationsbüros der größeren Ostseebäder und dem Nationalparkamt angeboten.

> **Warnung**
>
> Nach starken Regenfällen oder bei Tauwetter sind die Strände unter Steilufern unbedingt zu meiden! Erdrutsche und Küstenabbrüche auf Grund so genannter Frostsprengungen (→ Geografie und Landschaft, S. 15) können lebensgefährlich sein.
>
> Auch Fossiliensammler seien eindringlich gewarnt. Ein Kreideabbruch mag zahlreiche Fundstücke freilegen, dass aber auf den ersten ein zweiter Abbruch folgt, ist nicht ungewöhnlich. So geschehen, als die berühmten Kreidezacken Wissower Klinken ins Meer stürzten – vorausgegangen war ein minder schwerer Abbruch.
>
> Die Warnhinweise und Absperrungen vor Ort sind dringend ernst zu nehmen!

Die schönsten Wanderungen auf Rügen und Hiddensee sind in den jeweiligen Kapiteln detailliert beschrieben. Die dazugehörigen Karten wurden mittels *Global-Positioning-System* (GPS) erstellt, um möglichst genaues Material zu erhalten.

Wellness und Kuren

Rasulbad, *Heilkreide* und *Die Fünf Tibeter* – sich wohl fühlen (und wohl fühlen lassen): Das Angebot auf Rügen ist so mannigfaltig wie traditionsreich und kosmopolitisch – den internationalen Gesundheitstrends steht man in nichts nach: ob chinesische Akupunktur, orientalisches Dampfbad, fernöstliche Massage oder die gute alte Kneippkur; dazu gibt es diverse Packungen – Fango, Algen, Kreide.

Rügens unerschöpflicher Wellness-Rohstoff ist (neben der etwas altmodischen, aber kostenlosen „gesunden Seeluft") die *Heilkreide*. Dem urzeitlichen Sediment werden fast sagenhafte Kräfte zugesprochen: Das weiße Pulver lindert Schmerzen, entschlackt, wärmt, fördert die Durchblutung, reinigt und pflegt die Haut. Bis die Rügener Heilkreide, die ausschließlich nahe Sassnitz im Tagebau gewonnen wird, auf die Haut kommt, unterliegt sie natürlich strengen Qualitätskontrollen.

Viele der großen Hotels der Insel bieten ein umfangreiches Wellness-Programm unter ihrem Dach an. Pool und Saunalandschaft werden ergänzt durch verschiedenste exotische Anwendungen, Badezusätze und Massagen. Die Angebote stehen selbstverständlich auch *non-residents* zur Verfügung. Daneben gibt es die üblichen Erlebnisbäder, alle mit einem ähnlichen Repertoire. Hier nur eine kleine Auswahl von Wellness-Zentren (Näheres in den jeweiligen Ortskapiteln): in Stralsund der *HanseDom*, in Bergen das *Parkhotel Rügen*, in Binz die *Binz-Therme*, das *Grand Hotel* und das *Kurhaus*, in Göhren *Hotel Hanseatic*, in Baabe das Hotel *Soltus am See*, in Sassnitz die Rügentherme und nördlich von Sagard die *Jasmund Therme*.

Darüber hinaus gibt es auf Rügen diverse Kureinrichtungen mit entsprechender medizinischer Versorgung, vor allem natürlich in den großen Ostseebädern. Eine Broschüre zum Thema „Wellness und Gesundheit" wird von der Tourismuszentrale in Bergen herausgegeben.

Wiek

Wiek bezeichnet eine flache Bucht (→ *Bodden*, S. 46). Die beiden größten dieser Buchten auf Rügen sind die *Tromper Wiek* zwischen Wittow und Jasmund und die *Prorer Wiek* zwischen Jasmund und Binz. Beide öffnen sich weit geschwungen zum Meer hin und werden von langen Sandstränden gesäumt. Zudem gewinnt das Wasser nur langsam an Tiefe, so dass sich hier herrliche Badegelegenheiten bieten, die besonders für Familien mit Kindern geeignet sind.

▲ Die Altstadt von Stralsund als Modell am Alten Markt

Stralsund

Traditionsreiche Hansestadt am Strelasund

Stralsund müsse man vom Strelasund aus sehen ...

Stralsund (ca. 58.000 Einwohner)

Die alte Hansestadt am Strelasund präsentiert sich reich an Tradition, weltoffen und sehr gastfreundlich. Es gibt zahlreiche Gründe, die für einen (mehrtägigen) Aufenthalt in Stralsund sprechen: die wunderschöne Lage der Hafeninsel, prachtvolle Monumente der Backsteingotik, allen voran Nikolaikirche und Rathaus, eine freundliche, lebendige Altstadt sowie einige bemerkenswerte Museen.

Die malerische Altstadt Stralsunds gleicht in ihrer Form einem Dreieck. Sie ist fast vollständig von Wasser umgeben, einstmals ein effektiver Schutz gegen Angriffe, heute ein blauer, von Grünflächen gesäumter Gürtel um den historischen Stadtkern. Landseits erstrecken sich *Knieper-Teich* und *Frankenteich* entlang der teils erhaltenen Stadtmauern und Bastionen. Zum Strelasund hin öffnet sich der traditionsreiche, von Kanälen durchzogene Hafen.

Ebenso wie der Gesamtgrundriss der Altstadt ergeben auch die „Zentren" der Innenstadt – Hafen sowie Alter und Neuer Markt – ein (etwas schiefes, aber lebendiges) „inneres Dreieck". Hier stehen bedeutende Bauten der Norddeutschen Backsteingotik auf engstem Raum: Die *Nikolaikirche* und die berühmte Schmuckfassade des *Stralsunder Rathauses* bilden ein einzigartiges städtebauliches Ensemble, gegenüber zeugt das *Wulflamhaus* von hanseatischem Bürgerstolz, und über dem Neuen Markt erhebt sich majestätisch *St. Marien* – und das sind nur die Highlights des immer wieder in Fassadenpracht und -details überraschenden Stadtbildes. Dazwischen sind in den Gebäuden eines alten Klosters zwei sehenswerte Museen untergebracht: das *Deutsche Meeresmuseum* (wo könnte ein derartiges Museum besser aufgehoben sein als in Stralsund?) und das *Kulturhistorische Museum*, dessen Außenstellen *Museumshaus* und *-speicher* sich ganz in der Nähe befinden. Das *Deutsche Meeresmuseum* hat jüngst einen spektakulären Neubau realisiert: Am *Hafen*, der mit seinen stolz aufragenden backsteinernen Speichern und den die Hafeninsel umschließenden Kanälen selbst zu den wichtigsten Sehenswürdigkeiten der Stadt gehört, entstand mit dem *Ozeaneum* ein bemerkenswerter Besuchermagnet von internationalem Rang.

Zwischen den markanten Türmen der Nikolai- und der Marienkirche sowie den Anlegestellen des Hafens spielt sich das Stadtleben Stralsunds ab. Touristen wandern in kleinen oder größeren Gruppen durch die Straßen, den Fassaden der Back-

steingotik folgend oder auf der Suche nach dem nächsten Café; Stralsunder und Gäste aus der näheren Umgebung schlendern zwecks Einkaufsbummel durch die Fußgängerzone zwischen Altem und Neuen Markt (Ossenreyerstraße/Apollonienmarkt) und halten nach dem nächsten Schnäppchen Ausschau; Segler auf Landgang flanieren die Kais entlang...

In den letzten Jahren hat sich in Stralsund viel getan. Dabei ist die Stadt zum Glück nicht kaputt saniert worden. In ihren Straßen fühlt man sich nicht, als hätte man sich in einem *Old-Hansa-Disneyland* verlaufen. Stralsund ist auch keine Museumsstadt, in der man mit gesenkter Stimme über Giebelvarianten diskutiert, sondern eine lebendige, junge alte Hansestadt, auf die ihre Bewohner mit Recht stolz sind. Auch wenn einige historische Gebäude nicht vor dem Desinteresse der Stadtverwaltung gerettet werden konnten und verfielen, haben sich die Stralsunder schon vor 1989 um ihr traditionsreiches Stadtbild gekümmert, teils unter schwierigsten Bedingungen. Beispiele dafür gibt es zahlreich: Sie reichen von der einfachen Gaststätte, die sich in einem historischen Gebäude niederließ und dadurch den Bestand des Hauses sicherte, bis hin zum beispielhaften Engagement, mit dem Stralsunder Bürger seit den 1960er Jahren das Johanniskloster vor dem Verfall retteten. Dass die historische Altstadt von Stralsund (gemeinsam mit der Wismars) im Sommer 2002 in die Weltkulturerbeliste der UNESCO aufgenommen wurde, ist deshalb nur folgerichtig.

Etwas südöstlich von der Altstadt versetzt liegt im Strelasund die kleine Insel *Dänholm*. Über sie erhebt sich ein neues Wahrzeichen der Stadt, das die markante Silhouette Stralsunds kontrastreich ergänzt: die *Zweite Strelasundquerung*. Die im Oktober 2007 eröffnete Brücke mit dem hoch aufragenden Pylon verbindet das Festland mit Rügen. Die Insel Dänholm, auf der man das *Nautineum*, eine Außenstelle des Deutschen Meeresmuseums, besichtigen kann, ist nach wie vor über die alte Ziegelgrabenbrücke zu erreichen.

Geschichte

Am 31. Oktober 1234 versah *Wizlaw*, „von Gottes Gnaden Fürst der Rugianer", ein Dokument mit seinem Siegel, das für Stralsund von größter Bedeutung sein sollte. Darin wird feierlich bekannt gegeben, dass der Ortschaft Stralow dieselben Rechte und Freiheiten zuerkannt werden, wie sie die Stadt Rostock bereits besaß. Mit der Verleihung des Stadtrechts war der Grundstein gelegt für einen sagenhaften Aufschwung, der Stralsund zu einem Flaggschiff der mächtigen Hanse werden ließ.

Über das ursprünglich wendische Fischer- und Fährdorf Stralow ist nur wenig bekannt. Warum sich deutsche Siedler, v. a. Westfalen und Rheinländer, im Zuge der

Kolonialisierung gerade hier niederließen, liegt aber auf der Hand: Stralow wies günstige geografische Bedingungen auf: An den Ufern des Strelasunds gelegen war das Dorf umgeben von Sümpfen und Marschland und nur auf wenigen Pfaden über Land erreichbar, praktisch ein natürlicher Schutzwall. Dank seiner Lage konnte sich der Ort zudem schnell als Handelszentrum etablieren. Zum einen wurde Stralsund Umschlagplatz für die regionale landwirtschaftliche Produktion, zum anderen wurde es zu einer wichtigen Kraft im Nord- und Ostseehandel, der zwischen Flandern und Russland im 13. Jh. umfangreiche Warenströme transportierte. Als Zwischenhandelsstation verdienten die Stralsunder Kaufleute mit jeder im Hafen einlaufenden Kogge bares Geld.

Der Erfolg rief bald Neider auf den Plan: Ausgerechnet Lübeck, dessen städtische Entwicklung der Stralsunds nicht unähnlich war, überfiel die junge Stadt 1249 und legte sie in Schutt und Asche. Den Aufstieg Stralsunds konnten die Lübecker damit allerdings nicht verhindern. Als direkte Folge des Angriffs wurde die Stadtbefestigung ausgebaut: Bereits 1256 wird von einer massiven, die Stadt umschließenden Steinmauer berichtet. Die Teiche, die die Stadt bis heute im Südwesten umgeben, wurden ausgehoben und geflutet sowie Dämme angelegt (erstmals wird 1317 der Frankendamm erwähnt, 1319 der Knieper Damm). Aber auch innerhalb der Stadtmauern wurde in der zweiten Hälfte des 13. Jh. kräftig gebaut: In kurzer Folge entstanden das Rathaus und die Kirche St. Nikolai im alten Stadtkern (heute um den Alten Markt). Bald wuchs die Stadt mit der Neustadt (heute der Neue Markt) zusammen, die mit St. Marien (erstmals 1298 erwähnt) ihre eigene Kirche bekam. Franziskaner gründeten 1254 das Kloster St. Johannis, nachdem wenige Jahre zuvor sich bereits die Dominikaner (St. Katharinen) in der Stadt angesiedelt hatten.

Den politischen Rahmen für den rasanten Aufschwung bildete die Hanse (Näheres → S. 22 ff.), der Stralsund neben Lübeck, Wismar, Rostock und Greifswald seit dem Bestehen des Städtebundes angehörte. 1310 kam es zu einem Konflikt der Städte mit dem dänischen König *Erich IV. Menved*. Rostock und Wismar wurden geschlagen, während aus Lübeck, getreu der Maxime Eigennutz vor Gemeinnutz, nichts als Beileidsbekundungen kamen. 1316 war Stralsund an der Reihe und wurde von den Dänen belagert. Aber die Stralsunder Bürger wehrten sich und konnten bei einem Ausfall die feindliche Armee schlagen. Die Interessengemeinschaft Hanse hatte zwar Schaden genommen, war aber letztendlich von den Stralsundern gerettet worden. Eine Generation später waren es wieder die Dänen, nun unter *Waldemar*

Ausgganspunkt hanseatischer Macht: der Hafen

IV., die den Aufschwung der Hansestädte bedrohten. Dieses Mal aber hielt das Bündnis. 1367 wurde auf dem Hansetag in Köln ein gemeinsamer Waffengang beschlossen, ein Jahr später musste sich Kopenhagen der hanseatischen Flotte ergeben. Stralsund leistete in diesem Konflikt einen bedeutenden Beitrag, was sich u. a. darin zeigt, dass die Friedensverhandlungen in Stralsund stattfanden. Der geschlagene Dänenfürst musste nicht nur

Produktion hanseatischer Handelsgüter: die Relieftafeln des Gestühls der Rigafahrer in der Nikolaikirche

alle Handelsprivilegien der Hanse bestätigen und enorme Zahlungen leisten, sondern er musste dem Städtebündnis auch noch das Mitspracherecht bei der dänischen Thronfolge zugestehen. Der am 24. Mai 1370 geschlossene *Friede von Stralsund* markierte den politischen Höhepunkt der Hanse.

Der nicht enden wollende Aufschwung bescherte der Stadt einen anhaltenden Bauboom. St. Nikolai bekam (nach dem Einsturz des alten) einen neuen Doppelturm, und auch die Marienkirche erhielt ihre imposante Gestalt, nachdem auf dem sumpfigen Untergrund ebenfalls der Turm umgekippt war und Chor und Langhaus gleich mit in Trümmer gelegt hatte. Als Spiegel ihres Reichtums machten Rat und Bürger die Stadt am Sund zu einem Vorbild deutscher Backsteingotik. Neben der Umgestaltung bestehender Gebäude entstanden repräsentative Bürgerhäuser wie das Wulflamhaus (dem bedeutendsten Mitglied der Familie, *Bertram Wulflam*, langjähriger Bürgermeister von Stralsund, wurde seinerzeit nachgesagt, er sei der reichste Mann der Ostsee). Auch die Kirchen wurden von den Kaufleuten reich ausgestattet, dieser Glanz aber ging während des Bildersturms im Zuge der Reformation weitgehend verloren.

Papenbrand tom Sunde

Die Opferstöcke der Kirchen sind schnell gefüllt, wenn die wirtschaftliche Lage rosig ist, doch in Zeiten der Rezession werden die Zuwendungen spärlicher. Als sich Anfang des 15. Jh. der Archidiakon bei den Stadtvätern darüber beschwerte, fand er kein Gehör. Erbost über so viel Ignoranz zog der Bischof mit einer Reiterarmee vor die Tore der Stadt und legte das Umland in Schutt und Asche. Die Stralsunder waren darüber verständlicherweise empört. Die ansässigen Priester, die unter Verdacht standen, mit dem Bischof zu kollaborieren, wurden zusammengetrieben und in ein Haus am Neuen Markt gesperrt, das niedergebrannt werden sollte. Doch die Vernunft setzte sich durch, schließlich konnte aus einem Hausbrand (mit oder ohne Pfarrer) schnell ein Stadtbrand werden. Also griff man sich drei der Priester und verbrannte sie auf einem Scheiterhaufen auf dem Neuen Markt.

Aber der so genannte *Papenbrand* kam Stralsund teuer zu stehen: Die Stadt wurde mit einem Kirchenbann belegt. Um wieder in den Schoß der Kirche aufgenommen zu werden, musste sie die ungeheure Summe von 75.000 Mark an den Schweriner Bischof zahlen, der damit seinen eigenen Dombau finanzierte.

Als die Reformation in Stralsund Einzug hielt, verband sich in der Stadt der Konflikt um die verkrusteten Strukturen der Kirche mit der Wut der Bürger über die Unfähigkeit des Rates. Der Zorn entlud sich 1525 im „Kirchenbrechen", einem Bildersturm, dem nicht nur die meisten der sakralen Kunstschätze der Stadt zum Opfer fielen, sondern auch der immense Biervorrat der Klöster. Eine der wenigen verschont gebliebenen Ausnahmen waren die vier Relieftafeln vom so genannten Gestühl der Rigafahrer in der Nikolaikirche (→ S. 76).

Die Jahrzehnte zwischen 1628 und 1715 trafen Stralsund hart. Zuerst kam *Wallenstein* und belagerte die Stadt. Der große Feldherr der kaiserlichen Truppen war Herzog von Mecklenburg geworden und verlangte die Aufnahme seiner Armee in die Mauern der Stadt. Als die Stadtväter das „Angebot" ablehnten, begann eine blutige Belagerung (Frühjahr 1628), die dank tapferer Gegenwehr der Bürgerschaft und schwedischer Waffenhilfe gebrochen werden konnte. Das neue Bündnis der Stadt mit dem schwedischen König *Gustav II. Adolf* hatte jedoch einen hohen Preis, denn die Schweden blieben. Statt der Katholiken hatte man nun nicht nur die Armee mit den Drei-Kronen-Wimpeln zu bewirten, Stralsund war de facto ein Teil des schwedischen Reiches geworden (bestätigt im Westfälischen Frieden 1648).

„Und wenn Stralsund mit Ketten an den Himmel gebunden ist …"

Einer Stralsunder Legende zufolge waren es nicht die Schweden, die die Stadt vor Wallensteins Truppen retteten, sondern ein einzelner Scharfschütze. Demnach stand Wallenstein vor den Toren der schwer befestigten Hansestadt und erhob im Kreis seiner Offiziere das Glas mit den Worten: „Und wenn Stralsund mit Ketten an den Himmel gebunden ist, so muss es doch hinunter." Ein Landsknecht, von dem es hieß, er habe mit dem Teufel einen Pakt geschlossen, so dass keine seiner Kugeln ihr Ziel verfehlte, beobachtete die Szene von der Stadtmauer aus. Der Mann legte an und schoss Wallenstein das Glas aus der Hand. Zu Tode erschrocken habe dieser daraufhin seinen Truppen befohlen, die Belagerung umgehend abzubrechen.

Der Dreißigjährige Krieg markierte auch das Ende der Hanse. Längst hatten sich die Marktzentren im Zuge der Entdeckung und Kolonialisierung Amerikas von Ostsee und Mittelmeer in den Westen an die Atlantikküste und in die Niederlande verlagert. Die Ostsee war zu einem Binnenhandelsweg der neuen Großmacht geworden: Schweden. Natürlich wurde auch Stralsund in die Kriege der skandinavischen Großmacht hineingezogen. Nach der schwedischen Niederlage in der Schlacht von Fehrbellin rückten die siegreichen Brandenburger gegen Stralsund vor und belagerten die Stadt (1678). Der Kanonenhagel beschädigte die Stadt schwer, über die Hälfte der Häuser wurde zerstört. Stralsund fiel und befand sich kurzzeitig unter brandenburgischer Herrschaft, bevor es im Frieden von St.-Germain-en-Laye zurück an die Schweden ging. Weitere Schicksalsschläge kamen hinzu: 1680 wütete ein Brand in der im Wiederaufbau befindlichen Stadt, 1710 rollte die letzte Pestwelle durch die Gassen, und schließlich hatte Stralsund unter dem Großen Nordischen Krieg zu leiden. Ein Jahr lang kämpfte die Stadt an der Seite des schwedischen Königs *Karl XII.* gegen Dänen, Sachsen und Preußen, bis im Dezember 1715 der Rat den König bat, die Stadt übergeben zu dürfen, um sie vor weiteren Schäden zu bewahren. Still und heimlich verließ Karl XII. die Hansestadt über den fast zugefrorenen Strelasund Richtung Hiddensee. Fünf Jahre unterstand Stralsund darauf den Dänen und kehrte erst mit dem Frieden von Frederiksborg (3. Juli 1720) zur schwedischen Krone zurück.

Auch von den Napoleonischen Kriegen blieb Stralsund nicht verschont. Um die Stadt gegen Napoleons heranrückende Armee zu verteidigen, landete 1807 kein Geringerer als der spätere preußische Generalfeldmarschall *Blücher* in Stralsund, der hier übrigens als 15-jähriges Mitglied der schwedischen Husaren seine militärische Karriere begonnen hatte. Zur Unterstützung kam *Ferdinand von Schill*, seinerseits preußischer Husarenoffizier. Doch die beiden Militärs wurden von Preußens König *Friedrich Wilhelm III.* zurückgepfiffen: Der Friede von Tilsit band den Preußen die Hände. Aber Schill gab sich damit nicht zufrieden und wagte den Aufstand gegen die napoleonischen Besatzer. 1809 erschien er mit einer kleinen Schwadron wieder vor den Toren Stralsunds, was der Bevölkerung allerdings nicht eben willkommen war, schließlich kam mit den

Forsch, aber völlig wirkungslos: Ferdinand von Schill in Stralsund

Reitern auch der Krieg zurück in die Stadt. Schill gelang es zwar, die Stadt einzunehmen, doch die nachrückende französische Verstärkung beendete den Aufstand schnell. Schill selbst wurde in der Fährstraße vom Pferd geschossen.

Nach Napoleons Fall endete für Stralsund auch die Zugehörigkeit zu Schweden. Nachdem auf dem Wiener Kongress 1814/15 die europäische Landkarte neu geordnet worden war, fand sich Stralsund nicht mehr unter gelb-blauer, sondern unter weiß-schwarzer Flagge wieder. Die Schweden hatten Vorpommern und Stralsund an die Preußen abgetreten. Das 19. Jh. schließlich brachte – neben der deutschen Reichseinigung 1871 – vor allem eines: technischen Fortschritt (ironischerweise zunächst in den Farben gelb-blau, denn das erste Dampfschiff, das in Stralsund anlegte, war 1824 die schwedische *Constitutiones*). 1863 rollte die erste Eisenbahn aus Berlin ein. Das brachte auch den Handel wieder in Schwung. Der Hafen Stralsunds entwickelte sich zu einem wichtigen Exporthafen für Getreide, große Speicherhallen wurden errichtet und zahlreiche Schiffe fuhren nun wieder unter Stralsunder Flagge. In Stralsund selbst entwickelte sich allerdings kaum Industrie, die Stadt am Strelasund blieb vor allem eine Stadt des Handels, der Dienstleistungen und der Verwaltung. Erst nach dem Ersten Weltkrieg wurde mit der Produktion von kleinen Dampfschiffen begonnen. Mit dem Bau des Rügendammes 1936 konnte die Stadt zudem verstärkt vom Inseltourismus nach Rügen profitieren.

Die dunkelste Stunde der Stadtgeschichte begann am 6. Oktober 1944. Eine britisch-amerikanische Bomberstaffel legte weite Teile der Stadt in Schutt und Asche. Dass Stralsund überhaupt Ziel der Bomben wurde, war ein Produkt zynischer Kriegslogik: Die vernichtende Fracht war eigentlich für die Heeresversuchsanstalt Peenemünde vorgesehen, von der die Alliierten wussten, dass dort an einer vermeintlich kriegsentscheidenden Waffe geforscht wurde. Doch waren die alliierten Fliegerstaffeln vor Peenemünde auf starken Widerstand gestoßen und konnten ihre Bomben nicht ausklinken. Landen aber konnten die Flugzeuge mit dieser Fracht auch nicht. Also wurden die Bomben „auf dem Rückweg" über Stralsund abgeworfen, dessen Bevölkerung über keine Flugabwehr verfügte. Wie viele Opfer der Angriff kostete, kann nur geschätzt werden, die Hälfte der Überlebenden war obdachlos, Stralsund lag in Ruinen.

Nach dem Krieg war es vor allem die Volkswerft, die Stralsund wieder auf die Beine brachte. Rund 8000 Arbeiter bauten hier gigantische Fischfang-Trawler. In den 1990er Jahren wurde die Volkswerft zu einer der modernsten Kompaktwerften Europas umgebaut, ihre riesige blaugrüne Fertigungshalle ist unübersehbar. Hier werden heute Großschiffe aller Art gebaut, wie z. B. Passagier-, Container- und Tankschiffe. Hinzu kommt der Tourismus als weiteres wichtiges wirtschaftliches Standbein der Stadt.

Information/Verbindungen

• *Information* **Tourismuszentrale** der Hansestadt Stralsund, Stadtplan, Unterkunftsverzeichnis, Zimmervermittlung, Ticketverkauf (z. B. auch für das Ozeaneum, erspart die Warteschlange), Stadtführungen (→ unten, „Aktivitäten"), sehr freundlich und kompetent, auch Internet (1 €/30 Min.). Geöffnet Mai bis Okt. Mo–Fr 10–18 Uhr, Sa/So 10–16 Uhr; Nov. Bis April Mo–Fr 10–17 Uhr, Sa 10–16 Uhr, So geschl. Alter Markt 9, 18439 Stralsund, ✆ 03831-24690, 📠 03831-246922, www.stralsundtourismus.de.

• *Verbindungen* **Zug:** Stralsund liegt an der **IC**-Strecke Hamburg–Rostock, mindestens alle 2 Std. Verbindungen in beide Richtungen, nach Rostock sogar mind. stündlich (dann mit RE/RB), mind. stündl. auch Verbindungen nach Greifswald (teilweise IC). *Nach Rügen:* mind. stündlich IC-/RE-Verbindung nach Bergen und Sassnitz, in den Süden der Insel (Binz) mit Umsteigen in Lietzow. Mit der **Regionalbahn** bestehen gute Verbindungen in die Region (Rostock, Neustrelitz, Barth und Greifswald sowie bis nach Berlin). *Nach Rügen:* Regionalexpress (**RE 9**) über Bergen weiter nach Sassnitz zw. 5 und 23 Uhr zu fast jeder vollen Stunde (letzter Zug ab Stralsund 23.11 Uhr, letzter Zug ab Bergen 22.28 Uhr), nach Binz in Lietzow umsteigen.
Bus: Gute Busverbindungen ins Hinterland von Stralsund. Nach *Rügen:* mit der **Linie 30** ca. 8-mal via *Garz* nach *Putbus* und weiter bis *Bergen;* Sa 4-mal, So 2-mal (Achtung: Der Bus bummelt mit vielen Stopps durch den Süden von Rügen, nach Bergen besser mit dem Zug); mit der **Linie 41** in den Westen Rügens nach *Gingst* (dort Umsteigen nach Schaprode bzw. über Bergen; im Winter einzige Verbindung mit Hiddensee). Haltestelle am Hauptbahnhof.
Das Netz der **Stadtbuslinien** ist zwischen Devin im Süden, Knieper Nord, Grünhufe und Dänholm (**Linie 2** bis hinüber nach *Altefähr* auf Rügen) dicht gespannt. U. a. mit der **Linie 3** kommt man zum Zoo, die **Linie 4** fährt zum HanseDom.
Schiff: Mit der *Weißen Flotte* 5- bis 7-mal tägl. nach *Altefähr* (nur Mai bis Okt.); einfache Fahrt 2,80 €, Kind 4–14 J. 1,40 €, Fahrrad 2 €, Hund 1,40 €, hin und zurück pro Pers. 4,20 €, Kind 2,10 €, Familie (max. 5 Pers.) 11 €, Fahrrad 3 €, Hund 2 €.
Die *Reederei Hiddensee* steuert von Mitte März bis Okt. (sowie von Weihnachten bis Neujahr) 3-mal tägl. die *Insel Hiddensee* von **Stralsund** aus an. Hin- und Rückfahrt nach Vitte oder Kloster 18,90 €, nach Neuendorf 18,10 € (einfach 12 € bzw. 10,20 €), Kinder 4–14 J. 10,10 € bzw. 8,90 € (einfach 5,40 €/6,40 €), Kinder unter 4 J. frei, Familienkarte hin und zurück 52,50 € bzw. 49,10 € (Neuendorf), Hund 10,10 € bzw. 8,90 € (einfach 6,40 €/5,40 €), Fahrrad 8 €. Die Reederei

Karte der Altstadt von Stralsund siehe hintere Umschlagklappe

Karte der Altstadt von Stralsund siehe hintere Umschlagklappe

Stralsund Übersicht

Übernachten
1 Villa am Meer

Essen & Trinken
2 Ventspils
29 Brauhaus Zum Alten Fritz

Hiddensee fährt für die Weiße Flotte, daher Infos in der Fährstr. 16, 18439 Stralsund, ☎ 03831-268116, 🖷 03831-268130, www. weisse-flotte.de, oder direkt unter ☎ 0180-3212150, www.reederei-hiddensee.de.

● *Taxi* **Hansa Taxi** ☎ 03831-491313, **Taxigenossenschaft** ☎ 03831-393333, **Taxiring** ☎ 03831-392400.

● *Autoverleih* **AVIS**, beim Hauptbahnhof, Tribseer Damm 7, 18437 Stralsund, ☎ 03831-285844; **Europcar**, in der Nähe des Rügendamm-Bahnhofs, Werftstr. 6, 18439 Stralsund, ☎ 03831-297577; **Sixt**, vom Bahnhof ein Stück stadtauswärts Richtung Rostock, Rostocker Chaussee 39, 18437 Stralsund, ☎ 03831-499647.

● *Parken* Nicht ganz einfach. Es gibt zwar viele Parkplätze auch in der Altstadt, aber die sind nicht eben geräumig (und natürlich gebührenpflichtig). Plätze z. B. am Neuen

Markt, am Frankenwall, entlang der Stadtmauer sowie beim Bahnhof (Richtung Innenstadt, dann Bahnhofstraße), ein großes Parkhaus befindet sich am Ozeaneum (500 Stellplätze, 1 €/Std.), ansonsten ist auch das Parken am Straßenrand fast überall im Innenstadtbereich gebührenpflichtig. Ausgewiesene Park-and-Ride-Parkplätze finden sich am Rand der Altstadt (z. B. beim Bahnhof, 5 €/Tag inkl. Busticket für 2 Erw. und 2 Kinder).

● *Hafen* **Hafen- und Seemannsamt** (Hafenkapitän), im Lotsenturm, Hafenstr. 50, ☎ 03831-260130.

Citymarina Stralsund, großer Yachthafen an der Nordmole, 150 Gastliegeplätze, 180 m langer Kai für Großschiffe. Seestr. 14, ☎ 03831-444978.

Yachtclub Strelasund, Hafen auf Dänholm. Zum kleinen Dänholm 21, ☎/🖷 03831-297300 (im Winter ☎ 03831-26102), www.ycstr.de.

Aktivitäten

● *Stadtführungen* Von Mai bis Okt. bietet die Tourismuszentrale täglich Führungen an. Allen voran die *Altstadtführung* (Dauer 1,5 Std., Start tägl. 11 Uhr, Treffpunkt vor der Tourismuszentrale, Erw. 5 €, erm. 3 €) und die ebenfalls tägliche Führung der *Stralsunder Originale* (14 Uhr, Dauer 1,5 Std., 6 €, erm. 4 €) oder auch die *Nachtwächterführung* (Dauer 1,5 Std., Do und Fr 21 Uhr, 7 €, erm. 5 €). Treffpunkt ist immer vor der Tourismuszentrale, dort auch weitere Infos und Anmeldung (→ oben). Wer lieber alleine loszieht, kann sich bei der Tourismuszentrale für 7 € auch einen Audioguide ausleihen.

● *Fahrradverleih* SIC., einfache Tourenräder ab 4,50 €/Tag, 27 €/Woche, am Hafen. Mo–Do 7.30–17 Uhr, Fr 7.30–13 Uhr, Sa 8.30–12.30 Uhr. An der Fährbrücke 1, ☎ 03831-280155.

Fahrräder verleiht auch der **ServicePoint** am Hauptbahnhof. Tägl. 6–21 Uhr geöffnet, das Dreigang-Rad kostet hier 7 €/Tag, sieben Gänge 10 €/Tag, ab drei Tagen Mietdauer gibt es Ermäßigung. ☎ 03831-62581.

● *Hafenrundfahrten* Stralsund müsse man vom Meer aus sehen, meinte schon Wilhelm von Humboldt. Möglichkeit dazu gibt es bei einer **Hafenrundfahrt** (*Zur neuen Rügenbrücke*) mit der Weißen Flotte, Dauer ca. 1 Std. Erw. 8 €, Kinder 4–14 J. 4 €, Mai bis Okt. mind. 4-mal tägl. vom Stralsunder Hafen (Steinklappe), ☎ 03831-268138.

● *Bootsverleih* **Bootsklause**, Tret- und Ruderboote auf dem *Kniepsr-Teich* (hier auch Imbiss und Biergarten). Ruderboot 2 €/Std., Tretboot 3 €/Std. Nur im Sommer Mo–So 10–22 Uhr. Knieperdamm 80 c, ☎ 03831-392862.

● *Baden/Sport/Wellness* **Seebadeanstalt**, das städtische Freibad am Strelasund, nördlich der Altstadt, geöffnet Mitte Mai bis Mitte Sept. tägl. 9–18 Uhr, Erw. 2 €, Schüler/Stud. 1 €, Kinder 0,75 €, Familien 4 €, mit aufgeschüttetem Sandstrand (überwacht), das dazugehörige, bodenständige Restaurant *Strandparadies* ist im Sommer tägl. 9–22 Uhr geöffnet. Sundpromenade 5, 18435 Stralsund, ☎ 03831-393295.

HanseDom, großes Freizeitzentrum mit vielfältigem Angebot: Wassererlebniswelt *Seestern-Therme* mit „Ostseestrand" und Südsee-Ecke, Wellenbecken, Riesenrutsche und Wildwasserbach etc., außerdem Saunalandschaft (mit Wellnessbereich und diversen Dampfbädern) sowie Sportbereich (Tennis, Squash, Badminton, Kletterwand), natürlich auch Gastronomie, So–Do 9.30–22 Uhr, Fr/Sa 9.30–23 Uhr, Eintritt Erw. 2 Std. 10,50 €, mit Sauna 11,50 €, Kinder 8 €, Familienkarte ab 29 € (4 Std. gültig). Grünhufer Bogen 18–20, 18437 Stralsund, ☎ 03831-37330, ✆ 03831-3733344, www.hansedom.de.

● *Surfen* Surf- und Segelschule (auch Materialverleih) → *Altefähr*, S. 96.

● *Tauchen* Die **Taucherbasis** des Hotel Dänholm verleiht Ausrüstungen. Am Alten Marinehafen 16, 18439 Stralsund, ☎ 03831-297090, ✆ 03831-297099, www.hotel-daenholm.de.

● *Zoo* Im **Tierpark Stralsund** sind auf 16 ha knapp 1000 Tiere zu sehen, darunter Zoo-Klassiker wie Schimpansen und Löwen, seltene Tiere wie das Rauhwollige Pommersche Landschaf, exotische Arten wie das Kaukasische Zwergzeburind, auch ein Streichel-Haustier-Gehege und Schaufütterungen. Café vorhanden. Erw. 5 € (im Winter 3 €), Kinder 3–16 J. 3 € (2 €), Hund 2 €, Familienkarte 13 € (im Winter 8 €). Geöffnet März bis Sept. tägl. 9–18.30 Uhr, im Winter

9–16 Uhr. Der Tierpark liegt nahe dem Grünhufer Bogen in der Barther Str., ℡ 03831-293033.

● *Spielbank* **Ostseespielbank Stralsund**, nahe am Bahnhof, der „richtige" Spielbetrieb (Roulette, Black Jack) beginnt um 19 Uhr (Mi/Do geschl.), Automaten tägl. 11–3 Uhr, Eintritt frei. Tribseer Damm 76, 18437 Stralsund, ℡ 03831-700810, ℻ 03831-7008120, www.ostsee-spielbanken.de.

● *Theater* Die Bretter, die die Welt bedeuten, befinden sich am Olof-Palme-Platz. Hier steht das jüngst renovierte Jugendstil-Theaterhaus Stralsunds, mit dem Theater Greifswald Heimstatt des **Theaters Vorpommern**. Ob während der Sommermonate auch wieder Open-Air-Veranstaltungen angeboten werden können, war zuletzt ungewiss, die Seebühne im Hafen jedenfalls gibt es nicht mehr. In jedem Fall abwechslungsreich bleibt das Repertoire (Theater, Oper, Musical, Ballet). Theater Vorpommern, Olof-Palme-Platz 4, ℡ 03831-2646124 (Theaterkasse) oder ℡ 03831-2646150 (Besucherservice), www.theater-vorpommern.de.

● *Einkaufen* **Stralsunder Whiskyhaus (15)**, in dem kleinen, gemütlichen Laden findet der Whiskyliebhaber eine ausgesuchte Auswahl feiner, schottischer Malts. Im Sortiment finden sich zudem u. a. hochprozentige Sanddornprodukte und edle Schokoladen, aber letztlich dreht sich hier alles um das „Wasser des Lebens". Vertrauen Sie der sachkundigen Beratung, der Inhaber ist ein ausgewiesener Whiskykenner und weiß, wovon er spricht. Wasserstraße 25, ℡ 03831-289280, www.stralsunderwhiskyhaus.de.

Das Theater von Stralsund

Astreines und Feines (23), wer ein vitaminreiches Souvenir sucht, wird hier fündig. In dem kleinen Laden neben dem Museumshaus gibt es alles, was sich aus Sanddorn machen lässt: Tee natürlich, Gelee, Likör und Geist, Wein, Marmelade, Pralinen und so fort. Sehr freundlich. Mönchstraße 38, ℡ 03831-292244.

ABC Antiquariat (10), hübsches, kleines Antiquariat mit interessantem Bestand, davon ein Regal Regionalia. Badenstr. 44, ℡ 03831-285094.

*F*este/*V*eranstaltungen

● *Feste* Anfang Juni startet die Stadt mit dem bunten **Hafenfest** in die Sommersaison (www.hafenfeststralsund.de).

Stralsunder Segelwoche, das Seglerevent in Stralsund, Regatten im Strelasund und rund um Rügen und Hiddensee, mit zahlreichen Rahmenveranstaltungen und natürlich anschließender Feier am Hafen, Anfang Juni, www.stralsunder-segelwoche.de.

Stralsunder Sundschwimmen, die bedeutende Distanzschwimmveranstaltung mit internationaler Beteiligung ist Jahr für Jahr auch der überregionalen Presse eine Schlagzeile wert. Das Wettschwimmen (der erste Startschuss fiel übrigens bereits 1925) von Altefähr über knapp 2,5 km durch den Strelasund zur Seebadeanstalt findet immer am ersten Samstag im Juli statt, www.sundschwimmen.de.

Stralsunder Wallensteintage, für ein paar Tage spielt die Altstadt die „gute alte Zeit" nach mit Mittelaltermarkt, Musketieren, Handwerkern und Gauklern sowie (spielerisch) mit einem „guten alten Feind": Wallenstein und seine Truppen. Seit 1991 findet das farbenfrohe, kostümträchtige Altstadtfest statt, meist Ende Juli, genaue Termine unter www.wallensteintage.de.

● *Veranstaltungen* **Tag des Offenen Denkmals**, die bundesweit stattfindende Veranstaltung wird natürlich auch in der Stadt, deren Altstadt zum Weltkulturerbe zählt, begangen, hier öffnen sich Türen, die sonst meist verschlossen sind. Darüber hinaus veranstaltet die Stadt Stralsund auch noch die **Lange Nacht des Offenen Denkmals,** flankiert von diversen Rahmenevents (vom mittelalterlichen Lagerleben bis zu Orgelmeditationen in der Kirche). Den genauen Termin erfährt man bei der Tourist-Information.

In der **Nikolaikirche** gibt es regelmäßig klassische Konzerte, vornehmlich Kirchenmusik und Orgelkonzerte, den Veranstaltungskalender erhält man in der Tourist-Information oder unter www.nikolai-stralsund.de.

*Ü*bernachten (→ *K*arte *U*mschlagklappe hinten und *S.* 67)

Wie es sich für eine Hansestadt gehört, ist das Übernachtungsangebot groß und vielseitig: vom noblen Vier-Sterne-Haus für Geschäftsreisende über das stilvollzweckmäßige Zimmer und die gepflegte Pension in der Innenstadt bis hin zum familienfreundlichen Appartement. Neuerdings gibt es auch ein budgetfreundliches Hostel in Innenstadtnähe. Übrigens bieten auch viele Gaststätten Unterkünfte an, „Zimmer frei"-Schilder hängen dann neben der Speisekarte vor der Tür.

● *Hotels* ****** Hotel Baltic (27)**, erstes Haus in der Stadt, 129 luxuriöse Zimmer mit stilvollem Ambiente, schickes Restaurant *Weinwirtschaft*, Bar, außerdem Sauna und Fitnessbereich. Zu Fuß ca. 20 Min. in die Altstadt. EZ ab 109 €, DZ ab 139 €, inkl. Frühstücksbuffet, Appartement ab 189 €, Hund 12,50 €, Parkplatz/Tiefgarage 9 €, die Preise variieren stark je nach Saison, interessante Wochenendangebote. Frankendamm 22, 18439 Stralsund, ℡ 03831-2040, 📠 03831-204999, www.baltic.arcona.de.

Kontorhaus Hotel (17), relativ neues Hotel am Hafen, innen wie außen stilsicher gestaltet, die Inneneinrichtung hat etwas von einem Luxusliner, passenderweise haben die 18 geräumigen, hellen Zimmer keine Nummern, sondern tragen die Namen berühmter Schiffe (darunter die QE2 oder die Gorch Fock). EZ 90 €, DZ 125 € inkl. Frühstücksbuffet (das Frühstück gibt es im Café *Kaffeekontor* im Erdgeschoss), Juniorsuite 145 €, in der Nebensaison deutlich günstiger, diverse Arrangements im Angebot, keine Haustiere. Am Querkanal 1, 18439 Stralsund, ℡ 03831-289800, 📠 03831-289809, www.kontorhaus-stralsund.de.

Norddeutscher Hof (25), familiengeführtes, sehr freundliches Haus am Neuen Markt gegenüber der Marienkirche, schöne, verhältnismäßig günstige Zimmer. Auch von Lesern empfohlen. Dazu gehört ein nettes, ebenfalls nicht teures *Restaurant*, einige Tische auch im Innenhof (tägl. 11–23 Uhr). EZ 65 €, DZ 95 €, Suite 129 €, jeweils inkl. Frühstück, Hunde erlaubt (5 €/Tag), Parkplätze vorhanden. Neuer Markt 22, 18439 Stralsund, ℡ 03831-293161, 📠 03831-287939, www.nd-hof.de.

Villa am Meer (1), unser *Tipp!* Alte, 1912 gebaute Villa mit Türmchen, nördlich der Altstadt in der „Villengegend" gelegen, nur ein

wenig von der Strandpromenade zurückversetzt (knapp 10 Min. zur Innenstadt). Hohe Zimmer, hell und freundlich, teils mit Stuckdecken und Erkerchen, viele mit Blick auf den Strelasund, entspannte Atmosphäre, ungemein freundliche und zuvorkommende Hotelführung. Morgens gibt es ein kleines, aber sorgsam ausgewähltes Frühstücksbuffet. DZ je nach Größe 75–85 €, EZ 50 €, einschließlich Frühstücksbuffet, Hunde nach Vereinbarung (3 €). Gerhart-Hauptmann-Str. 14, 18435 Stralsund, ℡ 03831-308466, 📠 03831-308640, www.hotel-mit-meerblick.de.

● *Pensionen* **Cobi (21)**, im Zentrum bei der Jakobikirche und doch ruhig gelegen, schlichte, schöne Zimmer, die allerdings (v. a. im Dachgeschoss) recht hellhörig sein können. Mit Fahrradverleih. Freundliche Pensionsführung – so jedenfalls unsere Erfahrung, Leser allerdings berichteten von einer recht ruppigen Verabschiedung. EZ 49 €, DZ 59–79 €, inkl. mit Frühstück. Jacobiturmstr. 15, 18439 Stralsund, ℡ 03831-278288, 0178-3122149, 📠 03831-278288, www.pension-cobi.de.

Altstadt Pension Peiß (26), die ehemalige Pension Ziegler, schönes Haus ganz in der Nähe des Neuen Marktes, familiär geführte Pension, nette Zimmer in dezenten Farben, abends kleine, gemütliche Weinstube, Parkplätze. DZ 95 €, EZ 75 €, inkl. Frühstück, keine Haustiere. Tribseer Straße 15, 18439 Stralsund, ℡ 03831-303580, 📠 03831-3035899, www.altstadt-pension-peiss.de.

Zur Fährbrücke (7), eher ein Appartementhaus als eine Pension. Vier Wohnungen in der Nähe vom Hafen, mit Bad und TV, 70 € (2 Pers.) bis 89 € (3–4 Pers.), das DZ inkl. Frühstück kostet ab 75 €, Nichtraucher, Haustiere auf Anfrage. Wasserstr. 2, 18439 Stralsund, ℡ 03831-298607, 📠 03831-310423, www.pension-zur-faehrbruecke.de.

Lesertipp: Hotel und Restaurant **Hiddenseer**. „Die Lage direkt am Hafen in unmittelbarer Nachbarschaft zum Ozeaneum war klasse. Zimmer gut, Personal freundlich. In der angeschlossenen Hafenkneipe kann man zu fairen Preisen gut essen und sich wohl fühlen." EZ 90–115 €, DZ 120–140 €, in der Nebensaison teils erheblich günstiger. Hafenstraße 12, 18439 Stralsund, ℘ 03831-2892390, ℘ 03831-28923999, www.hotel-hiddenseer.de.

● *Hostel* **Hostel Stralsund (28)**, neues Hostel etwa 15 Gehminuten südlich von Altstadt und Hafen nahe der neuen Strelasund-Brücke, in allerdings wenig romantischer Umgebung: Arbeiterviertel-Charme der sechziger Jahre, etwas trostlos. Insgesamt 60 Zimmer, Kochgelegenheit, Waschmaschine vorhanden, WLAN, Fahrradverleih 8 €/Tag. Übernachtung im Mehrbettzimmer 16–20 €, DZ 46 €, EZ 35 €. Frühstück 5 €, Bettwäsche einmalig 3 €. Reiferbahn 11, 18439 Stralsund, ℘ 03831-284740, ℘ 03831-284741, www.hostel-stralsund.com.

● *Camping* Ein großer Campingplatz, der **Sund-Camp**, liegt auf der anderen Strelasund-Seite in Altefähr (→ S. 96).

Essen (→ Karte Umschlagklappe hinten und S. 67)

Viele der oben genannten Hotels und Pensionen haben auch ein eigenes Restaurant. Im Folgenden eine ergänzende Auswahl.

Tafelfreuden im Sommerhaus (22), das hübsche gelbe Holzhaus am Jungfernstieg (ein Stück nördlich des Bahnhofes) könnte auch in Schweden stehen. In angenehmem Ambiente wird gehobene, ausgezeichnete Küche mit feiner mediterraner Note serviert, auch vegetarisch. Wechselnde kulinarische Wochen, heller Wintergarten, (angemessenes) oberes Preissegment (das Menu mit 3–4 Gänge kommt auf 33,50–43,50 €). Mo–Fr günstiger Mittagstisch mit Tagesgerichten unter 10 € oder auch als 3-Gang-Businessmenü für 15 €. Im Haus auch drei schön eingerichtete Zimmer unterm Dach (DZ mit Frühstück 75 €, EZ 60 €), Mo–Fr Mittagstisch, ansonsten Di–So abends 18–24 Uhr geöffnet, Mo abends geschl. Jungfernstieg 5 a, ℘ 03831-299260, ℘ 03831-289759, www.tafelfreuden-stralsund.de.

Wulflamstuben (6), traditionsreiches Restaurant am Alten Markt im sehenswerten Wulflamhaus (aus dem 14. Jh.), stilvoll-modernes Ambiente unter dunklem Holzgebälk, im Vorraum ein Modell der Altstadt, feine Küche bei mittlerem bis gehobenem Preisniveau, wir probierten hier eine fantastische Fischsuppe, hervorragend auch die anderen Fischgerichte und Desserts, dazu eine gute Weinauswahl. Mittags und abends geöffnet, kein Ruhetag. Alter Markt 5, ℘/℘ 03831-291533.

Ventspils (2), das ein Stück nördlich der Altstadt an der Sundpromenade gelegene Restaurant erinnert mit seiner leicht gebogenen Fensterfront an einen Ausflugsdampfer. Vom lang gestreckten Gastraum hat man einen herrlichen Blick auf den Strelasund. Im Sommer gibt es auch Tische draußen an der Reling und das Dach wird zum Sonnendeck. Geboten wird gutbürgerliche Ostseeküche mit sachten Verfeinerungen, gute Fischsuppe, auch Kaffee und Kuchen.

Traditionsreich: das Wulflamhaus

Routiniert-freundlicher Service. Täglich 10–22 Uhr geöffnet. Sundpromenade 1a, ℘ 03831-286243, www.ventspils-stralsund.de.

Altes Bankhaus (18), nur der Name und ein paar alte Scheine an der Wand verraten, dass es sich hier um eine ehemalige Bank handelt, heute aber wird hier nicht gespart, sondern gut gegessen. Junge Küche zu akzeptablen Preisen, auch Steaks. Freundliche Ausstattung, nette, professionelle Leitung. Mittags und abends geöffnet, nachmittags Kaffee und Kuchen. Heilgeiststr. 43 a, ℘ 03831-303088, www.altes-bankhaus.de.

Essbar (13), nettes, kleines Restaurant sowie Weinbar unweit des Alten Marktes, sehr sympathisch. Alle Gerichte sind zunächst vegetarisch, auf Wunsch auch mit Fleischbeilage. Mo–Sa ab 18 Uhr geöffnet, Mo–Fr auch Mittagstisch, Küche bis 22 Uhr, So Ruhetag. Kleinschmiedstr. 22, ℘ 03831-298176.

Brauhaus Zum Alten Fritz (29), hier wird das Stralsunder Bier („Störtebeker – das Bier der Gerechten") gebraut und ausgeschenkt, gemütliche Gaststätte, die wie ein Brauereimuseum wirkt, große Karte für jeden Geschmack. Es wird natürlich auch mit Bier gekocht (z. B. Störtebekers Biersuppe), zudem Brotzeiten und Pasta, mittleres bis gehobenes Preisniveau, großer Biergarten,

gut 2 km südlich der Innenstadt. Tägl. 11–23 Uhr geöffnet. Greifswalder Chaussee 84/85, ℘ 03831-255500.

Goldener Löwe (5), am Alten Markt, Terrasse mit herrlichem Blick auf das Rathaus, regionale Küche, zuweilen mit mediterranem Einschlag, sowie Pasta. Mittleres Preisniveau, aber für die Lage okay (Hauptgerichte 9–17 €), nachmittags auch Kaffee und Kuchen, tägl. 10–24 Uhr. Alter Markt 1, ℘ 03831-306390, www.goldener-loewe-stralsund.de.

Torschließerhaus (16), in der Wachstube des Kütertor-Schließers, urgemütlich, Deftiges aus der Pfanne (Fisch und Fleisch), gut und günstig, Hauptgericht um 10 €, Spezialität: Torschließerpfanne (14,90 €), im Hinterhof sehr schöner, kleiner Biergarten, freundlicher Service, tägl. 12–15 Uhr und wieder ab 18 Uhr. Am Kütertor, ℘/℡ 03831-293032.

Klabautermann (14), einfaches, aber sehr beliebtes Fischlokal am Hafen, maritimes Ambiente, deftig-gute Fischküche, auch beliebt als Kneipe. Im OG werden auch ein paar schlichte Zimmer vermietet (EZ 46 €, DZ 69 €). Im Sommer auch draußen am Hafen einige Tische. Mo–Fr ab 17 Uhr geöffnet, Sa und So ab 12 Uhr, im Sommer täglich ab 12 Uhr, kein Ruhetag. Am Querkanal 2, ℘ 03831-293628, ℡ 03831-280612, www.pension-klabautermann.de.

Fischermann's (4), Kneipe und Restaurant am Hafen (im Speicher V), großer Gastraum und großer Wintergarten mit Blick auf den Yachthafen, im Sommer davor auch Biergarten und drunter die Tanzbar, auf viel Publikum eingestellt, worunter der Service etwas leiden kann, tägl. ab 10 Uhr. An der Fährbrücke 3, ℘ 03831-292322, www.fischermanns-restaurant.de.

Brasserie Grand Café (24), am Neuen Markt, *Lesertipp*: „warme Küche bis spät abends, sehr freundlicher Service, tägl. ab 9 Uhr." Kein Ruhetag. Neuer Markt 2, ℘ 03831-703514, ℡ 703516.

● *Café*   Ein caféreicher Platz ist – dem prächtigen, backsteinernen Ensemble geschuldet – der Alte Markt. Unsere Café-Empfehlung ist hier das kleine, sympathische **Nikolai Café (8)** neben dem Zugang zur Kirche; selbst gebackene Kuchen, köstliche Palatschinken, z. B. mit Spinat und Feta oder mit heißen Kirschen. Auch Suppen und kleine Gerichte. Alter Markt 12, ℘ 03831-290765.

Café Kelm (20), *Lesertipp*: „Das Café ist klein und urgemütlich eingerichtet, jahreszeitlich hübsch dekoriert mit leckeren Ku-

Habt ihr schon gesehen ...?!
Am Brunnen wird getratscht

Räucherfisch vom Räucherschiff

chen und Torten. U. a. eine wunderbare Joghurt-Sanddorn-Torte. Es kommen fair gehandelte Kaffees und Tees zu fairen Preisen in die Tassen." Diesem Urteil können wir uns nur anschließen und möchten lediglich hinzufügen, dass in dem muggelig engen Café auch Waffeln und Eis angeboten werden. Böttcherstraße 31, ☎ 03831-667790.

Auch am Hafen gibt es Cafés, in denen man ein Plätzchen zum Ausruhen findet.

• *Imbiss* Räucherfisch gibt es vom *Räucherschiff* im Hafen, sie liegen vor allem in den Hafenkanälen vor Anker. Hervorragenden Räucherfisch gibt es aber auch bei:

Rasmus (19), traditionsreiches Fischgeschäft und Räucherei – eine Institution: Hier wurde der Bismarckhering erfunden, und hier wird er noch immer nach traditionellem (und natürlich geheimem) Rezept in Essig mit Senfkörnern, Zwiebeln und Lorbeerblättern eingelegt. Allen, die die Kombination süß-sauer-scharf lieben, möchten wir außerdem die „Hiddenseer Pfefferlappen" wärmstens ans Herz legen, den es auch im Brötchen auf die Hand gibt (2,30 €, die hier gut angelegt sind). Heilgeiststr. 10, ☎ 03831-281538, www.bismarckhering.com.

Fischhalle (11), in einer der Querstraßen am Hafen (neue Badenstr.), köstliche Fischbrötchen um 3 €, riesiger Andrang (zu

Recht!), innen und außen auch einige Tische zum Sitzen. Tägl. 9–20 Uhr (So ab 10 Uhr).

Bootsklause (3), kleines Büdchen mit schönem Biergarten am Knieper-Teich, hier auch Bootsverleih, im Sommer tägl. 10–22 Uhr, im Winter ab 15 Uhr, auf der Höhe des Theaters am anderen Teichufer. Knieperdamm 80, ☎ 03831-392862.

Bismarckhering

Johann Wiechmann, Brauer, Kaufmann und Gründer einer der ersten Fischkonservenfabriken an der Ostseeküste, sandte 1871 an den gerade ernannten Reichskanzler *Otto von Bismarck* ein kleines Holzfässchen, in dem entgräteter Hering eingelegt war. „Untertänigst" bat er, die von seiner Gattin *Karoline* zubereitete Spezialität „Bismarckhering" nennen zu dürfen. Dem Reichskanzler scheint es geschmeckt zu haben, denn in einem handgeschriebenen Antwortschreiben gab er sein fürstliches Einverständnis. Seither gibt es den Bismarckhering, der Stralsunder ist der originale.

Nachtleben (→ Karte Umschlagklappe hinten und S. 67)

Brazil (12), Cocktailbar mit netter Atmosphäre am Hafen, eher junges Publikum. Abends ab 20 Uhr geöffnet. Am Querkanal 4, ☎ 03831-298480.

8vorne (9), laute Studentenkneipe, nur abends ab 20 Uhr geöffnet (im Haus der Bärenapotheke), ☎ 03831-281888.

Brauhaus Zum Alten Fritz (29), s.o.

Stimmungsvoll beleuchtet: der Alte Markt mit Nikolaikirche und Rathaus

Sehenswertes in der Altstadt

Ausgewählte Sehenswürdigkeiten der Stadt werden im Folgenden nicht nach (wie auch immer arrangierter) Bedeutung, sondern in der Reihenfolge eines Spaziergangs aufgeführt. Wer allerdings den einzelnen Stationen ausgiebig Aufmerksamkeit schenken möchte, muss damit rechnen, dass ein Tag nicht genügt...

Der hier beschriebene Rundgang beginnt am Alten Markt, führt über das ehemalige Johanniskloster zum Kniepertor, die Stadtmauern entlang zum Kütertor, dann über die Mönchstraße zum ehemaligen St. Katharinenkloster (Meeresmuseum, Kulturhistorisches Museum). Anschließend geht es weiter zum Neuen Markt, über die Frankenstraße (Abstecher zu St. Jakobi und dem Museumsspeicher) zu Heilgeistkloster und -kirche und schließlich über den Hafen (Ozeaneum) zurück zum Alten Markt.

Alter Markt: Nikolaikirche und Rathaus

Der Alte Markt bildete seit Bestehen der Stadt ihr politisches und wirtschaftliches Zentrum. Ausdruck des städtischen Selbstbewusstseins (und zugleich die ältesten Bauten der Stadt) sind vor allem das prächtige Rathaus und die wuchtige Nikolaikirche.

Rund um den Alten Markt kann man ein einzigartiges und eigenwilliges Ensemble Norddeutscher Backsteingotik besichtigen. Die Nikolaikirche steht leicht versetzt zum Markt. Zwischen Kirche und Platz erstreckt sich noch eine Reihe niedriger Gebäude, das Hauptportal unter den Türmen öffnet sich zur Längsseite des Rathauses hin.

Die zum Markt weisende Schaufassade des *Rathauses* ist ein Juwel, wenn nicht das Kronjuwel deutscher Backsteingotik, das höchstens im Rathaus von Lübeck seinesgleichen findet. Erstmals 1270 erwähnt, bestand das Rathaus zunächst aus den zwei Langhallen und (seit Ende des 13. Jh.) dem verbindenden Querbau im Süden. Hier wurde nicht nur über die Geschicke der Stadt bestimmt, sondern bis in die Neuzeit auch Handel betrieben, was ein weiterer Hinweis darauf ist, wie eng Politik und Ökonomie in den Hansestädten miteinander verflochten waren. Auf dem Höhepunkt hansischer Macht (in den Jahrzehnten nach dem Stralsunder Frieden von 1370) entstand der nördliche Vorbau mit seiner prächtigen Schaufassade. Sechs Dreiecksgiebel krönen die Fassade, zwischen ihnen behelmte schlanke Pfeiler, zwei weitere schmücken die St. Nikolai zugeneigte Seite. Unterhalb der Blendbögen und direkt über den Spitzbogenfenstern sind die Wappen der wichtigsten Hansestädte schräg liegend eingefügt. Von links nach rechts sieht man das Wappen Hamburgs (das „Tor zur Welt"), Lübecks doppelköpfigen Adler, Wismars halben gekrönten Stier, den goldenen Greif Rostocks, Stralsunds Pfeil und den namensgebenden Greif Greifswalds – sowie vom Markt abgewandt: Bremens Schlüssel und die Türme Lüneburgs.

Natürlich war die Schaufassade auch Zielscheibe des Spottes: „Hoch hinaus und nichts dahinter", hieß es zuweilen. 1579 erhielt das Rathaus die Renaissance-Treppe, 1720 wurde das Barockportal der Längsfassade (Fußgängerzone/Ossenreyerstraße) angefügt. Über dem Eingang befindet sich ein farbenprächtiges Stadtwappen. Das Wappenschild (mit Stralsunds gekröntem Pfeil) wird gehalten von einem goldenen Löwen und einem roten Greif. Die Stadt erhielt das königliche Wappen von Karl XII. aus Dank für die Aufnahme und Unterstützung des schwedischen Königs während des Nordischen Krieges. Angebracht werden konnte es allerdings erst nach dem Frieden von Frederiksborg. Vor dem Barockportal stehend hat man quer durch das Rathaus hindurch einen eigenwilligen Blick auf das Hauptportal der Nikolaikirche. Der Innenhof des Rathauses ist heute mit Glas überdacht.

Die *Nikolaikirche* ist die älteste Kirche Stralsunds und einer der bedeutendsten Bauten der Backsteingotik. Ursprünglich war auf der vorhandenen Bausubstanz

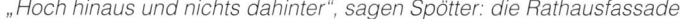

„Hoch hinaus und nichts dahinter", sagen Spötter: die Rathausfassade

Stralsund
Karten Umschlag hinten und S. 67

Grandios: Die Nikolaikirche ...

der Vorgängerbasilika durch Anhebung der Seitenschiffe auf die Höhe des Mittelschiffs eine dreischiffige Hallenkirche mit Querschiff und einem Turm geplant. Noch während der Umbauarbeiten aber wurden die Pläne verworfen und der französisch-flämischen Kathedralengotik angepasst. Das Mittelschiff wurde ebenfalls aufgestockt, so dass eine dreischiffige, von eleganten Außenstreben gestützte Basilika entstand, nun aber ohne Querschiff und mit wuchtiger Doppelturmanlage, das Langhaus schließt mit dem Chorumgang. Bei einem Brand 1662 wurden u. a. die Türme schwer beschädigt. Anfang des 18. Jh. kam es dann zu der uneinheitlichen Bedachung der Türme – zum Süden hin ein barocker Helm, der Nordturm mit niedrigem Pyramidendach –, die bis heute das Stadtbild prägt.

Der Raumeindruck im Inneren der Kirche ist grandios. Bei einer Breite von gerade einmal 13 m wölbt sich die Decke erst in 29 m Höhe. Dabei sind die farbenprächtigen, zu Spitzbögen zusammenlaufenden Pfeiler, welche die Seitenschiffe abtrennen, nur halb so hoch wie der obere Teil. Viele der Säulen sind mit Fresken geschmückt (die so genannten „Bunten Pfeiler"), aus manchen Kapitellen der Spitzbogenarkaden ragen kleine, steinerne Köpfe mit auf die Säulen gemalten passenden Körpern (die Trachten verweisen möglicherweise auf verschiedene Zünfte). Auch die Ausstattung der Kirche ist beachtlich – wenn man bedenkt, was vermutlich alles während des „Kirchenbrechens" 1525 verloren gegangen ist, dann lässt sich der Reichtum der ursprünglich vorhandenen mittelalterlichen Kunstschätze zumindest erahnen. Aus der Fülle der wertvollen Details sind besonders der *gotische Hochaltar* (gestiftet 1470), die *astronomische Uhr* von 1349 (hinter dem Hochaltar) und die Stuckplastik *Anna Selbdritt* (vor 1270) hervorzuheben sowie die erhaltenen Nebenaltäre. Einstmals sollen es 56 gewesen sein, viele davon von Fernhandelbetreibern gestiftet. Dazu gehört zum Beispiel der Altar der *Bergenfahrer* (um 1500, gemeint ist natürlich Bergen/Norwegen). Bemerkenswert sind vor allem die vier erhaltenen Relieftafeln des *Gestühls der Rigafahrer*, das fälschlicherweise auch als Gestühl der *Nowgorodfahrer* bekannt ist (beim barocken Trennaltar rechts). Die lebendige Darstellung der Holztafeln aus dem 14. Jh. zeigt den Ursprung des Profits: bärtige Zobeljäger, Holzfäller und

Honigsammler bei der Arbeit und in Verhandlungen mit Figuren in hanseatischer Tracht. Unbedingt sehenswert.

April/Mai und Sept./Okt. Mo–Sa 9–18 Uhr, Juni bis Aug. 9–19 Uhr, Nov. bis März 10–16 Uhr, sonntags ganzjährig 13–17 Uhr. Eintritt 2 €, unter 18 J. frei. Audioguide 2 €, Führungen Juni bis Sept. Mo–Sa 11 und 15 Uhr (außer Mi), Gewölbeführungen Mo–Sa 14 Uhr, Orgelführungen auf Anfrage. Man betritt St. Nikolai vom Markt aus durch das Seitenportal (ca. 30 m links von der Schaufassade des Rathauses), das Hauptportal (zum Rathaus hin) wird nur zu Gottesdiensten geöffnet, ✆ 03831-297199, www.nikolai-stralsund.de.

Außer dem Rathaus schmücken noch viele andere Fassaden in einem Stilmix der Epochen den *Alten Markt.* Besonders markant sind das *Commandanten-Hus*, ein Barockbau aus schwedischer Zeit, in dem die Stadtkommandantur untergebracht war, und das *Wulflamshaus.* Dieses Backsteingebäude, über dessen Treppengiebel sich vier Pfeilertürmchen erheben, bildet nicht zufällig ein architektonisches Gegengewicht zur Prachtfassade des Rathauses. *Bertram Wulflam*, der steinreiche, mächtige (und machthungrige) Bürgermeister der Stadt, hatte sich das repräsentative Gebäude in der ersten Hälfte des 14. Jh. errichten lassen.

Drei Häuser weiter links Richtung Neuer Markt trifft man auf das *Giebelhaus*, erbaut Ende des 13. Jh. (Mühlen-

... im Inneren

straße 1). Sein Pfeilergiebel gilt als der älteste der Backsteingotik. Ein Blick in den Innenhof ist erlaubt, hier lassen sich die längs verlaufenden Galerien bewundern und (heute in einem Café) ein alter Steinofen. Noch zwei Häuser weiter befindet sich das *Dielenhaus*, das 1977–1979 von polnischen Spezialisten rekonstruiert wurde. Hier sind Modelle wichtiger Bauwerke der Stadt zu sehen, u. a. St. Nikolai, das Johanniskloster aus der Zeit um 1700 sowie das heutige Hafenensemble mit Ozeaneum, außerdem eine Gesamtansicht der Altstadt.

Tägl. 10–17 Uhr, an Feiertagen geschl. Eintritt frei, Spende willkommen. Mühlenstr. 3.

Zurück am Alten Markt gelangt man über die *Külpstraße* zum ehemaligen Johanniskloster. Wer einen kurzen Abstecher über die Fährstraße unternehmen will, kann an der Ecke zur Schillstraße das *Scheelehaus* (von außen, soll demnächst restauriert werden) besichtigen, so benannt, weil in dem Giebelgebäude aus dem 14. Jh. der schwedische Chemiker *Carl Wilhelm Scheele* (u. a. der Entdecker des Sauerstoffs) geboren wurde.

Johanniskloster

An der nördlichen (rekonstruierten) Stadtmauer liegt ein besonderes Kleinod Stralsunds: das ehemalige Kloster St. Johannis. 1254 von den Franziskanern gegründet, entwickelte es sich in den folgenden Jahrhunderten zu einem der schönsten und bedeutendsten Klöster in Norddeutschland.

Die Franziskaner waren bei der Bevölkerung gern gesehen, waren sie doch die „Handwerker" unter den Ordensbrüdern, die lieber im sozialen Leben der Stadt Hand anlegten, als sich in den Studier- und Kopierstuben zu verkriechen. Die Reformation beendete jedoch die Blüte des Klosters. St. Johannis wurde geplündert, teils von der Stadtbevölkerung, teils von den Mönchen selbst, die die Schätze zusammenrafften und aus der Stadt flohen. Nunmehr in städtischem Besitz diente ein Teil des Klosters fortan als Armenhaus, ein anderer als eher gehobenes Rentnerdomizil. So genannte Prövener konnten das Recht erwerben, in den ehemaligen Mönchszellen (später in den noch heute stehenden Häusern vor dem Kloster) zu leben. In den folgenden Jahrhunderten waren die Gebäude der Anlage diversen Beanspruchungen ausgesetzt: als Waisenhaus, Krankenstube und Kriegslazarett sowie als Gefängnis, Friedhof und Militärstall. Den größten Schaden aber nahm das Kloster bei dem britisch-amerikanischen Bombenangriff 1944. Es ist der Initiative des damaligen Stadtarchivars Prof. Dr. Herbert Ewe und dem Engagement Stralsunder Bürger zu verdanken, dass die Anlage ab 1963 durch Restaurierung und Rekonstruktion gerettet werden konnte. Heute ist St. Johannis der Öffentlichkeit zugänglich, beherbergt das Stadtarchiv und dient als Konzertbühne und Ausstellungsraum.

Im Zentrum der Klosteranlage befindet sich der idyllische Kreuzgang, in dem die Skulptur „Der Lesende" von *Hans Peter Jaeger* steht. Von Jaeger stammt auch die „Pietà" vor den Resten der ehemaligen Johanniskirche. Die Plastik geht auf Entwürfe *Ernst Barlachs* zurück. Dieser hatte 1932 an einer Ausschreibung der Stadt teilgenommen, aus der ein Mahnmal für die im Ersten Weltkrieg gefallenen Soldaten entstehen sollte. Barlachs Vorschläge wurden abgelehnt, da sie den Verantwortlichen nicht heldenhaft genug waren. Einer dieser Entwürfe war die trauernde Gottesmutter. Im Rücken der Skulptur erheben sich die Chorruinen von St. Johannis.

Im *Kreuzgang* (teils mit Spitzbogendecke) sind diverse Exponate ausgestellt, darunter eine Wandmalerei aus dem

Die Chorruine von St. Johannis

14. Jh. und die vielleicht älteste Darstellung des pommerschen Wappens (um 1560). Etwas versteckt liegt ein weiteres Juwel der Anlage: Wenn man sich am Ende des südlichen Kreuzgangs (nach der Glastür) nach rechts wendet, kommt man in den *Kapitelsaal*. Bei Restaurierungsarbeiten wurden 1983 unter bis zu 30 Tünchen spätgotische Fresken entdeckt. Eindrucksvoll sind in den Schildbögen u. a. die Kreuzigung Christi und die Stigmatisierung des Franz von Assisi dargestellt.

Im ersten Stock gelangt man zunächst in den *Räucherboden* (rechter Hand). Hier stehen zahlreiche Öfen, deren kleine Schornsteine in den lang gezogenen Raum ragen. Der Name Räucherboden wurde dem Raum fälschlicherweise angehängt, hier wurde nicht geräuchert, sondern gekocht. Es handelte sich praktisch um kleine öffentliche Küchen, die noch einen weiteren Nutzen mit sich brachten: Der Rauch der Öfen stieg unter das Holzdach und machte das Gebälk haltbarer und brandfester (dieser Gebäudeteil war erst 1624 nach einem schweren Brand errichtet worden). Der Räucherboden stellt ein einzigartiges Beispiel für eine Art „städtisches *rookhus*" dar. Der Rauchgeruch ist übrigens heute noch deutlich wahrzunehmen.

Über den „Hellen Gang" mit Blick auf den Kreuzgang gelangt man in den gegenüberliegenden Flügel im ersten Stock. Hier hängen die Porträts der Bürgermeister der Stadt, außerdem sind wechselnde Ausstellungen zu besichtigen. 1990 wurde im Keller des Klosters eine Hypokaustenheizung freigelegt, eine Art mittelalterliche Fußbodenheizung, die wahrscheinlich aus den Anfängen des Klosters stammt.

Das Kloster ist zurzeit wegen Sanierung geschlossen, die voraussichtlich bis Ende 2011 andauern soll. Das Stadtarchiv ist Mo–Do 10–17 Uhr geöffnet. Am Johanniskloster 35, ℡ 03831-666466.

Vom ehemaligen Johanniskloster gelangt man über die Schillstraße, die parallel zur nördlichen Stadtmauer verläuft, zur querenden Knieperstraße. Wenn man hier rechts abbiegt, steht man vor dem *Kniepertor*.

Ein kleines Dorfidyll, mitten in der Stadt: beim Johanniskloster

Entlang der Stadtmauer

Von den ehemals zehn Stadttoren der massiven mittelalterlichen Befestigungsanlage, die die Altstadt umschloss, sind gerade noch zwei erhalten: das Kniepertor und das Kütertor. Das *Kniepertor* stammt weitgehend aus dem 15. Jh. Außerhalb des Tores steht am *Olof-Palme-Platz* das Theater Stralsunds, das nach umfangreicher Renovierung in altem Glanz erstrahlt. Der Platz wurde übrigens bereits kurz nach dem Mord an dem schwedischen Ministerpräsidenten und Sozialdemokraten 1986 ihm zu Ehren umbenannt. Schräg gegenüber befindet sich die Statue *Ferdinand von Schills*. Der Husarenkommandant war 1809 bei dem Versuch, einen Aufstand gegen die französischen Truppen anzuzetteln, in der Fährstraße erschossen worden. Vom Kniepertor aus ziehen sich parallel zum Ufer des *Knieper-Teichs* die erhaltenen Reste der wuchtigen Stadtmauern Richtung Süden bis zum Kütertor. Gegenüber vom Kütertor beginnt auf der ehemaligen Bastion, von der nichts erhalten ist als der Name, eine Fußgängerbrücke, die quer über den Knieper-Teich führt.

Das *Kütertor* wurde bereits 1281 erstmals erwähnt (die Stadtmauer seltsamerweise erst 1286). Der im Grundriss fast quadratische Backsteinbau, der sich bis heute über die Küterstraße spannt, stammt aus der Mitte des 15. Jh. Das Tor wirkt dank des hohen, von einem Türmchen gekrönten Dachs weniger wuchtig als das Pendant im Norden, daneben duckt sich stadteinwärts das historische *Torschließerhaus*. Durch das Kütertor zurück geht es die Heilgeiststraße hinein, bis die Mönchstraße kreuzt, hier rechts gelangt man zum ehemaligen Katharinenkloster.

Museen in der Mönchstraße

Katharinenkloster: Hinter den dicken Mauern des ehemaligen Dominikanerklosters aus dem 13. Jh. verbergen sich heute zwei bemerkenswerte Museen: das Deutsche Meeresmuseum und das Kulturhistorische Museum.

Deutsches Meeresmuseum: Was 1951 mit einer kleinen Sammlung im Katharinenkloster begann, entwickelte sich nicht nur zum bedeutendsten Museum der Stadt, sondern auch zum meistbesuchten Museum Norddeutschlands. Neben den beiden Außenstellen Natureum am Darßer Ort (Fischland-Darß-Zingst) und dem Nautineum auf dem Dänholm (→ S. 89) ist nunmehr das Ozeaneum am Hafen (→ S. 87) entstanden, das die Attraktivität des Deutschen Meeresmuseums nochmals steigert. Der äußere architektonische Unterschied der beiden großen Standorte des Deutschen Meeresmuseum ist offensichtlich: hier in den altehrwürdigen Mauern des gotischen Klosters untergebracht, am Hafen eingefasst in spektakuläre moderne Architektur. Inhaltlich lässt sich die Unterscheidung am ehesten an der Wassertemperatur festmachen. Während sich das Ozeaneum den nördlichen Meeren Ost- und Nordsee bis hin zum Polarmeer widmet, sind in den Aquarien des Katharinenklosters die tropischen Meere thematisiert.

In die riesige Halle der ehemaligen Kirche hat man zwei Zwischenebenen eingezogen und so deutlich mehr Ausstellungsfläche geschaffen, auch wenn dadurch der Eindruck des alten gotischen Kirchenbaus verloren geht. Das Erdgeschoss befasst sich vornehmlich mit den Themen Meereskunde, Meeresbiologie und Tiefseeforschung. Es sind diverse Schiffsmodelle zu bewundern – u. a. die „Trieste" des Schweizer Mee-

Wenn eine Klosterkirche zum Meeresmuseum wird ...

resforschers *Auguste Piccard* und Jean-Jacques Cousteaus berühmte *Calypso* – sowie Modelle und Skelette von Haien und Robben, Mond- und Thunfischen. Hinter dem großen Modell eines Korallenriffs findet man sich unversehens im Chor der alten Klosterkirche wieder – und unter dem 15 m langen und 1000 kg schweren Skelett eines Finnwals, der im Jahr 1825 vor Rügen strandete.

Das erste Obergeschoss der Ausstellung ist ganz der Geschichte der Fischerei gewidmet: Vom ca. 2000 Jahre alten Einbaum bis hin zum Modell „Atlantik-Supertrawler" aus dem Jahr 1980 sind die verschiedensten Methoden in Sachen Fischfang (z. B. Reusen-, Stellnetz-, Schleppnetzfischerei) sowie die dazugehörigen Gerätschaften zu sehen, dazu zahlreiche Modelle der entsprechenden Hochseeschiffe. Besondere Aufmerksamkeit erfährt dabei die DDR-Fischereigeschichte – schon im Hof vor dem Eingang ist der *SAS 95* zu bewundern, Ostdeutschlands erster Fischkutter (namens „Adolf Reichwein") nach dem Zweiten Weltkrieg, der bis 1969 im Dienst der DDR-Fischfangflotte stand.

... hängt auch mal ein Finnwal im Chor

Im zweiten Obergeschoss – unter dem Kirchendach – sind vor allem Modelle und Präparate von Tieren zusammengetragen, denen das Meer als Lebensraum dient: von Krabben und Muscheln über Störe und Quastenflosser, Haie und Mondfische bis zu den Giganten auf dem Eis: Walross und Eisbär. Nicht verpassen sollte man einen Blick hinauf ins prächtige Gewölbe und (wieder im Chor) hinab auf den Finnwal zu werfen. Vom zweiten Stock geht es – vorbei an Ausstellungsvitrinen, die sich der Meeresvielfalt der Ostsee und besonders dem Raum um Rügen widmen – die Treppen hinunter zu den *Tropenaquarien* mit ihren farbenprächtigen Bewohnern: Seeanemonen und Clownfische, Seepferdchen und Garnelen. Höhepunkt ist sicherlich das Becken mit den majestätischen Meeresschildkröten. Vom Aquarium die Treppen hinauf gelangt man ins *Bistro* (relativ preisgünstig).

Juni bis Sept. tägl. 10–18 Uhr, Okt. bis Mai nur bis 17 Uhr, Einlass bis 30 Min. vor Schließung. Eintritt 7,50 €, erm. 5 € (Kinder, Studenten etc.), Kinder unter 4 J. frei. Familienkarte (2 Erw., 1 Kind) 17 €, jedes weitere Kind 2 €. Audioguide 2 € (Ausweisdokument muss hinterlegt werden), Fotoerlaubnis 1 €. Gut angelegt sind die 3 € für den **Museumsführer** (an der Kasse erhältlich). Katharinenberg   14–20,   ☏ 03831-2650210, www.meeresmuseum.de.

Kombiticket für Meeresmuseum und Ozeaneum 18 €, erm. 11 €, Familienticket 40 €; für Meeresmuseum, Ozeaneum und Nautineum 19,50 €, erm. 12,50 €, Familien 44,50 €.

Die Kombitickets sind drei Monate gültig und beinhalten bereits die Fotoerlaubnis.

Kulturhistorisches Museum: neben dem Meeresmuseum, ebenfalls im Komplex des ehemaligen Katharinenklosters untergebracht. Das älteste Museum in ganz Mecklenburg-Vorpommern gibt es bereits seit 1858, im Kloster befindet sich die Sammlung erst seit 1924. Die Ausstellungen beschäftigen sich mit der Geschichte Stralsunds und Vorpommerns und reichen von der Frühgeschichte bis in die Moderne. Gleich im ersten Raum stößt man auf zwei wertvolle gotische Altäre. Direkt im Anschluss beginnt die Abteilung für Ur- und Frühgeschichte mit diversen Skeletten und anderen Funden aus der so genannten *Lietzow-Kultur* (um 5200–4000 v. Chr.). Man sieht u. a. den Schädel eines Auerochsen, den man auf Rügen gefunden hat. Die Exponate aus der Jungsteinzeit umfassen Krüge und andere Behältnisse, Werkzeuge, Schmuck und Waffen. Das Highlight der gesamten Ausstellung bildet der *Goldschatz von Hiddensee* aus dem 9. Jh. (s. auch S. 258). Nach einem Exkurs zu Stralsunds Stadtgeschichte zu Zeiten der Hanse (wertvollstes Exponat ist hier der „Stralsunder Becher", ein gotischer Murano-Glasbecher aus dem 14. Jh.) gelangt man ins *Sommerrefektorium* des Klosters aus der Zeit um 1500 mit seinen groteskenartigen Fresken im Gewölbe. Der Saal bietet heute den feierlichen Rahmen für Konzerte, Lesungen, Vorträge etc. Generell gilt für das Kulturhistorische Museum: Unbedingt sehenswert sind auch die Räumlichkeiten um die beiden Kreuzganghöfe des ehemaligen Klosters mit den Kreuzrippen- und Netzgewölben.

Das erste Obergeschoss widmet sich der jüngeren Stralsunder Geschichte: Die ältesten Exponate sind hier das Modell der Hansestadt Stralsund aus dem Jahr 1647 und die Fayencen aus der „Stralsunder Fayencenfabrique" (1755–1792). Es folgen Portraits, Möbel, Uniformen, Waffen, Stadtansichten aus den verschiedenen Jahrhunderten, Schiffsmodelle sowie Spielkarten aus den überregional bekannten Stralsunder Spielkartenfabriken des 18./19. Jh. Besonders sehenswert sind einige komplett eingerichtete historische Räume: ein Biedermeierzimmer, ein Wäschezimmer von 1900, ein Wohn-/Esszimmer von 1927 und schließlich ein „DDR-Wohnzimmer" aus dem Jahr 1970. Zahlreiche Gemälde und Grafiken, darunter auch Werke von *Caspar David Friedrich*, runden die Ausstellung ab. Seit kurzem zu sehen sind übrigens auch wieder die beiden restaurierten Globen, der Erd- und der Himmelsglobus aus dem 18. Jh.

Tägl. 10–17 Uhr (Nov. bis Jan. Mo Ruhetag). Eintritt 6 €, erm. 3 € (Kinder, Studenten), Kinder unter 6 J. frei. Familienkarte 14 € (2 Erw. und unbegrenzte Kinderschar unter 18 J.). Mönchstr. 25/27, ✆ 03831-28790. Die Mitarbeiter des Kulturhistorischen Museum sind übrigens sehr freundlich, kompetent und hilfsbereit.

Auch für das Kulturhistorische Museum, das Museumshaus und den Museumsspeicher ist ein **Kombiticket** erhältlich: Erw. 10 €, erm. 5 €, Familienkarte 18 €.

Für alle vier Museen, also das Kulturhistorische Museum, das Museumshaus, den Museumsspeicher und das Marinemuseum auf dem Dänholm, kommt das Kombiticket auf 15 €, erm. 8 €, Familien 20 €.

Zum Kulturhistorischen Museum gehören die Außenstellen **Museumshaus** (Mönchstraße 38, Näheres → unten) und **Museumsspeicher** (Böttcherstraße 23, Nähe Jakobikirche → S. 85) sowie das **Marinemuseum** auf Dänholm (→ S. 89). Das Deutsche Meeresmuseum umfasst neben den Ausstellungen im Katharinenkloster das **Ozeaneum** am Stralsunder Hafen (→ S. 87), das **Nautineum** auf Dänholm (→ S. 89) und das **Natureum** am Darßer Ort (Fischland-Darß-Zingst).

Stralsund
Karten Umschlag hinten und S. 67

Uralt: das (noch immer funktionstüchtige) Lastenrad im Museumshaus

Museumshaus: Folgt man der Mönchstraße ein Stück in südlicher Richtung, stößt man auf das Museumshaus, eine Außenstelle des Kulturhistorischen Museums. Das uralte Haus, dessen Gebälk sichtlich unter der Last der Jahrhunderte ächzt, ist selbst das Exponat der Museumsdependance. Um 1320 erbaut gehört es zu den ältesten Wohnhäusern der Stadt (und war bis 1979 bewohnt). Bei der in den 1990er Jahren erfolgten Sanierung ging es weniger darum, den mittelalterlichen Bauzustand komplett wiederherzustellen, vielmehr wurden die 650 Jahre, die dieses Haus bewohnt war, „sichtbar" gemacht, z. B. durch das „Aufblättern" von 20 Tapetenschichten. Zu sehen sind unter anderem der niedrige Keller und ein kleines Kontor. Der Höhepunkt des Rundganges befindet sich im Dachgeschoss: Hier steht ein gotisches Lastenrad, das nicht nur zu den ältesten Nordeuropas zählt, sondern auch noch funktioniert.

Tägl. 10–17 Uhr (Nov. bis Jan. Mo geschl.). Eintritt 5 €, erm. 2,50 € (Kinder, Studenten), Kinder unter 6 J. frei. Familienkarte 14 €. Kombiticket mit Kulturhistorischem Museum und Museumsspeicher 10 €, erm. 5 €, Familienkarte 18 €; Kombiticket mit Kulturhistorischem Museum, Museumsspeicher und Marinemuseum 15 €, erm. 8 €, Familienkarte 20 €. Mönchstr. 38, ✆ 03831-28790.

Ein Gotteshaus wie eine Burg: die Marienkirche

Neuer Markt und Marienkirche

Die Kirche St. Marien ein Gotteshaus zu nennen ist eigentlich eine Unter-treibung, „Burg Gottes" trifft es besser. Wuchtig und wehrhaft erhebt sich der kolossale Backsteinbau über den Neuen Markt.

Die trutzige Kirche wurde erstmals 1298 erwähnt. Ihr Aussehen wurde in den folgenden Jahrhunderten jedoch so stark verändert, dass sich eine Baugeschichte nur schwer rekonstruieren lässt. Sicher ist, dass wesentliche Teile der heutigen An-lage Anfang des 15. Jh. entstanden, nachdem in den 80er Jahren des 14. Jh. der Kirchturm umfiel und auch Langschiff und Chor zerstörte. Damit ist St. Marien die letzte Backsteinbasilika im norddeutschen Raum und zählt insgesamt zu den bedeutendsten Bauten der Spätgotik. Von außen sieht man der Kirche kaum an, dass es sich um ein dreischiffiges, basilikales Langhaus handelt. Die wuchtigen, von kleinen Türmchen gekrönten Anbauten des Kirchturms erwecken den Eindruck ei-nes Querschiffes, das aber nicht vorhanden ist. 1478 erhielt der Turm eine giganti-sche Spitze: 151 m hoch ragte er nun über die Stadt, weit sichtbar über Wasser und Land (zum Vergleich: heute sind es 104 m), 300 Zentner Kupfer waren nötig, um das spitze Dach zu decken. Aber es kam, wie es kommen musste: 1647 schlug der Blitz ein und zerstörte den babelartigen Aufbau. 1708 erhielt der Turm die barocke Haube, die auch heute noch zu sehen ist.

Anders als die massige Außenansicht gestaltet sich der Raumeindruck im Innern. Noch ausgeprägter als in der Nikolaikirche entfaltet sich die Höhenproportion der Marienkirche: Bei einer Mittelschiffbreite von etwas mehr als 10 m geht es fast 33 m in die Höhe. Ein weiterer Unterschied zum Gotteshaus am Alten Markt ist die karge Ausstattung der Kirche. Kaum etwas lenkt ab von der erhabenen Wirkung des hohen Raums, mit Ausnahme des Orgelwerks. Das Mitte des 17. Jh. geschaffe-ne Instrument ist ein Meisterwerk des norddeutschen Orgelbaus.

Von der Aussichtsplattform auf dem Kirchturm in 90 m Höhe hat man einen einzigartigen Blick über die Hansestadt, den Strelasund und Rügen. Das hoch liegende Dachgewölbe ist mit Führungen begehbar. Hierbei ist unter anderem ein alter Lastenaufzug von 1648 zu sehen: ein Tretrad von 7 m Durchmesser, das noch immer funktionieren soll.

Mai/Juni und Okt. Mo–Sa 10–17 Uhr, So 11–17 Uhr; Juli bis Sept. Mo–Fr 9–18 Uhr, Sa 10–17 Uhr, So 11–17 Uhr; Nov. bis April Di–Fr 10–12 und 14–16 Uhr, Sa 10–12 Uhr, So 11–12 Uhr, Mo geschl. Turmbesteigung (366 Stufen): Erw. 4 €, erm. 2 €. Führungen durch das Dachgewölbe (einschl. Turmbesteigung) Di 15 Uhr und Do 15.30 Uhr. Erw. 4 €, erm. 2,50 €, Anmeldung in der Kirche oder unter ✆ 0172-3125491.

Vom Neuen Markt geht es über die Frankenstraße Richtung Hafen. Die *Frankenstraße* säumt ein Ensemble von Bürgerhäusern, deren unterschiedlich geartete Giebel einen interessanten Überblick über die Architekturformen zwischen Gotik und Barock vermitteln. Eine Seitengasse trägt übrigens den heute niedlich klingenden Namen *Unnütze Straße*, der wahrscheinlich auf die im Mittelalter hier ansässige Prostitution zurückgeht. In der Mitte der Frankenstraße führt über die Jakobiturmstraße ein Abstecher zur Jakobikirche, dem Museumsspeicher und dem Scharfrichterhaus.

Jakobikirche und Museumsspeicher

Die Dritte im Bunde der gotischen Backsteinkirchen Stralsunds ist die *Jakobikirche*. Die chorlose Hallenkirche wurde im 14. Jh. errichtet und später in eine dreischiffige Basilika umgebaut. Der 68 m hohe, im Gesamtbild strenge Turm zeigt sich bei näherem Hinsehen durch die glasierten Backsteine und das prachtvolle Blendwerk ornamental geschmückt. Die Jakobikirche hatte unter den Wirren der Jahrhunderte übrigens noch mehr zu leiden als ihre Schwestern, kaum ein Krieg, dessen Geschosse ihre Fassaden nicht getroffen hätten. Hinzu kamen Blitzschlag und Brände. St. Jakobi dient heute als Kulturkirche und ist Bühne für Konzerte, Theater oder diverse andere Veranstaltungen.

Zu Ausstellungen tägl. 10–18 Uhr geöffnet. Infos unter ✆ 03831-309696, Kartenvorverkauf unter ✆ 03831-673218.

Der *Museumsspeicher* ist eine weitere Außenstelle des *Kulturhistorischen Museums* und widmet sich der vorpommerschen Volkskunde. Auf drei Stockwerken sind Exponate aus handwerklicher Tradition zu sehen, wie z. B. Webstühle und Drehmaschinen, die Inneneinrichtung ländlicher Stuben, Trachten und Holzspielzeug. Im Erdgeschoss werden Sonderausstellungen zu volkskundlichen Themen präsentiert.

Tägl. 10–17 Uhr (Nov. bis Jan. Mo Ruhetag). Eintritt 5 €, erm. 2,50 € (Kinder, Studenten), Kinder unter 6 J. frei. Familienkarte 14 €. Kombiticket mit Kulturhistorischem Museum und dem Museumshaus 10 €, erm. 5 €, Familienkarte 18 €; Kombiticket mit Kulturhistorischem Museum, Museumsspeicher und Marinemuseum 15 €, erm. 8 €, Familienkarte 20 €. Böttcherstr. 23, ✆ 03831-293382.

Stralsund
Karten Umschlag hinten und S. 67

Das Scharfrichterhaus

„Wer klagen will, der klage fest" – seit dem 13. Jh. berichten die Stralsunder Chroniken von Scharfrichtern in Stralsund. Ihnen oblagen nicht nur die Folter, die „peinliche Befragung" von Angeklagten und das Hängen, Rädern, „decollieren" (Enthaupten) und Ertränken von Verurteilten, sondern noch vielfältige andere Aufgaben: Sie waren oft auch Gerichtsboten (daher auch die Namen Fron oder Büttel, mittelhochdeutsch *vrone* oder *bodel*) und Pächter der Abdeckerei (in Stralsund auch Rackerei genannt). Den Scharfrichtern unterstanden weiterhin das Glückspiel, die Prostituierten und die Bettler der Stadt. Außerdem hatten sie die (von ihren Knechten durchgeführte) Straßen-, Kloaken- und Marktreinigung zu organisieren. Kurzum: ein Amt für die „schmutzigen" Jobs. Aber auch wenn das Amt des Blutrichters einen gewissen Grad an Bildung und Verantwortungsbewusstsein voraussetzte (und manche Henker in den Chroniken als angesehene Bürger beschrieben werden), so war der Scharfrichter doch mit dem Makel der Ehrlosigkeit behaftet und lebte innerhalb mehr oder weniger engen sozialen Schranken. Zu manchen Zeiten war es ihm sogar verboten, mit anderen Bürgern an einem Tisch zu sitzen, oder er durfte nur innerhalb seines Berufstandes heiraten, woraus regelrechte Scharfrichterdynastien entstanden. Zudem war der Beruf nicht ungefährlich, sollte der Henker seine Kernkompetenzen nicht beherrschen. Die Chroniken berichten von Scharfrichtern, die ihren Delinquenten nicht mit einem Schlag enthaupten konnten und daraufhin von wütenden Zuschauern verprügelt, in manchen Fällen sogar gelyncht wurden.

Das unscheinbare Gebäude, das Jahrhunderte lang die Stralsunder Scharfrichter beherbergte, befindet sich gegenüber der Kirche St. Jakobi, im Randbezirk zwischen Alt- und Neustadt (Papenstraße/Ecke Filterstraße). Wenn man vom Museumsspeicher darauf blickt, überrascht der gotische Blendengiebel an der Nordseite des Hauses, der allerdings nicht zur Straßenseite zeigt, sondern zum Nachbargrundstück. Dies kann als Indiz dafür angesehen werden, dass das Haus auch ursprünglich allein stand, was wiederum auf die soziale Stellung des Amtes verweist. Im südlichen Gebäudeteil war das Wohnhaus des Frons untergebracht, Anfang des 14. Jh. errichtet und nach dem großen Stadtbrand von 1680 wieder aufgebaut. Der nördliche, mit den Giebeln versehene Teil, wegen seiner dicken, ursprünglich fensterlosen Mauern „Turmhaus" genannt, wurde um 1412 angebaut und diente als Gefängnis. Dass das Gebäude erhalten blieb, neben dem Scharfrichterhaus Tallins das einzige im Ostseeraum, ist das Verdienst des Mecklenburger Geschichtslehrers Günther Stange, der das nahezu ruinierte Haus 1984 „entdeckte", seine Bedeutung erkannte und es erwarb. Mit großem persönlichem Einsatz und der Hilfe Stralsunder Bürger gelang es ihm gegen diverse bürokratische Widerstände, das Scharfrichterhaus zu erhalten.

Filterstr. 2 a/b. Das Haus ist normalerweise nur von außen zu besichtigen, gehört aber während des *Tags des Offenen Denkmals* zu den Highlights der Stadt (nach dem genauen Termin bei der Tourist-Information erkundigen). Wer sich für die Baugeschichte des Hauses und/oder das Amt des Stralsunder Scharfrichters interessiert, dem sei das erste Heft der *Schriftenreihe Stralsunder Denkmale: Das Scharfrichterhaus von Stralsund*, Greifswald 2004, empfohlen, das z. B. im Museumsspeicher zu erwerben ist.

Hafen und Ozeaneum

Einst die Basis hanseatischer Macht, heute eine quirlige Flaniermeile. Von Kanälen umschlossen, setzt sich die Hafeninsel ein wenig ab und bleibt doch ein lebendiger Teil der Altstadt. Blickfang und Besuchermagnet ist das neue Ozeaneum, dessen spektakuläre Architektur einen gelungenen Kontrast zu den alten Speichern setzt.

Ob über Frankenstraße oder -wall im Süden, über Fährstraße oder -wall im Norden oder entlang einer der dazwischen liegenden Parallelstraßen: Richtung Osten führen alle Wege zum Hafen. Im südlichen Teil der Hafengegend, noch diesseits des Kanals, befindet sich das *Heilgeistkloster* samt gleichnamiger *Kirche*. Die Bezeichnung Kloster ist jedoch irreführend, denn hierbei handelt es sich vielmehr um ein 1256 gegründetes städtisches Spital, das sich der Armenfürsorge und der Krankenpflege widmete.

Heilgeistkirche: April bis Okt. Mo–Sa 10–17 Uhr, So 14–17 Uhr, im Nov. nur bis 16 Uhr, Dez. bis März geschl. Wasserstr., ☎ 03831-290446.

Über eine der Kanalbrücken gelangt man dann zum eigentlichen *Hafen*. Er verteilt sich auf die südlich gelegene Halbinsel und die nördliche Hafeninsel, die wiederum durch eine Zugbrücke über den trennenden Querkanal miteinander verbunden sind. Im Norden befinden sich der besonders im Sommer sehr belebte Yachthafen und die Anlegestelle der Weißen Flotte. Von hier aus starten von Frühjahr bis Herbst die Fähren nach Hiddensee, Altefähr oder zu Hafenrundfahrten. Zwischen den riesigen backsteinernen Speichern (der eindrucksvollste ist wohl die Nummer fünf mit dem Koggenrelief an der Fassade) auf der einen und dem Strelasund auf der anderen Seite bildet der breite Kai eine hübsche Flaniermeile, teils mit Tischen und Stühlen der Bars und Restaurants bestückt.

Ozeaneum: Absoluter Besuchermagnet des Stralsunder Hafens ist seit Sommer 2008 das Ozeaneum. Seine spektakuläre Architektur passt sich zwischen den alten backsteinernen Speichern ein, ohne sich vorzudrängen. Vier Gebäude, strahlend weiß und sanft gerundet wie von der Strömung abgeschliffene Kieselsteine, werden durch ein gläsernes, von Licht durchflutetes Foyer miteinander verbunden. Der Museumskomplex bildet in Farbe und Form einen interessanten und architektonisch ungemein gelungenen Kontrast zu der historischen, vornehmlich backsteinernen Hafenfront.

Im ersten Gebäude sind drei große, sehr informative und teils interaktive Aus-

Schon im Foyer spektakulär: das Ozeaneum

Stralsund
Karten Umschlag hinten und S. 67

stellungen untergebracht: Die Ausstellung zum *Weltmeer* befasst sich dabei unter anderem mit der geologischen Entstehung der Meere, dem globalen Wasserkreislauf und den Folgen der Klimaerwärmung. In der zweiten Ausstellung werden die Eigenheiten der *Ostsee* beleuchtet und der Lebensraum, den das *mare balticum* darstellt, thematisiert. Die dritte Ausstellung schließlich befasst sich mit der *Erforschung der Meere*.

In den beiden nächsten Gebäuden sind die Aquarien untergebracht, die vor allem die Lebensräume der Nordsee und der Ostsee sowie des Polarmeeres nachstellen. Die Reise durch die Ostsee beispielsweise beginnt bereits im Stralsunder Hafenbecken und führt weiter durch Salzwiesen, an der Kreideküste entlang bis zum Schärenmeer. Die Nordseesektion wartet unter anderem mit einem Tunnelaquarium auf. Insgesamt sind es 39 Aquarien, die zusammen 6 Mio. Liter Wasser fassen, das größte davon ist das Schwarmfischbecken mit einem Fassungsvermögen von 2,6 Mio. Litern.

Das vierte Gebäude ist den Riesen der Meere gewidmet: Imposant hängen Modelle von Walen in Originalgröße im Raum. Klanginstallationen simulieren den Gesang der Meeressäuger. Dazwischen gibt es für Kinder eine Erlebnisausstellung („Ein Meer für Kinder"). Neueste Attraktion des an Höhepunkten nun wahrlich nicht armen Museums ist die großzügige Pinguin-Anlage auf dem Dach.

Ganzjährig tägl. 9.30–19 Uhr geöffnet, Juni bis Sept. bis 21 Uhr, Erw. 14 €, erm. 8 €, Familie: 2 Erw., 1 Kind 31 € bzw. 2 Erw., 2 Kinder 34 €; Fotoerlaubnis 1 €. Hafenstr. 11, ☎ 03831-2650610, www.ozeaneum.de.

Kombiticket Ozeaneum und Meeresmuseum: 18 €, erm. 11 €, Familienticket 40 €; für Ozeaneum, Meeresmuseum und Nautineum 19,50 €, erm. 12,50 €, Familien 44,50 €.

Die Kombitickets sind drei Monate gültig und beinhalten bereits die Fotoerlaubnis.

Lesertipp: Besuchen Sie das Ozeaneum, wenn alle anderen zu Tisch sitzen! Gerade im Sommer und während der Schulferien kann es im Ozeaneum recht voll werden. Da das Ozeaneum von Juni bis September aber bis 21 Uhr geöffnet ist, empfiehlt es sich, den Besuch in den Abendstunden zu legen.

Faszinierende Unterwasserwelt

Gorch Fock: Der stattliche Windjammer ist kein Nachbau der berühmten (und neuerdings auch berüchtigten) Gorch Fock, sondern das Vorgängerschiff. 1932 gab die Reichsmarine den Bau des Segelschulschiffes in Auftrag. Nach dem Stapellauf im Mai 1933 stand das Ausbildungsschiff in Dienst, bis der Krieg ausbrach. Kurz vor Kriegsende wurde der Großsegler versenkt, um ihn nicht in die Hände der Roten Armee fallen zu lassen, doch die Sowjet-Administration ließ das Schiff heben und wiederherstellen. Unter neuem Namen, *Towarischtsch*, „Genosse, Kamerad", fuhr es für die russische Handelsmarine. Schließlich erwarb ein Förderkreis den alten Windjammer und ließ ihn wieder instand setzen. Ein ausgeschilderter Rundgang führt auf die Brücke und in den Funkraum, dann in den Kapitänssalon und unter Deck (etwas besorgniserregend: die Krankenstation). Zusätzliche Informationen liefert ein kleines Faltblatt, das man beim Kauf der Eintrittskarte erhält.

Mo–Fr 10–18 Uhr (Nov. bis März nur bis 16 Uhr). Eintritt 4 €, Schüler 2 €, Kinder bis 12 J. frei.

Dänholm

Früher war Dänholm das Sprungbrett nach Rügen, in Zukunft wird die kleine Insel im Strelasund im wahrsten Sinne des Wortes im Schatten der neuen Brücke stehen.

Wer genügend Zeit hat, kann einen kleinen Abstecher unternehmen. Zwar ist Dänholm, einstmals von großer strategischer Bedeutung für Stralsund, heute ein wenig öde, aber es versteckt sich doch der eine oder andere Anlaufpunkt darauf – in erster Linie das Nautineum. Auf die Insel gelangt man über die Ziegelgrabenbrücke bzw. von Rügen aus über den alten Rügendamm, der trotz neuer Brücke – nach Sanierung – weiterhin für den Verkehr geöffnet sein soll.

Nach der Ziegelgrabenbrücke geht rechter Hand die Straße auf die Insel ab, die nächste Abzweigung links führt zum Marinemuseum. Geradeaus und bei der nächsten Gabelung rechts geht es auf den Kleinen Dänholm und zum Nautineum.

Öffnungszeiten Ziegelgrabenbrücke: Die Brücke wird 5x täglich (5.20, 8.20, 12.20, 17.20 und 21.20 Uhr) bei Bedarf jeweils für 20 Min. für den Schiffsverkehr geöffnet.

Nautineum: In der Dependance des Deutschen Meeresmuseums sind die sperrigen Exponate untergebracht. Inhaltlich dreht es sich auf dem weitläufigen Gelände um Fischerei und Meeresforschung. Zu sehen sind u. a. ein Zeesenboot (ein traditionelles Boot der Ostseefischer), ein Fischkutter, Seezeichen, eine Bootsbauerei und sogar die (begehbare) Unterwasser-Forschungsstation *Helgoland*. Flankiert werden die Großobjekte von Ausstellungen über Fangtechniken und Methoden der Meeresforschung.

Juni bis Sept. tägl. 10–18 Uhr, Mai/Okt. bis 17 Uhr, Nov. bis April geschl. Eintritt 3 €, erm. 2 €, Familienticket 6–7,50 €, Kombiticket mit Meeresmuseum und Ozeaneum möglich (siehe dort). Kleiner Dänholm, ✆ 03831-288010, www.meeresmuseum.de.

Marinemuseum Dänholm: Die maritime Außenstelle des Kulturhistorischen Museums ist nicht nur ein nautisches, sondern v. a. auch ein militärhistorisches Museum. Die zahlreichen Exponate umfassen die maritime Geschichte von der Kurfürstlichen Brandenburgischen Flotte bis zu den Minenräumern der Volksmarine: archäologische Funde und Schiffsmodelle, militärische Mode und historische Kompassrosen, Karten und so fort.

Nur Mai bis Okt. Di–So 10–17 Uhr geöffnet, Juni bis Sept. bis 18 Uhr, Mo geschl. Erw. 6 €, erm. 2 € (Kombikarte mit Kulturhistorischem Museum, Museumshaus und -speicher 15 €, bzw. 8 €).

Stralsund
Karten Umschlag hinten und S. 67

Nördlich von Stralsund

Eine verlassene Gegend, obwohl Stralsund kaum 20 km entfernt liegt. Wer sich doch auf den Weg macht, sieht auch gleich, warum sich so wenige Besucher hierher verirren: Strände gibt es nur wenige, das Gebiet ist oft schilfig und gehört bereits zur Schutzzone des *Nationalparks Vorpommersche Boddenlandschaft*. Ein Niemandsland mit einer Handvoll Dörfern, in denen man vom großen Ostseetourismus so gar nichts spürt. Dennoch lohnt ein Ausflug hierher: In Groß Mohrdorf befindet sich das überaus sehenswerte *Kranich-Informationszentrum* (und in der Umgebung Kranich-Beobachtungspunkte), vom *Barhöfter Hafen* ist es nur ein Katzensprung zur Insel Hiddensee, die von hier im Sommer regelmäßig von Ausflugsbooten angesteuert wird. Kulturelles Zentrum ist das *Vorpommernhaus* in *Klausdorf*, ein ehemaliger Kuhstall, der heute als Veranstaltungsort für Vorträge, Lesungen, Konzerte, Theater, Tanz und weitere Festivitäten dient.

Kranich-Informationszentrum Groß Mohrdorf

In einem unscheinbaren Neubau am Ortsausgang von Groß Mohrdorf in Richtung Hohendorf liegt das mit viel Engagement und Herzblut betriebene Informationszentrum, in dem interessierte Besucher neben diversen Schautafeln, Tierpräparaten und Fotografien auch einen Film über das Leben der Kraniche zu sehen bekommen. Darüber hinaus können die Mitarbeiter vom Kranich-Informationszentrum tagesaktuell die besten Beobachtungsplätze nennen. Mehr als 15.000 Besucher finden alljährlich den Weg zum Info-Zentrum hier in Groß Mohrdorf. Ein lohnenswerter Ausflug!

● *Öffnungszeiten* März bis Mai tägl. 10– 16 Uhr, Juni bis Aug. Mo–Sa 10–16 Uhr, im August auch So 10–16 Uhr, Sept./Okt. tägl. 9.30–17.30 Uhr, im Nov. tägl. 10–16.30 Uhr. Im Dez. und Jan. nur nach tel. Voranmeldung, Febr. geschl. Eintritt frei. Lindenstr. 27, 18445 Groß Mohrdorf, ✆ 038323-80540, www.kraniche.de. Groß Mohrdorf liegt 14 km nordwestlich von Stralsund.
● *Kranichbeobachtung* Wer auf eigene Faust unterwegs ist, findet ca. 1 km außer-

halb von Bisdorf (nördliches Nachbardorf von Groß Mohrdorf) einen Beobachtungsstand, die *Kranichhütte* (ab Bisdorf beschildert). Nur im Herbst geöffnet ist der *Kranich Utkiek* in einer großen Scheune in Hohendorf (nordöstlicher Nachbarort von Groß Mohrdorf); auf dem Feld vor dem Utkiek finden auch Ablenkungsfütterungen statt. Das Kranichzentrum selbst veranstaltet im Herbst **Führungen** zu den Beobachtungsplätzen, Infos unter ✆ 038323-80540.

Barhöft   ca. 100 Einwohner

Vom beschaulichen kleinen Barhöfter Hafen startet während der Saison täglich das Ausflugsboot nach Hiddensee. Hier werden auch frischer und geräucherter Fisch sowie Fischbrötchen verkauft, außerdem gibt es ein Café und einen kleinen Tante-Emma-Laden. Wenn man vom Hafen aus linker Hand auf einem schmalen Waldweg spaziert, gelangt man bald zur *Nationalpark-Ausstellung* in einem Häuschen im Wald (im Sommer tägl. 10–17 Uhr, sonst bis 16 Uhr, Eintritt frei). Von der Ausstellung noch ein Stück weiter (Treppen hinauf) erreicht man den Barhöfter *Aussichtsturm* mit 17 m Höhe, der über 102 Stufen zu erklimmen ist (Mo–Fr 10–18 Uhr, Sa/So 12– 18 Uhr, im Winter kürzer, Erw. 1 €, Kinder 0,50 €). Bleibt man auf dem Waldweg, geht es am Wasser entlang und dann rechts ab zu einer *Bodden-Aussichtsplattform*.

● *Ausflugsboote* Mit der Motorbarkasse *Admiral Raule* im Sommer tägl. um 9 Uhr nach Hiddensee (Hafen Neuendorf, zurück um 17 Uhr), Fahrtdauer 1 Std. 45 Min. pro Strecke, Erw. 21,50 €, Kinder 4–14 J. 15 €, Hund/Fahrrad 3 € (Preise jeweils hin und zu-

rück); im Herbst werden auch Kranichbeobachtungsfahrten veranstaltet (20 €, Kinder 13,50 €), Infos unter ✆ 0172-9949930 oder am Hafen.
● *Parken* gebührenpflichtiger Parkplatz am Ortseingang (0,50 €/Std.).

Kraniche vor Rügens Küste

Alle Jahre wieder im Spätsommer kommen sie in Scharen an, und ihre Ankunft im nordöstlichsten Bundesland ist sogar der „Tagesschau" einen Bericht wert: Die Kraniche sind eine der größten und imposantesten Naturattraktionen Norddeutschlands. Ihr eleganter Balztanz hat sie berühmt gemacht, aber auch das lautstarke Trompeten, mit dem sie sich allabendlich bei Einbruch der Dämmerung an ihren Schlafplätzen in der „Rügen-Bock-Region", dem größten mitteleuropäischen Kranich-Rastplatz einfinden. Bis zu 40.000 Graue Kraniche (*Grus grus*) gleichzeitig, so die Schätzungen des Kranich-Informationszentrums in Groß Mohrdorf, treffen sich alljährlich im Herbst zur gemeinsamen Rast an den der Küste vorgelagerten Inseln *Bock* und *Großer Werder*, der Inselgruppe *Kleine Werder* und etwas weiter westlich der Insel *Kirr* (bei Zingst) sowie an der *Udarser Wiek* nördlich der Halbinsel Ummanz (Rügen). Von hier aus machen sie sich auf den Weg nach Süden.

Die Kraniche überwintern in der spanischen Extremadura bzw. im Norden Marokkos oder Algeriens, durch die milden Winter auch zunehmend nördlich der Pyrenäen in Südwestfrankreich, den Sommer verbringen sie in Süd- und Mittelschweden. Die Boddenregion zwischen Rügen und Zingst dient also nur als – vor allem im Herbst oft Wochen andauernde – Zwischenstation, um sich für die weite Reise zu stärken. Bei ihren Langstreckenflügen nutzen die Kraniche die Thermik und können bei Rückenwind mit nur wenigen Flügelschlägen eine Geschwindigkeit von über 80 km/h erreichen. Distanzen von über 1000 km pro Tag sind durchaus möglich.

Doch zwischendurch ruhen sie eben in Nordostdeutschland aus, bevorzugt in den weiten Flachwasserbereichen des Nationalparks. Ein ausgewachsener Kranich bringt es auf eine Standhöhe von 1,20–1,30 m bei einem Gewicht von 6–7 kg und einer Flügelspannweite von bis zu 2,20 m, damit ist er der größte Vogel Deutschlands. Sein Federkleid ist grau mit schwarzem Oberkopf samt roter Mütze und seitlichen weißen Streifen, die Schwungfedern bilden eine schwarze Schleppe. Jungvögel sind durch ihren bräunlichen Kopf zu erkennen. Kraniche sind Allesfresser, die ihre Nahrung beim Umherschreiten vom Boden oder aus dem flachen Wasser aufsammeln und damit wie auch Reiher und Störche zu den so genannten Schreitvögeln zählen. Geschlafen wird stehend im knietiefen Wasser, das hier als Schutz gegen Feinde dient. Im Herbst ernähren sich die Kraniche auch von den Ernteresten der Felder und der Saat. Um den Schaden für die Bauern gering zu halten – und den Tausenden von Vögeln ausreichend Nahrung zu bieten – gingen die Naturschutzorganisationen in den 1990er Jahren zu „Ablenkfütterungen" über, wie sie beispielsweise am *Kranich Utkiek* in Hohendorf (bei Groß Mohrdorf) zu beobachten sind.

Aus der Nähe wird man einen Kranich in freier Natur ansonsten kaum zu sehen bekommen. Die Tiere sind sehr scheu und fliegen schon bei einer Annäherung auf etwa 300 m auf. Bessere Chancen hat man von besagtem Utkiek (auch in Bisdorf bei Groß Mohrdorf sowie zwei Beobachtungspunkte bei Zingst), doch auch hier sollte man unbedingt ein Fernglas dabei haben. Bei ihrer berühmten Balz wird man die Kraniche nur gelegentlich im Frühjahr erleben dürfen, diese findet hauptsächlich an den Brutplätzen in nördlicheren Gefilden statt. Während die Tiere bis Ende der 1980er Jahre noch als überaus selten galten, hat sich ihr Bestand heute vervielfacht. Vor allem durch die im Jahr 1990 ausgewiesenen strengen Schutzgebiete des *Nationalparks Vorpommersche Boddenlandschaft* finden die Kraniche hier optimale Bedingungen, ohne Störung durch Mensch und Landwirtschaft.

▲ Rapsgelb: Rügens Süden im Mai

Rügen

Deutschlands Urlaubsinsel

Die Zweite Strelasundquerung

Rügen

Der etwa 2,5 km breite Strelasund trennt die Hansestadt Stralsund und die ihr vorgelagerte Insel Dänholm von Deutschlands größter und – wie viele sagen – schönster Ferieninsel. Die neue Brücke ermöglicht die direkte und schnelle Überfahrt mit dem Auto.

Der alte Rügendamm, 1936 fertig gestellt, im Zweiten Weltkrieg gesprengt und nach dem Krieg wieder aufgebaut, war in den Sommermonaten regelmäßig ein Nadelöhr, vorzugsweise an den Wochenenden. Auf den Stau konnte man sich fast so verlassen wie auf die Öffnungszeiten der Ziegelgrabenbrücke. Abhilfe schuf die 2007 eröffnete *Zweite Strelasundquerung*. Die spektakuläre und architektonisch ansehnliche Schrägseilbrücke mit dem markanten, 126 m hohen Pylon misst insgesamt 4100 m Länge, wobei sich die Fahrbahn bis zu 42 m über das Wasser erhebt. Der alte Rügendamm soll allerdings weiterhin befahrbar bleiben.

Rügens Süden und Bergen

Die südwestliche Ecke Rügens, das Dreieck Altefähr, Zudar und Bergen, ist für viele Rügen-Reisende lediglich der letzte Abschnitt einer mehr oder minder langen Fahrt an den Urlaubsort. Die zentral gelegene Inselhauptstadt Bergen ist ein wichtiger Verkehrsknotenpunkt, hat aber auch einige Sehenswürdigkeiten zu bieten.

Wer es eilig hat, wird hinter der Rügenbrücke wahrscheinlich *Altefähr* links liegen lassen und auf der B 96 an *Rambin* und *Samtens* vorbeifahren. Bei Bergen teilt sich dann die Route und führt weiter in die beliebten Urlaubsorte. Wer sich vor dem ersten Strandgang ein bisschen mehr Zeit lassen will, kann sich auf dem nördlichsten Teil der *Deutschen Alleenstraße* über die Orte Gustow, Poseritz und Garz langsamer seinem Reiseziel nähern. Der Umweg lohnt sich: Sanft gewellte Hügel bestimmen die Landschaft in dieser Region. Die herrlichen Alleen führen vorbei an Wiesen und Äckern durch kleine, ländlich geprägte Dörfer. Auch *Garz* – die älteste Stadt der Insel – ist ein beschauliches Dorf geblieben. Südlich von Garz ragt mit zergliederter Küstenlinie die Halbinsel *Zudar* in den Strelasund.

In Rügens Mitte wird es dann städtisch: *Bergen* am Rugard, Insel-Hauptstadt und -Zentrum, verbreitet eher kleinstädtisches Flair, das aber auf eine angenehme Art und Weise. Mit der Marienkirche (um 1170) besitzt Bergen zudem die älteste Kirche der Insel. In der näheren Umgebung der Stadt befinden sich die beiden Festspielorte Rügens: Das Theater der Insel steht in *Putbus*, der überwiegend klassizistisch gestalteten „weißen Stadt", die auch einen sehr schönen Park besitzt. Das populäre Gegengewicht bildet *Ralswiek*, auf dessen herrlicher Freilichtbühne jedes Jahr die spektakulären Störtebeker Festspiele stattfinden. Südlich von Putbus liegt Lauterbach, Hafen der Ausflugschiffe auf die Insel Vilm und Standort einer großen modernen Marina.

Altefähr
ca. 1200 Einwohner

Der Name verrät bereits viel über den kleinen Ort. Einstmals war Altefähr der Brückenkopf Stralsunds auf Rügen. Hier legten die Fähren aus der Hansestadt an (erstmals belegt 1240), und wer ohne lange Schiffspassage auf die Insel wollte, musste hier vor Anker gehen. Auch nachdem Stralsund nicht mehr im Besitz des Dorfes war, ließ der Fährbetrieb nicht nach. Die ersten Raddampfer der Ostsee liefen Altefähr an, und mit Aufkommen der Eisenbahn wurden auch Wagons über den kleinen Hafen nach Rügen verschifft. Mit dem Bau des Rügendamms 1936 aber wurde Altefähr gewissermaßen arbeitslos und seither von den meisten Reisenden im wahrsten Sinne des Wortes links liegen gelassen. Das Dorf wurde erst wieder in den 1990er Jahren seinem Namen gerecht, als in zunehmendem Maße Tagesausflügler aus der Hansestadt die (nunmehr neue) Fähre für einen Kurztrip nach Rügen zu nutzen begannen. Heute verfügt Altefähr über eine kleine Marina, einen schmalen Badestrand und eine überschaubare, aber nicht uninteressante touristische Infrastruktur (Hotel, Restaurant, Camping, erwähnte Marina, Kletterwald sowie Segel- und Surfschule).

Die Hauptattraktion Altefährs ist jedoch ironischerweise Stralsund. Schon Wilhelm von Humboldt schrieb, dass die Hansestadt von Rügen aus einen besonders schönen Anblick böte. Gemeint hat er wohl den Blick von Altefähr rüber nach Stralsund, denn „mit seinen hohen und gotischen Türmen, dem wunderbar gebauten Rathaus und den vielen spitzen Giebeln mit durchbrochenem Mauerwerk" bietet die Stadt von hier aus ein eindrucksvolles Panoramabild. Dem ist auch heute kaum noch etwas hinzuzufügen.

Sehenswert ist auch die hafennahe, aber hoch über dem Ufer stehende *Nikolaikirche* (15. Jh.) mit ihrer eigenartigen Turmuhr. Diese ist nicht in der Mitte des Turmes und zur Front hin angebracht. Vielmehr befinden sich die beiden Zifferblätter an der der See zugewandten Seite übereck. Mittlerweile verwehren allerdings hohe Bäume einen Blick von fern auf die wunderliche Uhr.

• *Information* Die **Tourismus-Information Altefähr** befindet sich im „Haus am Sund", direkt am Hafen. Fährberg 9, 18573 Altefähr, ☎ 038306-75424, www.altefaehr.de.

• *Verbindungen* Die **Buslinie 2** des *Stralsunder Nahverkehrs* (SWS) fährt bis nach Altefähr. Die **Linie 41** des *RPNV* (Rügener

Personennahverkehr) fährt mehrmals tägl. von Altefähr nach Samtens, Gingst und Bergen. Am etwas abseits gelegenen Bahnhof hält der Regionalexpress (**RE 190**) der Deutschen Bahn, der von Stralsund über Bergen nach Sassnitz verkehrt (5–23 Uhr, zu jeder vollen Stunde).

Rügens Süden und Bergen
Karte S. 96/97

Schiff: Mit der *Weißen Flotte* 7-mal tägl. nach *Stralsund* (nur Mai bis Okt.), Erw. 2,80 € (hin/zurück 4,20 €), Kinder von 4–14 J. 1,40 € (2,10 €), Familien (nur Hin- und Rückfahrt) 11 €, Fahrrad 2 € (3 €). Infos unter Fährstr. 16, 18439 Stralsund, ✆ 03831-26810, www.weisse-flotte.com.

• *Übernachten* **Hotel Sundblick**, modern eingerichtetes Haus direkt unterhalb der Dorfkirche, kein Restaurant. DZ 75 €, EZ 46 €, einschließlich Frühstück, Zusatzbett möglich (15 €). Fährberg 8 b, 18573 Altefähr, ✆ 038306-7130, ✆ 038306-7131, www.hotel-sundblick.de.

• *Camping* **Sund-Camp-Altefähr**, schöner Platz am westlichen Ortsrand, in Strandnähe, 150 Stellplätze. Erw. 5 €, Kinder 4–14 J. 2,50 €, Hund 2 €, Caravan (inkl. 2 Pers.) 22 €, Zelt 5,50 €, Pkw 3 €, Strom 1,50 €, in der Nebensaison deutlich günstiger, kleiner Laden, Fahrradverleih, ganzjährig geöffnet. Am Kurpark 1, 18573 Altefähr, ✆ 038306-75483, ✆ 038306-60306, www.sund-camp.de.

• *Essen & Trinken* Die Hafengaststätte heißt passenderweise **Hol über**, Treffpunkt für Angler, Segler, Surfer und sonstige Gestrandete. Auch **Motorboot-Verleih** (5 PS, 55 €/Tag). Strandpromenade 1b, ✆ 038306-68038.

• *Baden* schmaler, nicht wirklich schöner Strand direkt neben dem Hafen.

• *Klettern* **Wald Seil Park Rügen**, im schmalen Waldstreifen westlich von Altefähr befindet sich ein neuer Klettergarten mit sieben Parcours verschiedener Schwierigkeitsgrade. März und Okt. tägl. 10–17 Uhr, April und zweite Septemberhälfte 10–18 Uhr, Mai/Juni 10–19 Uhr, Juli bis Mitte Sept. 10–20 Uhr. Klingenberg 25, ✆ 038306-239758, www.waldseilpark-ruegen.de.

• *Wassersport* **Sail & Surf Rügen**, sympathische Surf- und Segelschule, in Altefähr befindet sich die Basisstation (hier die Segelangebote), gesurft wird vor allem von der *Surfoase Mönchgut Thiessow* aus, bei Thiessow, dessen Haken als Rügens bestes Surfrevier gilt (→ S. 180), eine weitere Dependance befindet sich in Binz/Prora. Umfangreiches Kursangebot, z. B. Katamaran (Anfänger 240 €/12 Std. oder Umsteiger 130 €/4 Std.) sowie Segelkurs (auch Scheine, SBF, SKS, SSS). Surfkurse für Anfänger (145 €/12 Std.), Fortgeschrittene (120 €/4 Std.) oder Kinder (120 €/10 Std.), auch Scheinerwerb möglich; zudem Kitesurfen (z. B. Anfänger 220 €/8 Std.) und Materialverleih (z. B. Katamaran 25–40 €/

Std., 85–100 €/Tag, oder Kajak 10 €/Std., 30 €/Tag, Brett 11 €/Std., 30 €/Tag,). Im Jugendgästehaus *Haus am Sund* in Altefähr bestehen Übernachtungsmöglichkeiten (24 €/Pers. im Mehrbettzimmer), am

Hafen von Altefähr befindet sich das Café *Inselbar* (Mai bis Sept. ab 10 Uhr geöffnet, ☎ 038306-23253). Infos unter Sail & Surf, Am Fähranleger, 18573 Altefähr, ☎ 038306-23253, www.segelschule-ruegen.de.

● *Sporthafen* knapp 50 Liegeplätze, relativ flacher Hafen (zwischen 90 cm und 2,5 m Tiefe), Kopf des Bollwerks nur für Fähren, ☎ 038306-75424.

▶ **Rambin und Samtens**: Die gängige Route, um zu den Ostseebädern, auf die Halbinseln oder auch nach Hiddensee zu gelangen, ist die B 96 nach Bergen. Auf dem Weg werden Rambin und Samtens meist nur passiert, tatsächlich mindert die viel befahrene Bundesstraße die Attraktivität der beiden kleinen Ortschaften. Ein Zwischenstopp kann sich dennoch lohnen, beispielsweise wegen des hübschen kleinen Dorfkerns von Rambin (erste Erwähnung 1246) mit seiner alten Backsteinkirche und dem *Rügener Bauernmarkt*. Auch die Kirche von Samtens (Anfang 15. Jh.) mit spätgotischen Wandmalereiresten und einem Dachturm, dessen Backstein-Fachwerk-Konstruktion ein wenig gestutzt wirkt, ist durchaus sehenswert. In Samtens zweigen schließlich zwei wichtige Verkehrsadern von der B 96 ab. Eine Landstraße führt nach Süden über Garz zur Glewitzer Fähre (Verbindung mit Stahlbrode auf dem Festland). Die andere Landstraße geht gen Norden. Sie bindet Rügens einsamen Westen an und reicht bis zur Wittower Fähre beziehungsweise nach Schaprode, dem „Sprungbrett" nach Hiddensee.

• *Verbindungen* **Bahn**: Regionalexpress **(RE 9)** nach und von *Stralsund* und *Bergen* und weiter nach Sassnitz zwischen 5 und 23 Uhr zu jeder vollen Stunde, 5-mal tägl. außerdem ein IC.

Bus: An Schultagen 5-mal tägl. mit **Linie 41** von Samtens nach *Gingst*; an Schultagen 6-mal tägl. mit der **Linie 34** nach *Garz*.

• *Übernachten* **Hotel Die Insel auf Rügen**, (nahe Samtens) nach eigenen Angaben Rügens kleinstes Hotel, in einem ehemaligen, rohrgedeckten Bauernhof, sieben ungemein stilvoll eingerichtete Zimmer mit freigelegtem Dachgebälk. Im Hotel gibt es auch ein Restaurant mit rustikal-eleganter Einrichtung. In der Küche werden saisonabhängig regionale Produkte verarbeitet. DZ 60–75 € einschließlich Frühstücksbuffet, in der Nebensaison deutlich günstiger, im Jan. geschl. Sehr ruhig im Grünen etwas außerhalb von Götemitz gelegen, etwa 2 km südwestlich von der B 96 zwischen Rambin und Samtens

rechts ab, dann beschildert. OT Götemitz Nr. 27, 18573 Rambin, ☎ 038306-6110, ✆ 038306-61133, www.die-insel-auf-ruegen.de.

• *Einkaufen/Essen & Trinken* **Rügener Bauernmarkt** in der **„Alten Pommernkate"** (Rambin), hier gibt es natürlich Kulinarisches vom Bauernhof (ganz hervorragend sind die Salami- und Käseprodukte), aber auch jede Menge Nippes und Mitbringsel (was sich bekanntlich nicht ausschließt): vom Buddelschiff über Strohpuppen bis zu Wohlfühl-Tee und Kerzenständern; auch ein Café ist angeschlossen. Die *Alte Pommernkate* liegt direkt an der Durchgangsstraße von Stralsund kommend rechts (das große rote Haus). Tägl. 8–18 Uhr. Hauptstr. 2 a, 18573 Rambin, ☎ 038306-62630, www. altepommernkate.de.

• *Fahrradverleih* **Fahrradhandel Heiden**, in Samtens, Fahrräder ab 6 €/Tag, auch Kinderräder und Zubehör; Mo–Fr 8–19 Uhr, Sa 10–17 Uhr. Stralsunder Str. 5, 18573 Samtens, ☎/✆ 038306-23964.

▶ **Flugplatz Rügen** (bei Güttin): Rügen aus der Luft? Machbar und nicht einmal unerschwinglich. Nördlich von Samtens befindet sich der einzige Flugplatz der Insel. Ausgebaut wurde er 1992 (900 m Landebahn) und 1998 (Servicegebäude und Tower). Davor diente lediglich eine bucklige Wiese als Start- und Landebahn. Heute steigen hier Cessnas 172, 206 oder 210 vor allem für Inselrundflüge auf (vom 20-Minuten-Kurzflug bis zum einstündigen Rund-um-Rügen-Flug). Möglich, aber kostenintensiv sind auch Charterflüge.

Tägl. geöffnet, Inselrundflüge ab 10 Uhr, gestartet wird ab zwei Passagieren und natürlich nur, wenn Sicht und Wetter es zulassen. Preisbeispiele für Rundflüge: 20-Min.-Kurzflug (über Bergen und Binz) 39,50 €/Pers. (Kinder bis 10 J. 26,50 €); kleine Runde (Granitz, Prora, Stubbenkammer, 30 Min.) 58 €/Pers. (erm. 39 €); Rund um Rügen (inkl. Hiddensee und Stralsund, 1 Std.) 113 €/

Pers. (erm. 78 €); in der Hochsaison dringend reservieren. Im Flughafen gibt es auch ein Restaurant, geöffnet 10–18 Uhr, kleine Gerichte sowie Kaffee und Kuchen für die besorgten Bodenständigen, auf der Terrasse oder hinter dem Panoramafenster mit Blick auf die Landebahn. Flugplatz Rügen, 18573 Güttin/Rügen, ☎ 038306-1289, ✆ 038306-21159, www.flugplatz-ruegen.de

Weiter nach Bergen → S. 103.

▸ **Auf der alten Bäderstraße nach Garz**: Wenn man den Strelasund gerade überquert hat, biegt rechter Hand die alte Bäderstraße ab, heute der nördlichste Teil der *Deutschen Alleenstraße*. Die herrlichen Alleen ziehen sich durch eine sanft gewellte Felder- und Wiesenlandschaft. Immer wieder zweigen kleinere, ebenfalls baumbestandene Straßen ab, die zu alten Gutshöfen und Herrenhäusern führen. Das erste Dorf, das man durchquert, ist *Gustow,* eine ländlich geprägte Ortschaft, deren alte Kirche erstaunliche Fresken aus dem frühen 15. Jh. beherbergt (die Kirche ist meist verschlossen, Kontakt über das Pfarramt in Poseritz, s. u.). Kurz vor dem Ort geht eine Straße ab, die sich bald gabelt, um auf teils abenteuerlichen Pisten auf die *Halbinsel Drigge* bzw. nach *Prosnitz* zu führen. Die beiden dünn besiedelten Halbinseln schieben sich wie Riegel weit in den Strelasund hinein. An der Landspitze südlich von Prosnitz liegt die gleichnamige *Schanze*, eine Wallanlage, die von den Schweden angelegt wurde (und später auch von den napoleonischen Truppen genutzt und erweitert wurde), um die Wasserstraße besser zu überwachen. Trotz der Nähe zu Stralsund und der teils schönen Ausblicke auf die Hansestadt befindet man sich hier in einer recht abgeschiedenen Gegend. Ob sich die phasenweise holprige Anfahrt lohnt, sei dahingestellt; mehr als den einen oder anderen netten Spaziergang sollte man nicht erwarten.

Weiter die Alleenstraße entlang erreicht man bald *Poseritz*, das seinem Nachbardorf nicht unähnlich ist. Leicht erhöht steht die *Marienkirche* mitten im Dorf. Eigentlich dreischiffig geplant, wurde beim Bau am Anfang des 14. Jh. auf die Seitenschiffe verzichtet. So entstand auf einem Sockel aus großen Findlingen die backsteinerne Langhauskirche, die dennoch angesichts des kleinen Ortes viel zu groß geraten scheint.

Die Kirchen in Gustow und Poseritz sind meist verschlossen. Den Schlüssel für die **Marienkirche** gibt es im Pfarramt (auch Führungen möglich), Lindenstr. 1, ☎ 038307-201 (auch zuständig für die Kirche in **Gustow**).

● *Verbindungen* Mit **Buslinie 30** etwa 10-mal tägl. nach *Garz* und *Bergen* sowie in die andere Richtung nach *Stralsund* (Sa/So etwa 4-mal bzw. 3-mal).

● *Übernachten/Essen* **Gasthaus/Hotel Lindenkrug**, am nördlichen Ortsausgang von *Poseritz* ein Stück oberhalb der Kirche, ungekünstelter Landgasthof mit deftiger Küche rund um die „Poseritzer Kartoffel", im Sommer mit Gartenbetrieb. Gegenüber befindet sich das dazugehörige Hotel mit 36 Zimmern. DZ 75 €, EZ ab 45 €, einschließlich Frühstück, Hund auf Anfrage. Lindenstr. 27/28, 18574 Poseritz, ☎ 038307-251, ☏ 038307-354, www.lindenkrugposeritz.de.

Rügener Inselfrische, im Hofladen der „Wellnessmolkerei" in Poseritz gibt es alles, was

Auf der Deutschen Alleenstraße

sich aus Milch machen lässt, den Milch-shake kann man im Café auch gleich probieren. Mo–Sa 10–18 Uhr geöffnet. Hof 15, ☎ 038307-40429, www.ruegener-inselfrische.de.

● *Reiten* **Reiterhof Groß Stubben**, knapp 2 km nördlich von Poseritz, neben Reitunter-richt auch Geländeritte, Ausbildung in Spring-reiten und Dressur, Kutschfahrten, für Kin-der auch Ponyreiten, außerdem Pensions-boxen und Ferienwohnungen. Groß Stubben 3, 18574 Poseritz, ☎/℡ 038307-262, www.reiterurlaub-auf-ruegen.de.

Garz   ca. 2400 Einwohner

Als erster Ort der Insel erhielt Garz 1319 das Stadtrecht. Doch dieses Privileg scheint im Laufe der Jahrhunderte an der uralten Siedlung spurlos vorüber-gegangen zu sein. Garz ist ein Dorf geblieben.

Ruhig geht es in Rügens ältester Stadt zu. Es gibt eine Kirche und einen Dorfkrug, eine Poststelle befindet sich im kleinen Supermarkt. Die „Attraktionen" des Ortes liegen am südwestlichen Ortsrand: Neben dem *slawischen Burgwall* befindet sich das *Ernst-Moritz-Arndt-Museum.*

In slawischer Zeit war Garz, *Charenza*, ein Handelszentrum und neben dem reli-giösen Zentrum Arkona der wichtigste Ort der Insel. Es muss ein unwirtlicher Ort gewesen sein – glaubt man dem (sicherlich parteiischen) Bericht des christlichen Historiografen *Saxo Grammaticus* über die nach dem Fall Arkonas kampflos einge-nommene Burg Charenza: Sie sei „von allen Seiten durch Sümpfe und Seen ge-schützt" und nur durch eine morastige Furt zu erreichen. „Wer hier aus Unvorsicht vom Weg abirrt, versinkt unfehlbar im tiefen Sumpf." Heute ist die Gegend um den imposanten Wall weitgehend trockengelegt, die Überreste der Burg dienen nun-mehr als kleiner Stadtpark.

Wie auch bei vielen anderen slawischen Wallanlagen auf Rügen hat der eigentümli-che Hügel von Garz die Fantasie der Menschen im Laufe der Zeit beflügelt: Die Märchen folgen meist zwei verschiedenen Mustern. Entweder sie erzählen von ei-nem Schatz, der wahlweise von einem heidnischen König, einer verwunschenen Prinzessin oder einer Hexe bewacht wird (und natürlich geht jeder gierige Griff nach dem Gold schief). Oder die Märchen drehen sich um ein ganzes Volk, den *Sidhe* Ir-lands nicht unähnlich, das unter der Erde lebt. Gerät man irgendwie in das Reich der Feen, Kobolde oder ähnlicher unchristlicher Kreaturen, ist man gefangen, oft ohne es zunächst zu wissen. Eine dieser Sagen handelt zum Beispiel von Musikanten, die in den Garzer Hügel gelangen, sich dort einem Fest anschließen und eine Nacht lang fröhlich feiern. Zurückgekehrt in die wirkliche Welt müssen die Unglücklichen fest-stellen, dass während der einen Nacht bei den Unterirdischen zehn lange Jahre ins Land gegangen sind.

Die zweite Sehenswürdigkeit ist dem bekanntesten Sohn der Stadt gewidmet (auch wenn er im Herrenhaus von Groß Schoritz, ein paar Kilometer südlich von Garz gele-gen, geboren ist): das *Ernst-Moritz-Arndt-Museum* (zu Arndt → Geschichte, S. 26). Diverse Exponate, die Arndt betreffen (einige Erstauflagen seiner Publikationen wer-den hier präsentiert sowie sein Universitätstalar), werden flankiert von informativen Schautafeln über das Leben des Dichters. Außerdem sind in dem Museum einige inte-ressante archäologische Stücke (z. B. aus dem Burgwall) ausgestellt. Auch die Ge-schichte des Burgwalles selbst wird beleuchtet, einschließlich der Hypothese, dass Garz einst eine Hafenstadt war (und damit der Garzer See hinter dem Wall der Auslä-ufer einer über viele Kilometer ins Land schneidenden Bucht, die heute verlandet ist).

Museum: Mai bis Okt. Di–Sa 10–16 Uhr, Nov. bis April Mo–Fr 11–15 Uhr. Eintritt 1,50 €, erm. 1 €. An den Anlagen 1, 18574 Garz, ☎ 038304-12212.

Das Geburtshaus von Ernst Moritz Arndt liegt in *Groß Schoritz*, südlich von Garz. Arndts Vater hatte als Leibeigener für den Fürsten von Putbus in dem dortigen Herrenhaus gearbeitet. Heute hat hier die Ernst-Moritz-Arndt-Gesellschaft (www. ernst-moritz-arndt-gesellschaft.de) ihren Sitz, die das Arndt-Archiv verwaltet und Veranstaltungen ausrichtet.

Nördlich von Garz ist am Rande des Weilers *Karnitz* eine große Golfanlage entstanden. Im Osten von Garz führt die Deutsche Alleenstraße weiter nach Putbus.

● *Verbindungen* **Buslinie 30** fährt etwa 10-mal tägl. nach *Bergen* und in die andere Richtung nach *Stralsund* (Sa 4-mal, So 2-mal).

● *Übernachten/Essen* **Hotel Zur Kastanie**, ca. 8 km nördlich von Garz in Sehlen gegenüber der Kirche gelegen. Zuweilen etwas ruppiger Service. Auch Fahrradverleih. Einfach ausgestattete DZ 70 €, EZ 55 €, inkl. Frühstück, Hunde 5,50 €. Dorfstr. 24, 18528 Sehlen, ✆ 03838-209325, 📠 03838-209327, www.kastanienhof-ruegen.de.

● *Golf* **Golf-Centrum Rügen Schloss Karnitz**, große, ruhig gelegene Anlage mit 18-Loch-*Challenge-Course* (Platzreife und Reservierung erforderlich) und 9-Loch-*Public-Course*, Greenfee z. B. 9-Loch Mo–Do 20 €, Fr–So 24 €, 18-Loch Mo–Do 48 €, Fr–So 57 €, wer in einem Partnerhotel oder der Golfanlage selbst Gast ist, zahlt nur die Hälfte. Auch Unterricht, ein 5-tägiger Platzreifekurs kommt auf 555–620 € pro Pers. im DZ; zudem Driving Range und Materialverleih (tägl. 8.30–19 Uhr, in der Nebensaison ab 9 Uhr, und natürlich wetterabhängig geöffnet). Angeschlossen sind ein Restaurant und Ferienwohnungen (ab 82 €/2 Pers., Frühstück 7 €/Pers., Halbpension 19 €). Von Süden kommend am Ortseingang links. Golf-Centrum Schloss Karnitz, 18574 Karnitz, ✆ 038304-82470, 📠 038304-82886, www.golfcentrum-schloss-karnitz.de, www.golfclub-ruegen.de.

● *Reiten* **Reitanlage Tegelhof**, großer Hof mit Reithalle unweit von *Sehlen*, Unterricht (auch Dressur und Springen), Ausritte, Kutschfahrten etc., auch Ferienwohnungen. Reitanlage Tegelhof, 18528 Sehlen, ✆ 03838-209307, www.tegelhof-ruegen.de.

Weiter nach Bergen → S. 103, nach Putbus → S. 115.

Rügens Süden und Bergen Karte S. 96/97

Das 9er Eisen dabei?

Halbinsel Zudar

Die Halbinsel wäre nahezu menschenleer, wäre da nicht der Verkehr, der im Sommer auf die *Glewitzer Fähre* zustrebt. Abseits dieser Verbindungsader, an der mit *Zudar* auch die größte Siedlung der Halbinsel liegt, wird es ländlich und einsam. Über einen nennenswerten Dorfkern verfügt der Ort Zudar eigentlich nicht, lediglich bei der Kirche befindet sich ein schönes Ensemble alter, freistehender Häuser. Die Laurentiuskirche war im 14. Jh. dank eines wundertätigen Marienbildes eine bedeutende Wallfahrtsstätte. Als jedoch ein Schiff voller Wallfahrer 1372 im Strelasund sank und keiner der Pilger überlebte, hatte die Wundertätigkeit der Madonna einen irreparablen Imageschaden erlitten und die Besucher blieben seither aus.

Zudar ist in seiner Einsamkeit und Abgeschiedenheit ein Paradies für zahlreiche Vogelarten. Ein pittoreskes Bild gibt die Kormoran-Kolonie auf dem Inselchen *Tollow* ab: Mitten in der südlichsten Ausbuchtung der Schoritzer Wiek sitzen die großen Vögel auf abgestorbenen Bäumen und bilden eine skurrile Silhouette. Am nordöstlichen Ende der Halbinsel trifft man am Rand des *Naturschutzgebietes Schoritzer Wiek* zunächst auf das winzige Dorf *Zicker* mit seinem renovierten Gutshaus, in dem heute schicke Ferienwohnungen untergebracht sind (www.gutshaus-zicker.de)) und etwas weiter auf einen schönen Campingplatz, der in einem Kiefernwäldchen und dennoch direkt am Sandstrand liegt.

● *Verbindungen*   **Glewitzer Fähre**: Mitte April bis Okt. tägl. 6–20 Uhr, Mai bis Sept. bis 21.40 Uhr. Pkw (inkl. Fahrer) 4,80 €, jede weitere Person 1,20 €, Kinder (4–11 J.) 0,80 €, Kinder unter 4 J. frei, Motorrad 3,90 €, Fahrrad 1,20 €. Auskunft Glewitzer Fähre ✆ 0172-7526836.

● *Camping*   **Pritzwald**, Waldcamping mit gut 300 Stellplätzen, in absoluter Alleinlage am Nordosteck der Halbinsel, direkt am Sandstrand, mit kleinem Laden (keine Gaststätte). April bis Okt. geöffnet. Erw. 5 €, Kinder 3–12 J. 3 €, Hund 2,50 €, Caravan 5 €, großes Zelt 4,50 €, kleines Zelt 3,50 €, Pkw 2,50 €, Strom nach Verbrauch. Hinter Zudar links ab Richtung Zicker, dort wieder links halten und noch knapp 2 km. Campingplatz Pritzwald, 18574 Zudar, ✆/🖷 038304-829114, www.campingplatz-pritzwald.de.

● *Baden*   Die Sandstrände Zudars befinden sich an der Ostküste der Halbinsel und sind dank ihrer abseitigen Lage meist nur spärlich besucht. Ein schöner Strand liegt am Rand des Naturschutzgebietes beim Campingplatz. Nach Süden hin wird der Strand steinig und um das Gelbe Ufer wieder zu einem Sandstrand. Kleine Badegelegenheiten befinden sich auch um den Palmer Ort, der Südspitze Zudars. Die Strände sind nicht überwacht, kein Strandservice.

Boddenidyll auf der Halbinsel Zudar

Bergen

Bergen bildet nicht nur die geografische Mitte Rügens, sondern ist auch „Hauptstadt" und wirtschaftliches Zentrum der Insel. Der historische Ortskern mit Marktplatz, Marienkirche und altem Klostergelände versprüht sympathisches Kleinstadtflair.

Geschäftig geht es zu im Stadtzentrum von Bergen rund um den Markt. Dass der abschüssige, unsymmetrische Platz nur zum Teil verkehrsberuhigt ist, stört kaum, wenn man am oberen Teil auf einer der Caféterrassen sitzt und sich das Treiben in Ruhe anschauen kann. Umgeben wird der Marktplatz von einem wahllos aneinander gereihten, aber ansehnlichen Häuserensemble: hier ein bisschen Backstein, dort eine strahlend weiße Fassade, hübsche Giebel oder ein schmuckes Erkertürmchen neben funktionalem Nachkriegsdesign. Unter ihnen befindet sich auch das bemerkenswerte *Benedix-Haus*, ein hübsches Fachwerkgebäude, das als das älteste erhaltene Wohnhaus Rügens gilt (erbaut Anfang des 17. Jh.) und heute die Touristeninformation beherbergt. Nur ein paar Schritte weiter, im Rücken des Benedix-Hauses wird es ruhig und idyllisch. Um die prächtige Marienkirche, eine der bedeutendsten Kirchen im norddeutschen Raum, verteilen sich ein paar schmucke niedrige Häuser mit blühenden Vorgärten und die alten, sorgsam restaurierten Gebäude des ehemaligen Nonnenklosters. Im Klosterhof befinden sich heute die Schauwerkstatt einer Kerzenmanufaktur, diverse Läden, ein Café mit Sitzgelegenheiten im Hof sowie ein kleines, sehenswertes Stadtmuseum.

Die mit etwa 14.500 Einwohnern größte Stadt der Insel liegt am *Rugard*, mit über 90 m über dem Meeresspiegel sozusagen das „Zentralmassiv" Rügens. Bereits zu germanischer Zeit befand sich an dieser exponierten Stelle eine Kultstätte. Die Slawenfürsten ließen im 9. Jh. auf dem Rugard (aus slaw. *ruja* und *gard*, „Rügenburg") eine wehrhafte Wallanlage errichten. Die nächste Großbaustelle stiftete der nach dem Fall von Arkona christianisierte Fürst Jaromar: Er initiierte den Bau der *Marienkirche* (möglicherweise bereits 1170, das damit älteste Gotteshaus Rügens). Wenige Jahre später bezogen Zisterziensernonnen aus Roskilde (Dänemark) das nebenan errichtete Kloster (1193), das ursprünglich die Residenz des Fürsten werden sollte. Das Kloster und die imposante Kirche zogen im Laufe der Jahre zahlreiche Siedler und Handwerker an. Aus der mittelalterlichen Baustelle wurde ein prosperierender Marktflecken. Die Siedlung hieß zunächst *Gora* (slaw. „am Berg"), der Name wurde später einfach ins Lateinische zu *monte in Ruia* oder *villa montis* und schließlich ins Deutsche übersetzt (*Berghen in terra Ruye*) – urkundlich erstmals im frühen 14. Jh. erwähnt. 1613 erhielt Bergen das Stadtrecht. Immer wieder zerstörten schwere Brände die Ortschaft – 1445, 1538, 1563, 1621, 1690, 1725 und 1726 – an sich nichts Ungewöhnliches in mittelalterlichen Ballungsräumen. Dass die Feuer aber in Bergen stets ein verheerendes Ausmaß annahmen, liegt an der für Rügen eher ungewöhnlichen Wasserknappheit in unmittelbarer Umgebung der Stadt. Allein der Brand von 1690 zerstörte 100 Häuser.

Heute wird das kleine historische Ortszentrum von einem für Kleinstädte typischen Gürtel aus Gewerbegebiet und Wohnsiedlungen umgeben, darunter die vielleicht jüngsten Plattenbauten der Republik (fertig gestellt 1990 und keineswegs grau). Am nordwestlichen Stadtrand liegt auf der anderen Seite der Bundesstraße der *Nonnensee*. Er ist weder alt noch jung, denn 1967 trockengelegt, fiel Ende 1993

Karte S. 96/97

Rügens Süden und Bergen

das Schöpfwerk aus und das Wasser kehrte zurück. Seither wurde er renaturiert, zahlreiche Vogelarten haben das idyllische Naherholungsgebiet (um den See herum ist ein etwa 5 km langer Weg angelegt) schnell angenommen und nutzen es als Brut- und Ruhestätte. Einen Spaziergang wert ist auch der Wald auf dem Rugard, durch den ein Naturlehrpfad führt.

*I*nformation/*V*erbindungen

• *Information* **Touristen-Information Bergen**, direkt am Markt im schönen Fachwerkgebäude (Benedix-Haus), auch Ticketverkauf (z. B. Störtebeker-Festspiele oder Fähren), Mo–Fr 10–18 Uhr, Juli/Aug. auch Sa 10–13 Uhr. Markt 23, ✆ 03838-811276, 🖷 03838-811127, www.stadt-bergen-auf-ruegen.de.

Tourismuszentrale Rügen, die Inselschaltzentrale in Sachen Tourismus (der allgemeine Publikumsverkehr für Bergen läuft über oben genannte Touristen-Information), freundlich und kompetent, zudem die erste Adresse bei der Zimmervermittlung. Bahnhofstraße 15, ✆ 03838-80770, 🖷 03838-244440, www.ruegen.de.

• *Verbindungen* **Bahn**: Regionalexpress (**RE 9**) nach und von *Stralsund* und weiter nach *Sassnitz* zw. 5 und 23 Uhr zu jeder vollen Stunden (letzter Zug ab Stralsund 23.11 Uhr, ab Bergen in beide Richtungen gegen 22.30 Uhr). Der Regionalexpress nach *Binz* und retour ebenfalls stündlich, Fahrtdauer ca. 25 Min. Außerdem **IC-Anschluss** (nach Binz bzw. zum Festland).

Bus: Bergen ist auch das Zentrum des öffentlichen Inselnahverkehrs, in der Stadt treffen sich (fast) alle Linien, hier die Zusammenfassung: **Linie 23** nach *Sassnitz*

auch via *Binz*, werktags 4-mal, Sa/So 5-mal (in Sassnitz Umsteigen Richtung Königsstuhl, Linie 14). **Linie 24** nur am Wochenende 6-mal tägl. über *Sellin, Baabe, Göhren* und *Middelhagen* nach *Thiessow* und *Klein Zicker*. **Linie 28** nach *Binz* via Prora 3-mal täglich (nur Mo–Fr). **Linie 30** 15-mal nach *Putbus*, teilweise über *Garz* weiter nach *Stralsund*. **Linie 33** 7-mal via Garz auf die Halbinsel Zudar (nur Mo–Fr). **Linie 35** via *Trent* nach *Schaprode* (und damit nach Hiddensee) unter der Woche ca. 11-mal tägl., Sa/So 6-mal. **Linie 38** nur werktags ca. 5-mal von und nach *Waase* auf Ummanz via *Gingst*. Und schließlich **Linie 12** 2-mal tägl. (Sa/So 1-mal) via *Ralswiek, Sagard Bobbin, Glowe, Juliusruh, Altenkirchen* und *Wiek* nach *Dranske*.

Stadtverkehr mit der **Linie 32**.

• *Parken* kostenpflichtiger Parkplatz auf dem Markt, allerdings oft überfüllt, einzelne kostenpflichtige Stellplätze entlang der Zufahrtsstraßen zum Markt, großer kostenloser Parkplatz gegenüber dem Parkhotel Rügen (nicht Di und Do tagsüber: Wochenmarkt).

• *Taxi* ✆ 03838-252627

• *Fahrradverleih* → „Aktivitäten"

*A*ktivitäten/*E*inkaufen

• *Einkaufen* Im **Klosterhof (5)**, befinden sich mehrere kleine Läden: Hinter der Kirche sind u. a. Kerzenmanufaktur und Schauwerkstatt *Rügenkerzen* untergebracht; Mo–Fr 10–18 Uhr, Sa 10–16 Uhr, außerhalb der Saison Mo–Fr 10–16 Uhr, Sa 10–13 Uhr. Billrothstr. 20, ✆ 03838-828356, www.ruegen-kerzen.de. Ein paar Schritte weiter, schräg gegenüber vom Museum, liegt im unteren Klosterhof der *Klostergenuss*. Hier gibt es alle erdenklichen Produkte aus heimischem Obstanbau und Sanddornernte: Marmeladen und Gelees, Sirup und Säfte, Likör usw. sowie andere regionale Produkte, hier befindet sich auch ein **Café** (hausgemachte Kuchen). April bis Okt. Mo–Fr 10–18 Uhr, Sa 10–16 Uhr, Nov. bis März Mo–Fr 10–16 Uhr, ✆ 0160-5980699.

Insel-Buchhandlung (4), große Auswahl an Literatur zu Rügen sowie alle relevanten Karten, in der Passage am Brinken. Bahnhofstr. 65, 18528 Bergen auf Rügen, ✆ 03838-22375.

Bioladen Butterblume, Naturkost von der Insel, genauer gesagt vom Hofgut Bisdamitz, auch Öko-Imbiss, Mo–Sa 9–18 Uhr. Bahnhofstr. 56, ✆ 03838-828757, www.hofgut-bisdamitz.de.

• *Fahrradverleih* **Zweirad Kresse (6)**, Trekkingräder und MTB, topp in Schuss, 7 €/Tag, auch Kinderräder, Anhänger und Zubehör; Mo–Fr 9–18 Uhr, Sa 9–12 Uhr. Dammstr. 31, 18528 Bergen auf Rügen, ✆ 03838-256620, www.zweirad-kresse.de.

• *Sport* Zwei Attraktionen befinden sich auf dem Rugard:

Übernachten
1. Am Rugard
3. Romantik Hotel Kaufmannshof Hermerschmidt
7. Parkhotel Rügen

Essen & Trinken
1. Am Rugard
2. Bibo ergo sum
3. Romantik Hotel Kaufmannshof Hermerschmidt

Einkaufen
4. Insel-Buchhandlung
5. Schauwerkstatt im Klosterhof

Nachtleben
2. Bibo ergo sum

Sonstiges
6. Fahrradverleih

Bergen

200 m

Im **Kletterwald Rügen** kann man sich durch sechs Parcours hangeln; Erw. 19 €, Jugendliche (13–16 J.) 15 €, Kinder (5–12 J.) 10 € jeweils für zwei Stunden Klettern. Geöffnet Mai bis Okt. täglich 9–19.30 Uhr, im Winterhalbjahr eingeschränkt (generell natürlich wetterabhängig), Rugardweg 9, ✆ 0176-62212170, www.kletterwald-ruegen.eu.

Vom Rugard schlängelt sich auch die **Sommerrodelbahn** hinab. Es geht 27 Höhenmeter über eine Länge von 700 m hinab, mit Sprung, Steilkurven, Schleifen und allem, was dazugehört, Erw. 2 €, Kinder 1,50 €; Nov. bis März ab 13 Uhr (bis Sonnenuntergang), April bis Okt. 10–18 Uhr (Juni bis Aug. bis 19 Uhr). Rugardweg 7, ✆ 03838-828282, www.inselrodelbahn-bergen.de.

Des Weiteren: **Tennis**, Plätze am Rugard. Rugardstr. 13, ✆ 03838-252488.

Wandern, ein etwa 5 km langer Wanderweg führt um den schönen *Nonnensee*,

Parkplatz an der B 96 nach Ralswiek, im Spätsommer vor allem bei Vogelbeobachtern beliebt (auch Aussichtspunkte). Außerdem verläuft ein netter Spaziergang auf einem *Naturlehrpfad* rund um den Rugard (Infotafel am Turm).

Reiten: *Appaloosazucht und Reitbetrieb „Angelika Pisch"*, nördlich von Bergen nahe dem Nonnensee gelegenes Gestüt. Geführte Ausritte, Tagesausritte, Reitunterricht (Western) und Ponyreiten für Kinder, auch Gastboxen und Ferienwohnungen. Stadthof 2, 18528 Bergen auf Rügen, ✆/✉ 03838-315928, www.westernreiten-ruegen.de.

Go-Kart- und Buggy-Bahn, etwas außerhalb (Richtung Jasmunder Bodden/Buschvitz, OT Zittvitz), *no limits* außer: Elektro-Autos ab 3 J., Buggy ab 6 J., Go-Kart ab 8 J.; in der Saison tägl. ab 10 Uhr, ✆ 03838-209485, www.ruegen-gokart.de.

Übernachten/Essen (→ Karte S. 105)

**** Parkhotel Rügen (7), etwas unterhalb vom Zentrum (vom Marktplatz die Marktstraße und dann die Dammstraße hinunter, ca. 500 m), ruhige Lage. Modernes 154-Zimmer-Hotel, auch Tagungshotel (diverse Räumlichkeiten), mit Bar und Restaurant, außen kleiner Park mit See. Großer Wellness-Bereich im EG mit Beautyfarm, Sauna, Dampfbad, Fitnessraum und Solarium, im Angebot verschiedene Arrangements, Fahrradverleih. EZ 88 €, DZ 130 €, inkl. Frühstück, ab 3 Tage Aufenthalt ca. 10–15 % günstiger. Stralsunder Chaussee 1, 18528 Bergen auf Rügen, ✆ 03838-8150, ✉ 03838-815500, www.parkhotel-ruegen.de.

Hotel/Restaurant Am Rugard (1), das freundliche Hotel befindet sich zu Füßen des Ernst-Moritz-Arndt-Turms und damit in herrlich ruhiger Lage im Wald. Gutes *Restaurant*, für das Gebotene nicht zu teuer, aus der Küche kommen pommersche Spezialitäten (z. B. der Pommersche Wickelbraten mit Backpflaumenfüllung), auch mal in raffinierten Variationen (Kirschsauce zum Hühnerbrustfilet) sowie feine Fischküche, zudem Cafébetrieb auf der Terrasse mit Blick auf den Turm, mittags und abends geöffnet. Zu Fuß 10 Min. zum Markt. 18 DZ zu 93 €, EZ 66 €, Frühstück 10 €/Pers., in der Vorsaison deutlich günstiger, im Haus auch Sauna. Rugardweg 10, 18528 Bergen auf Rügen, ✆ 03838-20190, ✉ 03838-201919, www.rugard.de.

Romantik Hotel Kaufmannshof Hermerschmidt (3), im Zentrum, nur wenige Schritte vom Marktplatz. Schöne Anlage mit Terrasse im Innenhof, leider an einer viel befahrenen Straße, deshalb am besten ein Zimmer zur Seite oder nach hinten hinaus nehmen. Sehr stilvolles Restaurant *Kontor* mit historischem Inventar, nicht teuer, saisonale Angebote, freundlicher, zuvorkommender Service, mittags und abends geöffnet. EZ 60–99 €, DZ 90–130 €, 2er-Appartement 90–140 €, jeweils inkl. Frühstück. Bahnhofstr. 6–8, 18528 Bergen auf Rügen, ✆ 03838-80450, ✉ 03838-804545, www.kaufmannshof.com.

Bibo ergo sum (2), netter Name für eine nette Kneipe, gemütlich und hip, junges Publikum, Cocktails ab 5 €, am Wochenende Live-Musik und/oder DJs (dann Eintritt), nette Sitzgelegenheit zum Markt hin, auch große Auswahl an gutem und günstigem Essen, bis spätabends geöffnet. Markt 14, ✆ 03838-252259, www.biboergosum.de.

● *In der Umgebung* **Gutshaus Kubbelkow**, unser Tipp! Ausgezeichnetes Restaurant in schönem altem Gutshaus, umgeben von einem weitläufigen Park am Rand von Klein Kubbelkow, innovative Küche aus regionalen Produkten in stilvollem Ambiente, Menü 39 €, Feinschmeckermenü 62 €, Hauptgerichte um 22 €, sehr freundlich, etwa 3 km südwestlich von Bergen, tägl. ab 18 Uhr, So auch mittags, Reservierung empfehlenswert, Di Ruhetag. Auch Hotel. Zwölf stilgerecht eingerichtete DZ (120 €/Tag) und vier Suiten (160–190 €/Tag) stehen zur Verfügung. Im Dorfe 8, 18528 Klein-Kubbelkow, ✆ 03838-8227777, www.kubbelkow.de.

Sehenswertes

Marienkirche: Der imposante Backsteinbau (eine Kirche „aus gebranntem Stein", wie es in der Gründungsurkunde heißt) ist die älteste Kirche Rügens (Baubeginn zwischen 1170 und 1180). Noch heute ist die Grundanlage der romanischen Basilika mit Querschiff und abgerundeter Apsis erkennbar. Während Restaurationsarbeiten im 15. Jh., wahrscheinlich auf Grund von Brandschäden nötig geworden, wurden die gotischen Elemente in Kirchenschiff und Apsis eingefügt, auch das Kreuzrippengewölbe sowie der Turm stammen aus dieser Zeit. Die Ausstattung hingegen zeigt sich überwiegend barock.

Besonders beeindruckend sind die romanischen Fresken, die Chorraum und Apsis fast vollständig bedecken. Auf der einen Seite des Chors ist das Paradies dargestellt (idyllisch: Pflanzen mit menschlichen Gesichtern symbolisieren die Seelen der Erlösten), auf der anderen Seite Fegefeuer und Hölle (drastisch: der Erzengel Mi-

Grausig: Darstellung der Hölle

chael mit der Seelenwaage, wer für zu leicht befunden wurde, wird vom Leviathan verschlungen oder brennt im Fegefeuer, darunter werden die Verdammten auf grausigste Weise gemartert). Außerdem zieren Heiligendarstellungen und biblische Szenen die Wände.

Problematisch an den romanischen Wandmalereien ist allerdings genau diese Lückenlosigkeit der Darstellung. Die Fresken wurden nämlich erst im 19. Jh. unter neueren Farbschichten entdeckt und während Restaurierungsarbeiten zwischen 1896 und 1902 zu großen Teilen „nachempfunden". Sie sind damit ein gutes Beispiel für den Umbruch in den Zielsetzungen der Denkmalpflege. Traditionell dominierte das Bestreben zu historisieren, während die reine Konservierung des Vorhandenen im Hintergrund stand. Der Chefrestaurator, der der alten Schule angehörte, füllte die Lücken in den Fresken einfach aus, um ein Bild zu erhalten, wie es einst gewesen war (teils allerdings mit viel Fantasie, so dass wahrscheinlich auch der Stil niederländischer Künstler des 17. Jh. in die romanischen Malereien eingeflossen ist). Seine jüngeren Mitarbeiter hingegen versuchten (heimlich) den Originalbestand der unter dicker weißer Tünche gefundenen Fresken zu dokumentieren. Die Ergänzungen des rigorosen Restaurators sind im Laufe des letzten Jahrhunderts arg verblasst – so überschäumend sein Eifer war, so mangelhaft war sein Wissen über die mittelalterliche Technik der Farbherstellung. Die Ausmalungen des Langhauses wurden noch vor dem Fund der romanischen Fresken vorgenommen und entsprechen lediglich groben Schätzungen anhand spärlich vorgefundener Reste. Nichtsdestotrotz sind die Malereien ein imposantes Beispiel der romanischen Freskenkunst und unbedingt sehenswert. Seit kurzem stehen erneut umfangreiche Restaurierungsarbeiten an, die sich voraussichtlich bis 2012 hinziehen werden.

Noch vor der Besichtigung kann man einen Blick auf das vielleicht älteste Stück der Marienkirche werfen: den Jaromarstein. Auf der Granitplatte, die in die Fassade

Der Marktplatz in Bergen

eingelassen ist (vor dem Portal stehend links), ist das Relief eines Mannes zu sehen. Es wird vermutet, dass es sich dabei um die Darstellung Jaromars handelt.

Mai bis Okt. Mo–Sa 10–16 Uhr; So zu den Gottesdiensten und natürlich bei Veranstaltungen, außerhalb der Saison eingeschränkte Öffnungszeiten.

Stadtmuseum im Klosterhof: Ende 2001 wurde das Stadtmuseum in den Räumen des sorgsam renovierten ehemaligen Klostergebäudes eröffnet. Das Kloster hatte vom Erstbezug durch die Zisterziensernonnen aus Roskilde 1193 bis zur Museumseröffnung eine wechselhafte Geschichte hinter sich. Die Reformation setzte dem Zisterzienserkloster hart zu, im Zuge der Säkularisierung wurde es dem pommerschen Herzog zugeschlagen. Es heißt, die renitenten Nonnen hätten aus Protest gegen Herzog und lutherische Ketzer die Kirche besetzt und den reformierten Pfarrer so gezwungen, seine unkatholischen Predigten im Freien zu halten. Aber es half nichts. 1541 wurde das Kloster in ein Fräuleinstift, eine „Zuchtschule für adelige Jungfrauen" umgewandelt. Des Öfteren wurde das Kloster von Truppen besetzt (während des Dreißigjährigen Krieges, des Napoleonischen Krieges, schließlich von der Roten Armee). Das ehemalige Kloster zerfiel, brannte aus und wurde wieder aufgebaut, renoviert und saniert. In den 1980er Jahren wurde der Grund neben der Kirche zu städtischem Eigentum.

In teils lockerer Anordnung sind heute im schönen Stadtmuseum Funde zur Kloster- und Inselgeschichte zu sehen. Die Ausstellungen umfassen bronzezeitliche Stücke, informative Schautafeln zu den slawischen Göttern, Alltagshistorisches, Exponate aus der Schwedenzeit und natürlich zur Geschichte des Zisterzienserklosters. Wechselnde Kunstausstellungen sind im zweiten Stock untergebracht.

Mai bis Okt Di–Sa 10–16.30 Uhr, Nov. bis April 11–15 Uhr. Eintritt 2 €, erm. 1 €, Familienticket 4 €. Museum der Stadt Bergen auf Rügen, Im Klosterhof, Billrothstr. 20 a, 18528 Bergen auf Rügen, ✆/✉ 03838-252226.

Ernst-Moritz-Arndt-Turm: Ursprünglich war ein martialisches Hünengrab vorgesehen, alternativ eine Heldenhalle, um den (zumindest im 19. Jh.) berühmtesten Sohn der Insel zu ehren. Das Ernst-Moritz-Arndt-Denkmal aber wurde ein Turm – allerdings keine „Wacht-am-Rugard", sondern ein Turm, dessen „kronenförmige Durchbildung des Obergeschosses ... den erwünschten weihevollen Eindruck eines Denkmals" erwecken sollte, wie es damals von offizieller Seite hieß. Grund und Backsteine stiftete übrigens der baufreudige Wilhelm Malte I., Fürst zu Putbus, und auch der preußische König Wilhelm I. konnte als Sponsor gewonnen werden. Baubeginn war Weihnachten 1869, Arndts 100. Geburtstag, fertig gestellt wurde der Turm aber erst 1877 (geradezu symbolträchtig: der Grundstein für das Denkmal des deutschen Nationaldichters wurde im preußischen Pommern gelegt, vollendet wurde das Denkmal im geeinigten, neu geschaffenen Deutschen Reich).

Eine Wendeltreppe führt über 47 steinerne und 43 eiserne Stufen hinauf in die Kuppel. Von hier aus hat man einen grandiosen Panoramablick über die Insel (wenn das Wetter mitspielt). Auf dem Weg in die Kuppel gehen zwei äußere Rundgänge ab, auf denen man sich über die Entstehung und Geschichte des Turms sowie über den Namensgeber informieren kann.

Mai bis Okt. tägl. 10–18 Uhr; im Winter liegt der Schlüssel im *Hotel Am Rugard* (an der Rezeption fragen). Vom Stadtkern aus beschildert, beim Turm kostenloser Parkplatz. Eintritt 1,50 €, Kinder 1 €, Familienticket 4 €.

Weiter in die Granitz und ins Mönchgut → ab S. 126; weiter nach Putbus → S. 115.

Nördlich von Bergen

Das Gebiet nördlich von Bergen wird durch den Großen und den Kleinen Jasmunder Bodden begrenzt und bietet bis auf die Hügelgräber der Woorker Berge sowie das Städtchen Ralswiek mit seinen bekannten Störtebeker Festspielen wenig Spektakuläres. Das Städtchen Lietzow gehört bereits zur Halbinsel Jasmund. Direkt an der B 96 und jenseits des Lietzower Damms gelegen, bildet es praktisch eine Art Nadelöhr gen Norden, das die meisten Reisenden ebenfalls nur passieren.

Patzig und Woorker Berge

Patzig ist ein ländliches Dorf nordwestlich von Bergen – ein paar Bauernhöfe, zwei Dorfläden, eine Kneipe und gegenüber auf einem Hügel eine Backstein-Kirche mit klobigem Turm. Als Besonderheit kann der Ort jedoch immerhin ein *Mühlenmuseum* vorweisen, das sich am südlichen Ortseingang befindet. Eigentlich handelt es sich hierbei eher um ein technikhistorisches Denkmal. Die 1946 errichtete und 1999 stillgelegte Motormühle ist voll funktionsfähig und vom Keller bis unter den Giebel zu besichtigen.

• *Mühlenmuseum Patzig* tägl. 10–17 Uhr. Eintritt 1,50 €, Schüler/Stud. 1 €, ✆ 03838-313665.
• *Verbindungen* **Buslinie 37** fährt 4-mal tägl. von Bergen über Patzig nach Neuenkirchen und zurück, an Wochenenden nur morgens und abends.

Woorker Berge: Hinter dem Namen verbirgt sich keine Hügelkette, sondern ein Hügelgräberfeld nordwestlich von Patzig. Von den ehemals 18 vorzeitlichen Gräbern sind heute noch 13 erhalten, dennoch handelt es sich hier um das größte Hügelgräberfeld Norddeutschlands. Mitten auf einem Acker erheben sich die von Büschen und Bäumen bestandenen Gräber, die bei einem Durchmesser von ca. 30 m etwa 6 m in die Höhe reichen. Die Anlage stammt vermutlich aus der Bronzezeit.

• *Anfahrt* In Patzig kurz vor dem nördlichen Ortsausgang links (beschildert), dann führt bei einem kleinen Teich ein Feldweg rechts zu dem Hügelgräberfeld (knapp 1 km vom Ortsrand), ab dem Feldweg nur als Spaziergang zu empfehlen. Oder weiter zum Weiler Woorke, dann rechts (1,5 km).

Ralswiek

Eigentlich ist Ralswiek nicht mehr als ein idyllisches Dorf am Großen Jasmunder Bodden. Doch sein Name ist weithin bekannt und steht als Synonym für das Spektakel, das zur Saison fast allabendlich hier aufgeführt wird: die Störtebeker Festspiele.

Kaum 300 Menschen leben normalerweise in dem kleinen Hafenort 5 km nördlich von Bergen. Landseits von Wald und Weiden umgeben, schmiegt sich Ralswiek eng an das Boddenufer. Oberhalb des Ortes befindet sich das gleichnamige stattliche Schloss, das von einem schönen Landschaftspark umgeben ist. Auf dem Weg nach Ralswiek erinnert rechter Hand die idyllische, kleine Holzkirche in leuchtendem Rot an Schweden, mitten durch den Ort führt eine Allee zum schmucken Yachthafen. Ansonsten hat Ralswiek wenig Sehenswertes zu bieten, den größten Teil des Jahres geht es hier entsprechend beschaulich zu. Wenn allerdings im Sommer die Festspielzeit beginnt, dann strömen zahllose Besucher herbei, um dem Störtebeker-Schauspiel auf der Naturbühne beizuwohnen. Im Ortskern herrscht Volksfestatmosphäre mit allen Begleiterscheinungen. Besonders beeindruckend ist die Imbiss-Vielfalt: Vom halben Meter Currywurst und Asia-Snack über Thüringer Röstbratwurst und Döner bis hin zum Piratenspieß ist alles vorhanden. Einen guten Blick auf das Festspielgelände hat man übrigens auch vom Ralswieker Schloss aus.

Spektakulär, zumindest für Wissenschaftler, waren auch archäologische Funde, die bei Ausgrabungen rund um Ralswiek gemacht wurden. Sie gehen zurück bis in die Zeit der Germanen. Mit ihrer Hilfe konnte belegt werden, dass sich hier vermutlich die älteste nachweisbare Siedlung auf Rügen befand. Besonders interessant aber sind Relikte aus slawischer Zeit, als Ralswiek einer der wichtigsten Handelshäfen der Insel war. Entdeckt wurden z. B. das so genannte Ralswiek-Boot, dessen Überreste im Museum für Unterwasserarchäologie in Sassnitz zu sehen sind, sowie Hausfundamente und nicht zuletzt Münzen arabischer Prägung, die ferne Handelsbeziehungen vermuten lassen.

Eine kleine Kuriosität befindet sich am Ortsrand von Ralswiek: Geradezu niedlich wirkt die rote Holzkapelle, eine Art Fertighaus-Kirche, die in Schweden gefertigt und 1907 hier am Waldrand aufgebaut wurde. Der Stifter der Kirche,

Kommt aus Schweden, besteht aus Holz und war schnell aufgebaut: Ralswieks Kirche

Piraten

Die Störtebeker Festspiele bieten mehr als nur Theaterstücke vor der malerischen (Natur-)Kulisse des Großen Jasmunder Boddens – die Aufführungen sind ein Spektakel: Zum Programm gehören halsbrecherische Stunts und handfeste Schwertkämpfe, Kanonenfeuer, Seegefechte und zum Abschluss ein prächtiges Feuerwerk über dem Wasser. Jedes Jahr erwartet den Besucher ein neues Abenteuer aus dem „Leben Störtebekers" (zum „historischen" Freibeuter → S. 24). Die Freilichtaufführung hat bereits Tradition, erstmals kämpfte der „Robin Hood der Ostsee" 1959 nach dem Drehbuch von *Karl Bartel*, besser bekannt als *KuBa*, auf der Bühne in Ralswiek. Wieder aufgenommen wurden die Störtebeker Festspiele 1993, nun mit jährlich wechselnden Inszenierungen und Geschichten. Der Aufwand, der jeden Sommer elf Wochen lang betrieben wird, ist immens. Rechts und links von Kulissenbauten flankiert setzt sich die Bühne auf dem Bodden fort, um die Arena für die Seeschlachten zu bilden. Zu den Darstellern gehören nicht nur 20 Schauspieler sowie 100 Statisten, sondern auch vier Koggen, 30 Pferde und ein Seeadler.

Spielzeit ist von Mitte/Ende Juni bis Anfang Sept., Aufführungen tägl. außer So 20 Uhr, Kartenreservierung dringend empfohlen. Die **Preise** für Platzkarten belaufen sich von 19 €/Pers. (Kinder bis 15 J. 12 €) auf dem Rang bis zu 28 € (21 €) in den vorderen Reihen. Außerdem gibt es nicht nummerierte Karten auf den hinteren Rängen für 12 € (10 €). **Vorverkauf** und **Kartenreservierung** in den größeren Tourist-Informationen der Insel oder unter Störtebeker Festspiele, Am Bodden 100, 18528 Ralswiek, ☎ 03838-31100, 🖷 03838-313192 oder www.stoertebeker.de.

Als **Vorprogramm** gibt es eine Adlerflugshow zu sehen (nur in Verbindung mit einer Platzkarte um 18 Uhr oder vormittags um 11 Uhr, Erw. 5 €, Kinder 3 €), www.falknerei-walter.de.

Anfahrt: Da zur Festspielzeit der Ort zur Fußgängerzone wird, entweder mit Auto oder Bus zum Parkplatz an der B 96 fahren und dann mit dem Pendelbus nach Ralswiek; oder mit dem Auto zum Parkplatz hinter Jarnitz und von dort noch etwa 15 Min. zu Fuß (beide Parkplätze kostenfrei).

Außerdem bringt der **Störtebeker-Bus** die Besucher aus dem Mönchgut und der südlichen Granitz (3-mal ab Klein Zicker über Thiessow, Gager, Middelhagen, Göhren, Baabe, Sellin und Bergen) zum Festspielort und nach der Vorstellung wieder retour. Es empfiehlt sich ein Tagesticket: Erw. 11 €, Kinder 8 €, Familienticket 22 €, natürlich nur an Spieltagen. Eine Alternative von der Halbinsel Wittow aus bietet die *Personenschifffahrt Kipp*: zunächst Bustransfer ab Sassnitz, Altenkirchen, Wiek und Bakenberg, dann mit der **Fähre** von *Breege* zum Festspielort (ab 18.30 Uhr, zurück ca. 23 Uhr), Erw. 15 € (hin und rück), Kinder 4–12 J. 8 €, auch Kartenvorverkauf. Dorfstr. 101, 18556 Breege, ☎ 038391-12306, 🖷 038391-12307, www.reederei-kipp.de.

Graf Douglas, war auch der Bauherr des Schlosses, das auf der anderen Seite des Ortes auf der Anhöhe thront. Die am Ende des 19. Jh. errichtete Schlossanlage mit architektonischen Anleihen aus der Renaissance könnte auch an der Loire stehen. Heute ist darin ein hochklassiges Hotel untergebracht.

• *Verbindungen* **Bus**: die **Linie 12** verbindet 2-mal tägl. *Bergen* mit Ralswiek und fährt weiter nach Sagard, Juliusruh, Altenkirchen und Wiek bis Dranske.

Fähre: Die Reederei Kipp fährt von Mai bis Sept. Mo–Fr 1-mal tägl. (9 Uhr) nach Vitte auf Hiddensee und zurück, Fahrtdauer je 2,5 Std., Ankunft zurück in Ralswiek um 18 Uhr. Erw. 10 € (hin/zurück 16 €), Kind 5 € (10 €), Familie 45 €, Hund 5 € (8 €), Fahrrad 5 € (6 €). Dorfstr. 101, 18556 Breege, ✆ 038391-12306, ✎ 038391-12307, www.reederei-kipp.de.

> Zu Festspielzeiten ist der Ort für den privaten Pkw-Verkehr ab 17 Uhr gesperrt, Parkplätze befinden sich ein Stück außerhalb (→ oben).

• *Übernachten/Essen*   ****** Schlosshotel Ralswiek**, einmalige Lage hoch über dem Bodden und mit Blick auf die Naturbühne: die Ehrenloge der Störtebeker Festspiele sozusagen. Zwischen Schlosshotel und Bühne liegt nur der abschüssige Schlosspark. Das Spektakel samt Kanonenschlägen bekommt man zur Festspielzeit allabendlich auf jeden Fall mit, Ende der Vorstellung (mit Feuerwerk) ist etwa 23 Uhr. Zum Hotel: Historische Ausstattung wagnerianischer Anmutung, hochmodern ist allerdings der Wellnessbereich mit Kosmetikabteilung (man beachte das „Cleopatrabad") und Massagen, Algen- und Kreideanwendungen, Ayurveda usw., außerdem Schwimmbad, Sauna, Fitnessraum. Zimmer mit Antiquitäten (Bad, TV, z. T. Balkon). Einladendes *Restaurant* im EG, im Sommer Terrasse, außerdem gibt es noch die Gewölbebar „Grafenschänke" (nur abends). Auch Außenstelle des Standesamtes Bergen (mit den entsprechenden Hochzeitsarrangements). Das Schloss ist ab Ralswiek beschildert, kaum zu verfehlen. EZ 85 €, DZ 110–180 €, Dreibett-Zimmer 180 €, Frühstück inklusive. Parkstr. 35, 18528 Ralswiek, ✆ 03838-20320, ✎ 03838-2032222, www.schlosshotel-ralswiek.de.

Pension/Restaurant Likedeeler, günstiges Restaurant mit schöner Terrasse und Wintergarten. Blick auf Bodden und Hafen, große Speisekarte, auch noch für den Snack nach dem Theater geöffnet (von 22–24 Uhr an Festspieltagen, also nicht So). 14 gediegen eingerichtete Doppelzimmer. Kleinere Hunde erlaubt. Parkplatz am Haus. In der Hauptsaison Mindestaufenthalt zwei Nächte. EZ 53 €, DZ 85 €, Frühstück inkl., mit Abendessen 11 €/Pers. In der Nebensaison und bei mehrtägiger Buchung deutlich günstiger. Am Bodden 21, 18528 Ralswiek, ✆ 03838-31130, ✎ 03838-311313, www.zumlikedeeler.de.

Pension „Klaus Störtebeker", im idyllischen Ortsteil Jarnitz oberhalb von Ralswiek (ausgeschildert), neues Haus, abends auch Ristorante (mittleres bis leicht gehobenes Preisniveau). Im Sommer Café-Betrieb auf der Terrasse, mit kleinem hauseigenem Streichelzoo und Storchennest in der Nähe, Sauna, Wellness, gepflegtes Meerwasserschwimmbad und Fahrradverleih. 38 einladende Zimmer, z. T. behindertengerecht. Mitte Januar bis Ende Februar geschl. EZ 55 €, DZ 89 €, DZ mit Balkon/Terrasse 99 €, Frühstück inkl., Hund 6 €/Tag, Halbpension 12 €/Pers. Dorfstr. 11, OT Jarnitz, 18528 Ralswiek, ✆ 03838-80970, ✎ 03838-404503, www.pension-stoertebeker.de.

Räucherfisch gibt es vom **Räucherschiff Elbe** im alten Hafen, während der Festspielzeit außerdem sehr viele Essensbuden am und um den Hafen.

• *Reiten* **Pferdehof Ralswiek**, auf dem weitläufigen Gelände mit den von weißen Zäunen umgebenen Koppeln residieren Bühnenstars, schließlich sind die Pferde des Hofes gefeierte Darsteller der Störtebeker Festspiele. Demnach natürlich kein Reitbetrieb zur Spielsaison. Vor allem aber gibt es hier zwölf **Maisonnette-Ferienwohnungen** direkt am Jasmunder Bodden (50 €/Tag für 2 Pers. + 30 € Endreinigung; Hunde willkommen; während der Festspielzeit Mitte Juni bis Anfang Sept. sind die Wohnungen allerdings von den Schauspielern belegt. Vom Schloss aus ca. 300 m der (teils unasphaltierten) Straße folgen. Am Bodden 101, 18528 Ralswiek, ✆ 03838-315610, ✎ 03838-315666.

• *Sporthafen* großer Yachthafen in der südlichsten Bucht des Großen Jasmunder Boddens, 120 Liegeplätze bei 2,50 m mit Slipanlage und Tankstelle, ✆ 03838-313553.

Lietzow

Der kleine Hafenort befindet sich eingezwängt zwischen zwei Bodden am südwestlichen Ende der Halbinsel Jasmund. Im Rücken des Dorfes erstreckt sich die Semper Heide, am Ufer ein kleiner Sandstrand.

1868 war das Großprojekt beendet, das die Halbinsel Jasmund ein Stück näher an den Inselkern Rügens heranrückte: Ein Damm spannt sich über die engste Stelle des Binnensees und teilt diesen seither in den Großen und den Kleinen Jasmunder Bodden. Der Anstoß für den Bau des *Lietzow-Damms* war die Anbindung des wichtigen Hafens von Sassnitz an das sich ausweitende Gleisnetz, seit ihrer Eröffnung diente die Bahntrasse aber natürlich auch als gut ausgebaute Straße von Sassnitz nach Bergen. Fährt man über den Damm nach Lietzow, das bereits zu Jasmund gehört, sieht man von weitem den schlanken, zinnengekrönten Rundturm des Lietzower Schlosses, das sich hoch über den Ort und die Baumwipfel des umgebenden Waldes erhebt. Das jüngst renovierte Schlösschen ist eine architektonische Hommage an Schloss Lichtenstein auf der Schwäbischen Alb.

Für viele Reisende lediglich „auf dem Weg nach Jasmund" gelegen, kann das kleine Dorf, in dem bis ins 18. Jh. nur der Fährmann und ein Fischer mit ihren Familien lebten, heute zumindest mit kleinen Attraktionen aufwarten: ein Räucherschiff am Hafen, eine weitere Traditionsräucherei samt Erlebnisscheune, der gemütliche Bücherbahnhof und ein kleiner, sandiger Badestrand mit Wassersportschule.

Noch mehr als der Nachbarort Ralswiek wird Lietzow mit spektakulären archäologischen Funden in Verbindung gebracht. Ausgrabungen im 19. Jh. förderten über 30.000 bearbeitete Feuersteine zu Tage. Die Menge der Werkzeuge lässt auf eine Manufaktur schließen und gilt als Zeichen für den Übergang einer Nomaden- zu einer siedelnden und Handel treibenden Kultur. Dem Fundort zu Ehren wird die Epoche, aus der die Feuersteine stammen (ca. 4000 bis 3000 v. Chr.), auch *Lietzow-Kultur* genannt.

• *Verbindungen* Dank des Dammes sehr gute Anbindung: **Bahn**, Regionalexpress (**RE 9**) von Stralsund über Bergen nach Sassnitz oder Binz zw. 5 und 23 Uhr zu fast jeder vollen Stunde.

Bus: **Linie 12** verbindet 2-mal tägl. Bergen mit Lietzow und fährt weiter nach Sagard, Juliusruh, Altenkirchen und Wiek bis Dranske.

• *Parken* Kostenfreier großer Parkplatz am Ende des Lietzow-Damms (von Bergen kommend rechts), von hier nur wenige Minuten zu Fuß zum Strand, Bücherbahnhof etc.

• *Übernachten* **Pension Jasmund**, ein bisschen Bäderarchitektur auch jenseits der Ostseeküste, sympathische Unterkunft mit hellen Zimmern, teils mit Balkon, Fahrradverleih für Hausgäste. DZ 80–90 €, EZ 60 €, einschließlich Frühstücksbuffet, Hunde willkommen (5 €/Tag). Boddenstraße 50, 18528 Lietzow, ✆ 038302-3033, ✆ 038302-569810, www.pensionjasmund.de.

Märchenschloss über Lietzow

Gästehaus Lietzow und **Störtebeker-Camp**, schöner Campingplatz im Wald der Semper Heide am Ortsrand von Lietzow. Auf dem Gelände befindet sich auch eine Gaststätte, abends warme Küche, gutbürgerlich (So Ruhetag). Auch 30 Zimmer im Gästehaus stehen zur Verfügung (DZ mit Bad, TV und Frühstücksbuffet 80 €, EZ 60 €, Hund 5 €, in der Nebensaison um einiges preiswerter). Schattige Stellplätze für Caravan und 2 Erw. 28,50 €, mit Pkw und kl. Zelt 19,50 €, im Einzelnen: Erw. 5 €, 1. Kind frei, weitere Kinder zw. 3–17 J. 2,50 €, Hund 2,50 €, Pkw 2 €. Mitte Dez. bis Mitte März geschl. Von Bergen kommend in Lietzow rechts, ausgeschildert. Waldstr. 59 a, 18528 Lietzow, ✆ 038302-2166, 📠 038302-3171, www.lietzow.net.

● *Essen* **Räucher-Ponton**, am Lietzower Damm, sehr gute, frische Fischbrötchen und natürlich tägl. frischen Räucherfisch. April bis Okt. geöffnet.

● *Einkaufen* **Bücherbahnhof**, Antiquariat und Café, eine Fundgrube! In einem urgemütlichen, liebevoll eingerichteten Bahnhofsgebäude findet sich nicht nur ein großer Bestand an antiquarischen Büchern, vom Kinderbuch bis zum Klassiker und natürlich eine Sektion sozialistischer Literatur,

Im Bücherbahnhof

sondern auch Schallplatten (das gute alte Vinyl und sogar Schellack), alte und neue Postkarten sowie Antiquitäten. Ob man beim Stöbern seinen Kaffee genießt oder sich mit einem Stück Kuchen auf dem alten Sofa niederlässt, hier lässt es sich aushalten. Vom Parkplatz am Damm rechts über den Bahnübergang und an der Weggabelung links, Mi–So 13–17 Uhr, im Winter Sa/So oder nach telefonischer Anmeldung. Spitzer Ort 10 a, 18528 Lietzow, ✆ 038302-56433, www.bücherbahnhof.de.

Fischräucherei & Erlebnisscheune Lietzow, hier kann man sich selbst davon überzeugen, dass der Fisch auf traditionelle Weise geräuchert wird, und das delikate Produkt auch gleich probieren, z. B. im *Röckerhus*, der dazugehörigen Fischgaststätte (hier natürlich auch fangfrischer Fisch). Außerdem gibt es ein kleines Museum mit ungewöhnlicher Zusammenstellung (Pilze und Frühgeschichte, Erw. 3 €, Kinder unter 14 J. 1 €) und einen Hofladen (Sanddorn, Brot, Wild und Wurst, Keramik und Souvenirs und natürlich Räucherfisch), zur Saison tägl. 11–18 Uhr (im Winter eingeschränkt). Spitzer Ort 7, 18528 Lietzow, ✆ 038302-56964.

● *Baden* Der kleine Sandstrand am Großen Jasmunder Bodden wird vom Ort durch die Durchgangsstraße getrennt, flach abfallendes Ufer, das Wasser immer ein bisschen wärmer als die Ostsee, hier auch ein Beachvolleyball-Feld und ein kleiner Sandfußball-Platz, am nördlichen Ende die Strandbar *Essente*.

● *Sport* **Wassersportschule Timpeltu**, sympathische Surf- und Segelschule am Lietzower Strand, ideales Anfänger-Revier, großes Angebot. *Surfen*: Einsteigerkurse (135 €/12 Std.), Kurse für Fortgeschrittene (70 €/3 Std.), auch Einzelstunden (45 €/Std.) und Schein (30 €); *Segeln*: Jollengrundkurs (165 €/12 Std.), Einführungskurs für Segler (50 €/3 Std.) oder Katamaran (199 €/12 Std.), Aufbaukurs (70 €/3 Std.), Schein (35 €) etc. Auch Materialverleih: Jolle (20 €/ Std./ 60 €/Tag), Katamaran (25 €/ Std./ 65 €/Tag), Surfboard (9 €/Std./ 28 €/Tag), auch Kanuverleih (12 €/Std., 35 €/Tag). Duschen, WC und Umkleiden stehen zur Verfügung. Geöffnet ab Ostern an den Wochenenden, dann durchgängig Mai bis Okt. (Saisonschluss wetterabhängig). Strandpromenade, 18528 Lietzow, ✆ 0173-1513970, www.timpeltu.com.

Weiter zur Halbinsel Jasmund und nach Sassnitz → S. 181.

Kreisrund: der Circus in Putbus

Putbus

ca. 2500 Einwohner (mit Ortsteilen 4600)

Die Stadt trägt weiß. Putbus ist bis heute geprägt von seinen zahlreichen klassizistischen Bauten. Ein Rondell mit Obelisk, der „Circus", bildet das Zentrum, von hier aus zieht sich die prächtige Alleenstraße durch den Ort – auf der einen Seite reihen sich weiß getünchte, repräsentative Häuser inklusive Theater, auf der anderen liegt der weitläufige Schlosspark.

„Ich komme Ihnen wieder mit einer kleinen Völkerwanderung", kündigte sich der preußische König *Friedrich Wilhelm IV.* im Jahr 1846 beim Fürsten zu Putbus an, „da Sie, lieber Fürst, nun das Unglück haben, den schönsten Teil der Insel zu bewohnen und das Ungeschick gehabt haben, daraus ein irdisches Paradies zu machen, so müssen wir bei Ihnen landen."

Viel Mühe hat den Fürsten *Wilhelm Malte I. zu Putbus* dieses „Ungeschick" gekostet. Ab 1808 hatte der ambitionierte Adlige um- und ausbauen lassen – es entstand eine der letzten Residenzstädte im klassizistischen Stil. Wilhelm Malte entstammt einer Seitenlinie der Familie Putbus, die seit dem Mittelalter auf Rügen heimisch ist. Der Name kommt aus dem Slawischen und bedeutet in etwa „aus dem Busch". Die Familie *Podebuz* wurde bereits 1253 erstmals erwähnt, ein Stammschloss spätestens 1532. Nachdem der Rügensche Zweig der Familie 1702 ausgestorben war, gingen Land und Titel an die dänische Linie und damit an *Malte I.* über. Dessen Nachfahre *Wilhelm Malte I.* (1783–1854) wurde zu einer der wichtigsten Persönlichkeiten der Insel. Zunächst von der schwedischen, dann von der preußischen Krone in den Hochadel erhoben, zeichnete sich der größte Landbesitzer auf der Insel durch seine unermüdliche Bautätigkeit aus (auch das Jagdschloss Granitz entstand unter seiner Ägide). Um Putbus zu seiner Residenzstadt und dem ersten Badeort auf Rügen auszubauen, versuchte er auch Tagelöhner und Bauern in den Ort zu locken, indem er ihnen eine Niederlassung „bei annehmlichen Bedingungen" in Aussicht stellte.

Rügens Süden und Bergen
Karte S. 96/97

Zunächst ließ der Fürst das Schloss renovieren und dem Klassizismus verpflichtet umgestalten. Als nächstes wurde das mit dorischen Säulen geschmückte Badehaus (*Haus Goor*) errichtet, das durch eine neu angelegte Allee mit der Stadt verbunden wurde. Es folgten noble Unterkunftsmöglichkeiten entlang des ebenfalls aufwändig veränderten *Schlossparks* sowie Kursalon, Theater, Marktplatz und schließlich das große Rondell im Zentrum, der *Circus*, der auf Stadtplänen und aus der Luft aussieht wie ein Rad, das sich jeden Moment losmachen könnte, um über den Rücken des Schlossparks Richtung Stralsund zu rollen. Der Circus ist ein außergewöhnlicher Rondellplatz: weitläufig angelegt, mit streng symmetrisch gestalteter Grünanlage um den zentralen Obelisken, außen aber nicht geschlossen bebaut. Zwischen den dreigeschossigen Häusern mit den weißen, klassizistischen Fassaden klaffen breite Lücken und verleihen dem Ensemble den Eindruck von Vorläufigkeit. Hier ist der Treffpunkt der Alleen, die Putbus wie ein Strahlenkranz umgeben: nach Garz und nach Bergen, Richtung Binz und in den Süden nach Lauterbach, den Hafen von Putbus, und in die zauberhafte Gegend um den Wreecher See.

Die Putbuser Geschichte als Seebad indes war kurz. Die frühen Ostseetouristen bevorzugten bald das offene Meer, um darin zu baden. Also wurde der fürstliche

Ü̈bernachten
1 Landhotel Ulmenhof
5 Am Bodden
6 Badehaus Goor
7 im jaich
   wasserferienwelt
8 Pension Goor
9 Mela's B&B
10 Hotel Lauterbach am
   See
11 Ringhotel Wreecher Hof
12 Nautilus

Essen & Trinken
1 Landhotel Ulmenhof
2 Restaurant Essen &
   Trinken
5 Am Bodden
6 Badehaus Goor
10 Hotel Lauterbach am
   See
11 Wreecher Hof
12 Nautilus

Cafés
3 Eiscafé Orangerie
4 Museumscafé im
   Affenhaus

Badestandort kurzerhand an das Südende der Prorer Wiek verlegt und Binz, nicht Putbus, begann eine rasante Karriere als Ostseebad.

Und Putbus am Anfang des 21. Jh.? Die auf dem Reißbrett entstandene Stadtanlage besteht bis heute, noch immer erstrahlen viele der herrschaftlichen Häuser in blendendem Weiß und die Alleen laufen im Circus zusammen. Auch die „Zweiteilung" der Stadt ist noch erkennbar: Noble Häuser (für damals adelige Badegäste) entlang Alleenstraße und Circus, das Viertel für die Bediensteten liegt hinter dem Markt (ehemalige Louisen-, heute August-Bebel-Straße). Das Theater zieht nach wie vor Gäste an, und der herrliche Schlosspark grünt und blüht wie vor 150 Jahren.

Bei all der erhaltenen Pracht aber hat Putbus ein ganz eigenes und eigenartiges Flair. Circus und Marktplatz sind zu weitläufig, um durch Cafés, Geschäfte und Spaziergänger richtig belebt zu werden. Selbst in der Hochsaison kann man zuweilen den Eindruck gewinnen, sich in ein potemkinsches Dorf verirrt zu haben (und wäre wahrscheinlich kaum überrascht, wenn aus dem Nichts eine Stimme „*cut*" – und fertig" rufen und die ein oder andere Fassade daraufhin eingerollt würde). Nichtsdestotrotz haben auch Kulissen ihren Charme, und in Putbus tut man viel, um sie zu füllen. Mehrere sehenswerte Museen und Galerien befinden sich hier, darunter das außergewöhnliche Uhrenmuseum. Das Theater wird nicht nur bespielt, es erfährt auch regen Zulauf, so dass sich Putbus als Rügens Festspielstadt einen Namen machen konnte, quasi als kulturelles Gegengewicht zu Ralswiek. Und nicht zuletzt ist der idyllische Schlossgarten zu jeder Jahreszeit einen Spaziergang wert.

Information/Diverses

● *Information* **Stadt-Information Putbus**, in der Orangerie, hier gibt es auch die Tickets für die Ausstellungen in dem hübschen Gebäude, zudem werden Stadt- und Schlossgartenführungen angeboten (April bis Okt. Di und Do 11 Uhr), auch Ticketverkauf. Mai bis Okt. tägl. 10–17 Uhr, Nov. bis April Di–Sa 10–17 Uhr. Alleenstr. 35, 18581 Putbus, ✆ 038301-431, www.putbus.de.

● *Kurtaxe* Mai bis Okt. 1,20 €, Nov. bis April 0,70 €.

● *Taxi* ✆ 038301-339

● *Verbindungen* Bus: **Linie 30** fährt etwa 10-mal tägl. nach *Garz* und etwa 8-mal tägl. weiter bis *Stralsund* (Sa/So 4-mal) sowie in die andere Richtung etwa 15-mal nach *Bergen* (Sa/So 5-mal). Leser empfehlen diese Buslinie bei einem Tagesausflug nach Stralsund, da allein die schöne Strecke die Fahrt lohne.

Kleinbahn → Kasten *Rasender Roland*, S. 118.

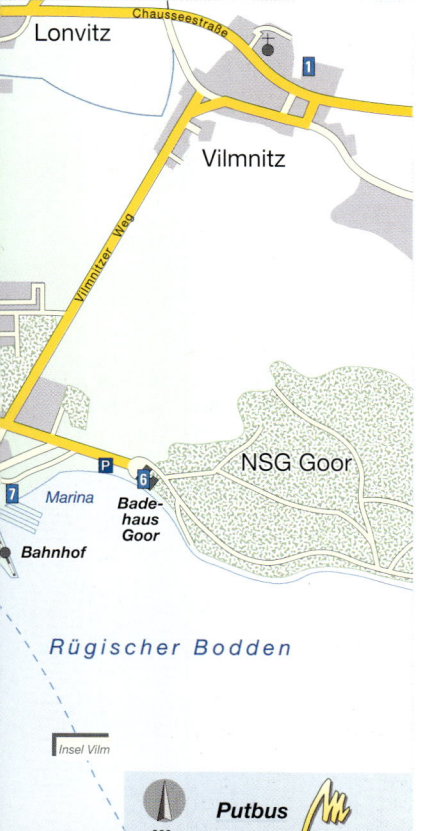

Lesertipp für Eisenbahnfans: „Am Bahnhof dampft es. Es wird Kohle und Wasser gefasst, hier werden auch die Züge für den Rasenden Roland zusammengestellt. Es gibt ein Ausbesserungswerk, einen Lokschuppen und alte Loks zu bestaunen. Man kann überall seine Nase reinstecken und das Personal gibt bereitwillig Auskunft."

• *Fahrradverleih* **Zweiradhandel Deutschmann**, in der Bahnhofsstraße (etwa halber Weg zwischen Bahnhof und Circus), Außenstelle des Binzer Fahrradladens. 3-Gang-Rad 5,50 €, 7-Gang-Tourenrad 7 €, Kinderrad ab 4 €, jeweils pro Tag, bei mehrtägiger Ausleihe günstiger, auch Helme und Anhänger, ganzjährig geöffnet, tägl. 9–12 und 13.30–18 Uhr, Mi und Sa/So nur vormittags. Bahnhofstr. 7, ✆/✆ 038301-429 oder 0171/5232420 (mobile „Notfall"-Nummer).

Rasender Roland

Der Zug ist mehr als ein technisches Denkmal. Mit 30 km in der Stunde schnaubt und dampft die historische Bahn auf 750-Millimeter-Schmalspurgleisen von Putbus aus quer durch die Granitz und zu den großen Ostseebädern. Historisch sind sowohl die Strecke, 1895 war das erste Teilstück Putbus–Binz in Betrieb genommen worden, als auch die Dampflokomotiven, die Älteste rollte 1914 aus den Vulkan-Werken in Stettin. Von dem einstmals fast 100 km umfassenden Streckennetz der *Rügenschen Kleinbahnen* (RüKB) sind 24,1 km erhalten und für den 1996 wieder eröffneten Fahrbetrieb restauriert worden. Die Schmalspur reicht von Putbus (mit Anbindung an Lauterbach) über Binz durch die Granitz nach Sellin und Baabe bis nach Göhren.

Der *Rasende Roland* ist dabei keineswegs nur eine nostalgische Möglichkeit, die Granitz und die Seebäder zu bereisen, die Kleinbahn ist ein durchaus ernst zu nehmendes Transportmittel im öffentlichen Nahverkehr. Von Putbus nach Binz beispielsweise kommt man mit dem Bus auch nicht schneller – und man muss nicht einmal umsteigen.

Verbindung Der Rasende Roland fährt in der Hauptsaison bis zu 12-mal tägl. von Putbus aus über die Granitz die Ostseebäder Binz, Baabe, Sellin und Göhren an (in die andere Richtung nach Lauterbach nur 6-mal), in der Nebensaison (Sept. bis Mai) 6-mal tägl. *Preise* kurze Strecke 3,60 € (erm. 1,80 €), mittlere Strecke ab 5,40 € (2,70 €) und den ganzen Weg nach Göhren 9 € (4,50 €); Fahrrad 2,50 €. Noch günstiger fährt man mit Familien-, Wochen- und Monatskarten (z. B. Wochenkarte Erw. Putbus–Binz 10 €, Monatskarte 34 €). *Information* Pressnitztalbahn, Zweigniederlassung Rügensche BäderBahn, Bahnhofstr. 1a, 18586 Göhren, ✆ 03838-813594, www.ruegensche-baederbahn.de.

Übernachten/Essen/Cafés (→ Karte S. 116/117)

Das Übernachtungs- und Restaurantangebot in Putbus ist überschaubar, besser sieht es am Lauterbacher Hafen aus. Das beste Haus der Gegend steht in Wreechen (gut 1 km südlich von Putbus → S. 121). Cafés in teils herrlicher Lage gibt es hingegen ausreichend.

Essen & Trinken (2), ein kleiner, heller Raum beherbergt das sympathische Restaurant mit dem pragmatischen Namen. Neben der günstigen Tageskarte empfiehlt sich der elsässische Flammkuchen: hauchdünner Teig, auf einem Holzbrett serviert, wie sich das gehört. Die Atmosphäre ist entspannt, der Service freundlich. Geöffnet tägl. ab 12 Uhr (Küche bis 20 Uhr), im Winter allerdings eingeschränkt. Markt 11, ✆ 0172-1520340.

Eiscafé Orangerie (3), in einem der Torhäuser zur Orangerie, von der tiefer gelegenen Terrasse blickt man auf den Innenhof des Gebäude-Ensembles, einfach und freundlich, April bis Okt. 11–18 Uhr, ✆ 038301-88653.

Museumscafé im Affenhaus (4), herrlich gelegen in dem eigenwilligen Gebäude im Schlosspark, in dem heute das Puppenmuseum untergebracht ist, am unteren Ende der Kastanienallee, nahe dem Schwanenteich. Auch Plätze im Freien, hervorragende Waffeln, im Sommer ab 10 Uhr bis 18/19 Uhr – je nach Besucherandrang; im Winter eingeschränkt (nach Wetterlage). ☎ 038301-60959 oder 0172-3003824 (mobil).

Museen und Ausstellungen

▶ **Historisches Uhrenmuseum**: ein Kleinod unter den Museen der Insel. Der passionierte (Hobby-)Restaurator Franz Sklorz hat sein Leben lang Uhren gesammelt, dabei über 1000 Exponate zusammengetragen und in teils liebevoller Kleinstarbeit wiederher- und ausgestellt. Den Schwerpunkt des Museums bilden Zeitmessgeräte im Stil des Klassizismus, daneben sind zahllose Taschenuhren zu bewundern, eine Wiener Tischuhr, eine barocke Weltzeituhr und eine gänzlich aus Birnholz hergestellte barocke Uhr. Das älteste Stück ist eine gotische Uhr und stammt aus dem 15. Jh. Unter den Exponaten befinden sich auch einige extravagante Konstruktionen, so zum Beispiel eine Sonnenuhr, bei der die

Schlossparkidyll

Mittagszeit dadurch angezeigt wird, dass durch ein Brennglas zur rechten Zeit eine Lunte und damit die Mittagskanone gezündet wird. Auch seltene Herrenhausuhren sind zu besichtigen, bei denen das Zifferblatt in ein Gemälde eingearbeitet ist.

Neben den Uhren gibt es aber noch andere Raritäten zu bewundern: kostbare mechanische Musikgeräte, wie ein seltenes Harfenwalzenpiano, einen Singvogelautomat, eine Jukebox von 1880, eine Edison mit Rubinnadel, ein Schellackaufnahmegerät und vieles mehr.

Inmitten dieser Kostbarkeiten und Kuriositäten rund um die Uhr und andere Automaten sollte man sich etwas Zeit nehmen: Franz Sklorz führt, so er anwesend ist, persönlich durch sein Museum und die Werkstatt (Dauer etwa 45 Min., man kann sich anmelden oder einfach dazukommen und einsteigen). Er weiß zu jedem Stück eine Geschichte, erklärt Funktionsweisen und Mechanik, berichtet von Schwierigkeiten bei der Instandsetzung und führt ausgesuchte Uhren und Automaten vor. Unbedingt sehenswert!

Mai bis Okt. tägl. 10–18 Uhr, Nov. bis April 11–16 Uhr. Eintritt 3 €, Kinder 1,50 €, Alleestr. 13, 18581 Putbus, ☎/✆ 038301-60988, www.uhrenmuseum-putbus.de.

▶ **Rügener Puppen- und Spielzeugmuseum**: Im Affenhaus des Schlossparks findet sich alles, was das Kinderherz begehrt: Puppenstuben, Krämerläden und eine Horde Porzellankopfpuppen in allen erdenklichen Größen und teils von immensem Alter. Und für die Jungs: eine Vitrine mit alten Eisenbahnen, darunter sehr frühe Stücke aus der Märklinproduktion, sowie eine kleine Armee von Zinnsoldaten. Kurios-makabres Detail aus revolutionären Zeiten: eine Spielzeug-Guillotine zum Decollieren adliger Puppen.

In dem um 1830 errichteten Gebäude hatte die Fürstin mit einem Faible für Exotisches in der Tat mehrere Affen untergebracht. Heute befindet sich hier neben dem Museum auch ein kleines Café mit schöner Terrasse (s. o.).

Im Sommer tägl. 10–20 Uhr, im Winter eingeschränkt (nach Wetterlage). Eintritt 3,50 €, Kind ab 3 J. 1,50 €. Affenhaus, Kastanienallee, 18581 Putbus, ✆ 038301-60959.

▸ **Theater**: Die erste Putbuser Bühne wurde in einem Stall errichtet – es handelte sich dabei zwar um einen fürstlichen Pferdestall, aber letztlich war es kaum die passende Umgebung, um adligen Gästen den Sommerabend zu zerstreuen. Doch bereits zwei Jahre, nachdem man August von Kotzebues *Freimaurer* in einem Reitstall aufgeführt hatte, wurde das neue Theater am Marktplatz eröffnet: ein schmucker klassizistischer Bau mit viersäuliger, zum Schloss hin ausgerichteter Vorhalle – erbaut 1819–1821, erstmals bespielt 1820, erstmals renoviert 1826 (unter Aufsicht des Berliner Architekten und Schinkel-Schülers Steinmeyer, der auch an der Erbauung des Jagdschlosses Granitz maßgeblich beteiligt war). Nachdem das Putbuser Theater seit den 1960er Jahren bis zur Baufälligkeit brachgelegen hatte, konnte es nach mehrjähriger Rekonstruktion 1998 nicht zuletzt dank eines engagierten Fördervereins wiedereröffnet werden. Seither erfreut sich das Schauspielhaus regen Zuspruchs. Es werden Führungen auch durch das Theater angeboten.

Hinter der Orangerie

Aufführungen: Gespielt wird alles, was auf die Bühne passt: klassische Konzerte und Pop, Lustspiele und Kabarett und natürlich Theater von klassisch bis komisch. **Preisbeispiele**: die „hinteren Ränge" 8–20 €, Parkett 10–30 €, Fürsten-Loge und erste Reihe 25–35 €. Die Vorverkaufskasse ist Di–Fr 10–18 Uhr geöffnet, Tageskasse eine Stunde vor jeder Vorstellung. **Führungen** an spiel- und probefreien Tagen, oft Mo–Do 11.15 Uhr und 14 Uhr (Dauer 45 Min.), besser aber im Internet oder telefonisch erkundigen. **Theater Putbus**, Markt 13, 18581 Putbus, ✆ 038301-8080 (Karten unter 038301-8086), 🖷 038301-808339, www.theater-putbus.de. Das Theater bietet auch einen inselweiten Hol- und Bringservice zu den Aufführungen an (hin und zurück 10–15 €/Pers.), Infos und Reservierungen an der Theaterkasse.

▸ **Schlosspark**: Bereits im 18. Jh. ließ der Putbuser Fürst *Moritz Ulrich I.* im Zuge von Umbauarbeiten am Schloss einen Park anlegen, der die Residenz umgab. Mit dem gestaltungsfreudigen *Wilhelm Malte von Putbus* wurde das Schloss erneut dem zeitgenössischen Baustil angepasst und in klassizistischer Manier umgearbeitet. Auch der dazugehörige Park wurde nach englischem Vorbild gestaltet und erweitert. Der vielgereiste Fürst mit einem Faible für Botanik und Architektur hatte mit seinem Schlosspark kaum weniger Ambitioniertes im Sinn als mit seiner Residenzstadt. Auf dem 75 Hektar großen Areal rund um das Schloss und den Schwanenteich wuchsen ab 1803 nicht nur exotische Hölzer und Stauden zwischen heimischen Buchen, Ulmen, Lärchen sowie Kastanien, dem Lieblingsbaum des Fürsten. Es entstanden auch zahlreiche Gebäude und Denkmäler beidseitig der Kastanienallee, die vom Circus aus den Park durchquert: ein Kursalon (1892 zur *Christuskirche* umgewidmet), ein Affen- und ein Fasanenhaus, ein Gartenhaus zur Unterbringung respektabler Persönlichkeiten (darunter Otto von Bismarck), ein Reitstall und nicht zuletzt die Orangerie. Alle Gebäude sind bereits oder werden derzeit renoviert. Nur das Schloss wurde 1960 – angeblich wegen Baufälligkeit – gesprengt. Heute sind nur noch die Fundamente der Terrasse oberhalb des Schwanenteichs zu sehen. Ein Spaziergang durch den Park, vor oder nach dem Nachmittagskaffee in einem der vielen Cafés im bzw. in der Nähe des Schlossparks, rundet jeden Besuch in der weißen Stadt ab.

▶ **Orangerie**: Das schöne Gebäude befindet sich am Nordrand des Schlossparks. Zwischen zwei Torhäusern hindurch gelangt man zu dem 1853 erbauten noblen Gewächshaus. Hier befindet sich nicht nur die Stadt-Information, in der Orangerie sind auch wechselnde *Ausstellungen* sowie eine kleine ständige Ausstellung über die Inneneinrichtung des ehemaligen Schlosses untergebracht. Von der Rückseite der Orangerie hat man einen schönen Blick auf den Park. Hier befindet sich auch der *Sterbende Gallier*, eine Kopie der berühmten Statue auf dem Kapitol in Rom.
Mai bis Okt. tägl. 10–17 Uhr, Nov. bis April Di–Sa 10–17 Uhr. Eintritt 2,50 €, Kinder ab 14 J. 1 €, Familien 6 €.

Südlich von Putbus

Am westlichen Eck des Putbuser Schlossparks zweigt der Wreechener Weg von der Lauterbacher Chaussee ab, die Namen der Alleen erübrigen jeden Wegweiser. Hinter dem kleinen Weiler *Wreechen* führt eine schmale Brücke über die kleine Wasserstraße, die den unter Naturschutz stehenden Wreecher See mit dem Rügischen Bodden verbindet. Auf der anderen Seite gabelt sich der Weg beim Hotel *Nautilus*, beidseitig verteilen sich die wenigen reetgedeckten Häuser von *Neukamp*, rechter Hand weiter geht es nach *Altkamp*, einer kleinen Anhäufung von Gehöften.

● *Übernachten/Essen (→ Karte S. 116/117)*

**** Ringhotel Wreecher Hof (11), knapp 2 km südlich von Putbus zwischen Schlosspark und Bodden gelegen, nobler Komplex aus sieben reetgedeckten Häusern, umgeben von einer parkähnlichen Gartenanlage, Wellness- und Beauty-Angebot (Dampfbad, Massagen, Kreidepackungen), Solarium, Hallenbad, Fitness. Elegantes, gehobenes *Restaurant* (ganzjährig abends geöffnet, Sonn- und Feiertage auch mittags), freundlicher Service. EZ 89 €, DZ ab 119 €, Juniorsuite mit Terrasse 209 €, Suiten 229–269 €, jeweils einschl. Frühstücksbuffet. Kastanienallee, 18581 Putbus/OT Wreechen, ☎ 038301-850, ✆ 038301-85100, www.wreecher-hof.de.

Nautilus (12), ein Erlebnis-Hotel und -Restaurant auf den Spuren von Jules Verne, eingetaucht in die aufwändig gestaltete Atmosphäre eines klassisch futuristischen U-Boots à la Verne, hier kann man sich schon einmal fühlen, als würde man „20.000 Meilen unter dem Meer" dinieren. Die Karte wird natürlich von Fischgerichten dominiert, Hauptgericht um 14 €. Auch stilgerechte Zimmer, EZ 59 €, DZ 97 €, Kapitänssuite 120 €, einschl. Frühstück, HP ab 15,50 €, Hund 8 €. Dorfstr. 17, 18581 Neukamp, ☎ 038301-830, ✆ 038301-60860, www.ruegen-nautilus.de.

Heu-Ferienhof Altkamp, Übernachtungsmöglichkeiten im Heu (Schlafsack mitbringen oder ausleihen), Erw. 13,80 €, Kinder bis 12 J. 10,20 €, Frühstück 8 €, Kinder 5,50 €, auch Ferienwohnungen (ab 68 €/2 Pers.). Außerdem Reitunterricht, Reitausflüge und Fahrradverleih. Dorfstr. 1, 18581 Altenkamp, ☎ 038301-889912, ✆ 038301-889913, www.heuferienhof-ruegen.de.

Lauterbach

Über die Lauterbacher Chaussee gelangt man zum Putbuser Hafen (vom Circus bis zum Wasser knapp 2 km). Der Fürst zu Putbus ließ ihn anlegen, nachdem das Geschäft mit den Badegästen abflaute. Eine neue Einnahmequelle für die geradezu aus dem Boden gestampfte Stadt musste her; das Rezept: ein Konjunktur belebender Hafen. Benannt wurde der vor allem von Küstenfischern genutzte Hafen nach der Gattin Wilhelm Maltes I., einer geborenen von Lauterbach. Heute ist Lauterbach dank seiner modernen Marina in erster Linie als Seglertreff bekannt. Hier starten auch die Ausflugsschiffe zur und um die *Insel Vilm*.

Am Hafen linker Hand geht es um die kleine Bucht herum zum Badehaus Goor, das der Fürst für seine Gäste anlegen ließ. Auf dem Weg dorthin kommt man an der Lauterbacher Marina vorbei, in der nicht nur Yachten vor Anker liegen, sondern auch „Ferienhäuser": ein festes Dach über dem Kopf, aber keinen festen Boden unter den Füßen – das bietet nur die ebenso originelle wie hübsche Hausbootsiedlung. Eine ganz andere Art Gebäude stellt das *Badehaus Goor* dar (vom Hafen ein knapper Kilometer): Wie ein antiker Tempel ist der klassizistische Bau mit einer Vorhalle aus dorischen Säulen geschmückt. Ursprünglich mit dem Namen *Friedrich-Wilhelmsbad* gesegnet, entspannten sich hier Anfang des 19. Jh. die noblen Gäste in Wannen aus italienischem Marmor. Heute beherbergt das Badehaus ein nicht minder nobles Hotel.

Vom Hafen aus Richtung Osten geht das knapp 500 Einwohner zählende Lauterbach fast nahtlos in die beschauliche Fischersiedlung *Neuendorf* über. Am Ortsende beginnt eine unter Naturschutz stehende Kopfweidenallee, an deren Seite sich der schmale Neuendorfer Strand erstreckt.

• *Hafen* Neben dem alten Hafen (☎ 038301-461) befindet sich in Lauterbach ein topmoderner Sportboothafen, die Marina verfügt über 300 Liegeplätze bei 2–4 m Wassertiefe, Slipanlage, Tankstelle, Kran, Werkstatt, Ausrüstung. ☎ 038301-8090, www.im-jaich.de.

• *Übernachten/Essen (→ Karte 116/117)*
Badehaus Goor (6), der klassizistische Badetempel beherbergt ein Nobelhotel, das der Tradition des Hauses gerecht zu werden weiß. Neben einem unaufdringlich eleganten *Restaurant* steht den Gästen ein großer Wellnessbereich (samt Sauna und Schwimmbad) mit zahlreichen Anwendungen zur Verfügung, außerdem eine Bar. Die Inneneinrichtung des Hotels bewegt sich zwischen wilhelminisch und kolonial. Direkt hinter dem Hotel lädt das Waldgebiet Goor zu ausgedehnten Spaziergängen ein. EZ 95–115 €, DZ 138–164 €, Suite 184 €, Frühstück inkl., Halbpension 23,50 €/Pers. Haustiere auf Anfrage 10 €/Tag, Parkplätze vor dem Haus, Tiefgarage 5 €. Fürst-Malte-Allee 1, 18581 Lauterbach, ☎ 038301-88260, ☎ 038301-8826300, www.hotel-badehaus-goor.de.

im jaich – wasserferienwelt (7), ungewöhnlich unterkommen kann man in den schwimmenden Appartements (wann hat man schon einmal eine Terrasse über dem Wasser?), die teils zweistöckigen Hausboote sind stilvoll eingerichtet. Zudem Sauna, Wellness- und Fitnessbereich, Bootsverleih, kleiner Kiosk und das einladende *Restaurant* Kormoran mit schöner Terrasse (tägl. ab 12 Uhr geöffnet). Ganzjährig geöffnet. Kleines Ferienhaus für 2–4 Pers. 135 €, großes Ferienhaus (bis 6 Pers.) 159 €, in der Hauptsaison nur wochenweise, Hund 7 €/Tag. Auch Appartements an Land (105–129 €) und preiswerte Übernachtungen für Segelschüler, zur Wassersportschule s. u. im jaich, Am Yachthafen 1, 18581 Lauterbach, ☎ 038301-8090, ☎ 038301-80910, www.im-jaich.de.

Hotel Lauterbach am See (10), ein Stück oberhalb des Hafens von Lauterbach Richtung Neuendorf gelegen. 17 Zimmer z. T. mit Balkon zum Wasser, mit Restaurant (The Four Seasons) und nettem Hund. Im Garten Strandkörbe und direkter Zugang zum Wasser. EZ 67 €, DZ 76 €, Frühstück inkl. Dorfstr. 14, 18581 Lauterbach, ☎ 038301-889970, ☎ 038301-898156, www.hotel-lauterbach.com.

Am Bodden (5), nettes Hotel an der Einfallstraße zum Hafen auf der linken Seite, mit bodenständigem, beliebtem *Restaurant* mit Terrasse (Mo Ruhetag, Hauptgerichte um 12 €). Freundlicher Service, nett hergerichtet. Im November geschl. Günstige Zimmer, DZ mit Frühstück 72 €. Chausseestr. 10, 18581 Lauterbach, ☎ 038301-8000, ✆ 038301-80020, www.hotel-lauterbach-ruegen.de.

Pension Goor (8), auch die Segelschule Goor bietet Unterkunft an, und zwar in dem roten Haus am Hafen, 20 Zimmer mit Balkon (meist mit Seeblick), im Haus auch Gaststätte und Fahrradverleih. Darüber hinaus gibt es zwölf Appartements (barrierefrei). DZ zwischen 76 € (ohne Seeblick) und 100 € (mit Seeblick), EZ 46–66 €, jeweils einschl. Frühstück. Appartement für 2–6 Pers. 99–199 €. Chausseestr. 7 c, 18581 Lauterbach, ☎ 038301-882780, ✆ 038301-882788, www.hotel-goor.de.

Mela's B & B (9), einfaches, freundliches, familiär kleines B & B mit nur zwei Zimmern, nahe am Hafen. EZ 35 €, DZ 50 €, Frühstück inkl. Dorfstr. 6, 18581 Lauterbach, ☎ 038301-88181, www.bed-and-breakfast-ruegen.de. *Räucherfisch* und *Imbiss* am Hafen.

● *Wohnmobilstellplatz* am Yachthafen, gehört zu „im jaich", 20 Stellplätze zu je 15 €/Nacht, Duschen, Wasser und Strom inkl. Keine Reservierung möglich, daher möglichst früh kommen.

● *Bootsverleih* im jaich, führerscheinfreie 5-PS-Boote, 39 €/halber Tag, 65 €/Tag, Benzin extra. Adresse s. o.

● *Fahrradverleih* **Zweiradhandel Deutschmann**, weitere Außenstelle des Binzer Fahrradladens, 3-Gang-Rad 5,50 €, 7-Gang-Rad und MTB je 7 €, Kinderrad 4 €, jeweils pro Tag, bei mehrtägigem Verleih günstiger, auch Helme und Anhänger, nur April bis Sept. geöffnet, Mo–Sa 9–11.30 Uhr und 18.30–19 Uhr. Chausseestr. 11, ☎/✆ 038301-429, oder 0171/5232420 (mobile „Notfall"-Nummer).

● *Wassersport* im jaich, großes Angebot, vor allem natürlich Segelschule (alle Scheine, Kursgebühr je nach Schein um 230 €), auch Seekajak (über die Seekajakveranstalter aus Gager, www.seekajakreisen.de), Kindersegeln, Yachtcharter, Regatten und Segeltörns. Im jaich, am Yachthafen, 18581 Lauterbach, ☎ 038301-8090, ✆ 038301-80910, www.im-jaich.de.

Goor, Segelschule und Yachtcharter, Segelgrundkurs 280 €/6 Tage, alle Scheine, für die Kleinen auch auf dem Optimisten, außerdem Segeltörns und Skippertraining. Chausseestr. 7 c, 18581 Lauterbach, ☎ 038301-882780, ✆ 038301-882788, www.goor.de.

● *Yachtcharter* Über eine große Flotte verfügt die *Yachtcharter Goor*, auch *im jaich* verleiht (kleinere) oder vermittelt (größere) Yachten, Adressen → oben.

Hier begann der Tourismus auf Rügen: Goor, des Fürsten erstes Badehaus

▶ **Baden**: Auch wenn es dem Fürsten zu Putbus nicht gelungen ist, die Küste um Lauterbach in einen prominenten Badespot zu verwandeln, so gibt es doch ein paar schmale Strände entlang des Ufers, an denen sich ein gemütlicher Badetag am Rügischen Bodden verbringen lässt. Sie befinden sich um Neuendorf, in der Nähe von Neukamp und südlich von Altkamp (relativ sauber, aber keinerlei Service).

> **Wandertipp**: Die *Goor*, so heißt das 80 ha große Waldgebiet östlich des Badehauses Goor, gehört seit 1990 zum Naturschutzgebiet des Biosphärenreservats Südost-Rügen. Seit 2003 werden nun weite Teile des Gebietes als Naturwald völlig ohne Eingriff durch den Menschen belassen. In Augenschein nehmen kann man die neue Rügener Wildnis dennoch: Ein gut 4 km langer, markierter Waldpfad führt als Rundweg durch die Goor, der „Pfad der Muße und Erkenntnis".

Insel Vilm

Es ist noch nicht allzu lange her, da gehörte die Insel Vilm (gesprochen wie Film) noch zu Rügen: Vor gerade mal 3000 Jahren erfolgte die Abtrennung der Insel, vermutlich wegen der starken Schwankungen des Wasserspiegels, der bis dahin rund 5 m niedriger stand und so noch eine Landanbindung im hier ohnehin flachen Rügischen Bodden ermöglichte. Im Jahr 1249 wurde Vilm erstmals urkundlich erwähnt.

Heute liegt die unter strengem Naturschutz stehende Insel ruhig und verlassen in Sichtweite vom Hafen von Lauterbach. Bereits 1936 wurde Vilm unter Naturschutz gestellt; 1959 verbrachte DDR-Ministerpräsident *Otto Grotewohl* (1894–1964) hier entspannende Urlaubstage, die Insel wurde daraufhin zum Nobel-Urlaubsziel des Ministerrates – gut für die Natur, da die Insel damals kein Normalsterblicher mehr betreten durfte. Im Jahr 1990 richtete der Bund für Naturschutz auf Vilm eine Außenstelle ein; heute dürfen täglich maximal 30 Gäste (mit Voranmeldung!) zu einem geführten Rundgang auf die Insel. Lediglich in der Nähe des Landestegs ist eine Hand voll Häuser zu sehen: In den ehemaligen Gästehäusern der DDR-Führungsriege sind jetzt die Unterkünfte für Seminarteilnehmer der Naturschutz-Akademie untergebracht. Beim Landgang sehenswert sind vor allem der alte Baumbestand sowie die Bodenvegetation auf Vilm. Seit mehreren hundert Jahren wurde nicht mehr eingegriffen, so dass sich eine echte „Wildnis" ausgebreitet hat.

Wer die Insel Vilm dagegen mit dem Schiff umrundet, wird in erster Linie eine Vielzahl von Seevögeln beobachten können: Kormorane sitzen auf den Reusen und trocknen ihr Gefieder, unzählige Seevögel sind an der Landzunge „Großer Haken" im Norden der Insel zu sehen, und wer Glück hat, wird Zeuge, wie das Seeadlerpärchen an der Westspitze von Vilm seine Kreise zieht.

Die Rundfahrt mit dem Motorschiff führt von Lauterbach im Uhrzeigersinn um die Insel herum, am „Großen Haken" vorbei und an der südlichen Steilküste an der „Scheibe" mit immerhin 21 m Höhe. Bei einigermaßen gutem Wetter bietet sich vom Schiff aus ein schöner Blick auf den Turm des Jagdschlosses Granitz, das Reddevitzer Höft und das Mönchgut samt Zickerschen Bergen.

● *Ausflüge zur Insel* Die **Fahrgastreederei Lenz** organisiert ab Lauterbach die Fahrt mit **MS Julchen** nach Vilm sowie die Führung über die Insel (April bis Okt.). In der Hochsaison sollte man sich mindestens 1–2 Wochen vorher anmelden, Fahrten nur 1-mal tägl., Dauer ca. 3 Std., Erw. 16 €, Kinder 9 € (4–12 J.), Anmeldung obligatorisch unter ☏ 038301-61896, ✆ 038301-61874. Fahrgastreederei Lenz e. K., Dorfstr. 9, 18581 Putbus/OT Freetz (oder in *Jenny's Hafencafé* in Lauterbach), www.vilmexkursion.de, fgr.lenz@t-online.de.

Auf dem Weg zur Insel Vilm

Rund um die Insel Vilm schippert die **Weiße Flotte**, Anfang Mai bis ca. 10. Okt. bis zu 4-mal tägl. ab Hafen Lauterbach mit Abstecher nach Baabe (hier Zwischenstopp möglich), Dauer ca. 2,5 Std., Erw. 14 €, Kinder 8 €, (4–14 J.), Familie 38 €, der Hund darf für 8 € auf Deck mitfahren und wer will, kann auch sein Fahrrad mitnehmen (7,50 €) und z. B. ab Baabe zurückradeln. Infos ✆ 03831-26810, www.weiße-flotte.de.

Die Alleenstraße entlang in die Granitz

Von Putbus aus führen zwei Straßen auf die B 196 (Bergen–Göhren). Die erste Variante führt direkt nach Norden und mündet bei *Zirkow* auf die Bundesstraße. In dem hübschen, stillen Dorf findet sich neben einer kleinen, hübschen Kirche der *Museumshof*. In einem 300 Jahre alten Hallenhaus mit interessanter Dachkonstruktion sind zahlreiche land- und hauswirtschaftliche Gebrauchsgegenstände ausgestellt – von der Zuckerrübenpresse über den Torfspaten bis zur Wäschemangel. In den beiden Nebengebäuden findet sich das schwere Gerät, wie Dreschkasten und diverse Pflüge. Die freundliche Dame im Museum erläutert gern die Exponate und die Geschichte des Hauses.

Museumshof Zirkow, agrar- und alltagshistorisches Museum, zuletzt Mo–Fr 10–16 Uhr, Erw. 2 €, erm. 1,50 €. Binzer Straße 43 a, 18528 Zirkow, ✆ 038393-32824.

Die zweite Streckenvariante Richtung Granitz verläuft am Bahnhof von Putbus vorbei und biegt dann Richtung Osten auf die letzten Kilometer der Deutschen Alleenstraße ab. Zwischen Serams und Lancken-Granitz trifft sie auf die B 196. Diese Kilometer gehören zu den schönsten Abschnitten der Alleenstraße. Dabei durchquert man zunächst *Lonvitz* (hier ein Großsteingrab), dann *Vilmnitz*, ein malerisches Dorf, in dessen Kirche sich die Herren zu Putbus zu Grabe tragen ließen. Immer wieder stehen Großsteingräber nahe der Straße, die schließlich zu einer herrlichen Kopfsteinpflaster-Allee wird. Freunde alter Heimatschinken werden Vilmnitz sicherlich kennen: Hier wurde 1967 der Roman *Die Heiden von Kummerow* von Ehm Welk in einer ost- und west-deutschen Gemeinschaftsproduktion verfilmt.

● *Übernachten/Essen (→ Karte S. 116/117)*
**** Landhotel Ulmenhof (1), (in Vilmnitz), neues Hotel mit modernem Ambiente, ruhig gelegen, 32 komfortable Zimmer, im Haus das Restaurant *Vilmnitzer Stuben* (im Sommer auch auf der Terrasse), u. a. Fisch- und Wildgerichte, tägl. mittags und abends geöffnet, nachmittags Cafébetrieb. DZ 120–130 €, EZ 80–95 €, Suite ab 135 € (in der Nebensaison deutlich günstiger), jeweils einschließlich Frühstücksbuffet. Chausseestr. 5, 18581 Putbus/OT Vilmnitz, ✆ 038301-88280, 🖷 038301-8828888, www.landhotel-ulmenhof.de.

● *Reiten* **Hof Viervitz**, in Zirkow, bietet geführte Ausritte und Tagesritte, Schnupperkurse und Westernunterricht, Ponyreiten für Kinder, Pensionsboxen. Hof Viervitz, Dorfstr. 3 a, 18528 Zirkow, ✆ 03838-309402, www.hof-viervitz.de.

Strandabschnitt im Norden der Granitz

Die Granitz

Das Gebiet im Osten Rügens ist von ausgedehnten Wäldern geprägt. An den Küsten trifft man dagegen auf ein einzigartiges Badeparadies: Kilometerlange Sandstrände erstrecken sich von Binz entlang der Prorer Wiek und von Sellin nach Süden bis ins Mönchgut.

Binz, am Nordostrand der Granitz, ist seit über 100 Jahren das wichtigste Ostseebad Rügens. Entlang der Binzer Strandpromenade sind prächtige Beispiele verspielter Bäderarchitektur zu bewundern. Aber auch *Sellin*, etwas weiter südlich, steht dem großen Vorbild kaum nach: Die mondäne Wilhelmstraße verlängert sich jenseits des Hochufers in eines der spektakulärsten Bauwerke Rügens: die nach historischem Vorbild wiedererrichtete Seebrücke mit ihren prachtvollen Aufbauten.

Im Norden von Binz, an der Prorer Wiek, befindet sich einer der schönsten Strände der Insel. Über etwa 10 km Länge erstreckt er sich von Binz bis zur Halbinsel Jasmund. Dahinter liegt die wohl problematischste Immobilie Rügens: der Koloss von *Prora*. Die gigantischen Betonbauten, von den Nationalsozialisten als riesiges Erholungsgebiet geplant, werden heute nur mehr zu einem winzigen Teil durch Museen genutzt, die Zukunft der Anlage wird – vor allem nach der Veräußerung an einen Privatinvestor vor einigen Jahren – immer wieder diskutiert. Zahlreiche Konzepte scheiterten bisher an fehlenden Finanzmitteln.

Die *Granitz* selbst ist ein herrliches, hügeliges Laubwaldgebiet, durchzogen von zahlreichen Waldpfaden und Wanderwegen. Der Baumbestand des lichten Waldes besteht vor allem aus Buchen, zwischen die sich auch Eichen, Erlen, Linden und wilde Obstbäume mischen. Im Osten bricht die bewaldete Hügelkette am Hochufer ab, unter dem sich ein malerischer, wildromantischer Steinstrand entlang zieht.

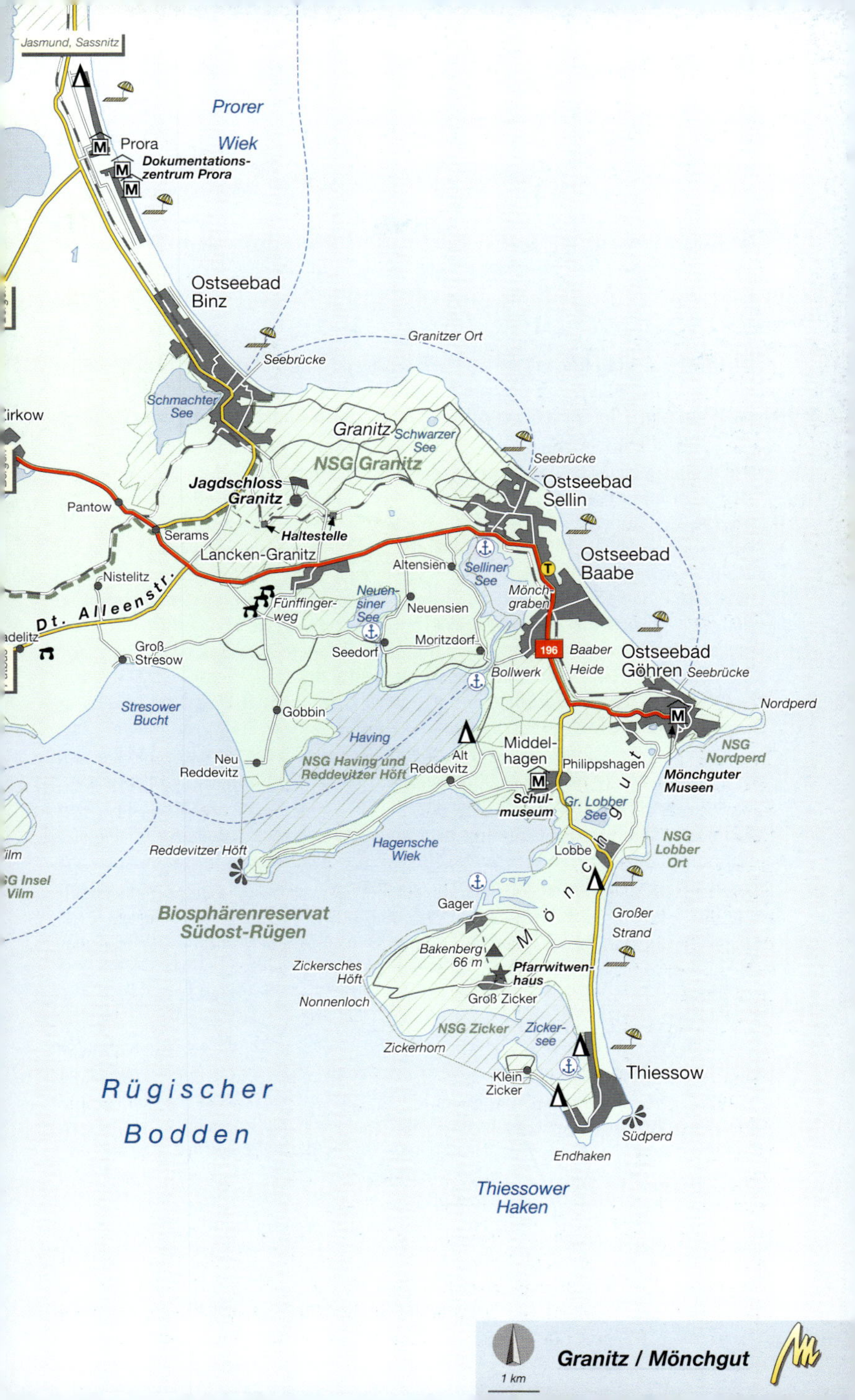

Jasmund, Sassnitz

Ⓜ Prora
**Dokumentations-
zentrum Prora**

*Prorer
Wiek*

Irkow

**Ostseebad
Binz**

— *Granitzer Ort*

Seebrücke

*Schmachter
See*

Granitz *Schwarzer
See*

NSG Granitz

Seebrücke

Pantow

**Jagdschloss
Granitz**

**Ostseebad
Sellin**

Serams

Haltestelle

Lancken-Granitz

Altensien

*Selliner
See*

**Ostseebad
Baabe**

Nistelitz

*Neuen-
siner
See*

*Mönch-
graben*

Dt. Alleenstr.

adelitz

**Fünffinger-
weg**

Neuensien

196

*Baaber
Heide*

**Ostseebad
Göhren** *Seebrücke*

Groß
Stresow

Seedorf

Moritzdorf

Bollwerk

Ⓜ

Nordperd

Gobbin

*Stresower
Bucht*

Having

Alt
Reddevitz

**Middel-
hagen**

Philippshagen

**NSG
Nordperd**

**Mönchguter
Museen**

Neu
Reddevitz

**NSG Having und
Reddevitzer Höft**

Ⓜ **Schul-
museum**

*Gr. Lobber
See*

ilm

Reddevitzer Höft

*Hagensche
Wiek*

Lobbe

**NSG
Lobber
Ort**

SG Insel
Vilm

*Biosphärenreservat
Südost-Rügen*

Gager

*Großer
Strand*

R ü g i s c h e r

B o d d e n

*Zickersches
Höft*

*Bakenberg
66 m*

**Pfarrwitwen-
haus**

Nonnenloch

Groß Zicker

Mön

NSG Zicker

*Zicker-
see*

Zickerhorn

Klein
Zicker

Thiessow

Südperd

Endhaken

*Thiessower
Haken*

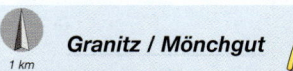

Granitz / Mönchgut

1 km

Landseits geht der Wald in die Felder um Serams und Lancken-Granitz über. Auf der höchsten Erhebung, dem 107 m hohen Tempelberg, steht die größte Attraktion abseits der Ostseebäder: das *Jagdschloss Granitz*, dessen Zentralturm hoch über die Baumwipfel ragt und von dem aus man einen grandiosen Panoramablick über die Insel genießen kann. Eine nostalgische Möglichkeit, die Granitz zu erkunden, bietet die Dampfeisenbahn „der Rasende Roland", deren Gleise sich durch den südöstlichen Ausläufer der Granitz ziehen und schließlich nahe am Waldrand nach Sellin führen.

Ostseebad Binz   ca. 5500 Einwohner

Das größte und bekannteste Ostseebad Rügens spart nicht an prachtvollem Dekor und aufwändigen Bauten der Bäderarchitektur – wahrlich ein Seebad von Welt. Man badet im Meer oder im mondänen Glanz vergangener Zeiten.

„Sorrent des Nordens" oder auch „Nizza des Ostens" – Beinamen für Binz gibt es viele. Dabei wäre es gar nicht nötig, den Ort mit fremden Federn zu schmücken. Über 3 km erstreckt sich die Promenade von Binz am Strand entlang, auf der es sich prächtig flanieren lässt – auf der einen Seite das rauschende Meer und quirliger Strandbetrieb, auf der anderen Seite glanzvolle Bäderarchitektur mit einer unauslotbaren Vielfalt an ornamentaler Spielerei: Türmchen und Erker, Veranden, Loggien und Balkone mit ziselierten Schmuckblenden und verspielten gusseisernen Geländern sowie von Ziergiebeln gekrönte Fassaden. Das Flaggschiff unter den Prachtbauten ist wohl das 1908 errichtete dreiflügelige *Kurhaus* mit seinem zum Meer hin geöffneten Portal, über dem in der Mitte des Haupthauses ein Dachtürmchen thront. Leicht versetzt beginnt hier als Verlängerung der Hauptstraße auch die Seebrücke und reicht über 370 m weit in die Ostsee hinein. Sie wurde 1994 eröffnet, nachdem Binz über fünfzig Jahre ohne Seebrücke auskommen musste – den Pfahlbau von 1902, die erste Seebrücke Rügens, hatte bereits drei Jahre später ein Sturm zerstört, die wiedererrichtete Brücke wurde 1942 von treibendem Eis zermalmt.

Aber Binz ist nicht nur restaurierte Bäderherrlichkeit, das Ostseebad gibt sich vielseitig und modern: Hier wird nicht nur flaniert, gekurt oder im Strandkorb entspannt, sondern auch Beachvolleyball gespielt und gejoggt, gekitet und gesurft. Zahlreiche Restaurants bieten für jeden Geschmack etwas: bodenständige Hausmannskost, gehobene Mehr-Gang-Menüs, Kleinigkeiten für Zwischendurch und natürlich Fischgerichte jeglicher Art (und sogar Sushi). Ähnlich abwechslungsreich gestaltet sich das Binzer Nachtleben in schicken Hotelbars, urigen Gaststätten, hippen Kneipen oder der Disco.

Binz liegt eingefasst zwischen den Ausläufern der Granitz, dem Schmachter See und dem geschwungenen *Sandstrand* an der Prorer Wiek. Der *Schmachter See*, der sich im Rücken von Binz erstreckt, ist ein Beispiel für einen zugewachsenen Bodden. Die Nehrung, auf der heute das Ostseebad steht, schloss sich vor tausenden von Jahren und schnitt die Bucht vom Meer ab. Richtig nahe kommt man dem See nur an der Schmachter Promenade in Binz, denn seine Ufer sind von breiten Schilfgürteln gesäumt. Der südliche Ortsrand des Ostseebades befindet sich direkt am Rand eines herrlichen Buchenwaldes, der die gesamte sanft hügelige *Granitz* bedeckt. Zahlreiche Wanderwege, beginnend in Binz, führen durch das ehemalige Jagdrevier der Herren zu Putbus. Besonders schön: der teils als Hochuferweg verlaufende Waldweg nach Sellin und natürlich die Attraktion der Granitz: das Jagdschloss (detaillierte Wanderbeschreibung → S. 139).

Ortsgeschichte

Die Karriere, die das winzige Fischerdorf (erstmals 1318 als *Byntze*, Siedlung in den *Binsen* erwähnt) zum größten Seebad Rügens werden ließ, begann verhältnismäßig früh. Fürst Wilhelm Malte I. zu Putbus hatte 1830 die (für diese Zeit nicht gerade gängige) Idee, seine Gäste zum Baden an den Ostseestrand zu führen und ließ die notwendigen Badeutensilien – vor allem blickdichte Badekarren – an den Rand der Granitz in die Nähe des kleinen Ortes bringen. Natürlich logierte die adelige Ausflugsgesellschaft nicht in einer der kleinen Katen am Schmachter See, sondern in Putbus. Erst ab 1860 übernachteten die ersten Badegäste im Dorfkrug. Von Jahr zu Jahr aber strömten immer mehr Besucher nach Binz, so dass es sich schließlich 1876 gelohnt haben muss, ein erstes Hotel zu errichten, ein Unterfangen, das ein ehemaliger Kapitän zur See namens Potenberg wagte (*Potenbergs Dorfhotel* gibt es heute allerdings nicht mehr). Im gleichen Jahr entstand eine nahe am Wald entlang führende Verbindungsstraße zwischen Dorf und Strand, heute die *Putbuser Straße*. Hier wurde 1880 auch das erste *Strandhotel* errichtet (heute steht das *Grand Hotel* an dieser Stelle). Nachdem das aufstrebende Ostseebad 1884 auch offiziell zum Badeort gekürt worden war, nahmen die Baumaßnahmen – unterstützt von der 1888 gegründeten „Aktiengesellschaft Ostseebad Binz" – rapide zu: Zahlreiche Hotels und Pensionen schossen aus dem Boden, das Kurhaus wurde errichtet (1893), die Kleinbahnstrecke von Putbus nach Binz eröffnet, die Strandpromenade eingeweiht (beides 1895). Spätestens nachdem vom Binzer Strand eine über einen halben Kilometer lange Seebrücke (die erste Rügens) in die Ostsee reichte (1902), um die Anreise der Gäste zu erleichtern (→ S. 130), hatte sich das kleine Fischerdorf am Schmachter See zu einem mondänen Urlaubsort entwickelt. Markanter Ausdruck der zur Pracht neigenden Wilhelminischen Epoche wurde das *Kurhaus*, das – 1905 abgebrannt – drei Jahre später als repräsentativer dreiflügeliger Bau in der Form erbaut wurde, wie es heute noch zu sehen ist.

Die Granitz
Karte S. 127

Strandkorbsiedlung in Binz

Havarie mit Folgen: die Gründung der DLRG

Die Rettungsschwimmer von Binz wachen über einen ganz besonderen Strandabschnitt, denn ihr Dachverband, die *Deutsche Lebens-Rettungs-Gesellschaft (DLRG)*, nahm, wenngleich in Leipzig gegründet, hier ihren Anfang. Am 28. Juli 1912 rammte während eines Anlegemanövers die *Kronprinz Wilhelm* die Binzer Seebrücke. Die Folgen der Havarie hätten schwerer kaum sein können, denn als einer der Querbalken brach, stürzte der gesamte Brückenkopf ins Meer und mit ihm zahlreiche Urlauber, die auf die Ankunft des Schiffes gewartet hatten. Über ein Dutzend Menschen ertranken, darunter auch der Brückenkapitän, während die Menschen vom intakten Teil der Brücke und der *Kronprinz Wilhelm* ohnmächtig zusehen mussten. Nicht schwimmen zu können war am Anfang des 20. Jh. nichts Ungewöhnliches, Maßnahmen zur Wiederbelebung weitgehend unbekannt. Unter dem Eindruck des Binzer Brückenunglücks, an das eine bronzene, auf einem Findling angebrachte Gedenkplakette erinnert, wurde ein Jahr später die DLRG gegründet. Heute wachen zahlreiche ehrenamtliche Rettungsschwimmer über die Ostseestrände Rügens.

Ironischerweise ging auch der Bau der Seebrücke auf einen Unfall zurück, der Menschenleben kostete. Bevor es nämlich die Landungsstege gab, mussten die Reisenden von den Schiffen in kleine Segler umsteigen, oft unter vom Seegang erschwerten Bedingungen, um an Land zu gelangen. 1900 kamen bei einem solchen Manöver im benachbarten Sellin mehrere Menschen ums Leben, woraufhin in Binz 1902 die Seebrücke errichtet wurde.

Die Zeit zwischen den Kriegen, die *Goldenen Zwanziger*, waren auch für Binz eine goldene Zeit – und ein legere zu, denn die strikte Geschlechtertrennung beim Badebetrieb wurde gelockert, schließlich sogar aufgehoben. Die Machtergreifung der Nationalsozialisten und der Ausbruch des Zweiten Weltkrieges beendeten das unbeschwerte Urlaubmachen. Zwischenzeitlich war der Norden des Badeortes in eine gigantische Baustelle verwandelt worden, *Prora*, das größenwahnsinnige KdF-Projekt war entstanden und unvollendet am weiten Strand der Wiek liegen geblieben (Näheres → S. 142 ff.). Mit dem Ende des Krieges quoll der Ort über von Flüchtlingen. Erst in den 1950er Jahren konnte Binz wieder an seine Badetradition anknüpfen, allerdings nun in „verstaatlichter Form". Im Zuge der *Aktion Rose* wurden die Besitzer der Hotels und Pensionen als vermeintliche Wirtschaftsverbrecher kriminalisiert und enteignet. Die in den folgenden Jahren errichteten Ferienheime entstanden unter der Schirmherrschaft des FDGB, der Einheitsgewerkschaft der DDR.

Mit der Wiedervereinigung wurde die touristische Infrastruktur des Ostseebades privatisiert. Nirgends sonst wurde auf der Insel derart mit dem „großen Geld" hantiert wie in Binz – meist zum Wohle der leuchtend weißen Fassaden, nicht immer zum Wohle alteingesessener Binzer. Es wurde gebaut und finanziert, renoviert und aufgekauft, wiedererrichtet (z. B. die 1942 von schwerem Eis zerdrückte Seebrücke) und verlängert (die Strandpromenade bis Prora). Heute ist der erste Goldrausch vorbei, die Claims sind abgesteckt, man investiert nunmehr in zweiter und dritter Reihe. Es ist ein eigenartiger, aber auch in gewisser Weise typischer Zwiespalt, in dem sich Binz befindet: Die Strandpromenade erstrahlt wie zu Wilhelminischer Zeit und der Ort lebt vorwiegend vom Tourismus, aber der Großteil der derzeitigen Villen- bzw. Appartementbesitzer stammt aus dem Westen.

Tradition und Event: Beachvolleyballturnier vor dem Binzer Kurhaus

Die Granitz
Karte S. 127

*I*nformationen/*V*erbindungen/*D*iverses

● *Information* **Kurverwaltung Binz** im „Haus des Gastes", Unterkunftsverzeichnis (gegen Gebühr), Zimmervermittlung, Tickets (von Störtebeker Festspiele bis Jagdschloss-Express), hier auch Bibliothek und Internetzugang (im Lesesaal, gegen Gebühr). Febr. bis Okt. Mo–Fr 9–18 Uhr, Sa/So10–18 Uhr, an Feiertagen 10–16 Uhr; Nov. bis Jan. Mo–Fr 9–16 Uhr, Sa/So 10–16 Uhr. Heinrich-Heine-Str. 7, 18609 Binz, ℡ 038393-148148, ℡ 038393-148145, www.ostseebad-binz.de.

Zimmervermittlung über den angeschlossenen **Fremdenverkehrsverein** ℡ 038393-665740, ℡ 038393-665750, Paulstr. 2, 18609 Ostseebad Binz, www.ostseebad-binz.de.

Bei der Seebrücke befindet sich zudem ein **Info-Pavillon** (Mai bis Okt. tägl. 9–16.30 Uhr); ein weiteres **Info-Büro** gibt es am Kleinbahnhof: April bis Okt. tägl. 9–12.45 und 13.15–16.30 Uhr, in den Wintermonaten eingeschränkt (hier auch Fahrradverleih: 5,50 €/Tag).

Tourismusgesellschaft Binz, Vermittlung von Appartements und Hotelzimmern, Verkauf von Tickets aller Art; tägl. 10–18 Uhr. Zeppelinstraße 7, 18609 Binz, ℡ 038393-13460, ℡ 038393-50430, www.binz.de.

Rügener Reiselotse, Touristen-Information und Zimmervermittlung, Mo–Sa 10–18 Uhr. Proraer Chaussee 3 f, 18609 Binz, ℡ 038393-33789, ℡ 038393-33790, www.reiselotse.com.

Geführte Wanderungen werden zur Saison von der Kurverwaltung und vom Nationalparkamt organisiert. Die Touren gehen u. a. zum Jagdschloss Granitz. Infos bei der Kurverwaltung. Mai bis Sept. immer Mi um 10 Uhr werden **Führungen** durch den **historischen Ortskern** Binz angeboten. Treffpunkt bei der Kurverwaltung.

● *Kurtaxe* Mai bis Okt. Erw. 2,60 € pro Tag, Nov. bis April 1,50 €, Kinder und Jugendliche bis 18 J. frei, Hund 0,50 €.

● *Parken* Schwierig, im Ortszentrum durchgehend Parkverbot, an den Rändern des Ortskerns befinden sich einige Parkplätze, natürlich alle kostenpflichtig. Frei Parken kann man im Zentrum von Binz – und näherer Umgebung davon – nicht. *Achtung*: Auch was nach einem ordnungsgemäßen Parkplatz aussieht, liegt meist in der

Parkverbotszone, und die Parkwächter sind ständig unterwegs. Der übliche Preis für einen Parkplatz liegt bei 1 €/Std., Tageskarte um 8 €, auf privaten Parkplätzen und in Parkhäusern kann es auch mal das Doppelte sein. Parkplätze gibt es z. B. an der Prorarer Chaussee (neben der Tankstelle und beim Bahnhof), strandnah in der Dünenstraße (Parkscheinautomat) oder schattig am Waldrand am Klünderberg (0,50 €/Std., 7 €/Tag).

● *Taxi* **Zentrale Binz** ☎ 038393-2424.

● *Verbindungen* **Zug**: Mit dem Regionalexpress etwa stündl. von Binz nach *Bergen* (und weiter nach Stralsund); Achtung: Fast immer muss man in Lietzow umsteigen! Zudem ist Binz IC-Haltestelle, auch der Nachtzug (nur im Sommer) endet hier.

Bus: **Linie 20** verbindet Binz mit *Prora*, dem *Fährhafen Sassnitz* bei Neu Mukran,

der *Stadt Sassnitz* und dem Königsstuhl sowie (in anderer Richtung) mit den Ostseebädern *Sellin, Baabe, Göhren* und ganz im Süden *Thiessow*, fast stündlich, bis Sassnitz bzw. Göhren häufiger. **Linie 23** verbindet zwar ebenfalls Binz mit *Sassnitz* (werktags etwa 6-mal tägl.), fährt aber weiter nach Bergen. Ebenfalls nach Bergen (via Prora) fährt **Linie 28**.

Kleinbahn: Der *Rasende Roland* beginnt seinen Weg entlang der Ostseebäder in Binz (Haltestelle am südlichen Ortsrand): über *Sellin, Baabe* nach *Göhren* und in Gegenrichtung nach *Putbus* und *Lauterbach*, Mai bis Sept. bis zu 12-mal tägl. nach Göhren, nach Putbus nur 7-mal, nach Lauterbach nur Ende Mai bis Ende August 5-mal; in der Nebensaison (Sept. bis April) deutlich eingeschränkt. Preise: zum Jagdschloss 1,80 € (erm. 0,90 €), nach Sellin und Baabe sowie nach Putbus 3,60 € (1,80 €), nach Göhren und Lauterbach 5,40 € (2,70 €), Fahrradkarte 2 €, auch Familien-, Wochen- und Monatskarten, es werden auch Hunde mitgenommen. ☎ 03838-813594, 📠 03838-813598, www.ruegensche-baederbahn.de. Weitere Infos z. B. zu Ausflugsangeboten → S. 118.

Die moderne **Binzer Bäderbahn** fungiert als Stadtbus und fährt in der Hochsaison von 9–18 Uhr alle halbe Stunde (Nebensaison 9–16 Uhr), ganzjähriger Betrieb, barrierefreier Zugang möglich, Hunde dürfen mit Maulkorb mitfahren. Kurzstrecke 1 €, Kinder 0,50 €, Tageskarte 2 €, Kinder 1 €. Inhaber einer Kurkarte (auch aus Sellin, Göhren oder Baabe) haben freie Fahrt.

Der **Jagdschloss-Express** fährt von der Seebrücke bis zum Jagdschloss und zurück, im Sommer 9.30–16.15 Uhr alle 45 Min., im Winter 4-mal tägl., die Preise allerdings sind bemerkenswert: Erw. 7,50 €, Kinder 5–11 J. 4 €, in verärgerten Leserbriefen fiel angesichts des Gebotenen der Begriff „Nepp". Von der Seebrücke fährt auch der **Prora-Express** zur Anlage von Prora (April bis Okt. 4-mal tägl., Erw. 6 €, Kinder 3 €). Infos unter ☎ 038393-33880, 📠 038393-33881, www.jagdschlossexpress.de.

Schiffsverbindungen zu Rügens Ostseebädern: Die Reederei Ostsee-Tour verbindet Binz mit dem *Sassnitzer Stadthafen* (2-mal tägl.; Erw. 7 €, Kinder 4–14 J. 3,50 €; Dauer ca. 45 Min.) sowie mit den Seebrücken von *Sellin* (2-mal tägl.; Erw. 5,50 €, Kinder 4–14 J. 2,50 €; Dauer ca. 30 Min.) und *Göhren* (2-mal tägl.; Erw. 8 €, Kinder 4–14 J.

Die Villa Undine,
eines der seltenen Wolgasthäuser

4 €; Dauer ca. 1 Std.), Kinder bis 4 J. frei, Hund 4 € auf allen Strecken, Fährbetrieb von April bis Okt., auch Familientickets und Kombitickets mit dem *Rasenden Roland* möglich, Karten an Bord. Reederei Ostsee-Tour, Hafenstraße 12 j, 18546 Sassnitz, ✆ 038392-3150, Bordtelefon der Schiffe: *MS Cap Arkona* ✆ 0160-7474673, *MS Binz* ✆ 0160-7474674, *MS Marco Polo* ✆ 0160-7474675, www.reederei-ostsee-tour.de.

● *Ausflugsschiffe* Die **Reederei Ostsee-Tour** bietet neben dem Fährverkehr auch *Ausflugsfahrten zum Kreidefelsen* (April bis Okt. 3- bis 4-mal tägl., Erw. 16,50 €, Kinder 4–14 J. 8 €; Dauer 2 Std. 45 Min.), zum *Kap Arkona* (Mai bis Sept., Di–Do, Erw. 22 €, Kinder 4–14 J. 11 €; Dauer 4 Std.) sowie *Rundfahrten* um die Insel an (Juni bis Mitte Sept., immer Mo, Erw. 41 €, Kinder 4–14 J. 20 €; Dauer 9 Std. 30 Min.) auf allen Strecken Kinder unter 4 J. frei, Hund 4 €, kein Landgang, Adresse → oben.

Ausflugsfahrten zum Kreidefelsen hat auch die Reederei **Adler-Schiffe** im Programm. Die *MS Mönchgut* fährt Mai bis Okt. 1-mal tägl., Dauer 2,5 Std., Erw. 16,50 €, Kinder 6–14 J. 8 €, Familienticket 33 €, Hund 5 €; außerdem April bis Okt. je 1-mal tägl. „Brücken-Hopping" nach Sellin (5,50 €, Kinder 3 €) und Göhren (7,50 €, 4 €), Fahrrad 5 €, Hund 3 €. ✆ 038378-47790, www.adler-schiffe.de.

Aktivitäten (→ Karte S. 137)

● *Ausflugsschiffe* s. o. → Verbindungen.

● *Einkaufen/Kulinarisches* Ein Strandpicknick mit erlesenen Köstlichkeiten? Hier werden Sie fündig, was die „Grundausstattung" anbelangt: **monte vino (16)**, Weine und Delikatessen, Mo–Sa 10–22 Uhr, So 14–22 Uhr, in der Nebensaison Mo–Sa 11–19 Uhr. Paulstraße 1 (Ecke Zeppelinstr.), ✆ 038393-13671, www.monte-vino-ruegen.de. **Kolonial-Stübchen (11)** → s. unten unter „Café".

casa verde – Reformhaus (12), Sanddornprodukte und Rügener Heilkreide, Lebensmittel, Naturkosmetik etc. Mo–Fr 9–18 Uhr, Sa 9–16 Uhr geöffnet, So geschl. Zeppelinstr. 5, ✆ 038393-32128.

Edeka-Supermarkt (9) in der Schillerstraße etwa gegenüber dem Hotel meerSinn.

● *Fahrradverleih* Davon gibt es in Binz gleich mehrere, Preise ähnlich; 3-Gang-Tourenrad 5–6 €, 7-Gang-Tourenrad 6–7 €, Cross-Rad ab 8 €, Kinderräder ab 3 €, bei mehrtägigem Verleih günstiger, auch Trailer, Bollerwagen, Helme, Hundekorb etc. **Zweiradhaus Deutschmann**, am Großbahnhof, Dollahner Str. 17, 18609 Binz, ✆ 038393-32420.

Pauli's Radshop, Hauptstr. 9 a, 18609 Binz, ✆ 038393-66924.

Fahrradverleih auch im **Kleinbahnhof**, allerdings nur tageweise.

● *Feste* **Anbaden** am 1. Mai: Die ansässigen Hoteliers eröffnen mit einem Bad die Saison, anschließend Kurkonzert. Ende Juni: **Binzer Seebrückenfest** mit großem Feuerwerk. Mitte Juli: **Beachvolleyball-Turnier**. Ende Juli: **Binzer Sommerfest**. Mitte Okt.: **Binzer Herbstfest** mit Drachensteigen und Pferderennen am Strand.

● *Tennis* Ein öffentlicher Platz befindet sich in der Nähe der Kurverwaltung, Mo–Fr 9–12 Uhr geöffnet, nachmittags nach Vereinbarung, Platzmiete 14 €/Std., ✆ 0160-92822755, www.binzer-tennisverein.de.

● *Therme* Die **Binz-Therme** im Seehotel steht auch Tagesgästen offen, täglich 8–22 Uhr (Sauna erst ab 13 Uhr). Badekarte 8–13 Uhr 8 €, Tageskarte mit Bad und Sauna 21 €, Kinder unter 5 J. frei, bis 11 J. halber Preis. Strandpromenade 76, ✆ 038393-61502.

● *Wandern* Geführte Wanderungen werden zur Saison von der Kurverwaltung und vom Nationalparkamt organisiert. Die Touren gehen zum Jagdschloss, in die Granitz mit einem Jäger, zu den Feuersteinfeldern oder durch Prora, Unkostenbeitrag von etwa 5 €, Termine und Infos bei der Kurverwaltung.

● *Wassersport* zur Saison z. B. am Strandabgang 28 oder 47 (10–17 Uhr), Tretboote ca. 10 €/Std., Wasserbanane 8 €/15 Min., Wasserski ca. 20 €/15 Min.

Sail & Surf Rügen → Prora, S. 144.

Die Granitz
Karte S. 127

Übernachten (→ Karte S. 137)

In Binz häufen sich die Nobelherbergen, allen voran Vier-Sterne-Hotels und die Fünf-Sterne-Häuser *Grand Hotel* und *Kurhaus*, zunehmend aber auch die vielen schicken Appartements in den Bädervillen in erster Reihe an der Promenade. Es lässt sich aber auch etwas günstiger nächtigen. Der Ort verfügt über etwa 12.000 Gästebetten – Tendenz steigend. Auch wenn es in der Hochsaison eng werden kann, sind die Chancen, etwas zu finden, hier höher als anderorts, auch wenn man in Binz tiefer in die Tasche greifen muss. Von der Seebrücke in südöstlicher Richtung erstrecken sich die aufwändig renovierten Villen im Bäderstil von der „Stranddistel" bis hin zum „Glückspilz": unbedingt sehenswert, auch wenn man nicht hier wohnt.

● *Hotels/Pensionen* ***** **Grand Hotel Binz (20)**, moderne Nobelherberge am Ostende der Strandpromenade (relativ ruhig gelegen), alles sehr stilvoll und edel eingerichtet, ohne dabei zu überladen zu wirken – ausspannen auf hohem Niveau. Über 750 qm Spa- und Wellnessbereich u. a. mit Hamam und Schwimmbad; Bar und das vielfach empfohlene Restaurant *Ruiani* mit Terrasse. 122 komfortable Zimmer mit Balkon oder Terrasse, EZ 172–212 €, DZ 214–294 €, Frühstück inkl., in der Nebensaison deutlich günstiger. Halbpension 32 €, Hund 20 €/Tag, Tiefgarage 11 €/Tag. Strandpromenade 7, 18609 Binz, ☎ 038393-150, ☏ 038393-15555, www.grandhotelbinz.de.

***** **Hotel Kurhaus Binz (14)**, weiteres Nobelhotel in Binz, fast direkt an der Seebrücke und somit mitten im größten Trubel (zumindest in der Hochsaison). Eindrucksvolle Fassade, etwas gediegener als das Grand Hotel, Palmen im Foyer, im Restaurant Kronleuchter und blaue Samtbezüge, große Terrasse zur Promenade, Bar etc., außerdem Schwimmbad (innen und außen) „ägyptische" Saunalandschaft und großer Wellnessbereich. Im Café spielt der Pianist zum Fünf-Uhr-Tee auf, was sich v. a. bei älteren Kurgästen der Beliebtheit erfreut. EZ ab 143 €, DZ ab 204 €, Frühstück inkl. Strandpromenade 27, 18609 Binz, ☎ 038393-6650, ☏ 038393-665555, www.travelcharme.com.

**** **Loev Hotel (17)**, Nr. 1 am Platz, relativ großes Hotel (77 Zimmer) mitten im Ort an der Hauptstraße, im Haus auch Restaurant, Bar/Brasserie, Diskothek (*Club Löwe*), Spa mit Hamam, Massagen, Kosmetik etc. Auch Strandkorbverleih (7 €/Tag). EZ 80–105 €, DZ 110–160 €, Studio 190 €, jeweils inkl. Frühstück Auch Appartements. Hauptstr. 20–22, 18609 Binz, ☎ 038393-390, ☏ 038393-39444, www.loev.de.

Hotel meerSinn (10), schickes Hotel und modernes Gesundheitszentrum in stilvollem Design, mit Wellness-Beauty-Bereich, Sauna, Dampfbad und Pool. Im Haus auch das stylishe Bio-Restaurant *meerSalz* mit täglich wechselnden Gerichten aus regionalen Zutaten, ganzjährig geöffnet. EZ ab 165 €, DZ ab 250 €, jeweils mit obligatorischer Halbpension. Schillerstr. 8, 18609 Binz, ☎ 038393-6630, ☏ 038393-66323, www.meersinn.de.

**** **Strandhotel Lissek (5)**, Bädervilla an der Strandpromenade, schöne Zimmer, teils mit Meerblick, im Haus das Restaurant *Fischmarkt*, in dem vor allem natürlich fangfrischer Fisch serviert wird. Der Wellness-Bereich mit großer Sauna befindet sich hier ausnahmsweise unterm Dach (mit entsprechendem Blick). EZ 99–169 €, DZ 119–189 €, Familienzimmer 179 €, Hund 10 €/Tag, Tiefgarage 10 €/Tag, in der Nebensaison deutlich günstiger, auch interessante Arrangements, ganzjährig geöffnet. Strandpromenade 33, 18609 Binz, ☎ 038393-3810, ☏ 038393-381430, www.strandhotel-lissek.de.

**** **Seehotel Binz-Therme (1)**, moderner Hotelkomplex ein gutes Stück nördlich vom Zentrum (vom Bahnhof weiter ortsauswärts), aber nur durch ein Dünenwäldchen vom Strand getrennt. Besagte Therme samt überdachtem Außenbecken befindet sich im UG, mit umfassendem Wellnessprogramm von der Fußreflexzonenmassage über Heilkreidepackung und Aromasalz-Peeling bis zu diversen Bädern und Beauty-Behandlungen, Sport- und Fitnessprogramm und natürlich mit der obligatorischen Sauna. Außerdem Restaurant mit Wintergarten und Bar/Brasserie. EZ 104,50–129,50 €, DZ 163–179 €, Frühstück und Thermennutzung inkl. Strandpromenade 76, 18609 Binz, ☎ 038393-61510, ☏ 038393-61500, www.binz-therme.de.

Hotel Vier Jahreszeiten (15), die 76 Zimmer der Hotelanlage verteilen sich auf mehrere schneeweiße Bädervillen, darunter das traditionsreiche Haus Odin, alles tipptopp renoviert und ziemlich schick, die Zimmer teilweise mit Holzfußboden, Loggia und/ oder Balkon, außerdem großer Wellnessbereich. Zum Hotel gehören die Restaurants *Orangerie* (mehrfach ausgezeichnet, kulinarische Themenabende, nobel) und *Vier Tageszeiten* (Buffetrestaurant). Ganzjährig geöffnet. EZ ab 100 €, DZ 130–170 €, Frühstück inkl., auch Appartements und zahlreiche Arrangements. Zeppelinstr. 8, 18609 Binz, ✆ 038393-500, 🖷 038393-50431, www.vier-jahreszeiten.de/binz.

Im Schwedischen Hof (3), im schwedischen Landhausstil, schön verwinkelt und abgelegen, mit Restaurant und Galeriecafé im ersten Stock, kleinem Kellerpool und Sauna. Parkplatz vor dem Haus, Fahrradverleih (5 €/Tag). Ein gutes Stück abseits der Hauptmeile, zu Fuß ca. 10 Min. zur Seebrücke. EZ 90–100 €, DZ 110–130 €, Frühstück inkl., im Winter deutlich günstiger. Sonnenstr.1, 18609 Binz, ✆ 038393-2549, 🖷 038393-32315, www.im-schwedischen-hof.de.

Pension Haus Colmsee (19), bodenständige Pension in alter Bädervilla, etwas abseits am Ende der Promenade gelegen. Ordentliche, recht große Zimmer mit Bad und TV. DZ ab 75 €, DZ mit Balkon zum Meer ab 95 €, Frühstück inklusive. Keine Haustiere; geöffnet 1. April bis 31. Okt., in der Hauptsaison mind. vier Tage Aufenthalt. Strandpromenade 8, 18609 Binz, ✆ 038393-21425, 🖷 038393-21426, www.hauscolmsee.de.

Centralhotel, Lesertipp, freundliches Haus in der Hauptstraße, unweit der Strandpromenade, angenehme Zimmer. DZ 115 €, mit Balkon 125 €, EZ 75 €, Suite 140 €, jeweils inkl. Frühstücksbüffet. Hauptstraße 13, 18609 Ostseebad Binz, ✆ 038393-3460, 🖷 038393-346401, www.centralhotel-binz.de.

Hotel Villa Schwanebeck (8), kleines Hotel in „zweiter Reihe" unweit des Kurplatzes, wohltuend altmodisch und unaufgesetzt, für Binz (und die Lage) verhältnismäßig günstig. Mit Lift, Fahrradverleih, Sauna, Whirlpool. Im Haus auch ein Restaurant (regionale Küche, leicht gehoben, zur Saison mittags und abends, in der Nebensaison nur abends). Nov. bis Jan. geschl. EZ 75 €, DZ 82 € (klein) bzw. 120 € (groß), jeweils inkl. Frühstück. Margaretenstr. 18, 18609 Binz, ✆ 038393-2013, 🖷 038393-31734, www. villa-schwanebeck.de.

● *Appartements* **Villa Undine (7)**, unser Tipp an der Strandpromenade: nur fünf gepflegte, mit Geschmack eingerichtete Appartements mit Bad, TV, Miniküche und Terras-

Schick: Hotel „meerSinn"

se/Balkon in traumhafter verwinkelter Villa. Die Villa Undine ist ein so genanntes Wolgasthaus, eine Art hölzernes Fertighaus aus dem 19. Jh. (→ Bäderarchitektur, S. 30). Freundlicher Service, angenehme Atmosphäre, man ist um das Wohl der Gäste bemüht. Einziges Manko: Die meisten dieser zufriedenen Gäste buchen bei Abreise schon fürs nächste Jahr, so dass man für die Hochsaison kaum noch ein Appartement bekommt. Für 1 Pers. 45 €/Tag, für 2– 3 Pers. ab 85 €, Endreinigung 25–30 €. In der Nebensaison ca. 20 € günstiger. Dr. Dorothee Kühn-Hattenhauer, Strandpromenade 30, 18609 Binz, ✆ 030-79706185 oder 038393-32533, www.villa-undine-binz.de.

Villa Ruscha (6), und noch mal Bäderarchitektur direkt an der Promenade, zentrale Lage zwischen Villa Undine (s. oben) und Jugendherberge, viele der Appartements mit Balkon und Blick aufs Meer, teilweise auch mit Veranda. Ganzjährig geöffnet.

Appartement für 2–5 Pers. 105–135 € pro Tag, Endreinigung 35 €, Hund 8 €/Tag, kostenloser Parkplatz am Haus (nur einige Plätze). Strandpromenade 31, 18609 Binz, ℡ 038393-14910, 🖷 038393-14912, www.villa-ruscha.de.

● *Jugendherberge* **Jugendherberge Binz (4)**, besser kann eine Unterkunft nicht liegen, nahe am Strand und nahe am Ortskern, meist 5- bis 8-Bett-Zimmer mit Waschbecken, außerdem sechs kleine Zimmer mit Du/WC. Eingang in der Lottumstraße (Parallelstraße zur Strandpromenade). Auch Strandkorbvermietung (8 €/Tag, drei Tage 22 €). Übernachtung 22,90 € pro Pers. im Meerbettzimmer, 26,90 € pro Pers. im Zweibettzimmer, Senioren über 27 J. 28,10 € bzw. 33 €, jeweils inkl. Frühstück, Halbpension 5,50 €, hier können übrigens auch Externe für 5,50 € ein Mittagessen bekommen. Strandpromenade 35, 18609 Binz, ℡ 038393-32597, 🖷 038393-32596, www.jh-binz.de.

Essen & Trinken/Cafés/Nachtleben

● *Essen & Trinken* **Gaststätte Strandhalle (21)**, unser *Tipp*! Stilvolles Ambiente in der über 100 Jahre alten, restaurierten Strandhalle: hoher Raum mit Gebälk und dunkler Holzdecke, die Einrichtung bewegt sich zwischen urigem Kaffeehaus und Antiquitätensammlung – einladend. Vielfach empfohlene und gelobte Küche, nach eigenen Angaben „feinbürgerlich", Spezialität ist der Ostseedorsch, das unbedingt empfehlenswerte 3-Gang-Menü kommt auf günstige 24,50 €. Viele Stammgäste, Leser, die von dem Restaurant zahlreich angetan waren, empfehlen zu reservieren. Freundlicher Service, tägl. 12–23 Uhr geöffnet. Einige wenige Parkplätze vor der Tür. Strandpromenade 5, ℡/🖷 038393-31564.

Restaurant Nixe (18), an der Strandpromenade, im gleichnamigen, noch recht neuen Hotel in renovierter Jugendstilvilla mit modernem Anbau. Michelin (1 Stern) und Gault Millau (16 Punkte) zeichneten 2009 und 2010 die moderne und ausgesprochen kreative Küche aus. Menü um 50–70 €. Auch Hotel: EZ ab 155 €, DZ ab 180 €. Strandpromenade 10, ℡ 038393-666200, www.nixe.de.

Bootshaus Binz (2), ebenfalls von Lesern v. a. wegen der Fischküche empfohlenes Restaurant, untergebracht in einem denkmalgeschützten Gebäude, in dem einst die erste Seenotrettung der Ostsee untergebracht war. Beliebt und freundlich, Reservierung empfehlenswert. Täglich ab 12 Uhr durchgehend geöffnet. Auch Fischbrötchen zum Mitnehmen (2,50–3 €). Strandpromenade 49, ℡ 038393-57944.

Restaurant Fischmarkt (5), im Strandhotel Lissek, gemütliches Ambiente mit Aquarium, gediegenes Publikum und recht beliebt. Ortsüblich etwas gehobenes Preisniveau, Hauptgerichte um 12–15 €, auch einige günstigere Tagesangebote. Täglich ab 12 Uhr geöffnet. Strandpromenade 33, ℡ 038393-3810.

Braugasthaus „Zum Alten Fritz" (13), das Pendant zum gleichnamigen Lokal in Stralsund (→ S. 72), Bierkneipe und Restaurant, in dem natürlich das verschiedenen Stralsunder Biere ausgeschenkt werden. Bodenständige Küche hauptsächlich für Fleischesser, preislich recht hoch. Neu ist die überdachte, windgeschützte Terrasse, zahlreiche jugendliche Mitarbeiter sind mit dem Wohl der Gäste betraut; beliebtes Lokal, vor allem auch bei nicht mehr ganz jungem Publikum. Schillerstraße 8, ℡ 038393-663333.

monte vino (16), nicht nur Weinhandlung und Delikatessen, hier kann man auch kleine Gerichte (auch Mittagstisch) zu einem Glas Wein essen und diverse Kaffeespezialitäten mit selbst gebackenem Kuchen probieren. Geöffnet Mo–Sa 10–22 Uhr, So 14–22 Uhr, in der Nebensaison Mo–Sa 11–19 Uhr. Paulstraße 1 (Ecke Zeppelinstr.), ℡ 038393-13671, www.monte-vino-ruegen.de.

Lesertipp! **Plattdüütsch**, Restaurant im Centralhotel. Sehr zufrieden schrieben Leser: „Das Angebot, die Qualität und das Preis-Leistungs-Verhältnis waren beeindruckend." Auf der Karte vorpommersche Spezialitäten und viel Fisch (Hauptgerichte um 12–15 €). Hauptstraße 13, ℡ 038393-3460.

Zu den Restaurants **Orangerie** und **Vier Tageszeiten (15)** im *Hotel Vier Jahreszeiten*, dem Restaurant **meerSalz (10)** im *Hotel meerSinn* → „Übernachten".

● *Imbiss* **Fischräucherei Kuse (22)**, am südlichen Ende der Strandpromenade, mit teilweise überdachter Terrasse direkt am Strand. Leckere Brötchenhälften mit geräuchertem Heilbutt, Butterfisch, Lachs, etc., auch mit eingelegtem Hering, 1,30–1,80 €. Außerdem Mittagsgerichte mit Räucherfisch und Außer-Haus-Verkauf. Während der Saison tägl. 9–19 Uhr geöffnet. Strandpromenade 3, ℡ 038393-2970.

Übernachten

1 Seehotel Binz-Therme
3 Im Schwedischen Hof
4 Jugendherberge
5 Strandhotel Lissek
6 Appartements Villa Ruscha
7 Villa Undine
8 Hotel Villa Schwanebeck
10 Hotel meerSinn
14 Hotel Kurhaus Binz
15 Hotel Vier Jahreszeiten
17 Loev Hotel
19 Pension Haus Colmsee
20 Grand Hotel Binz

Essen & Trinken

2 Bootshaus Binz
5 Restaurant Fischmarkt
10 Restaurant meerSalz
13 Braugasthaus Zum Alten Fritz
15 Orangerie/Vier Tageszeiten
16 monte vino
18 Restaurant Nixe
21 Gaststätte Strandhalle
22 Fischräucherei Kuse

Cafés

11 Kolonial-Stübchen

Nachtleben

17 Löwe Club

Einkaufen

9 Edeka-Supermarkt
12 Casa Verde - Reformhaus
16 monte vino
22 Fischräucherei Kuse

Prora, Bergen, Sassnitz

Proraer Chaussee

Dollahner Straße

Dünenstraße

Strandpromenade

Ringstr.

Mittelstr.

Proraer Straße

Bahnhof Binz

Goethestr.

Neuapost. Kirche

Sonnenstr.

Dünenstraße

Lottumstraße

Wylichstraße

Strandpromenade

Marienstr.

Pestalozzistr.

Jasmunder Str.

Margaretenstraße

Wanda-Paul-str.

Schillerstr.

Zeppelinstr.

Kur-platz

Schmachter See

Hauptstraße

Elisenstr.

H.-Heine-Straße

Seebrücke

Pantower Weg

Bahnhofstr.

Kurpark

Putbuser Straße

Schwedenstr.

Potenber

Rabenstr.

Zinglingstraße

Anselweg

Tennis

Klünderberg

Bahnhofstraße

Start Wanderung 1

Am Kleinbahnhof

Klünderberg

Kleinbahnhof Binz

P (gebühren-pflichtig)

FKK

Hunde-strand

Granitz

Friedhofsweg

Mönchgut, Bergen, Jagdschloss Granitz

Binz

200 m

● *Cafés* **Kolonial-Stübchen (11)**, im Hochparterre eines modernen Hauses seitlich der Strandpromenade, ein paar Tische und Stühle auch draußen auf der schmalen Terrasse, innen dann eine geschmackvolle Reise in die Zeit des Kolonialwarenhandels in entsprechend exotischem Ambiente. Zwischen Regalen und Vitrinen sitzt man in bequemen Sesseln und Sofas, sehr gemütlich und zum verlängerten Kaffeetrinken bei selbst gebackenem Kuchen geeignet. Zum Verkauf stehen Kaffee, Tee, Pralinen, Schokolade, Whiskey und anderes aus der Welt des gepflegten Drinks, aber auch Taschen, Kerzen, Kissen, Möbel, Wohnaccessoires etc. Tägl. 10–18 Uhr geöffnet. Zeppelinstr. 7, ✆ 038393-147074, www.kolonialstuebchen.de.

● *Nachtleben* **Club Löwe (17)**, inselweit bekannte Disco im UG des Hotel Loev (Eingang in der Passage), hier kann man im Sommer Fr/Sa die Nächte durchtanzen, im Winter nur Sa geöffnet, jeweils ab 22 Uhr. Keine feste Musikrichtung, teilweise Themenabende. Mit Bar. Hauptstr. 22, ✆ 038393-390, www.club-loewe.de. Diskothek in Prora → S. 143.

Sehenswertes

Binz-Museum im Kleinbahnhof: Das Museum widmet sich dem Alltag der Binzer Badekultur und bietet ein interessantes Sammelsurium an Ausstellungsstücken aus den Anfängen der Binzer Karriere als Ostseebad, als eine „Portion Kaffeemischung" noch 0,25 Reichsmark kostete. Die Sammlung umfasst u. a. zahlreiche alte Postkarten und Stiche, nicht zu vergessen die reizenden Einteiler einer Badekollektion um das Jahr 1900.

März bis Okt. tägl. 10–17 Uhr, im Winter eingeschränkt. Eintritt 2 €, Kinder 1 €, Familie 5 €. Zeppelinstr. 8, 18609 Binz, ✆ 038393-50222, ✉ 038393-33853.

> Die Kirchen der Ostseebäder sind alle jüngeren Datums. Wer sich für die karge Eleganz protestantischer Sakralbauten interessiert, wird in jedem Seebad fündig. Kunsthistorisch interessante Ausstattungen sucht man allerdings vergebens.

Baden

Ein herrliches Baderevier. Besonders attraktiv ist der breite, feine Sandstrand nördlich von Binz, an Prora entlang und fast bis zum Sassnitzer Fährhafen in Neu Mukran. Die weite Bucht fällt flach ins saubere Meer ab, ist also bestens für Familien mit Kindern geeignet. Auch am langen weißen Ufer von Binz entspricht die Wasserqualität europäischen Normen, wofür der Strand regelmäßig mit der Blauen Flagge ausgezeichnet wird. Zum Land hin wird der Strand geschützt von den Bädervillen entlang der Strandpromenade, oberhalb des Ortes von einem schmalen Waldstreifen.

Strandkorbverleih und sanitäre Einrichtungen stehen in allen Abschnitten zur Verfügung, außerdem gibt es Beachvolleyball-Felder und im Sommer ein Trampolin. Im Sommer finden außerdem Beachvolleyball- und Soccer-Turniere statt. Wie üblich ist der Strand in textile, FKK- und Hunde-Abschnitte unterteilt (eine Unterteilung, die hier eher ernst genommen wird als an den Stränden im Norden). Über weite Teile des Binzer Strandes wachen die Rettungsschwimmer der DLRG, insgesamt sind sechs Türme (und zwei in Prora) über den Strand verteilt, Hauptrettung bei Abgang 28 (✆ 038393-2073).

Weil in Binz die Unterscheidung zwischen Textil- und FKK-Abschnitt sowie Hundestrand zuweilen etwas enger gesehen wird und um mögliche Sandgrabenkämpfe zu vermeiden, hier die Strandabschnitte etwas genauer: *FKK* am Abgang 1 (Fischerstrand links), an der Strandpromenade Richtung Prora Abgang 49–51 und in Prora an den Zugängen 61–66 und 72/73; *Hunde*: Abgang 1 (Fischerstrand links), an der Strandpromenade Richtung Prora Abgang 52 und in Prora an den Zugängen 73/74. *Behindertengerechte Strandzugänge* finden sich bei Abgang 15, 21, 27 und 42, behindertengerechte Toiletten bei den Abgängen 5, 14, 28, 36 und 47 sowie in Prora (Abgang 56 und 66).

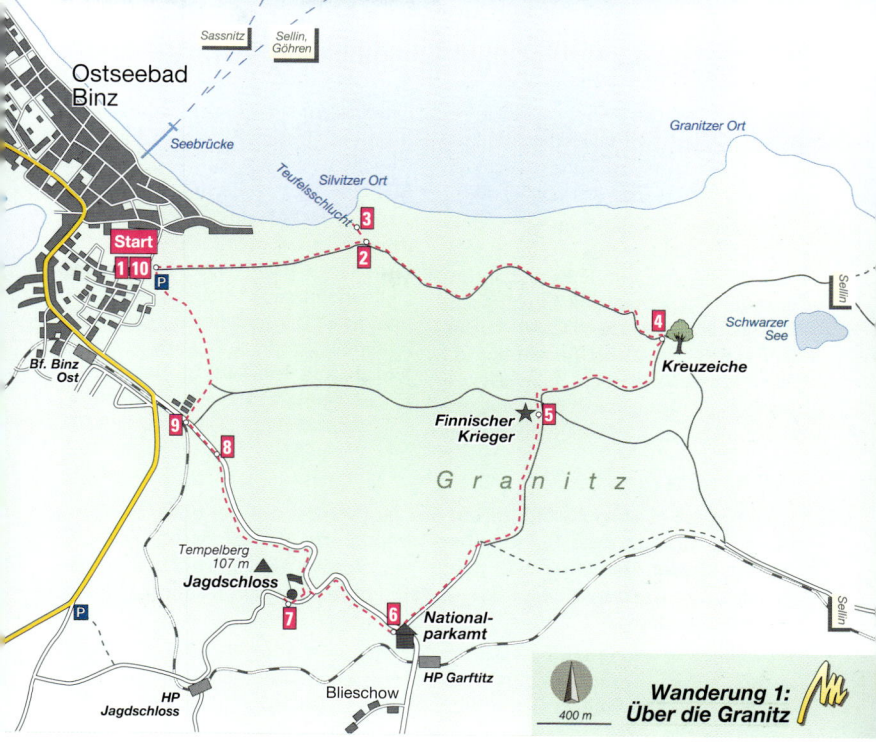

Wanderung 1: Über die Granitz

Charakteristik: leichte Waldwanderung mit geringen Steigungen in der sanfthügeligen Granitz. **Länge/Dauer**: etwas mehr als 9 km, gut 2,5 Std. reine Gehzeit. **Einkehrmöglichkeiten**: nur in Binz und beim Jagdschloss. **Start/Anfahrt**: Die Wanderung beginnt am südlichen Ortsrand von Binz beim kostenpflichtigen Parkplatz am Klünderberg (vom Zentrum aus die Heinestraße entlang und halbrechts oder mit dem Auto von Süden kommend beim Kleinbahnhof rechts den Klünderberg hoch).

Wegbeschreibung: Vom hinteren Teil des von Bäumen bestandenen Parkplatzes (WP 01) führt ein Weg in die Granitz hinein. Durch den Buchenwald verläuft er ein Stück nahe am Ufer, das man aber nicht oft zu sehen bekommt, bis ein *Hohlweg* (WP 02) hinab zum einsamen Strand abzweigt (WP 03). Zurück auf dem Hochufer geht es weiter geradeaus, wechselnde Oberfläche: Waldweg, überwachsenes Kopfsteinpflaster, Plattenreste. Nach 3 km (gut 45 Min.) gelangt man an eine große Kreuzung, in deren Mitte die *Kreuzeiche* steht (WP 04) samt überdachtem Picknickplatz. Links geht es zum Schwarzen See und weiter nach Sellin (ca. 4 km), die Wanderung führt aber *rechter Hand* Richtung Jagdschloss. Nach etwa 20 Min. (ab Kreuzeiche) an einer Kreuzung geradeaus (WP 05) – rechts kann man einen kurzen Abstecher (ca. 100 m) zum *Grab des Finnischen Kriegers* machen – und auf einem schön zu laufenden Forstweg weiter (Abzweigungen ignorieren). Schließlich kommt man zum Haus des Nationalparkamts am Waldrand (WP 06). Hier rechts, am Tastpfad vorbei und wieder zurück in den Wald. Der Kopfstein-

Teer-Weg steigt nun über ca. 600 m relativ steil an, den Tempelberg hinauf, bis man zur der Abzweigung gelangt, die zum *Jagdschloss Granitz* (WP 07) führt.

Nach einer Besichtigung oder einer Stärkung im Biergarten wieder zurück zur Abzweigung, nun links und an Imbissbude, Biergarten und Infobüro des Biosphären-Reservats (in der Saison tägl. 10–18 Uhr) vorbei. Es geht nun auf einer kaum befahrenen Asphaltstraße (oder dem Wanderweg daneben) zurück nach Binz (Markierung: roter

Querbalken). Bei der Abzweigung (blauer Querbalken) weiter auf dem Hauptweg (WP 08). Am *Ortsanfang* von Binz bzw. dem „Tor" zum Naturschutzgebiet Granitz rechts (WP 09) und auf dem Eichenweg weiter der Markierung (roter Querbalken) folgen. Der Weg verläuft am Ortsrand entlang, zwischen einem Spielplatz und einem Fußballplatz hindurch. Bei der folgenden Weggabelung links in den Wald, über eine kleine Hügelkuppe (alle Abzweigungen ignorieren) und zurück zum Parkplatz (WP 10).

Jagdschloss Granitz

Umgeben vom Buchenwald, thront das Jagdschloss auf der höchsten Erhebung der Granitz, dem 107 m hohen Tempelberg. Als malerisches Fotomotiv und idealer Aussichtspunkt gehört der repräsentative Prunkbau zu den beliebtesten Ausflugszielen Rügens, dementsprechend voll kann es hier im Sommer werden.

Das Schloss ist ein eigenwilliges Bauwerk, erbaut in der Mitte des 19 Jh., spätklassizistisch mit einem für die Zeit typischen Hang zu vermeintlich mittelalterlichen Stilelementen. Der Putbuser Fürst *Wilhelm Malte I.* ließ es an der Stelle eines älteren Jagdhauses errichten, das samt baufälligem Belvedere abgerissen wurde. Es entstand ein verputzter Backsteinbau auf quadratischem Grundriss, der dank seiner von Zinnen gekrönten Ecktürmchen und dem alles überragenden zentralen Aussichtsturm verspielt trutzig wirkt. Der verantwortliche Architekt *J. G. Steinmeyer* hatte in der Mitte der Burg eigentlich einen Lichthof geplant, doch der auf nahezu jeder repräsentativen Baustelle seiner Zeit präsente Oberlandesbaudirektor *Karl Friedrich Schinkel* änderte nach Baubeginn die Pläne. Er setzte den Zinnen und Buchenwipfel überragenden Turm in die Mitte des Schlosses. Von der 38 m über dem Boden und damit 145 m über dem Meeresspiegel gelegenen Aussichtsplattform kann man damals wie heute ein grandioses Panorama genießen. Bis zum Rugard, über den kleinen Jasmunder Bodden, nach Jasmund und über das Mönchgut sowie an guten Tagen bis Usedom und zum Festland reicht der Fernblick.

Die Fürsten von Putbus nutzten das Schloss als repräsentative Residenz und Gästehaus in (relativer) Strandnähe. Um die Jahrhundertwende wurde es der Öffentlichkeit zugänglich gemacht. In den 1980er Jahren wurde das Jagdschloss renoviert.

Sehenswert sind nicht nur Architektur und Aussicht, sondern auch die Innenräume: Im Erdgeschoss kann man sich über die Entstehung des Schlosses, den baufreudigen Fürsten und die ausführenden Architekten informieren. Im oberen Stockwerk sind dann vor allem die Räumlichkeiten zu bewundern: der Empfangssaal, der festliche Marmorsaal, der elegante Speisesaal, Damen- und Billardzimmer und so fort. Alle Räume sind ausgestattet mit aufwändigem Parkett, mit Marmor, Stuckverzierungen und Holzvertäfelungen. Das Mobiliar, durchaus auch sehenswert, ist zwar historisch, gehört aber weitgehend nicht zur Originalausstattung des Schlosses, diese ging in den Wirren des letzten Kriegsjahres verloren. Das außergewöhnlichste Stück des Schlosses aber ist die gusseiserne *Wendeltreppe,* die sich den Aussichtsturm über 154 Stufen hinaufschraubt. Wer die geradezu frei im Raum schwebenden Stufen erklimmt, sollte ein Mindestmaß an Schwindelfreiheit mitbringen, einen anderen Weg nach unten gibt es nämlich nicht. Belohnt wird man aber durch einen weiten Blick über Granitz und Mönchgut. Im Jagdschloss befindet sich auch ein Souvenirshop, Gastronomie gibt es im Gewölbe und im Biergarten, neben dem Granitzhaus im Sommer außerdem ein Kiosk.

Mai bis Sept. tägl. 9–18 Uhr, Okt. bis April Di–So 10–16 Uhr, Mo geschl. Eintritt 3 €, Rentner/Azubis 2,50 €, Kinder (6–14 J.) 1,50 €, Fotoerlaubnis 1 €, Führungen durch das Schloss (Anmeldung erforderlich) 20 €. Jagdschloss Granitz, Postfach 1101, 18609 Binz, ☎ 038393-2263, ✆ 038393-663815, www.granitz-jagdschloss.de.

● *Anfahrt* Die Anfahrt ist für Pkw gesperrt, wer auf den Tempelberg weder laufen noch mit dem Fahrrad fahren will, muss den kostenintensiven *Jagdschloss-Express* nehmen, der das Ausflugsziel in der Granitz von der Binzer Seebrücke oder dem (gebührenpflichtigen) Parkplatz südlich von Binz aus anfährt (Erw. 7,50 €, Kinder 5–11 J. 4 €, im Sommer alle 45 Min., im Winter 4-mal tägl., ☎ 038393-33880). Auch die Strecke des *Rasenden Roland* verfügt über eine Haltestelle *Jagdschloss Granitz*, von hier aus hat man allerdings noch ein (ansteigendes) Stück zu Fuß bis zum Schloss zu bewältigen.

Ein netter **Waldspaziergang** führt vom Parkplatz Süllitz (P 11) südlich von Binz (Richtung Serams) zum Jagdschloss. Gehdauer ca. 30 Min., vorbei an einem Pferdehof und an der Haltestelle des Rasenden Roland. Parkgebühr Süllitz: 2 €/Std., ab der 4. Stunde 1,50 €, Tagesticket 10 €.

Oder (*Lesertipp!*) man nimmt von genanntem Pferdehof, etwa 300 m oberhalb des Parkplatzes, die Kutsche, Erw. 4 € (hin und zurück 7 €), Kinder 2 € (3 €), die Kutschen fahren zur Saison tägl.

● *Ausstellung* Im unterhalb des Jagdschlosses gelegenen **Granitzhaus** (Abfahrt des Touristenbähnchens, kaum zu übersehen) befindet sich eine interessante Ausstellung zum Biosphärenreservat Südost-Rügen sowie zum Naturschutz in der Region allgemein. Geöffnet Mai bis Okt. tägl. 10–18 Uhr, im Winter geschl., Eintritt frei.

Die Treppe ... im Jagdschlossturm

● *Essen & Trinken* **Alte Brennerei**, urige Gaststätte im Schlossgewölbe, der ehemaligen Schlossküche. Uriges Ambiente und traditionelle Speisen, im Sommer auch Biergarten neben dem Schloss. Für die Lage gar nicht mal so teuer. Im Sommer findet regelmäßig abends das Schlemmerspektakel statt: jede Menge Gaukeleien zum 4-Gänge-Menü (23 €). Im Frühling tägl. 10–17 Uhr geöffnet, im Sommer bis 19 Uhr, Okt. bis Ostern Di–So 11–17 Uhr. ☎ 038393-32872, www.alte-brennerei.com.

Nördlich von Binz: Schmale Heide und Prora

Auf der Schmalen Heide, einem Geröllgürtel, der die Granitz mit der Halbinsel Jasmund verbindet, steht Rügens prominenteste Immobilie: Prora. Entlang der gleichnamigen, sanft geschwungenen Wiek erstreckt sich ein kilometerlanger Traumstrand.

Vom herrlichen Sandstrand aus ist Prora, heute ein grauer, großteils sanierungsbedürftiger Gebäudegigant, kaum zu sehen, denn die wuchtigen Betonblöcke werden von dem Kiefernwald verdeckt, der sich über die Schmale Heide erstreckt. Die wirklichen Ausmaße von Prora kann man ohnehin nur aus der Luft erfassen.

Projekt: Urlaub total – das „Seebad der 20.000"

Wenn ein Bauvorhaben das Attribut „gigantomanisch" verdient, dann das 1936 begonnene Projekt der nationalsozialistischen Organisation „Kraft durch Freude" (KdF): eine zentrale Festhalle samt Platz, groß genug, um 20.000 Menschen zu fassen, rechts und links davon je vier sechsgeschossige Wohnblöcke von jeweils mehr als einem halben Kilometer Länge, landseitig mit jeweils zehn hervorspringenden Treppenhäusern, dazwischen zum Meer hin riesige, bis zum Strand reichende Gemeinschaftshäuser, außerdem Seebrücken, Theater, Geschäfte, Sportstätten, Aussichtstürme und eine kleinstadtartige Anlage für 5000 Angestellte. Der Koloss aus Stahl und Beton sollte sich über eine Länge von mehr als 4 km erstrecken. 20.000 Menschen, im nationalsozialistischen Jargon „Volksgenossen", sollten hier einen jeweils zehntägigen Urlaub verbringen – ein Urlaub, so total wie der folgende Krieg.

Oberster Bauherr war (unter Hitler selbst natürlich) der Chef der „Deutschen Arbeitsfront" (DAF), *Robert Ley* (der beauftragte Architekt war übrigens nicht Speer, sondern der Kölner *Clemens Klotz*, der für seinen Entwurf bei der Weltausstellung in Paris 1937 einen Preis gewann). Die DAF, die an die Stelle der 1933 gewaltsam zerschlagenen Gewerkschaften getreten war, hatte vor allem die Aufgabe, die arbeitende Bevölkerung zu Nationalsozialisten zu erziehen. „Kraft durch Freude" war eine Unterabteilung der DAF und die populärste Organisation des Regimes überhaupt. Das effektive Propaganda-Instrument dehnte die „nationalsozialistische Erziehung" auf die Freizeit der Arbeiter aus und versuchte damit eine Art „Gleichschaltung des Urlaubs" zu erwirken.

Wie der legendäre *Volkswagen*, ein weiteres KdF-Projekt, wurde auch das Seebad Prora propagandistisch eingesetzt. Doch der Ausbruch des Zweiten Weltkriegs stoppte die Arbeiten und hinterließ statt eines gigantischen Seebades eine gigantische Baustelle. Urlaub machte hier niemand. Die an der größten nationalsozialistischen Baustelle neben dem Reichsparteitagsgelände in Nürnberg beteiligten Arbeiter, darunter ungezählte versklavte Zwangsarbeiter, wurden nach Peenemünde gebracht, um dort die Heeresversuchsanstalt aufzubauen, den Geburtsort der so genannten Wunderwaffe V2.

Während des Krieges wurden die fertig gestellten Gebäude Proras als Lazarett genutzt (eine Teilnutzung, die bezeichnenderweise von Anfang an bei der Planung des Bauprojekts berücksichtigt worden war), dann wurden ausgebombte Hamburger in den Rohbau mit Seeblick einquartiert. Es folgten die Sowjets, dann die NVA, Prora wurde militärisches Sperrgebiet. Die NVA-Erbin, die Bundeswehr, löste den Standort 1992 schließlich auf.

Was also tun mit dem Koloss? Die Sowjets haben versucht, einen Block zu sprengen, dabei aber nur eine Ruine produziert. Bei umfassenderen Versuchen würde man riskieren, dass mit Prora der gesamte Landstreifen der Schmalen Heide in die Luft fliegt. Seit 1994 steht die Anlage zudem als zeitgeschichtliches Relikt unter Denkmalschutz (einschließlich der Ruine!). Ein Beitrag einer Ausschreibung, die sich mit der Großflächen-Architektur befasste, schlug vor, den Moloch unter einer noch kolossaleren Düne zu begraben, was aber wegen Undurchführbarkeit verworfen wurde. Was bleibt, wenn sich Prora weder verbuddeln noch sprengen lässt? Nutzen? Alle vier-komma-fünf Kilometer? Das ist eine Herausforderung, der sich Bund (als Eigentümer des Gebäudes) und Kommune, Unternehmer und Mieter zu stellen haben. Geplant ist vieles: ein über 500 Betten großes Jugendhotel (seriös), sanierter Wohnungsbau (eher naiv), ein topmodernes Sporthotel (ambitiös) und so fort. Übrigens wurde die teilweise gesprengte Ruine inzwischen versteigert, Summen im oberen sechsstelligen Bereich wurden genannt – doch was der Käufer mit einer denkmalgeschützten Ruine anfangen will, bleibt fürs Erste nicht mehr als eine interessante Frage.

Natürlich wird Prora längst genutzt, auch wenn der wirklich weitläufige Komplex damit nicht einmal annähernd ausgefüllt wird und das Problem der Sanierung damit auch nicht gelöst ist (drastisch warnen Schilder: „Lebensgefahr! Abstürzende Bauteile"). Im Mittelteil Proras (Block 3) befand sich die Museumsmeile mit dem Dokumentationszentrum Prora, Prora-Museum und Science-Center, NVA-Museum, dazu Galerien, Antiquariat u. a. Mittlerweile hat einer der Museumsbetreiber diesen Block gekauft, während die übrigen nun fürchten, dass die zu erwartenden Mieterhöhungen Teil eines kaum kaschierten Verdrängungswettbewerbs sein werden. Viele Museen und Galerien haben ihre Pforten bereits geschlossen, Prora ist noch ein Stück öder geworden. Was aus dem Giganten werden wird, ist offen.

Die Granitz
Karte S. 127

● *Verbindungen* **Bus**: **Linie 20** hält auf dem Weg von *Sassnitz* nach *Binz* (und weiter ins Mönchgut) mehrmals tägl. in Prora, ebenso **Linie 23** und **28** von *Bergen* nach *Binz* bzw. *Sassnitz*. Außerdem gibt es zwei Haltestellen des **Regionalexpress** (Verbindung Bergen–Binz, Achtung: Oft muss man in Lietzow umsteigen). Schließlich fährt während der Saison auch das Bäderbähnchen **Prora-Express** von der Binzer Seebrücke aus.

● *Camping* **Campingplatz Meier**, ein Lesertipp: „auf einem alten NVA-Gelände zwischen Binz und Prora, etwas abseits der Straße. Gepflegter Rasenplatz, schöne Stellplätze für Wohnmobile und Caravan; teilweise im Schatten. Separater Platzteil für Zelte im Nadelwald. Sehr saubere Sanitäranlagen. Am Platz die Gaststätte „Zur Mücke". Mitte März bis Okt. geöffnet." Erw. 6 €, Jugendliche 5 €, Kinder 3,50 €, Hund 3,50 € Zelt 5–6 €, Caravan 6 €, Wohnmobil 11 €, Pkw 5 €, Motorrad 4,50 €. Proraer Chaussee 30, 18609 Binz/OT Prora, ✆ 038393-2085, 📠 038393-32624, www.camping-meier-ruegen.de.

Jugendzeltplatz Prora, weitläufiger Campingplatz des DJH im Norden Proras (noch ein Stück hinter dem Technikmuseum). Alles recht neu, wenig Schatten. (Voll-)Verpflegung möglich, Bistro geplant. Auch Fahrradverleih (5,50 €/Tag). Im angrenzenden Prorablock soll eine Jugendherberge entstehen. Mitte April bis Okt. geöffnet. Übernachtung pro Pers. 15,50 €, Senioren über 27 J. 19 €, Frühstück jeweils inbegriffen, Halb- und Vollpension möglich. Man kann auch Zelte ausleihen. Mukraner Str. 12, 18609 Binz, OT Prora, ✆ 038393-133880, 📠 038393-133995, www.jugendzeltplatz-prora.de.

● *Nachtleben* **M 3**, große Diskothek und Nightspot für die gesamte Insel, mehrere „areas", neben dem „mainfloor" auch eine karibische Bar und ein Bistro, im Sommer Biergarten, in der Saison Fr und Sa ab 21 Uhr, im Winter nur Sa ab 22 Uhr. ✆ 038393-32645, www.m3-disco.de.

● *Klettern* **Seilgarten Prora**, der 2008 eröffnete Klettergarten bietet neben Einstiegsübungen neun verschiedene Höhenparcours unterschiedlicher Schwierigkeitsgrade in bis zu 10 m Höhe. Der Klettergarten befindet sich gegenüber dem Dokumentationszentrum von Prora. April bis Okt. Di–So 10–17 Uhr geöffnet (Mai und Sept. bis 18 Uhr, Juli/Aug. auch Mo und bis 20 Uhr), alles nur bei entsprechendem Wetter, im Winter geschl. Erw. 19 €, Studenten/Senioren 16 €, Kinder und Jugendliche (6–17 J.) 14 €, auch Familientickets (35–50 €). Objektstr. TH 52, Block 3, Infos unter 0172-7325880 oder www.seilgarten-prora.de.

● *Wassersport*   **Sail & Surf Rügen**, großes Angebot, z. B. Surfkurse für Anfänger (145 €/12 Std.), Fortgeschrittene (120 €/4 Std.) oder Kinder (120 €/10 Std.), auch Surfscheinerwerb möglich; Kite-Grundkurs 220 €/8 Std. Der Hauptsitz der Segelschule befindet sich in Altefähr, eine Dependance auch auf dem Mönchgut bei Thiessow, dessen Haken als das beste Surfrevier Rügens gilt. In Prora am Strandabgang 72, ℡ 038393-41130, www.segelschule-ruegen.de.

Die Museumsmeile von Prora und darüber hinaus

▸ **Dokumentationszentrum Prora:** Historisch Interessierte wird es in Prora wahrscheinlich zunächst in das Dokumentationszentrum ziehen. Die erste Abteilung informiert umfassend über Vorgeschichte, Planung und Baugeschichte des KdF-Bades sowie über die Nutzung der Bauruine während des Krieges und nach Kriegsende. Die zweite Sektion konzentriert sich unter dem Schlagwort „Volksgemeinschaft" auf die sozial- und gesellschaftshistorischen Hintergründe des Nationalsozialismus: Bilddokumente und Schautafeln befassen sich mit der Idee der Volksgemeinschaft und deren gewaltsamer „Formierung" in Alltag und Lebenswelt. In diesem Zusammenhang werden auch die Themen Propaganda und Massenkultur behandelt. Wechselnde Sonderausstellungen und Veranstaltungen begleiten die Dokumentation. Die ambitionierten und tiefgründigen Ausstellungen des Dokumentationszentrums sind unbedingt sehenswert.

Ganzjährig tägl. geöffnet, im Sommer 9.30–19 Uhr, März bis Mai und Sept./Okt. 10–18 Uhr, Nov. bis Feb. 11–16 Uhr. Eintritt 5 € (mit Kurkarte Binz 4 €), erm. 3 €, Kinder unter 13 J. frei. Objektstr. 1, 18609 Binz/OT Prora, ℡ 038393-13991, www.proradok.de.

▸ **KulturKunststatt Prora:** Vier Museen in einem, dazu Galerien und ein Kaffeehaus auf insgesamt fünf Stockwerken. Hier nur eine Auswahl: Im Erdgeschoss gibt es im *Kdf-Museum* eine Foto- und Filmdokumentation sowie ein Modell der geplanten Gesamtanlage von Prora; darüber hinaus ist im fünften Stock ein KdF-Seebad-Zimmer zu besichtigen. Über die unteren vier Etagen erstrecken sich das *NVA-Museum*, das *Rügen-Museum* und die *Bilder Galerie*. Zudem gibt es Sonderausstellungen. Im fünften Stock kann man sich dann von dem Museumsmarathon im *Wiener Kaffeehaus* erholen.

Ganzjährig tägl. geöffnet, im Sommer 9–19 Uhr, im Winter 10–16 Uhr. Eintritt 6,50 €, erm. 4 €, Kinder bis 6 J. frei; die Preise gelten für alle Museumsteile. KulturKunststatt Prora, Objektstr. Block 3, TH 2, 18609 Binz/OT Prora, ℡ 038393-32696, www.kulturkunststatt.de.

▸ **Eisenbahn- und Technikmuseum:** Ein Stück nördlich von der Museumsmeile ist auf 10.000 qm überdachter Fläche das Eisenbahn- und Technikmuseum untergebracht. In der mittleren Halle stehen vor allem Oldtimer, darunter schmucke Exemplare wie ein roter Chevy (Impala von 1960), ein 328 Roadster von BMW und eine echte *Tin Lizzy* (Ford, 1911), außerdem noch eine andere Art Oldtimer: eine MIG 21, ein Düsenjäger aus sowjetischer Produktion von 1965. In der rechten Halle befinden sich dann die Lokomotiven (ab Baujahr 1903), besonders sehenswert die Dampfschneeschleuder von 1930. Die abgeteilte linke Halle beherbergt weitere Loks sowie alte Feuerwehrautos.

April bis Okt. tägl. 10–17 Uhr, im Winter geschl. Eintritt 6 €, Kinder 3 €. Am Bahnhof „Prora", hinter dem Bahnhof links, bald rechter Hand (beschildert). 18609 Binz/Prora, ℡ 038393-2366.

Die Feuersteinfelder

Baden

In einem leichten Bogen zieht sich der kilometerlange, feinsandige Strand am Ostseeufer der Schmalen Heide entlang. Das Badeparadies reicht bis nach Neu Mukran im Norden sowie nach Binz und an den Rand der Granitz im Süden. Die *Prorer Wiek* fällt flach ins saubere Meer ab, das mit der Blauen Flagge für ausgezeichnete Wasserqualität geadelt ist. Im Rücken schützt der Kiefernwald. Der Strand ist unterteilt, aber so weitläufig, dass man sicher einen passenden Platz findet, manche Abschnitte werden von der DLRG überwacht. Näheres über Unterteilungen und Service → Binz/Baden S. 138.

Weiter nach Sassnitz → *S. 183.*

Nördlich von Prora

Eine geologische Besonderheit gibt es im nördlichen Teil der Schmalen Heide zu sehen, nämlich die so genannten *Feuersteinfelder*. Auf einer Länge von ca. 2,5 km erstrecken sich mehrere bis zu 300 m breite Wälle aus Feuerstein. Wie diese Geröllbänke aus schwarz-weiß verkrustetem Gestein entstanden sind, lässt sich nicht mit Sicherheit bestimmen: Wahrscheinlich wurde das Geröllmaterial während schwerer Stürme auf bereits bestehende Sandbänke aufgeworfen. Eingefasst in das „Naturschutzgebiet Steinfelder in der Schmalen Heide" befindet sich im Norden der Feuersteinfelder ein kleiner Mischwald aus Kiefern, Ahorn und Eichen, während sich im Westen ein lang gestrecktes Sumpfgebiet anschließt. Auf dem kargen Boden der Geröllwälle und entlang seiner Ränder wachsen vor allem Wacholder, Vogelbeere, Heiderose und Heidekraut.

Anfahrt Ein Parkplatz (1 €/Std., Mindesteinwurf 2 €) befindet sich südlich von Neu Mukran, von hier aus führt ein Fußweg zunächst parallel zu den Bahngleisen, dann auf der anderen Seite nach Süden zu den Feldern (ca. 20. Min.).

Südlich von Binz: Lancken-Granitz

Südlich der Granitz befindet sich das kleine Dorf Lancken-Granitz, dessen Nordrand von der Bundesstraße von Bergen nach Sellin und ins Mönchgut durchschnitten wird. Wäre da nicht diese viel befahrene Straße (Autofahrer: fest installierter Blitzer!), ginge es in dem Ort deutlich ruhiger zu. Nichtsdestotrotz verfügt der dann doch erstaunlich beschauliche Kern des ehemaligen Bauerndorfes über ein hübsches Ortsbild mit einer alten Backsteinkirche, in deren unterem Teil große Findlinge eingearbeitet sind. Sehenswert im Innern der *Andreaskirche* ist vor allem der Taufengel, der im Altarraum schwebt und auf das hölzerne Kruzifix aus dem 15. Jh. zeigt. Die Kirche ist ganztägig geöffnet. Ein Stück außerhalb des Dorfes in südöstlicher Richtung liegt ein prähistorisches Großgräberfeld (→ unten).

• *Information* Tourist-Information Lancken-Granitz, Mo, Mi und Fr 9–13 Uhr. Dorfstr. 8, 18586 Lancken-Granitz ✆ 038393-95678.

• *Verbindungen* siehe Sellin, außer natürlich Schiffsverbindungen und Bäderbähnchen; außerdem zu beachten: Die Haltestelle des Rasenden Roland liegt einen knappen Kilometer nördlich des Dorfes, am Waldrand der Granitz.

• *Übernachten* **Alte Mühle**, freundliche Landpension am südlichen Ausgang von Lancken-Granitz (Richtung Großsteingräber), nicht mehr ganz neuer Neubau, ruhig und günstig. EZ 42 €, DZ ab 58 €, einschließlich Frühstück. Dorfstr. 15, 18586 Lancken-Granitz, ✆ 038303-86828, ☏ 038303-90851, www.alte-muehle-ruegen.de.

Parkpension Haus Godewind, eine Hand voll Appartements für 2–4 Pers., alle mit kleiner Terrasse, alles recht neu, aber nicht ungemütlich. Fahrradverleih möglich, Hun-

de erlaubt. Appartement zwischen 56 € und 85 €, . Dorfstr. 34 a, 18586 Lancken-Granitz, ✆ 038303-87967, ☏ 038303-87969, www.godewind-ruegen.de.

• *Wandern* René Geyer bietet **geführte Wanderungen** zu den Hügelgräbern von Lancken-Granitz an, hierbei erfährt man nicht nur etwas über die prähistorische Geschichte, sondern auch über die Sagen, die sich um die Gräber ranken, sowie nebenbei etwas über Kräuterkunde (Erw. 9 €, Kinder 6–14 J. 3 €, Familienticket 18 €). Treffpunkt ist die Kleinbahn-Haltestelle Garftitz nördlich von Lancken-Granitz. Zuletzt waren die Termine im Winter Mi/Fr 10 Uhr, So 13 Uhr; April bis Sept. Mi 10 Uhr, So 13 Uhr (siehe auch Kräuterwanderung bei Groß Zicker). Telefonische Anmeldung ist unbedingt ratsam. Am Mühlengrund 5, 18586 Lancken-Granitz, ✆ 0173-9898031, www.naturgeyer.de.

▸ **Hügelgräber von Lancken-Granitz**: Südwestlich des kleinen Dorfes Lancken-Granitz mündet die Landstraße in den Fünffingerweg, eine Kreuzung, bei der fünf Pisten zusammenlaufen. Nördlich der Kreuzung liegen in einem Abstand von ca. 50 m fünf Megalith-Gräber. Sie sind bereits von weitem zu erkennen dank der Baumgruppen, die sie beschatten. Die Relikte aus der Jungsteinzeit gehören zu den ältesten Grabanlagen Mitteleuropas und sind teils als Dolmen vergleichsweise gut erhalten.

Zwischen Lancken-Granitz und Sellin

Östlich von Lancken-Granitz Richtung Sellin trifft man auf eine zauberhafte Landschaft, erschlossen durch einige hübsche Alleen und eingefasst von dem Neuensiener und dem Selliner See. An den Rändern eines niedrigen Hügels liegen die kleinen Dörfer Altensien und Neuensien, Seedorf und Moritzdorf, verwaltungstechnisch Ortsteile von Sellin. Die beiden Brackwasser-Seen sind nur durch schmale Wasserläufe mit der Having und dem Meer verbunden. Entlang der Lanckener Bek, die zum Neuensiener See führt, erstrecken sich die ineinander übergehenden Orte *Neuensien* und das beschauliche *Seedorf*, einstmals ein bedeutender Ankerplatz samt Werft, heute ein kleiner, bei Freizeitseglern beliebter Hafen. Die Baaber Bek (auch Moritzdorfer Bek) mündet in den Selliner See, an dessen Ufer das ungemein idyllische *Altensien* liegt. Über die schmale Wasserstraße verkehrt eine alte und für die Gegend einzigartige Fähre: Mit einem Ruderboot kann man sich vom Baaber Bollwerk zum denkmalgeschützten *Moritzdorf* übersetzen lassen. Über die Reetdächer des malerischen Ortes erhebt sich ein 37 m hoher Hügel, auf dem sich eine traditionsreiche Ausflugsgaststätte befindet. Von ihrer Terrasse hat man einen grandiosen Blick über die Having und das Mönchguter Land.

• *Information* siehe Sellin (oder auch Baabe).
• *Verbindungen* Der Selliner **Ortsbus (Linie 25)** fährt vom Ostseebad (ab Seebrücke) nach Neuensien und Seedorf sowie nach Altensien und Moritzdorf (jeweils 7-mal am Tag).

> Moritzdorf wird durch eine **Personenfähre** mit *Baabes Bollwerk* verbunden. Der Fährmann rudert zur Saison tägl. zwischen 9 und 21 Uhr über die schmale Wasserstraße zwischen Having und Selliner See. Einfache Fahrt 0,50 €, Fahrrad 1 €.

• *Übernachten/Essen* **Hotel Moritzdorf**, gemütliches und vor allem absolut ruhig am südlichen Rand des kleinen, hübschen Weilers gelegenes Hotel, nettes Restaurant mit regionalen Gerichten (auch vegetarisch), Tische auch vor dem Haus mit schönem Ausblick, Preise für das Gebotene in Ordnung, kein Ruhetag. DZ 90–130 € (je nachdem, ob mit Seesicht, Balkon und/oder Couchecke), inkl. Frühstück. Moritzdorf 15, 18586 Sellin, ℡ 038303-186, 📠 038303-18740, www.hotel-moritzdorf.de.

Moritzburg, beliebtes Ausflugslokal, oberhalb des Dorfes. Etwas anstrengender Aufstieg über zahlreiche Stufen, am Ende des Weilers noch ein paar Schritte weiter und dann rechter Hand die lange Treppe hoch. Hier kann man Kaffee und Kuchen oder die herzhafte regionale Küche (auch Steaks vom heißen Stein) genießen – samt herrlicher Aussicht über die Boddenlandschaft; nur in der Saison ab 11 Uhr, abends dann nicht allzu lange. Moritzdorf 14, ℡/📠 038303-95884.

Binnen und Buten, in *Seedorf*, gemütliche Gaststätte, viel Fisch, aber auch Auswahl an Fleischgerichten, nicht zu teuer. Nachmittags Cafébetrieb. Freundlicher Service, etwas zurückgesetzt vom Seedorfer Hafen. Ostern bis Okt. tägl. ab 11.30 Uhr geöffnet (in der Hauptsaison bis 22 Uhr, in der Nebensaison nur bis 20.30 Uhr). Seedorf Nr. 8, ℡ 038303-87436.

Gasthof Drei Linden, in Seedorf, trotz des neutralen Namens auch hier mit unvermeidlich seemännischem Ambiente, große Auswahl an regionalen Speisen, Preise

Beschattetes Großsteingrab

okay, auch Café. Am Seglerhafen in Seedorf, ℡/📠 038303-87241.

Seeblick, Gaststätte und Pension am Ortseingang von Seedorf. Einzige Übernachtungsmöglichkeit (außer Ferienwohnungen) in Seedorf. Großer Garten zum Neuensiener See hin. Das Restaurant ist Mitte März bis Ende Okt. tägl. ab 11.30 Uhr geöffnet. EZ 48 €, DZ 73–79 €, einschließlich Frühstück. Neuensien 9a, 18586 Sellin/OT Seedorf, ℡ 038303-86597, 📠 038303-87254, www.ferienpension-seeblick.de.

De Seedörper Fischräucherei, beliebte Fischräucherei am Hafen von Seedorf, auch Außer-Haus-Verkauf und vor allem Imbiss, ℡ 038303-87974.

• *Hafen* Für die Größe der kleinen Ortschaft weitläufiger Yacht- und Fischerhafen in *Seedorf*, 35 Liegeplätze bei 3,50 m Tiefe, ℡ 038303-95650 oder 0170-5769694.

Sellins Seebrücke heute ...

Ostseebad Sellin   ca. 2300 Einwohner

**Auch in Sellin bestimmt grandiose Bäderarchitektur das Stadtbild. Beson-
ders hervorzuheben: die in der Ortsmitte gelegene Wilhelmstraße, gesäumt
von weiß getünchten Villen, sowie die berühmte Selliner Seebrücke, zu deren Füßen sich ein herrlicher Sandstrand erstreckt.**

Sellin ist das zweitgrößte Ostseebad der Insel (nach Binz und vor Göhren) und liegt
auf halbem Weg zwischen den beiden Schwestern. Eingerahmt wird der Ort von
den südlichen Ausläufern der Granitz sowie dem Selliner See. Die Hauptverbin-
dung zur bis zu 40 m hohen Steilküste bildet die Prachtallee Sellins, die *Wilhelmstraße*, eine Flaniermeile in Weiß, die ihre „Verlängerung" in der berühmten Seebrücke findet. Wie ein Steg in eine andere Zeit reicht die einzige bebaute Seebrücke Rügens, in dessen prachtvollen Gebäuden stilvolle Restaurants untergebracht
sind, in die Ostsee hinein. Das Verbindungsstück der beiden außergewöhnlichen
Beispiele der Bäderarchitektur ist die „Himmelstreppe", eine Freitreppe, die über
99 Stufen vom Ende der Wilhelmstraße auf die Brücke und hinab zum breiten,
feinsandigen Strand führt.

Am unteren Ende der Wilhelmstraße „gabelt" sich der Sellin. Nach Nordwesten erstreckt sich der „ältere" Ort entlang der Hauptstraße bis zum Bollwerk, dem kleinen
Hafen im Selliner See. In südöstlicher Richtung zieht sich der Ort am Selliner Forst
entlang und mündet in einer neuen Appartementanlage. Dazwischen befindet sich
eine parkähnliche Grünfläche mit kleinen Teichen und verzweigten Wegen. Nicht
ganz so gelungen zeigt sich dabei die genannte Appartementanlage *Seepark* neben
der Durchgangsstraße, die ins Mönchgut und nach Baabe führt. Hier findet man
auch das riesige Freizeitbad „Inselparadies" sowie zahlreiche Parkplätze. Eine südliche
Ortsgrenze ist schwer auszumachen, unmerklich geht Sellin in den Nachbarort
Baabe über.

... und „gestern"

Die Selliner Seebrücke

Bevor der Rügendamm das Festland mit der Insel verband, war genau das für
die Anreise ein Problem, was die Ostseestrände familienfreundlich und attraktiv macht: Sehr flach fällt der Sand vom Ufer ins Meer ab, schön für Badeurlauber, schwierig für Schiffe mit Tiefgang. Einst mussten die meisten Besucher der Ostseebäder Sellin, Binz oder Göhren in oft waghalsigen Manövern
von Bord der Bäderdampfer in kleine Segelboote umsteigen, um an ihren Urlaubsort zu gelangen. Abhilfe schafften erst die Seebrücken, die sich auf hölzernen Pfählen weit genug ins Meer streckten, damit die Fähren eine Hand-
breit Wasser unter dem Kiel hatten, um anlegen zu können.

Die erste Seebrücke entstand 1902 in Binz, 500 m Holzplanken gestützt auf
zahllose Pfähle. Schon bald zeigte sich jedoch die Anfälligkeit dieses exponierten
Bauwerks. Am Neujahrsmorgen 1904 zerstörte ein schwerer Orkan die gesamte
Brücke. Gleichzeitig mit dem Neubau in Binz entstand auch die Seebrücke von
Sellin, die ebenfalls über 500 m in die Ostsee hineinreichte.

Schon früh entdeckten Einheimische und Gäste die Selliner Pfahlkonstruktion
als Flaniermeile und aus der Anreisehilfe wurde eine Attraktion: Sehen und
gesehen werden war das Motto. Schnell wurden die ersten Aufbauten errichtet, ein Pavillon und ein Restaurant, die die Anziehungskraft der Seebrücke
weiter steigerten. Doch das Wetter beutelte auch die Selliner Seebrücke. Diverse Sturmschäden ließen sich noch beheben, das schwere Eis im Winter 1924
aber führte zu ihrem Einsturz. Sie wurde wieder aufgebaut und musste sich jedoch, ebenso wie die übrigen Seebrücken der Bäderküste, im Winter 1942 erneut dem Eis geschlagen geben. Danach stand nur noch das Brückenhaus, in
dem ab den 1950er Jahren ein legendäres Tanzlokal untergebracht war. 1978
wurde auch dieser klägliche Rest des einst prächtigen Steges abgerissen. Erst
in den 1990er Jahren erfolgte der Wiederaufbau. Nach historischem Vorbild gestaltet, ist die Selliner Seebrücke heute die einzige bebaute Seebrücke Rügens.
Die Seebrücke ist auch mit einem Aufzug (tägl. 8–22 Uhr, kostenlos) neben
der Himmelstreppe zu erreichen.

Ursprünglich war Sellin nur ein winziges Fischerdorf am Rande der ausgedehnten Ländereien der Herren zu Putbus, in dem noch 1806 kaum mehr als 100 Menschen lebten. Der Aufschwung zum Seebad erfolgte parallel zu den Nachbarn Binz und Göhren mit dem Anschluss des Dorfes an die Schmalspurbahn im Jahr 1895. Ein Jahr später ließ Fürst Wilhelm zu Putbus eine breite, „flanierbare" Allee anlegen, die Grundausstattung für einen mondänen Urlaubsort. Ursprünglich sollten Kastanien die Prachtstraße säumen, doch war den Bäumen der Boden zu karg, so dass sie durch Linden ersetzt werden mussten. Zeitgleich entstand 1896 auch das erste Hotel auf dem Hochufer. Namensgeber für Promenade und Herberge war ihr Initiator Fürst Wilhelm zu Putbus.

In schneller Folge wurden weitere Gebäude errichtet, alle im Stile der Zeit, reich verziert, strahlend weiß und mit Veranden, Loggien und Balkonen versehen. Bis 1912 hatte sich die Wilhelmstraße zu dem entwickelt, was sie heute ist: eine außergewöhnliche Bäderarchitektur-Meile. Ganzer Stolz des jungen Bades war die 1906 eröffnete Seebrücke. 1998 wurde das wiedererrichtete Wahrzeichen Sellins fertig gestellt. Jüngste Attraktion ist die am seeseitigen Ende der Seebrücke angebrachte Tauchgondel, mit der man trockenen Fußes einen Blick in die Unterwasserwelt der Ostsee werfen kann.

Information/Verbindungen/Diverses

• *Information* **Kurverwaltung Sellin**, freundlich und kompetent, Informationen, Zimmervermittlung, Internetzugang (2 €/30 Min.). Mo–Fr 8.30–18 Uhr, Sa/So 10–18 Uhr; im Winter Mo–Fr nur bis 16.30 bzw. 17 Uhr, Sa nur bis 14 Uhr und So geschl. Seitenstraße am oberen Teil der Wilhelmstraße, beim Kurpark. Warmbadstr. 4, ℡ 038303-160, 🖷 038303-16200, www.ostseebad-sellin.de. **Historische Ortsführungen** zu den Themen „Selliner Seebrücke", „Bäderarchitektur" und „Wilhelmstraße" werden ganzjährig angeboten.

• *Kurtaxe* 1.5.–30.9. sowie Weihnachten/Neujahr 2,30 €, Kinder 1,15 €, Familie 6,90 €, ansonsten 1,20 €, Kinder 0,60 €, Familie 3,60 €. In der Kurtaxe enthalten ist die Benutzung der Bäderbahn.

• *Parken* Nicht ganz einfach, manche der Hotels verfügen über weniger Parkplätze als Zimmer, so dass es mit Parkmöglichkeiten eng werden kann. Ein kleiner kostenpflichtiger Parkplatz befindet sich am nördlichen Ortsrand. Einen (kostenpflichtiger) Großparkplatz findet man am südöstlichen Ortsrand (beim Seepark und Erlebnisbad). In der Wilhelmstraße kann man mit Parkscheibe max. 1 Std. parken.

• *Taxi* **Funktaxi** ℡ 038303-87062, **Mönchgut-Taxi** ℡ 038303-85045, **Zentrale Binz** ℡ 038393-2424.

• *Verbindungen* **Bus-Linie 20** verbindet Sellin mit *Binz*, *Prora*, dem *Fährhafen Sassnitz* bei Neu Mukran, der Stadt *Sassnitz* und (seltener) direkt mit dem *Königsstuhl*

sowie in Gegenrichtung mit den Ostseebädern *Baabe*, *Göhren* und ganz im Süden *Thiessow*, fast stündlich, bis Sassnitz bzw. Göhren häufiger. Nach Bergen fährt **Linie 24**, allerdings relativ selten direkt, so dass man mit **Linie 20** zum Wendeplatz Serams fahren und dort in die **24** umsteigen muss. **Kleinbahn:** Der *Rasende Roland* fährt auf seinem Weg entlang der Ostseebäder auch an Sellin vorbei (Haltestellen am südlichen und westlichen Stadtrand). ℡ 03838-813594, www.ruegensche-baederbahn.de. Weitere Infos und Preise → S. 118.

Der *Ortsbus* fährt von der Seebrücke nach Neuensien und Seedorf sowie nach Altensien und Moritzdorf (jeweils 7-mal am Tag). **Schiffsverbindungen zu Rügens Ostseebädern:** Die **Reederei Ostsee-Tour** verbindet Sellin mit dem *Sassnitzer Stadthafen* (Mitte Mai bis Ende Sept. 5-mal tägl.; Erw. 8 €, Kinder 4–14 J. 4 €; Dauer 1 Std. 40 Min.) sowie mit den Seebrücken von *Binz* (5-mal tägl.; Erw. 5,50 €, Kinder 4–14 J. 2,50 €; Dauer 30 Min.) und *Göhren* (5-mal tägl.; Erw. 5,50 €, Kinder 4–14 J. 2,50 €; Dauer 30 Min), auf allen Strecken Kinder bis 4 J. frei, Hund 4 €, Fährbetrieb April bis Okt., auch Familientickets und Kombitickets mit *Rasendem Roland* möglich, Karten an Bord. Reederei Ostsee-Tour, Hafenstr. 12 j, 18546 Sassnitz, ℡ 038392-3150, 🖷 038392-50672. Bordtelefon der Schiffe: MS Cap Arkona ℡ 0160-7474673, MS Binz ℡ 0160-7474674, MS Marco Polo ℡ 0160-7474675, www.reederei-ostsee-tour.de.

• *Ausflugsschiffe*   Die **Reederei Ostsee-Tour** bietet neben dem Fährverkehr auch *Ausflugsfahrten zum Kreidefelsen* (April bis Okt. 3-mal tägl., Erw. 17,50 €, Kinder 4–14 J. 8,50 €; Dauer ca. 3 Std.) sowie *Rundfahrten* um die Insel an (Anfang Juni bis Mitte Sept. jeden Mo, Erw. 41 €, Kinder 4–14 J. 20 €; Dauer 9,5 Std.); auf allen Strecken Kinder unter 4 J. frei, kein Landgang, Adresse → oben.

Ausflugsfahrten zum Kreidefelsen hat auch die Reederei **Adler-Schiffe** im Programm. Die *MS Mönchgut* fährt April bis Okt. 1-mal tägl., via Binz, Dauer 4 Std., Erw. 17,50 €, Kinder 6–14 J. 8,50 €, Hund 3 €, ✆ 038378-47790, www.adler-schiffe.de.

Aktivitäten

• *Bootsverleih*   beim Hafen, Seestr./Am Bollwerk, ✆ 038303-86830.

• *Einkaufen* **Goldschmiede** und **Bernsteinschmuck**, im gleichen Gebäude wie das Bernsteinmuseum (Granitzerstr. 43, ✆ 038303-87279), sowie gegenüber **Zum Katen**, Kunsthandwerk und Souvenirs aus Keramik und Bernstein (Granitzerstr. 11 a, ✆ 038303-86689).
Rügener Sanddorn-, Obst- und Gemüsehandel (7), zahlreiche Sanddornprodukte sowie diverse kulinarische Mitbringsel, aber auch frisches Obst und Gemüse in der Wilhelmstraße 42.

• *Eisbahn*   Schlittschuhlaufen im Ostseebad? Die 555 qm große Eisbahn befindet sich neben dem Bad Inselparadies. Natürlich nur im Winter Mo–Do 13–20 Uhr, Fr–Sa 10–21 Uhr und So 19–20 Uhr geöffnet, auch Schlittschuhverleih und Kufenschleifer, abends Eishockey.

• *Erlebnisbad*   Das **Inselparadies** ein Hallenbad zu nennen wäre wahrlich untertrieben: Abenteuer- und Warmbecken, Wildwasserkanal und Sprudelliegen, über 100 m lange Rutsche und, und, und… natürlich auch große Saunalandschaft und Gastronomie. Tägl. 9–22 Uhr, im Winter 10–22 Uhr. Eintritt Erw. 9 €, Kinder 3–14 J. 5,50 €, mit Sauna Erw. 14 €, Kinder 10,50 €, gültig jeweils für 3 Std., bei 2 Std. günstiger. Badstr. 1, 18586 Sellin, ✆ 038303-1230, 📠 038303-12345, www.inselparadies.de.

• *Fahrradverleih*   **Conny's Fahrradverleih**, gegenüber der Seepark-Passage am unteren Ende der Wilhelmstraße. Fahrrad ab 4 €/Tag, Kinderfahrrad ab 3 €. Granitzer Str. 45, ✆ 038303-95577, www.fahrradverleih-selliln.de.

• *Feste/Veranstaltungen*   Seebrückenfest am letzten Juli-Wochenende. Weitere Infos bietet der Veranstaltungskalender der Tourist-Information oder das Internet unter www.ostseebad-sellin.de.

• *Historische Ortsführungen* werden ganzjährig von der *Touristen-Information* Führungen angeboten, Infos → oben.

• *Minigolf*   Leser empfahlen den Platz beim Freizeitbad „Inselparadies".

• *Tauchgondel*   Juni bis Aug. tägl. 10–21 Uhr, Mai, Sept., Okt. tägl. 10–18 Uhr, Nov. bis April 11–16 Uhr (spätestens bis Sonnenuntergang), wetterbedingte Ausfälle sind möglich. Ein Tauchgang, während dessen auch 3D-Filme über Unterwasserwelten gezeigt werden, dauert etwa 45 Min. Erw. 8 €, erm. 6 €, Kinder bis 15 J. 4,50 €, Familienticket 18 € (1 Kind) bzw. 20 € (2 Kinder). An der Seebrücke, ✆ 038303-92777, www.sellin.tauchgondel.de.

> **Wandertipp**: Eine schöne Wanderung führt durch die Granitz nach Binz mit möglichem Abstecher zum Jagdschloss Granitz, ab dort mit dem Rasenden Roland wieder zurück.

Die Granitz
Karte S. 127

Bäderarchitektur in der Wilhelmstraße

Übernachten

In Sellin steht dem Besucher das gesamte Unterkunftsspektrum zur Verfügung: von zahlreichen Hotels und Pensionen bis zur neuen Jugendherberge. Die größte Dichte bietet die Wilhelmstraße. In einigen Häusern gibt es Wellnessangebote. Als preisgünstig kann man Sellin allerdings nicht bezeichnen.

***** **Cliff-Hotel (10)**, noble Hotelanlage südlich von Sellin (nahe Baabe), der riesige Komplex befindet sich in Alleinlage mitten im Wald und bietet alles, was man von fünf Sternen eben erwartet, darunter ein riesiges Spa mit umfangreichem Wellnessangebot sowie Schwimmbad (innen). Außerdem mehrere viel gelobte Restaurants, Café und Bar, Strandbar und Kneipe. EZ 130–165 €, DZ 200–245 €, Frühstück inkl., Halbpension 28 €/Pers., Hund 21 €/Tag. Cliff-Hotel Rügen, 18586 Sellin, ☎ 038303-8214, 🖷 038303-8490, www.cliff-hotel.de.

**** **Hotel Bernstein (2)**, sehr schön und etwas abseits auf dem Hochufer gelegenes, sympathisches Hotel der Spitzenklasse (südlich der Wilhelmstraße), aussichtsreiches, gehobenes Restaurant mit Terrasse sowie Lounge/Bar. Großes Spa („Ambra") mit zahlreichen Angeboten samt Sauna, Fitnessbereich und Schwimmbad (innen, aber dank eines wintergartenähnlichen Panoramafensters mit Ostseeblick). Sehr freundlicher Service. Die meisten Zimmer mit Balkon, viele davon mit Meerblick. EZ 95 €, DZ 150–180 €, Frühstück inkl., Halbpension (4-Gang-Abendmenü) 28 €/Pers. Hochuferpromenade 8, 18586 Sellin, ☎ 038303-1717, 🖷 038303-1718, www.hotel-bernstein.de.

Pension Tatjana (3), Rügens rotes Russlandhaus in der weißen Wilhelmstraße, große, teils individuell von Künstlern, vor allem aus Russland und Rügen, gestaltete Zimmer, dabei work in progress, denn immer wieder wird das eine oder andere Zimmer neu eingerichtet und ausgestattet. Parkplätze am Haus, schöne Dachterrasse, Sauna. Zur Pension gehört auch die russische Teestube/Restaurant *Tschai Kowski* (s. u.). Ca. 200 m vor der Seebrücke. EZ 45 €, DZ 66–78 €, Frühstück inkl. Wilhelmstr. 28, 18586 Sellin, ☎ 038303-1450, 🖷 038303-85693, www.pension-tatjana.de.

**** **Dorint Hotel-Park Ambiance (5)**, großer Komplex an der Wilhelmstraße bestehend u. a. aus den schönen Bäderarchitektur-Gebäuden Rugia, Vineta und Sella (sowie dem Blockhaus Finja), dem eleganten, viel gelobten Restaurant Ambiance (gehoben, Hauptgerichte um 20–25 €) sowie den französisch inspirierten Restaurants *clou* und *Le Jardin* (im schicken Wintergarten), mit Terrasse. Außerdem große Wellnessland-

Selliner Bäderarchitektur

C afés
1 Palmengarten
  und Kaiserpavillon

E inkaufen
7 Sanddornladen

Ü bernachten
2 Hotel Bernstein
3 Pension Tatjana
5 Dorint Hotel Park
  Ambiance
6 Villa Elisabeth
8 Jugendherberge
10 Cliff-Hotel

E ssen & Trinken
1 Palmengarten und
  Kaiserpavillon
2 Rest. Bernstein
3 Tschai Kowski
4 Zum Skipper
5 Ambiance/ clou/ Le
  Jardin
6 Villa Elisabeth
9 Selliner Kleinbahnhof

Sellin

120 m

schaft (Lagunenbad, Massagen, Kreidepackungen, Sauna etc.) und ein eigener kleiner Hotelpark. Sehr komfortable Zimmer zum Ausspannen. Der Luxus hat natürlich seinen Preis: EZ 142 €, DZ 196–250 €, inkl. Frühstück. Wilhelmstr. 34, 18586 Sellin, ☎ 038303-1220, ✆ 038303-122122, www.dorint.com/sellin.

Villa Elisabeth (6), das freundliche, bodenständige Hotel in der Wilhelmstraße ist in einer schönen Bädervilla untergebracht, die Hotelleitung ist sehr um das Wohl der Gäste bemüht. Geräumige Zimmer, teils mit großem Holzbalkon. Zum Hotel gehört auch

ein Restaurant, das solide und schmackhafte Ostseeküche zu günstigen Preisen bietet. Im Sommer mit Terrasse. Netter Service. EZ 50 €, DZ 100 €, Frühstück inkl. Wilhelmstr. 40, 18586 Sellin, ☎ 038303-87044, ✆ 038303-87045, www.hotel-elisabeth-sellin.de.

• *Jugendherberge* **Jugendherberge Sellin (8)**, nicht sehr charmante Lage in einem Mehrfamilienhaus mit Parkplatz im Hof. Nahe des Kleinbahnhofs im südlichen Ortsteil, zu Fuß ca. 10 Min. ins Zentrum. Viele Schulklassen. Im Mehrbettzimmer 25,50 €, im DZ 29,50 €, Senioren ab 27 J. 31,30 € im Mehrbettzimmer, im DZ 36,20 €, inkl. Frühstück. Halbpension 5,50 €. Kiefernweg 4, 18586 Sellin, ☎ 038303-95099, ✆ 038303-95098, www.djh-mv.de.

● *Wohnmobilstellplatz* Oberhalb der Jugendherberge im Kiefernweg 5, Infos unter ☎ 0151-19007077.

Essen & Trinken (→ Karte S. 153)

Auch in Sachen Restaurants findet man die größte Auswahl entlang der Wilhelmstraße, oft gehören sie zu Hotels und Pensionen (siehe auch oben). Hier noch eine ergänzende Auswahl:

Palmengarten und Kaiserpavillon (1), durchaus als Erlebnisgastronomie zu bezeichnen, ob auf einen Kaffee oder einen Drink im stilvollen Café oder zum Dinner im schicken Restaurant, das einzigartige Ambiente schafft der Standort: die Seebrücke. Geschmackvoll eingerichtet, freundlicher Service und für das Gebotene (und den Ort) gar nicht einmal teuer (Hauptgericht um 20 €, Pasta ab 9 €, auch Pizza); tägl. 10–22 Uhr, kein Ruhetag. Seebrücke Sellin, ☎ 038303-829600, www.seebrueckesellin.de.

Tschai Kowski (3) russische Teestube in der *Pension Tatjana* (→ oben), große Teeauswahl, Frühstück, Mittagstisch und Abendessen mit köstlichen russischen Spezialitäten (wer sein Russisch ein bisschen auffrischen will, hat hier die Möglichkeit: die Karte ist zweisprachig). Wir probierten hier u. a. süße Wareniki (gefüllte Teigtaschen mit Früchten und Schmand), die es natürlich auch in der herzhaften Variante gibt. Ca. 200 m vor der Seebrücke. Wilhelmstr. 28, ☎ 038303-1450, www.pension-tatjana.de.

Selliner Kleinbahnhof (9), nochmals Erlebnisgastronomie, das nett hergerichtete Restaurant gleicht in Teilen einem kleinen Eisenbahnmuseum, und wenn zufällig draußen der *Rasende Roland* vorbeifährt, könnte man tatsächlich meinen, auf Reisen zu sein. Mit Terrasse. Relativ günstige Tagesgerichte, ansonsten mittleres Preisniveau, tägl. ab 11.30 Uhr geöffnet. Am Kleinbahnhof, ☎ 038303-87971.

Zum Skipper (4), beliebtes Fischrestaurant in der Wilhelmstraße, innen maritim, draußen Terrasse, Preise in Ordnung, tägl. 11–22 Uhr (im Winter eingeschränkt). Wilhelmstraße 31, ☎ 038303-90740.

Sehenswertes

Bernsteinmuseum: Anhand von Schautafeln und Fundstücken erhält man hier einen Einblick in die erdgeschichtlichen Vorgänge, die aus Harztropfen (und ihren Inklusen) honigfarbene Edelsteine schufen. Auch wie das traditionelle Kunsthandwerk mit dem weichen Stein umging und wie er zu vielgestaltigem Schmuck verarbeitet wurde, ist zu sehen. Besonderes Ausstellungsstück des Museums: der größte Bernstein Rügens.
Mo–Fr 10–12 Uhr und 14–17 Uhr, Sa 10–12 Uhr, sollte zu diesen Zeiten geschlossen sein, im Geschäft nachfragen. Eintritt 2 €, Kinder 0,50 €. Granitzer Str. 43, ☎ 038303-87279, www.bernsteinmuseum-sellin.de.

Baden

Die Blaue Flagge, Auszeichnung für hervorragende Wasserqualität, ziert auch Sellins Strand. Er teilt sich in zwei Abschnitte. Unterhalb des Hochufers bei der Wilhelmstraße erstreckt sich vor der Seebrücke der lange und breite *Nordstrand*. Etwas nördlich (hier etwas steinig) sowie südlich beginnen Hundeabschnitte, noch etwas weiter nach Süden der FKK-Bereich. Daran anschließend befindet sich der *Südstrand* (Vorteil: länger Sonne), den man am leichtesten über den Weißen Steg erreicht (Ostbahnstraße, dann vor dem Seepark abbiegen, strandnah auch ein kostenpflichtiger Parkplatz). An beiden Strandabschnitten stehen Strandkörbe, Gastronomie und sanitäre Einrichtungen zur Verfügung. Der Nordstrand wird auf der Höhe der Seebrücke, der Südstrand bei der Einmündung des Weißen Steges von der DLRG überwacht. Beide Strandabschnitte sind natürlich feinsandig, nahezu steinfrei und traumhaft.

Traditionsreich: Ruderbootfähre am Baaber Bollwerk

Das Mönchgut

Das Mönchgut vereint wie ein kleines Mosaik die verschiedenen Landschaften Rügens: lange Sandstrände an der Ostsee, im Westen eine Boddenküste, teils mit steil abbrechenden Hochufern, teils mit dicht bewachsenen Niederungen. Dazwischen liegen das mondäne Ostseebad Göhren und zahlreiche beschauliche Dörfer, die malerischer nicht sein könnten.

Mehr wie eine Inselgruppe streckt sich das hügelige Land des Mönchguts, südöstlich der Granitz gelegen, weit ins Meer hinein. Am südlichsten Ende ragt *Thiessow* am Lotsenberg aus der Landschaft hervor, gleich daneben liegt *Klein Zicker* auf einer kreisrunden, 38 m hohen Erhebung. Es folgen die Zickerschen Berge zwischen *Gager* und *Groß Zicker*. Als Verbindungsstücke untereinander und mit dem nördlichen Teil des Mönchgutes erstrecken sich flache, schilfreiche Landstreifen. In zwei eleganten Schwüngen zieht sich die Ostseeküste vom Nordperd bei *Göhren* über die kleine Landzunge Lobber Ort zum Südperd bei Thiessow. Der südliche Abschnitt ist ein einziges kilometerlanges, feinsandiges Badeparadies, schlicht (und zutreffend) der *Große Strand* genannt. Die westliche Küste hingegen ist stark zergliedert, weit springen die hügeligen Halbinseln in den Bodden hinein und formen lang gestreckte Buchten.

Der Name *Mönchgut* kommt nicht von ungefähr: Keine 100 Jahre nach dem Fall Arkonas und der Christianisierung Rügens verkaufte der slawische Fürst Jaromar II. den nördlichen Teil der Halbinsel an das Zisterzienserkloster Eldena bei Greifswald (1252). Nachdem 1360 auch der südliche Teil an das Kloster ging, war die gesamte Halbinsel in der Hand der Zisterzienser und hieß fortan: *Monke Gudt*. Das Gut der Mönche ist klar begrenzt, natürlich durch die Küste und im Norden durch den *Mönchgraben*. Der Wallgraben, der sich oberhalb von Baabe von der Ostsee bis zum Selliner See erstreckt und die Granitz vom Mönchgut trennt, stammt aber wahrscheinlich bereits aus slawischer Zeit. Die Mönche und ihre Bauern, die aufgrund strenger monastischer Regeln weitgehend isoliert vom Rest der Insel waren, lebten vom Fischfang und vom Anbau von Gemüse, Obst und (natürlich) Hopfen. Auch nachdem mit der Reformation die Klosterregeln gelockert wurden und schließlich die Mönche im 17. Jh. gegangen waren, änderte sich nichts Grundlegendes für die Bewohner der Halbinsel: Sie lebten immer noch von der Landwirtschaft und vor allem von der Fischerei und galten auch weiterhin als nicht gerade kontaktfreudig. Heute hat sich das praktisch ins Gegenteil verkehrt: Der Tourismus ist die Haupteinnahmequelle der Region.

Salzwiesen und Trockenrasen

Das Mönchgut ist Teil des *Biosphärenreservats Südost-Rügen*. Die meisten Gebiete gehören zur Schutzzone II, der so genannten Pflegezone – hier greift der Mensch korrigierend ein, um den Naturraum zu schützen; nur der äußerste Küstenstreifen des Zickerschen Höfts ist Kernzone, jegliches menschliches Eingreifen ist hier verboten. Zu den Besonderheiten des Schutzgebietes gehören zwei so gegensätzliche Naturräume wie Salzwiese und Trockenrasen.

Die Voraussetzungen für *Trockenrasen* sind auf dem Mönchgut günstig. Die Halbinsel gilt als die niederschlagsärmste Gegend Rügens, und die Böden auf den Hügeln bestehen aus magerem Sand. Mit dem Rückgang der Wälder machte sich eine genügsame Vegetation auf dem nährstoffarmen, sauren Boden breit, die ansonsten auf die steilen Uferabbrüche beschränkt war: Niedrig wachsende Gräser, Kräuter und Blumen wie wilder Thymian, Strohblumen oder Silbergras kennzeichnen den Trockenrasen (z. B. in den Zickerschen Bergen).

Salzwiesen hingegen entstehen im Marschland zwischen Land und Meer (auf dem Mönchgut z. B. südlich von Middelhagen). Regelmäßig vom Meerwasser überflutet, entfaltet sich auf dem salzreichen, sumpfigen Boden und an Brackwassertümpeln eine ganz eigene Vegetation, wie z. B. die Salzbinse. Außerdem dient das Feuchtgebiet als Rückzugsraum für zahlreiche Vogelarten. Salzwiesen finden sich auch auf Ummanz und Hiddensee.

Ostseebad Baabe   ca. 900 Einwohner

Das „Tor zum Mönchgut" hat zwei Gesichter: Einerseits erkennt man vielerorts noch das verschlafene ehemalige Fischerdorf, andererseits ist Baabe ein Seebad im Ausbau. Richtung Süden wird das Städtchen von den Wäldern der Baaber Heide eng umschlossen.

Baabe versucht seit der Wiedervereinigung, an die großen Schwestern im Norden und im Süden anzuschließen, doch bis heute ist der Ort, in dem außerhalb der Saison keine Tausend Menschen wohnen, ein ruhiges Ostseebad geblieben. Der Tourismus spielte zwar seit dem Ende des 19. Jh. wie in den übrigen Bädern eine Rolle, aber das Bäderleben gedieh hier nur verhältnismäßig spärlich. Ein begrünter Boulevard, in dessen Mitte ein Fußgängerweg zum Strand führt, ein paar sorgsam renovierte Beispiele der Bäderarchitektur und eine Hand voll von Bäumen beschattete Seitenstraßen zeugen von vergangenen und aktuellen Ambitionen. Fertig gestellt ist der nette Kurgarten samt Haus des Gastes am Ende der Strandstraße.

Auf der gegenüberliegenden Seite der Göhrener Chaussee zeigt sich das andere Gesicht Baabes: Boddenseits erstreckt sich in einem leichten Bogen das alte Fischerdorf, heute vor allem ein ruhiges Wohngebiet, bis an das von einem Schilfgürtel gesäumte Ufer des Sellier Sees. Ein gutes Stück jenseits der Ortsgrenze endet die Dorfstraße am Bollwerk, dem kleinen Hafen von Baabe. Ein paar Fischer legen hier noch ab. Außerdem gibt es ein Ausflugsschiff, und ein Fährmann setzt in einem Ruderboot über nach Moritzdorf. Neben dem Bollwerk befindet sich ein elegantes Hotel.

Information/Verbindungen/Diverses

• *Information* **Tourist-Information** in einem Pavillon aus Holz und Glas am Anfang der Strandstraße (mit Blick Richtung Meer linker Hand), sehr freundlich und hilfsbereit; Mo–Fr 10–14 Uhr, ✆ 038303-14241. Nov. bis März geschl. Infos auch in der **Kurverwaltung Baabe**, die sich im *Haus des Gastes* befindet, allerdings erschweren verwirrende Öffnungszeiten den Informationszugang (zuletzt: Mo–Fr 9–17 Uhr, Sa/So 10–17 Uhr, im Winter eingeschränkt, im Sommer wohl länger). Nebenan Spielplatz, Minigolfanlage und Bocciabahn. Am Kurpark 9, 18586 Baabe, ✆ 038303-14218, 📠 038303-14299, www.baabe.de.

• *Kurtaxe* Erw. 2,30 €, Jugendliche 16–18 J. 1,15 €, Kinder bis 16 J. frei, in der Nebensaison etwas weniger. In Baabe wird die Kurtaxe wie überall üblich vom Vermieter angenommen, zusätzlich gibt es jedoch eine Tageskurkarte, d. h. auch Tagesgäste müssen eine Karte lösen (2,50 €), z. B. für die Strandbenutzung. Hierfür steht am Zugang zum Strand ein Automat, an dem man sich ein Ticket ziehen kann (wird stichprobenartig kontrolliert).

• *Taxi* **Sellin** ✆ 038303-87062, **Mönchgut-Taxi** ✆ 038303-85045, **Zentrale Binz** ✆ 038393-2424.

• *Verbindungen/Ausflüge* **Buslinie 20** fährt fast stündlich von *Sassnitz (Stadt)* (auch direkt von/ab *Königsstuhl*) über den *Fährhafen Sassnitz* bei Neu Mukran, *Prora*, *Binz* und *Sellin* nach Baabe und von hier weiter nach *Göhren*, *Thiessow* und *Klein Zicker* – und das Ganze auch in anderer Richtung. Nach Bergen fährt die **Linie 24**, allerdings relativ selten direkt, so dass man mit **Linie 20** zum Wendeplatz Serams fahren und dort in die **24** umsteigen muss.

Kleinbahn: Der *Rasende Roland* hält auf seinem Weg entlang der Ostseebäder auch in Baabe: Im Sommer stündlich nach *Göhren* und in anderer Richtung nach *Sellin*, *Binz* und *Putbus* (nach Lauterbach nur 5-mal), im Winter alle zwei Stunden. Preisbei-

spiele: einfach nach Göhren oder Sellin 1,80 €, erm. 0,90 €, nach Binz 3,60 € (1,80 €), nach Putbus 7,20 € (3,60 €), Fahrrad 2 €, auch Familien-, Wochen- und Monatskarten, ✆ 03838-813594. Weitere Infos z. B. zu Ausflugsangeboten → Kapitel Putbus, S. 118.

„Stadtbus": *Uns lütt Bahn* pendelt etwa 9-mal tägl. zwischen der Strandpromenade und Bollwerk hin und her, Einzelfahrt 1 €, erm. 0,50 €, Tageskarte das Doppelte, mit Kurkarte frei, nur Ostern bis Ende Okt.

Am Bollwerk, Baabes Hafen am Bodden, verbindet eine **Personenfähre** Baabe mit *Moritzdorf*. Der Fährmann rudert zur Saison tägl. zwischen 9 und 20 Uhr über die schmale Wasserstraße zwischen Having und Selliner See. Da das Fährhaus am anderen Ufer steht, muss man am Steg diesseits mit der Schiffsglocke läuten, um sich bemerkbar zu machen. Einfache Fahrt 0,50 €, Fahrrad oder Kinderwagen 1 €, Fahrradanhänger 2 €, Hund 0,50 €.

Ausflugsschiff: Mit der *MS Lamara* durch das Biosphärenreservat Südost-Rügen, um die Insel Vilm und zurück, nach Ostern an schönen Tagen tägl. 11 Uhr, Mai bis Sept. tägl. 11 Uhr und 14 Uhr, Juni/Aug. auch Abendfahrten (Di und Do 18 Uhr), Okt. tägl. 14 Uhr; Erw. 12 €, Kinder 4–14 J. 7 €, Hund 3 €, freie Fahrt für Geburtstagskinder, Dauer 2 Std. ✆ 038303-909951 oder 0160-96677899, www.ms-lamara.de.

• *Fahrradverleih* bei **Casa Atlantis** in der Sandstraße, 3-Gang-Fahrrad 5 €, 7-Gang 6 €/Std., 8-Gang, gefedert 8 €, MTB 7,50 €, auch Kinderräder (3,50 €) sowie natürlich Zubehör (Helm, Nachläufer, Korb etc.). Strandstr. 5, ✆ 0151-18427010, www.fahrradverleih-baabe.de.

Das Mönchgut
Karte S. 127

Günstige Fahrräder kann man auch im Supermarkt gegenüber dem Infopavillon leihen, 3,50 €/Tag.

• *Hafen* Kleiner Sportboothafen an der Having, 30 Liegeplätze bei 2,80 m, ☎ 038303-86410.

• *Minigolf* Neue Anlage beim Haus des Gastes im Kurpark, hier auch eine Bocciabahn. Am Kurpark 9.

• *Sport* **Kiteschule Atlantis** in der *Casa Atlantis*, Schnupperkurs (99 €/4 Std.) und Kitekurs (z. B. 269 €/12 Std., auch mehrtägig) inkl. Material, auch in Verbindung mit Unterkunft. Sandstr. 5, 18586 Baabe, ☎ 038303-95565, www.ruegen-action.de oder www.casa-atlantis.de.

Wandern: Der Weg, der am Strand entlang von Sellin nach Göhren führt, bzw. der lange Strand selbst bieten von Baabe aus schöne Gelegenheiten für Kurzwanderungen in die beiden Nachbarbäder (nach Sellin sind es 2 km; nach Göhren 3 km).

• *Strandkorbverleih* über die Kurverwaltung oder direkt am Strand (ca. 6 €/Tag); Reservierung auch unter ☎ 038303-87526.

• *Theater* **Lachmöwe**, Kleinkunst zwischen politischem Kabarett und Comedy, gespielt wird von Ostern bis Okt. Vorstellungsbeginn 20.30 Uhr, auch Restaurant (siehe unten). Strandstraße 25, ☎ 038303-99075, www. kabarett-theater-lachmoewe.de.

Übernachten/Essen

Hotel Solthus am See, – unser Tipp: Am Bollwerk, in einem architektonisch interessanten Gebäudekomplex mit tief hängendem Rohrdach, befindet sich das stilvolle Hotel. Von den Balkonen und Terrassen der Zimmer hat man einen herrlichen Blick, auch vom Hallenbad Aussicht auf den Bodden, zudem Wellnessbereich und Sauna. Zum Haus gehört ein *Restaurant*, dessen ausgezeichneter Küchenchef auch den Gourmet zufrieden stellt. EZ 115 €, DZ 176 €, Juniorsuite 210 €, jeweils einschließlich Frühstücksbuffet sowie Nutzung des Wellnessbereichs, Hund 10 €, auch (Wellness-)Komplettangebote, ganzjährig geöffnet. Bollwerkstr. 1, 18586 Baabe, ☎ 038303-87160, ✆ 038303-871699, www.solthus.de.

*** Hotel Strandpavillon, traditionsreiches Haus am strandnahen Ende des „Boulevards", modern eingerichtete Gaststätte. Geräumige Zimmer teils mit Balkon, Terrasse oder Loggia. EZ ab 68 €, DZ ab 112 €, einschließlich Frühstück. Strandstr. 37, 18586 Baabe, ☎ 038303-183, ✆ 038303-184910, www.strandpavillon-baabe.de.

*** Strandhotel, schönes Hotel direkt an der Strandstraße (und demnach strandnah), mit Sauna, Wellnessbereich und Fahrradverleih, hoteleigenes Restaurant mit regionaler Küche (mittags und abends geöffnet). DZ 120 €. Auch Appartements in den Häusern Seepferdchen, Strandläufer, Seeadler und Neptun ab 120 €/2 Pers., ganzjährig geöffnet. Strandstr. 24–28, 18586 Baabe, ☎ 038303-150, ✆ 038303-15150, www.strand hotel-ruegen.de.

Birkenhof, sympathischer Familienbetrieb, in der hellen Gaststube gutbürgerliche Küche zu fairen Preisen (auch vegetarisch),

Mo–Do ab 16 Uhr, Fr–Sa ab 12 Uhr geöffnet. Im Haus stehen auch Zimmer zur Verfügung. EZ 49 €, DZ ab 76 € (klein) bis 90 € (groß mit Terrasse), jeweils einschließlich Frühstück. Dez. geschl. (bis zum 26.12.). Birkenallee 7, 18586 Baabe, ☎ 038303-86431, ✆ 038303-86320, www.birkenhof-ruegen.de.

Hotel Waldidyll, das niedrige Haus scheint mitten im Wald zu liegen und ist doch keine 200 m vom Strand entfernt, einfache, kleine Zimmer um einen grünen Innenhof, hier auch der Biergarten zur Gaststätte. EZ 44 €, DZ 79–86 €, jeweils einschließlich Frühstück. In der Nebensaison deutlich günstiger. Jakobsberg 4–6, 18586 Baabe, ☎ 038303-126980, ✆ 038303-1269899, www. hotel-waldidyll-baabe.de.

Fischrestaurant Zum Fischer, uriges Gasthaus einer alteingesessenen Fischerfamilie, die auch heute noch fängt, demnach ist der Fisch, der aus der Küche kommt, mit Sicherheit frisch. Günstig (Hauptgericht um 10 €) und sehr beliebt, auch eigene Räucherei und Verkauf. Von März bis Anfang Okt. ab 12 Uhr geöffnet, warme Küche bis 21 Uhr, Fischverkauf ab 9 Uhr, südwestlicher Dorfrand am Weg zum Hafen, Bollwerkstr. 4, ☎ 038303-86428.

Casa Atlantis, sehr sympathisches Restaurant respektive Tapas-Bar (auch Hotel, Kiteschule, Fahrradverleih usw.). Günstige Tagesgerichte (spanische Küche), vor allem junges Publikum, gemütlich und stilsicher eingerichtet, sehr freundlich, ein paar Tische auch draußen (zum Frühstück und dann wieder abends geöffnet). Schöne Zimmer, die aber oft von Kursteilnehmern der zum Haus gehörenden Kiteschule belegt sind, daher früh reservieren. EZ ab

49 €, DZ ab 75 €, einschließlich Frühstück, außerhalb auch Ferienwohnungen. Sandstr. 5, 18586 Baabe, ☎ 038303-95565, ✆ 038303-95525, www.casa-atlantis.de.

Lachmöwe, gemütliches und sympathisches Restaurant im Kabarett-Theater, täglich ab 16 Uhr geöffnet. Bei legerer Kneipenatmosphäre gibt es Antipasti und Elsässer Flammkuchen. Zu essen und zu trinken bekommt man auch an Spieltagen, bestellt werden kann dann bis Vorstellungsbeginn (20.30 Uhr), in der Pause und nach dem Schlussapplaus. Strandstr. 25, ☎ 038303-99075.

Lesertipp! **Cafe Klatsch**, von freundlichen Zwillingsschwestern betriebenes Café, leckerer, selbst gebackener Kuchen, guter Kaffee und Tee, gemütlich und rundum empfehlenswert. Am Kurpark 2, ☎ 0172-3027058.

Ostseebad Göhren   *ca. 1200 Einwohner*

Das Ostseebad mit den zwei Stränden – der feinsandige Nordstrand samt Promenade und der naturbelassene, „wildere" Südstrand. Dazwischen erhebt sich der Kurort Göhren auf einer Anhöhe. Bäderarchitektur auch hier, allerdings bei weitem nicht so imposant wie in Binz und Sellin.

Endlos an der Strandpromenade aneinander gereihte, strahlend weiße Bädervillen sucht man in Göhren vergebens. Dafür lässt das bewaldete *Nordperd*, die für Inselverhältnisse durchaus bergige Landzunge, auf die der Ort gebaut wurde, einfach keinen Platz. Dennoch gibt es ihn selbstverständlich auch hier, den breiten, weißen Sandstrand samt eindrucksvoller Seebrücke. Dahinter erstreckt sich der neu gestaltete Kurpark des Ortes mit Musikpavillon aus dem Jahr 1924, in dem heute, nach sorgsamer Restaurierung, wieder regelmäßig Konzerte stattfinden. Von der „Bernsteinpromenade" am Kurpark kann man am Strand entlang bis ins 3 km nordwestlich gelegene Baabe wandern, in entgegengesetzter Richtung führt eine kleine Rundwanderung oberhalb der Steilküste um das dicht bewachsene Nordperd und zum beliebten Südstrand, der von Göhren bis nach Lobbe reicht.

Das Mönchgut
Karte S. 127

Das Rookhus in Göhren: Teil der Mönchguter Museen

Im Ortszentrum stößt man dann auf das ganz alte Göhren: In den traditionellen Fachwerkhäusern mit Rohrdach hat man heute die Mönchguter Museen untergebracht, die Fischer- und Heimatmuseen, in denen alles Wichtige über die Geschichte Göhrens und des Mönchgutes zu erfahren ist. Darüber hinaus finden sich besonders auch in den Seitenstraßen der Hauptachse Strandstraße/Poststraße zahlreiche schöne Beispiele der klassischen Bäderarchitektur. Einen wunderbaren Blick auf die Umgebung kann man von der roten Backsteinkirche etwas außerhalb vom Ort genießen: Von hier fällt der Blick auf das Göhrener Höft mit der Landzunge Nordperd und in südlicher und südöstlicher Richtung auf das gesamte Mönchgut, bei guter Sicht manchmal sogar bis nach Usedom.

Der Name Göhren stammt aus dem Slawischen und bedeutet so viel wie „bergiger Ort", der im Jahr 1165 erstmals dokumentiert wurde. Der Name Nordperd (ursprünglich: Nordpeert) deutet dagegen auf einen „nördlichen Landvorsprung" hin. Im Mittelalter befand sich hier über drei Jahrhunderte eine Außenstelle des Greifswalder Zisterzienserklosters.

Der Aufstieg Göhrens zum beliebten Bade- und Kurort erfolgte Ende des 19. Jh.: Zunächst erklärte man den Ort 1878 zum Ostseebad, 1899 wurde dann der Anschluss an die Schmalspurbahn „Rasender Roland" vollzogen, deren Endhaltestelle sich noch heute in Göhren beim Kurpark befindet. In den 1920er Jahren entstand ein Kurbad im größeren Stil mit Wandelhalle und Pavillon, das nach Renovierung vor einigen Jahren wieder eröffnet wurde. Bereits 1993 hat man die 280 m lange Seebrücke nach historischem Vorbild wieder aufgebaut.

*I*nformation/*V*erbindungen/*D*iverses (→ *K*arte S. 162/163)

● *Information* **Kurverwaltung Göhren**, im Sommer (1.5.–30.9.) Mo–Fr 9–18 Uhr, Sa 9–12 Uhr, So geschl. Im Winter Mo–Fr 9–12 und 13–16.30 Uhr, Di bis 18 Uhr, Fr 9–15 Uhr. Umfangreiches Infomaterial, Stadtplan usw. Poststr. 9, 18586 Göhren, ✆ 038308-66790, ✎ 038308-667932, www.goehren-ruegen.de.

● *Kurtaxe* 1.5.–30.9. 2,30 €, 1.10.–30.4. 1 €, Kinder unter 18 J. frei.

● *Parken* Größerer kostenpflichtiger Parkplatz am Bahnhof. Ansonsten in abgelegenen Nebenstraßen oder beim jeweiligen Hotel.

● *Taxi* **Sellin** ✆ 038303-87062, **Mönchgut-Taxi** ✆ 038303-85045, **Zentrale Binz** ✆ 038393-2424.

● *Verbindungen* **Bus-Linie 20** verbindet Göhren mit *Baabe, Sellin, Binz, Prora,* dem *Fährhafen Sassnitz* bei Neu Mukran und der *Stadt Sassnitz* (seltener auch direkt mit dem *Königsstuhl*) sowie in anderer Richtung mit *Thiessow* und *Klein Zicker,* fast stündlich. Nach Bergen fährt die **Linie 24,** allerdings relativ selten direkt, so dass man mit **Linie 20** zum Wendeplatz Serams fahren und dort in die **24** umsteigen muss. Haltestellen am Kleinbahnhof und im Zentrum. **Bahn:** Göhren ist die Endhaltestelle des *Rasenden Rolands.* Dank der Dampflok besteht bis zu 12-mal tägl. (Sept. bis Mai nur 6-mal) eine Verbindung mit den Ostseebädern Baabe und Sellin, über die Granitz nach Binz sowie nach Putbus. Preise und weitere Infos → S. 118.

Göhrener Bäderbahn, die Touristenbahn verkehrt während der Saison von 9 bis 16 Uhr zwischen Kleinbahnhof, Seebrücke, Kino, Südstrand, Hotel Hanseatic und retour zum Kleinbahnhof. Tageskarte 2 € (Kinder 5–11 J. 1 €), Einzelfahrt Kurzstrecke 1 € (0,50 €), mit Kurkarte kostenlos.

Schiffsverbindungen zu Rügens Ostseebädern: Die **Reederei Ostsee-Tour** verbindet Göhren mit dem *Sassnitzer Stadthafen* (Anfang Juni bis Mitte Sept. 2-mal tägl.; Erw. 9 €, Kinder 4–14 J. 4,50 €; Dauer gut 2 Std.) und auf dem Weg mit Halt an den Seebrücken von *Binz* (Erw. 8 €, Kinder 4–14 J. 4 €; Dauer 1 Std. 20 Min.) und *Sellin* (Erw. 5,50 €, Kinder 4–14 J. 2,50 €; Dauer ca. 30 Min.). Neben dem Fährverkehr auch *Ausflugsfahrten zum Kreidefelsen* (April bis Okt. 1-mal tägl., Erw. 18 €, Kinder 4–14 J. 9 €; Dauer ca. 5,5 Std.). Kinder bis 4 J. frei, Hund 4 € auf allen Strecken; auch Familientickets und Kombitickets mit *Rasendem Roland* möglich. Karten an Bord. Reederei

Ostsee-Tour, Hafenstraße 12 j, 18546 Sassnitz, ℡ 038392-3150, ✆ 038392-50672, www.
reederei-ostsee-tour.de. Bordtelefon der
Schiffe: *MS Cap Arkona* ℡ 0160-7474673,
MS Binz ℡ 0160-7474674, *MS Marco Polo*
℡ 0160-7474675.

Etwas günstiger ist man mit **Adler-Schiffe**
unterwegs: Die *MS Mönchgut* fährt im
Sommer tägl. um 11 Uhr nach Sellin (4,50 €/
Kinder 6–14 J. 2,50 €) und Binz (7,50 €/4 €),
von dort weiter zum Kreidefelsen
(hin/zurück 18 €/9 €, Familienticket 36 €).
Rückfahrt ab Binz immer ca. 15 Uhr (Sellin
15.30 Uhr), Ankunft in Göhren ca. 16 Uhr.
Fahrrad 5 €, Hund 3 €. Tickets bei der Kurverwaltung oder an Bord. ℡ 038378-47790,
www.adler-schiffe.de.

● *Fahrradverleih* Drei Anbieter im Ort, die
Preise recht ähnlich (Tourenrad um 6 €/Tag,
MTB ab 7 €, Kinderrad um 3 €): z. B. **Tilly (9)**
mit angeschlossener Werkstatt und
Fahrradladen. Die Leihfahrräder sind bestens
in Schuss. Ganzjährig geöffnet, April bis Okt.
Mo–Fr 9–18 Uhr, Sa/So 9–12 Uhr und 17–
18 Uhr, Nov. bis März Mo–Fr 9–12 Uhr und
13–18 Uhr; in der Hochsaison müssen die Räder abends um 18 Uhr abgegeben werden,
in der Nebensaison etwas flexibler. Schul-
str. 7, ℡/✆ 038308-2240, www.fahrrad-tilly.de.
Volk (11), März bis Okt. tägl. 9–12 und 16–18
Uhr. Kastanienallee 9, ℡ 038308-25406.

Klingenberg Fahrrad-Verleih (3), der dritte
größere Verleiher, hier auch Anhänger, Bol-
lerwägen etc. Gartenweg 2, ℡ 038308-34029.

● *Kuren* **Kur- und Gesundheitszentrum** in
der Strandstr. 12, ℡ 038308-25252, www.
ruegen-kur.de. Eine Kassenzulassung für
Kuranwendungen haben auch Hotel Hanseatic und das Waldhotel (beide siehe unten), letzteres ist auch für Kneipp-Kuren
zertifiziert.

*Abendstimmung
im Hotel Hanseatic*

● *Sport* Im Sommer am Strand **Tretboot-
verleih**, **Beachvolleyball**, öffentliche **Ten-
nisplätze** am Kurpark, die unter ℡ 038308-
25018 gemietet werden können.

*Ü*bernachten *(→ K*arte *S. 162/163)*

Seebäder-Villen direkt am Strand findet man in Göhren (fast) nicht, die meisten
Hotels liegen etwas oberhalb. Überwiegend gehobenes Niveau, größere Hotels
sind in der Regel ganzjährig geöffnet, einige bieten auch Ferienwohnungen an. Ein
riesiger Campingplatz (ganzjährig geöffnet) befindet sich am Kleinbahnhof, mit
eigenem Strand.

● *Hotels/Ferienwohnungen* **** **Hotel Hanseatic (10)**, traditionsreiches Haus gegenüber vom alten Wasserturm (am höchsten
Punkt von Göhren mit Aussichtsturm – dieser ist übrigens ein äußerst beliebter Ort für
standesamtliche Eheschließungen, Traum-
blick inklusive). Ehemals ein Ferienheim,

wurde das Gebäude in den 1990er Jahren
fast komplett abgerissen und 2000 nach aufwändigen Umbauarbeiten neu eröffnet:
stilvolles Ambiente, ein Hotel für gehobene
Ansprüche mit *Restaurant* (*Berliner Salon*
→ unten), Cocktailbar, Wintergarten, Turm-
café (tägl. 14–17.30 Uhr) mit tollem Blick und

Bibliothek, im UG Hallenbad, Sauna, Fitness und Wellnessbereich mit zahlreichen kosmetischen und medizinischen Anwendungen sowie fernöstlicher Massage. Komfortable und stilvoll-modern eingerichtete Zimmer mit Bad, TV, meist französischem Balkon. EZ 134 €, DZ 169–189 €, Frühstück inkl. Nordperdstr. 2, 18586 Göhren, ✆ 038308-515, ✆ 038308-51600, www.hotel-hanseatic.de.

★★★★ Hotel Meeresblick (14), am Ortsrand nahe Südstrand mit schönem Blick, zu Fuß wenige Minuten zum Meer. Gehobenes *Restaurant* (s. unten), modern, hell und freundlich eingerichtet, mit Bad, TV und Balkon/Terrasse, außerdem Wellnessbereich mit Hallenbad, Sauna, Solarium, Massagen, Wassergymnastik. EZ 100 €, DZ 140–160 €, Frühstück inkl. Friedrichstr. 2, 18586 Göhren, ✆ 038308-5650, ✆ 038308-565200, www.meeresblick-goehren.de.

Einige Häuser weiter unterhalb vom Hotel Meeresblick befindet sich die **Villa mit Sonnenhof (13)**. Im ersten Stock der Villa wird eine geschmackvolle **Ferienwohnung** (2 Pers.) für 95 €/Tag (plus einmalige Endreinigung 42 €) vermietet. Etwa 7-mal jährlich finden hier thematische Wochenend-**Kochkurse** mit Peter Knobloch statt (250 €/Pers.). Am Wochenende auch Restaurant (→ unten). Mehr Infos unter www.villa-mit-sonnenhof.de. Friedrichstr. 8, 18586 Göhren, ✆ 038308-34094, ✆ 038308-34095.

★★★★ Waldhotel (6), großzügige Anlage über mehrere Häuser im Stil der Bäderarchitektur verteilt, parkähnlicher Garten, Kureinrichtungen sowie Hallenbad, Dampfbad, Sauna und Fitness. Café und empfehlenswertes Restaurant (s. unten). Nette und ruhige Lage am Ortsrand (Waldpromenade), zu Kurpark, Strand und Bahnhof führt ein Treppenweg hinunter. Zimmer mit Bad, TV und teilweise Balkon. EZ 90–95 €, DZ 120–140 €, Frühstück inkl. Appartements (mit Küche) für 2 Pers. 105–115 €, 4 Pers. 125–135 €, 6 Pers. 145–155 €, Frühstück 12,50 € pro Pers. (Kinder 7 €). Halbpension 18 €/Pers., Kinder 12 €. Zimmerpreise in der Nebensaison ca. 30 % günstiger. Waldstr. 7, 18586 Göhren, ✆ 038308-50500, ✆ 038308-25380, www.waldhotelgoehren.de.

Hotel Stranddistel (8), sympathisches, kleineres Hotel in ruhiger Seitenstraße gleich bei der Strandstraße, freundlicher Service. Mit Fitnessraum, Sauna, Solarium, das Hotel veranstaltet zudem ganztägige Segeltörns auf eigener Yacht, pro Pers. 60 € (Kinder ermäßigt, inkl. Bordpicknick). Zimmer

mit Bad und TV, EZ ab 70 €, DZ ab 98 €, Frühstück inkl. Katharinenstr. 9, 18586 Göhren, ✆ 038308-5450, ✆ 038308-54555, www.ruegen-hotel-stranddistel.de.

Villa Erika (4), schönes Anwesen mit eindrucksvoller alter Villa an der Waldpromenade. Die Villa Erika ist eines der seltenen Wolgasthäuser, eine Art hölzernes Fertighaus aus dem späten 19. Jh. (siehe auch Kapitel Bäderarchitektur, S. 30). Sieben Zimmer, diese eher schlicht, aber nicht ungemütlich und sehr gepflegt. Ebenso gepflegt sind Gemeinschaftsküche und das gemeinschaftliche Wohnzimmer, wunderschöner Garten, Nichtraucherhaus. Vier Zimmer mit Bad, z. T. aber auf dem Flur. Geöffnet Mai bis Sept., für die Hochsaison sollte man möglichst früh buchen. EZ mit Waschbecken 45 €, mit Bad 55 €, DZ mit Waschbecken 55 €, mit Bad 75 €. Waldstr. 8, 18586 Göhren, ✆ 038308-2201, www.villa-erika-goehren.de.

Wanderung 2: Rund um das Nordperd

Göhren

Pension Mönchgut (12), nach eigenen Angaben Göhrens ältestes Gasthaus (aus dem Jahr 1870!). Kiefernhelle Zimmer mit Bad und TV, es gibt auch eine Sauna sowie das *Fischrestaurant* im rustikalen Stil mit eigener Räucherei (kalte Platte um 10 €, warme Hauptgerichte 10–15 €), tägl. ab 17 Uhr geöffnet. Beim Rookhus ums Eck gelegen, nahe Südstrand. EZ 38 €, DZ 76 €, inkl. Frühstück. Ferienwohnung (2 Pers.) 80 € (ebenfalls inkl. Frühstück). Friedrichstr. 13, 18586 Göhren, ☎ 038308-91034, 🖷 038308-25444, www.pension-moenchgut.de.

Villa Speranza (5), schicke Ferienwohnungen in ruhiger Lage nahe der Waldpromenade, renovierte Villa (Nichtraucherhaus), Wohnungen mit Balkon/Terrasse, Küche, Bad, TV, z. T. auch im modernen Nebengebäude. Für 2 Pers. 60 €/Tag, 4 Pers. 80–90 €, Endreinigung 30–35 €. Gartenweg 1, 18586 Göhren, ☎ 02333-74166, 🖷 02333-973578, www.villa-speranza.de.

● *Camping* **Regenbogen Camp (1)**, riesiges Areal beim Bahnhof, mit Ökozertifikat und großem Strandabschnitt. Professionell geführte Anlage mit Restaurant, Snack-Bar und eigenem Spar-Markt, am Strand Segeln, Surfen, Beachvolleyball etc., außerdem gibt es einen Wellnessbereich mit Sauna, Dampfbad, Massagen, Kneipp-Becken, Kosmetik usw. Idyllische Stellplätze für Zelte im Waldstreifen (hier werden auch einige Bungalows vermietet), weniger romantisch die Wohnmobil-Stellplätze. Nov. bis Mitte Dez. geschl. Erw. 9 €, Kinder bis 6 J. frei, bis 14 J. 3 €, kl. Zelt 5 €, gr. Zelt 9–13 €, Wohnwagen/-mobil 13,50–15 €, Auto 5 €, Hund 4 €, Strom 2,90 €, Familienbad 8,50 €. Bungalow für 4 Pers. 87–102 €, Mietwohnwagen für 4 Pers. 63 €. Am Kleinbahnhof, 18586 Göhren, ☎ 038308-90120, 🖷 038308-2123, www.regenbogen-camp.de.

Essen & Trinken/Nachtleben/Unterhaltung (→ Karte S. 162/163)

Natürlich steht auch in Göhren überall frischer Fisch auf der Speisekarte, teilweise als Haute Cuisine, teilweise sehr bodenständig und deftig, entsprechend groß ist die Preisspanne. In der Hochsaison sollte man für den Abend (zumindest am Wochenende) reservieren.

● *Restaurants* **Knoblochs Kräuterküche (13)**, nur am Wochenende zaubert Spitzenkoch Peter Knobloch abends ein Degustationsmenü für seine Gäste (90 €) und lässt sich dabei auch noch über die Schulter schauen. Nur wenige Plätze, Reservierung obligatorisch! Friedrichstr. 8, ✆ 038308-34094, www.villa-mit-sonnenhof.de. Mit angeschlossenem **Laden** (Marmeladen, Saucen, Kräuter, Sirup, Essig, Tee), Mo–Sa 10–18 Uhr geöffnet.

Meeresblick (14), gehobenes Restaurant im gleichnamigen Hotel, das 4-Gang-Menü kommt auf 50 € (8 Gänge 88 €), das kleinere Mittagsmenü kostet 22 €. März bis Okt. mittags und abends geöffnet, Mi geschl. Friedrichstr. 2, ✆ 038308-565514.

Berliner Salon (10), das Restaurant im Hotel Hanseatic, auch hier gehobene, junge Küche in stilvollem Ambiente, jeden Monat wird ein neues Gourmetmenü angeboten, gehobenes Preisniveau. Tägl. ab 18 Uhr geöffnet. Nordperdstr. 2, ✆ 038308-51623.

Muschelbar (2), nette Lage am Strand mit großer Terrasse und Ostseeblick, innen uriges Ambiente, klassische Rügener Fischküche, wir probierten hier eine ausgezeichnete Fischsuppe. Auch kalte Fischgerichte und natürlich Muscheln. Abends wird es hier schnell voll. Während der Saison ganztägig durchgehend geöffnet. Am Nordstrand 1, ✆ 038308-25442.

Friesenstube (6), gute Küche zu leicht gehobenen, aber durchaus angemessenen Preisen, das Restaurant mit Schwerpunkt Fisch gehört zum Waldhotel. März bis Okt. tägl. nur abends geöffnet. Waldstr. 7, ✆ 038308-50500.

● *Nachtleben* **Globetrotter Cocktailbar (7)**, karibisch anmutende Bar in einer Seitenstraße im Zentrum, bei hervorragenden Cocktails versinkt man in tiefen Rattansesseln. Freundliche und entspannende Atmosphäre, flotter Service, gemischtes Publikum. Mai bis Okt. Di–So 19–1 Uhr geöffnet, Mo Ruhetag. Katharinenstr. 5, ✆ 038308-25414, www.globetrotterbar.de.

● *Unterhaltung* Im Sommer regelmäßig kostenlose **Kurkonzerte** in der Muschel im Kurpark; zudem in der Kirche von Göhren während der Saison regelmäßig Konzerte (nicht nur Kirchenmusik), Programme liegen in den Info-Büros aus. Das **Kino** von Göhren befindet sich im Regenbogen Camp, Wochenprogramm hängt aus.

Sehenswertes

Mönchguter Museen Göhren: Vier verschiedene Heimatmuseen gibt es in Göhren. Sie alle liegen mehr oder minder im Zentrum, sind locker zu Fuß zu erreichen und auch bei intensiver Besichtigung an einem Nachmittag zu bewältigen. Es lohnt daher durchaus, das Sammelticket zu lösen (s. unten).

Im **Heimatmuseum** (Strandstraße/Ecke Thiessower Str., mitten im Zentrum), das es hier schon seit 1963 gibt, erhält man zunächst einen guten Einblick in Entstehung und Geschichte des Seebades Göhren. Zu sehen sind u. a. eine nachgestellte alte Bauernstube des ehemaligen Bauern- und Fischerdorfes, außerdem Trachten, Stiche und besonders viele alte Fotos (lustige Strandkorbbilder). Im ersten Stock folgen Schiffsmodelle und -bilder sowie weitere Fotos und Erläuterungen zu Göhren – u. a. zum Bau der Seebrücke –, Fossilien aus der Umgebung und Dokumentationen zur jüngsten Geschichte seit 1989. Das alte Museumshaus selbst stammt aus dem frühen 19. Jh. Es ist leicht zu finden – vor dem Eingang liegt ein riesiger Anker.

Museumshof: nur wenige Schritte auf der Strandstraße bergab rechter Hand, untergebracht in einem teilweise originalen, teilweise rekonstruierten Gebäude eines bäuerlichen Gehöftes. Nachgebaut wurde außerdem ein Strandschuppen der Fischer. In seinem Inneren kann man eine bunte Mischung aus kleineren Landmaschinen, Trensen, Sätteln, Leiterwagen und anderen Utensilien besichtigen, dazwischen immer wieder alte Fotos von der Rügener Landwirtschaft (mit Schautafeln und Erläuterungen). Besonders sehenswert sind der alte Spritzenwagen der Göhrener Feuerwehr von 1900 sowie verschiedene Kutschen und Schlitten. Im Garten sind noch alte landwirtschaftliche Geräte wie z. B. ein Pflug zu sehen. Das Gelände des heutigen Museumshofes wurde von der Gemeinde Göhren bereits 1969 gekauft, bald darauf rekonstruierte man hier den bäuerlichen Hof aus dem 18./19. Jh. Das alte Wohnhaus beherbergt heute die Museumsverwaltung der Mönchguter Museen und ist leider nicht zu besichtigen. In regelmäßigen Abständen wird auf dem Museumshof nach alter Art Brot gebacken.

Rookhus: Das Rauchhaus liegt ein Stück unterhalb des Heimatmuseums an der Straße zum Südstrand (Thiessower Straße). Für viele ist das Rookhus das eindrucksvollste Gebäude im Ort: ein Fachwerkhaus mit tief herabhängendem Rohrdach, drum herum ein hübscher kleiner Garten. Auch im Rookhus sind neben zahlreichen Arbeitsgerätschaften der Bauern und Fischer Schautafeln mit

Göhrens Strandpromenade

Fotos und Erläuterungen zur Landwirtschaft auf dem Mönchgut, Fischfang, Leibeigenschaft, Hausbau auf der Insel (und an der Ostsee generell) zu sehen.

Museumsschiff „Luise“: Das vierte Mönchguter Museum in Göhren liegt am Südstrand, zu Fuß gut 10 bis 15 Minuten vom Zentrum. Die Luise ist auf Beton aufgebockt und über eine Leiter begehbar. Man kann am Steuerrad drehen und die Schiffsglocke läuten, unter Deck ist neben dem Motor auch eine Fotoausstellung zu besichtigen. Auf der Wiese vor dem Schiff liegen außerdem diverse Anker, Bojen, alte Boote, Netze, Bootsgeräte usw.

Heimatmuseum: in der Saison tägl. 10–17 Uhr (Juli/Aug. bis 18 Uhr), Mitte Okt. bis Mitte April 10–16 Uhr.
Museumshof: geöffnet wie Heimatmuseum (außer im Winter nur Mo–Fr).
Rookhus: nur Mitte April bis Mitte Okt. tägl. 14–17 Uhr.

Museumsschiff: ebenfalls nur Mitte April bis Mitte Okt. tägl. 10–13 Uhr, im Juli/Aug. bis 17 Uhr.
• *Eintritt* jeweils 3 €, ermäßigt 2,50 € (Kinder/Kurkarte); Kombiticket Heimatmuseum und Museumshof 6 € (erm. 4 €), Sammelticket für alle 4 Museen 8 € (erm. 6 €).

Buskam: Vor dem Nordstrand Göhrens ragt ein gewaltiger Fels aus dem Wasser: Der mutmaßlich über 1600 Tonnen schwere und im Umfang 40 m umfassende Granitblock ist der größte Findling der deutschen Ostseeküste. Zuweilen wird er

Sand satt: Göhrens Strand

auch der „größte Stein Nordeuropas" genannt, was allerdings zu beweisen wäre. Natürlich ranken sich um solch einen markanten Klotz zahlreiche Legenden und Geschichten, Meerjungfrauen sollen sich hier sonnen und Hexen Versammlungen abhalten.

Speckbusch: Das Hügelgrab hinter der Kirche von Göhren (Neue Kirchstraße) stammt bereits aus der Bronzezeit. Von hier hat man einen schönen Blick über das Mönchgut. Die rote Backsteinkirche mit den beiden Türmen stammt aus dem Jahr 1930.

Baden

Wie in Sellin verteilen sich auch in Göhren die Badenden auf zwei Strände: einen Hauptstrand im Norden und einen weniger frequentierten Südstrand. Unterteilt werden die Abschnitte durch den Nordperd, die in die Ostsee hereinreichende Landzunge. Beide Strände erstrecken sich über mehr als 4 km: der Nordstrand bis nach Baabe, der Südstrand zum Lobber Ort (hinter dem ein weiterer langer und breiter Badestreifen beginnt: der *Große Strand*). Der attraktivere Badespot ist zweifellos der feinsandige, flach ins Meer abfallende Nordstrand; hier befindet sich auch das übliche Angebot vom Eisverkauf auf der Promenade bis zum Strandkorb im Sand. Der südliche Abschnitt ist ruhiger und hat länger Sonne, ist aber nicht so ansehnlich wie das nördliche Pendant. Der letzte Strandabschnitt Richtung Nordperd ist in zwei FKK-Strände und einen Hundestrand unterteilt. Übrigens: Neben Binz, Sellin und Baabe wird auch der Nordstrand von Göhren seit Jahren regelmäßig mit der „Blauen Flagge" für besondere Sauberkeit und Umweltfreundlichkeit ausgezeichnet. Der Nordstrand wird von Mai bis September täglich von 9 bis 18 Uhr von der DLRG überwacht.

Wanderung 2: Rund um das Nordperd

Charakteristik: Der kaum anstrengende Spaziergang führt an der bis zu 60 m hohen Steilküste am Nordperd entlang. Es geht auf Waldpfaden auf und ab, mit Abstieg zum Strand (dort dann etwas anstrengender) und am Meer entlang zum Südstrand. Von dort in wenigen Minuten ins Zentrum. **Dauer:** ca. 1,5 Std. **Einkehrmöglichkeit:** in Göhren im Zentrum, keine Möglichkeiten auf dem Weg. **Start/Anfahrt:** Pension „Strandhaus 1" (auch Gaststätte mit Terrasse) am östlichen Ende der Strandpromenade am Nordstrand. **Karte:** S. 162/163.

> **Achtung**: Keinesfalls nach starken Regenfällen oder bei Tauwetter am Strand unterhalb des Hochufers entlangwandern: Erdrutschgefahr! Siehe auch Kapitel Wandern, S. 56.

Wegbeschreibung: An der Pension „Strandhaus 1" läuft man rechts vorbei (also an der Landseite) und auf dem hier beginnenden Pfad in den Wald hinein. Dieser gabelt sich gleich darauf: Hier geht es nun rechts bergauf und nach wenigen Metern – am Holzgeländer – links ab (weiß-gelb-weiße und weiß-rot-weiße Markierung). Nun verläuft der Weg geradeaus oberhalb der Küste entlang, nach ca. 10 Min. gelangt man zu einer Kreuzung, die man geradeaus überquert (weiß-gelb-weiße Markierung). In leichtem Auf und Ab folgt man dem Pfad durch den Wald an der Küste entlang, immer wieder eröffnen sich hier tolle Ausblicke.

Nach insgesamt etwa 30 Min. kommt man zu einer Gabelung, an der man nun links bergab abbiegt (weiß-gelb-weiße Markierung, Beschilderung „Höftspitze") und nach 100 m zu einer weiteren Gabelung, an der man sich wiederum links hält. In wenigen Minuten ist nun das *Nordperd* erreicht (Hinweisschild), der östlichste Teil der Insel, ein recht steiler Treppenabstieg führt hinunter zum Strand, oben gibt es auch einen Rastplatz.

Auf dem oben verlaufenden Weg geht es – bei weiß-gelb-weißer Beschilderung – weiter an einem Geländer entlang. Nach etwa 5 Min. kommt man erneut zu einer Gabelung: Links auf Treppen hinunter gelangt man zu einer kleinen Aussichtsplattform mit Holzbank (netter Picknickplatz mit schöner Aussicht), unser Weg führt aber nach rechts und weiter durch den Wald, der hier nun mit seinen von Efeu umrankten Baumstämmen besonders dicht wirkt. Nach weiteren 5 Min. geht es nach links hinunter zum Meer, aber Achtung: Die Treppen sind teilweise recht steil.

Unten angekommen wendet man sich nach rechts und folgt dem Pfad in südwestlicher Richtung am Strand entlang. Nach etwa 30 Min. teilweise recht anstrengender Strandwanderung (einmal müssen umgestürzte Bäume überklettert werden) geht es – bei den ersten Laternen und einer Hütte mit blauem Tor – hinauf zur Straße, in die man rechts einbiegt und in wenigen Minuten das Zentrum von Göhren erreicht. Wer sich an der Straße links hält, gelangt in wenigen Schritten zum Museumsschiff „Luise" (→ S. 165).

Südlich von Göhren

Von Göhren aus ins südliche Mönchgut gelangt man am leichtesten, wenn man die Bundesstraße 196 bis zur Abzweigung nach Norden zurückfährt und dort links abbiegt. Man durchquert zunächst einen Hohlweg, bevor man aus dem Wald herauskommt (Achtung bei umgekehrter Fahrtrichtung: je nach Sonnenstand hat man das

Das Mönchgut Karte S. 127

Gefühl gegen eine schwarze Wand zu fahren, wenn man am Waldrand in den Hohlweg hineinfährt). Ganz in der Nähe befindet sich das so genannte *Herzogsgrab*, ein bedeutendes, über 4000 Jahre altes Großsteingrab, aus dem zahlreiche Funde zu Tage gebracht wurden (teils in Stralsund ausgestellt). Für Laien ist ein Blick auf das Hünengrab nicht unbedingt lohnenswert, ein Spaziergang durch den schönen Wald hingegen kann es durchaus sein (kurz nach oben genannter Abzweigung führt ein Forstweg nach Westen, von hier aus sind es ein paar hundert Meter zum Großsteingrab).

Middelhagen   ca. 600 Einwohner

Im Herzen des Mönchguts liegt der Ort Middelhagen mit einem winzigen historischen Dorfkern, in dem alles beisammensteht: Kirche, Dorfkrug und Schulhaus. Trotz der Nähe zur Durchgangsstraße ein idyllisches Fleckchen.

Die Gründung Middelhagens geht auf eine Rodung der Eldenaer Mönche zurück, die den Verwaltungssitz ihres Gutes hierher verlegten. Das einzig erhaltene mittelalterliche Bauwerk ist die Dorfkirche, die von den Zisterziensern in der Mitte des

Die Katharinenkirche in Middelhagen

15. Jh. errichtet wurde. Zusammen mit dem Schulhaus, dem niederdeutschen Hallenhaus, dem alten Gasthof und den anschließenden rohrgedeckten Häusern bildet die *Katharinenkirche* ein malerisches Ensemble.

Zu Beginn des Besuchs in der alten Kirche ein kleines *Memento Mori*: Man betritt das Gotteshaus über alte Grabplatten. Die rote Fassade des Backsteinbaus, der auf einem Fundament aus Findlingen steht, wird durch eingesetzte Feldsteine aufgelockert. Treppen- und Dachturm stammen aus dem 17. Jh. Besonders bemerkenswert ist im Inneren der kostbare geschnitzte Flügelaltar, auf dem Szenen aus dem Leben der heiligen Katharina dargestellt sind.

Die Kirche ist während der Saison tägl. geöffnet.

An der Stelle, an der sich heute das *Schulmuseum* befindet, stand seit jeher das Haus des Middelhagenschen Küsters. Im Laufe der Generationen wurde aus dem Küster, der nebenbei den Kindern Lesen und Schreiben beibrachte, ein Dorflehrer, der sich auch um die Kirche kümmerte. Mit der umdefinierten Jobausschreibung änderte sich auch die Gestalt des Küster-/Schulhauses. Bereits 1677 beantragte der Küster, man möge ihm wegen des gestiegenen Schüleraufkommens die Schlafstatt in ein Unterrichtszimmer umbauen, weil es in der Stube zu eng wurde. Das bis heute erhaltene Gebäude stammt aus dem Jahr 1825. Bis 1962 wurden hier bis zu acht Jahrgänge in einer Klasse unterrichtet. Dank der Initiative der ehemaligen Dorflehrerin und späteren Museumsrätin in Göhren Ruth Bahls wurde das Haus ab 1978 renoviert und ein

Anspannung vor Unterrichtsbeginn

Schulmuseum eingerichtet, das den *Mönchguter Museen* angegliedert wurde. Heute ist der Wohn- und Arbeitsraum der Dorflehrer zu besichtigen sowie Küche, Schlafstatt, Studierzimmer, Stube und natürlich das Klassenzimmer mit allen erdenklichen Schulutensilien wie z. B. einer Schönschrifttafel. Es findet noch immer Unterricht statt – und zwar historische Schulstunden für Besucher. Hierfür zwei Tipps. Erstens: Im Gegensatz zu manch anderem Schulunterricht herrscht hier seitens der „Schüler" reges Interesse, es empfiehlt sich, sich vorher anzumelden. Außerdem werden möglicherweise vor Unterrichtsbeginn die Fingernägel kontrolliert...

Nebenan steht ein aus dem frühen 17. Jh. stammender Hof, ein *Hallenhaus* mit tief heruntergezogenem, rohrgedecktem Dach sowie ein rückwärtiges Gebäude (das bis 1988 bewohnt war!). Im Hallenhaus kann man sich nicht nur die typische Bauweise eines Mönchguter Bauernhofes ansehen, es sind auch Exponate zur Alltagsgeschichte bäuerlicher Kultur und Schautafeln über Fischerei und Landwirtschaft ausgestellt sowie wechselnde Sonderausstellungen.

Schulmuseum und Hallenhaus April und Okt. Di–So 10–15 Uhr, Mai/Sept. 10–16 Uhr, Juni bis Aug. 10–17 Uhr; historische Schulstunden Mi 10 Uhr (Juli/Aug. auch Di 10 Uhr, im April Mi 10 Uhr), bei Bedarf kann auch mal „nachgesessen" werden. Eintritt 3 €, Schüler/Stud. 2 €, Schulstunden 2 € bzw. 1 €. Anmeldung/Infos unter ☎ 038308-2478.

● *Information* **Kurverwaltung Middelhagen,** komplexe Komposition der Öffnungszeiten: Juni Mo–Do 9–16 Uhr, Fr 9–14 Uhr, Juli bis Aug. Mo–Do 9–17 Uhr, Fr 8–14 und Sa 10–12 Uhr, Mai und Sept. Mo–Do 9–16 Uhr, Fr 9–13 Uhr, April und Okt. Mo–Do 9–15 Uhr, Fr 9–12 Uhr, Nov. und März Mo–Do 9–14 Uhr, Fr 9–12 Uhr. Der Umgangston lässt zuweilen zu wünschen übrig, im Zweifelsfall gleich nach Göhren ausweichen; von Göhren kommend vor dem Ortskern links, geduckter grüner Gemeindebau, daneben großer kostenpflichtiger Parkplatz. Dorfstr. 4, 18586 Middelhagen, ☎ 038308-2153, www.middelhagen.info.

● *Kurtaxe* Juni bis Aug. 1,50 €, erm. 0,75 €, April/Mai und Sept./Okt. 0,75 €, erm. 0,38 €.

● *Verbindungen* **Buslinie 20** verbindet *Sellin* und *Göhren* fast stündlich mit *Thiessow* und hält in Middelhagen, nach Norden weiter bis *Binz* und *Sassnitz* und direkt bis zum Königsstuhl, zudem Verbindung nach Ber-

Das Schulmuseum in Middelhagen

gen (meist am Wendeplatz in Serams um-steigen).

Etwa 5-mal tägl. fährt der Bus den Umweg nach Alt Reddevitz (Sa/So nur 1-mal).

Achtung: Die **Kleinbahn**-Haltestelle *Philipps-hagen* befindet sich 2 km nördlich von Mid-delhagen/Philippshagen mitten in der Baa-ber Heide.

● *Übernachten/Essen*   **Zur Linde**, histo-risches Gasthaus in der Dorfmitte, ob es sich tatsächlich, wie behauptet, um den äl-testen Gasthof der Insel handelt, müssen die Wirte der Linde und des Schifferkrugs auf Wittow unter sich ausmachen. Nichts-destotrotz ist der Besuch an sich schon ein Erlebnis, hier gibt es auch Bier aus der hauseigenen Brauerei (bei Interesse nach-fragen, der Braumeister lässt sich über die Schulter sehen), in der guten Küche wer-den regionale Produkte zubereitet, innen rustikal gemütlich, außen mit Biergarten. Im Haus stehen auch geräumige Zimmer zur Verfügung. EZ ab 55 €, DZ 80 € (zur Stra-ße), bzw. 88 € (zum Deich), weiteres Bett 15 €/Pers. Auch Wellnessangebot, Sauna und geführte Wanderungen. Ganzjährig und ganztägig geöffnet (Hotel von Mitte Nov. bis 20. Dez. geschl.). Dorfstr. 20, 18586 Middelhagen, ☎ 038308-5540, ✉ 038308-55490, www.zur-linde-ruegen.de.

Gasthof Büdnerstube, in dem hübschen Rohrdachhaus gibt es tägl. ab 18 Uhr güns-tige regionaltypische Gerichte (März bis Okt. geöffnet, März/April sowie Sept./Okt. So Ruhetag). Auch Zimmer (DZ ab 50 € inkl. Frühstück) und Ferienwohnungen, auf Wunsch mit Frühstück. Dorfstr. 33, 18586 Middelhagen, ☎/✉ 038308-25498, www. buednerstube.de.

Lesertipp: „**Brasserie/Café Zum Froschkö-nig**, in Middelhagen mit Sonnenterasse di-rekt am Rad- und Wanderweg Richtung *Alt Reddevitz*, leckere Fischgerichte, köstlicher Kuchen, cremiges Softeis." Sehr beliebt und entsprechend gut besucht. Mo Ruhe-tag. Das Café befindet sich unweit des Schulmuseums in der Dorfstr. 4, ☎ 038308-25663.

● *Einkaufen*   **Mönchgut-Keramik**, Töpferei und Galerie; wer auf der Suche nach hüb-schen Souvenirs ist, wird hier fündig. Mo–Fr 14–18 Uhr, Sa 10–12 Uhr. Dorfstr. 18 a, 18586 Middelhagen, ☎ 038308-25227.

● *Fahrradverleih*   **Radlerhus**, 3-Gang-Tou-renrad 5,50 €, 7-Gang-Tourenrad 7 €, MTB 7 €, Kinderräder ab 4 €, mehrtägiger Verleih günstiger, auch Trailer (5 €), Bollerwagen (4 €), Helm, Hundekorb etc., zudem Ferien-wohnungen. Dorfstr. 34/35, 18586 Middelha-gen, ☎ 038308-25482.

Alt Reddevitz und das Reddevitzer Höft

Nordwestlich von Middelhagen liegt das schmucke 150-Seelen-Dorf am Nordufer der Hagenschen Wiek. In seinem Kern befindet sich ein hübsches Ensemble mit reetgedeckten Häusern, darunter ein uriger Brauereigasthof in einer Scheune. Von einem Grünstreifen gesäumt schließt sich an den Dorfrand ein kleiner steiniger Badestrand an.

Weit zieht sich von hier eine lange dürre Landzunge in den Bodden. Kaum breiter als 500 m, aber über 4 km lang liegt das Reddevitzer Höft wie ein Speer zwischen den Küstengewässern Having und Hagensche Wiek. Ein Plattenweg führt über die ganze Halbinsel, anfangs am Ufer, später auf dem Hügelkamm bis zur Landspitze (die in der Tat wie eine Speerspitze geformt ist). Hier befindet sich ein hübsches Ausflugslokal, von dem ein Fußpfad hinab ans Ufer führt. Vom niedrigen Hügelrücken aus hat man immer wieder grandiose Ausblicke über das Mönchgut. Die Strecke von Alt Reddevitz oder Middelhagen über das Reddevitzer Höft bietet sich übrigens für eine kleine Radtour an (4 km bzw. 6,5 km einfach).

● *Übernachten/Essen* **Gasthof Kliesow's Reuse**, in einer reetgedeckten Scheune von immensen Ausmaßen ist das urgemütliche Gasthaus mit eigener Backstube und Brauerei untergebracht, traditionelle Gerichte zu fairen Preisen. Nov. bis Mitte Dez. und Mitte Jan. bis Febr. geschl., sonst durchgehend 8.30–22 Uhr geöffnet, Di Ruhetag. Im ehemaligen Bauernhof stehen auch schöne Ferienwohnungen zur Verfügung, ab 75 €/4–6 Pers. und 60 €/2–4 Pers., Hund 5 €/Tag. Dorfstr. 23 a, 18586 Alt Reddevitz, ✆ 038308-2171, ✉ 038308-25527, www.kliesows-reuse.de.

Restaurant Seeblick, Haus am Ufer, von der Terrasse ein herrlicher Blick über die Hagensche Wiek. Interessante Karte, wie wäre es z. B. mit Seelachsmedaillons in Schwarzbierteig gebacken? Hauptgerichte um 12 €. Auch Strandkörbe. Zur Saison ganztägig geöffnet. Im Haus auch Ferienwohnungen (je nach Größe 85–110 €). Dorfstr. 25, 18586 Alt Reddevitz, ✆ 038308-25972, Buchung auch über 038393-3870, ✉ 038393-38777, www.moenchgut.de.

Lesertipp, nochmals ein Café, dieses aber am Ortseingang von *Alt Reddevitz*: **café moccavino**, von der Terrasse hat man einen herrlichen Blick aufs Wasser und hinüber auf die Zickerschen Berge, hausgemachter Kuchen, freundliche Atmosphäre, Alt Reddevitz 18a, ✆ 038308-66336.

● *Außerhalb* **Having Hof**, Hofanlage am äußersten Ende des Reddevitzer Höfts, nettes Ausflugslokal in herrlicher Umgebung (und absoluter Alleinlage), zur Saison tägl. 12–15 Uhr und wieder ab 18 Uhr geöffnet, Mi Ruhetag. auch Ferienwohnungen

(ab 70 €/2 Pers.). Alt Reddevitz 49, 18586 Middelhagen, ✆ 038308-5500, ✉ 038308-55025, www.having-hof.de.

● *Camping* **Campingplatz Alt Reddevitz**, sehr schöner Naturcamping auf abgelegenem, weitläufigem Gelände, mit Kiosk und Snack-Bar. April bis Mitte Okt. geöffnet. Erw. 5 €, Kind 3,50 €, Hund 3 €, Zelt 5,50 €, Pkw 2 €, Caravan 8 €, auch Ferienwohnungen. Ein Stück nordwestlich von Alt Reddevitz, dann Abzweigung nach Norden (beschildert), ✆ 038308-25539, www.ruegencamping.de.

● *Einkaufen* **Pokenstuw**, gut sortierter Laden mit allerlei Rügenprodukten: Obstler, Tee, Käse, Wurst und alles, was sich aus Sanddorn machen lässt, aber auch einfach nur Brötchen, zudem Keramik, Mönchguter Trachtenpuppen etc., Versand möglich, im idyllischen Hof auch ein Café, zuvorkommend und freundlich, im Sommer Mo–Fr 7.30–17 Uhr, Sa 7.30–11 Uhr, So und feiertags 8–18 Uhr, im Winter werktags 9–17 Uhr. Dorfstr. 19 a, 18586 Alt Reddevitz, ✆ 038308-6680, www.ruegentypisch.de.

Mönchguter Hofbrennerei „Zur Strandburg", die hier destillierten Obstbrände und Liköre werden im angeschlossenen Hofladen angeboten (hier auch Marmeladen und Säfte), sehr gute Brände und Geister, wie z. B. der milde Sanddorngeist oder der Zwetschgenbrand. Zudem gibt es nunmehr auch einen Rügenwhisky, der erste Jahrgang war aber schnell ausverkauft. Sicherheitshalber sollte man sich schon mal eine Flasche vorbestellen. Hofladen April bis Okt. 10–18 Uhr, Nov. bis März 11–16 Uhr. Die Mönchguter Brennerei liegt idyllisch auf der Landzunge westlich von Alt Redde-vitz (Anfahrt: Richtung Reddevitzer Höft, etwa 600 m nach Alt Reddevitz rechts ab). Auch Ferienwohnungen. Hövt Nr. 36, 18586 Alt Reddevitz, ✆ 038308-34105, www.hof brennerei-strandburg.de.

● *Reiten* **P-Ranch**, ein Stück nordwestlich von Alt Reddevitz gelegen, sympathischer Hof (auch Ferienwohnungen), geführte Ausritte und Unterricht, auch für blutige An-fänger geeignet, Ponyreiten und Kutsch-fahrten, Pensionspferde möglich, eigene kleine Quarter-Horse-Zucht. Reiterhof Pisch, 18586 Alt Reddevitz, ✆/℡ 038308-2370, Reit-termine unter ✆ 0160-6011630, www.ruegen-reiterhof.de.

Lobbe

Hier wächst das Material, das die alten Rügener Dächer dicht hält. Wenn man von Middelhagen Richtung Lobbe fährt, kommt man durch ausgedehnte Schilffelder, die sich in der Lobber Seeniederung erstrecken. Die Binsen werden im Herbst „ge-erntet", zu „Schoofen" gebündelt und lange getrocknet, bevor das atmungsaktive, wasserdichte, sturmresistente und frostsichere Rohr die Häuser deckt. Auf dem Weg sieht man außerdem ein altes, restauriertes *Windkraftschöpfwerk*, ein mit Windkraft betriebenes Pumpwerk, mit dem ab 1900 das sumpfige Gebiet entwäs-sert wurde. Es ist das letzte verbliebene Schöpfrad, aber seit langer Zeit nicht mehr in Betrieb und lediglich ein technisches Denkmal.

Lobbe selbst ist meist nur eine Durchgangsstation bei der Erkundungstour durch das Mönchgut. Doch in dem unspektakulären Dorf zwischen Salzwiesen, Schilfbin-sen und Ostsee lässt es sich auch gut einkehren und übernachten, nahebei zudem ein großer Campingplatz. Die Attrak-tion: Beim *Lobber Ort*, einer 19 m hohen Klippe, beginnt der *Große Strand*.

Vom Wind bewegt: das letzte Schöpfwerk

● *Übernachten/Essen* **Aparthotel Eldena**, schickes Wellness-Hotel, ruhig an der Seitenstraße zwischen Göhren und Lobbe gelegen, nahe am Strand mit eigenen Strandkörben, nettes Restaurant und Hotel-bar, umfangreiches Wellnessprogramm (Packung ab 25 €, Entspannungsbad ab 23 €, Massagen ab 21 €). DZ 96 €, EZ 60 €, inkl. Frühstücksbuffet. Göhrener Weg 40, 18586 Lobbe, ✆ 038308-500, ℡ 038308-2232, www.hotel-eldena.de.

Hotel-Pension Sonnenstrand Mönchgut, Garni-Hotel mit rostroter Fassade, nicht zu übersehen, unweit des Strandes, jüngst er-öffnet. Zwölf Zimmer zwischen gemütlich und geräumig: DZ 95 €, EZ 69 €, einschl. Frühstück, auch Ferienwohnungen. Dorfstr. 25, 18586 Lobbe, ✆ 038308-34123, ℡ 038308-34122, www.sonnenstrand-moenchgut.de.

Gasthof Zum Walfisch, traditionsreicher, in vierter Generation betriebener Gasthof, regionaltypische Fischgerichte (natürlich von heimischen Fischern), leicht geho-benes Preisniveau, sehr beliebt und oft voll; warme Küche tägl. 11.30–21.30 Uhr. Auch Zimmer (DZ ab 64 € inkl. Frühstück) und Ap-partements. Lobbe 32, 18586 Middelhagen, ✆ 038308-25467, ℡ 038308-25451, www.walfisch-ruegen.de.

● *Camping* **Freizeit-Oase Rügen**, der lang gezogene Platz erstreckt sich beidseitig der Straße nach Thiessow, der östliche Teil somit direkt am Strand, 300 Stellplätze, nicht allzu viel Schatten; Gaststätte, Laden, Fahrradverleih, Minigolf und Veranstaltungen. Erw. 5,50 €, Jugendliche 12–17 J. 4,50 €, Kind 6–11 J. 2,50 €, Hund 3 €, kl. Zelt 9 €, Caravan oder großes Zelt inkl. Auto 16,50 € bzw. 18 € (Seeseite), Pkw 2,50 €, Strom 3 €. Geöffnet April bis Okt. 18586 Lobbe, ☎ 038308-2314, ✆ 038308-25127, www.campingruegen.de.

Baden

In einem sanften, lang gestreckten Bogen zieht sich der „Große Strand" vom Landvorsprung *Lobber Ort* bis hinunter zum *Südperd* bei Thiessow: über 5 km feiner, weißer Sand, dahinter ein schmales Kiefernwäldchen, das die Landenge vor dem Wetter schützt.

Mehrere gebührenpflichtige Parkplätze befinden sich an der Verbindungsstraße zwischen Thiessow und dem Norden. Kleine Wege führen durch das schmale Kiefernwäldchen zum Strand. Parallel

Vom Wind geformt: Windflüchter am Zickerschen Höft

zum Strand verläuft ein Radweg im Wald. Strandservice, vom Strandkorb bis zum Kaltgetränk, gibt es ganz im Norden und bei Thiessow sowie in der Mitte (auf Höhe der Abzweigung nach Groß Zicker/Gager, siehe dort, und Fahrradverleih). Streckenweise ist auch der *Große Strand* in Hunde-, Textil- und FKK-Zonen unterteilt, etwas weiter entfernt von den Badeorten wird das aber nicht allzu eng gesehen.

Groß Zicker und Gager

Wie eine Insel erheben sich die „Zickerschen Berge" aus Bodden, Salzwiesen und Schilfmeer. An ihren Rändern liegen der kleine Hafenort Gager und das malerische Dorf Groß Zicker.

Die höchste Erhebung der Halbinsel ist mit 66 m der *Bakenberg,* von dem aus man einen herrlichen Panoramablick über die Halbinsel, Bodden und Ostsee genießen kann. Blumenreicher Trockenrasen erstreckt sich über die Hügel, aufgelockert durch vereinzelte Baumgruppen und kleine Wäldchen. Um den westlichen Ausläufer der Erhebung, Zickersches Höft genannt, verläuft über dem Uferabbruch ein hübscher Wanderweg (detaillierte Wegbeschreibung → unten).

Bevor die Mönche kamen, hieß übrigens die gesamte Halbinsel Mönchgut *Tikaroe*, von dem sich der Name *Zicker* ableitet und das wahrscheinlich mit dem deutschen Wort *sickern* verwandt ist. *Tikaroe* (oe oder ø bezeichnet eine Insel → Hiddensee, S. 245) bedeutete dann in etwa „sickernde Insel", was angesichts der feuchten Böden der Gegend (v. a. auf der Landverbindung zum Rest Rügens) einleuchtet.

Das Mönchgut   Karte S. 127

Von der Verbindungsstraße von Norden nach Thiessow zweigt im rechten Winkel die Straße ab, die auf die Zickerschen Berge zuläuft. Dort gabelt sich der Weg. Im Süden befindet sich das idyllische Groß Zicker, an der Nordseite der überschaubaren Hügelkette gelangt man über eine Allee in das Fischerdorf *Gager*. Früher lag hier eine kleine Fischerei-Flotte an der Hafenmole, heute teilen sich die wenigen verbliebenen Fischer die Liegeplätze mit den Segelbooten im neuen Sportboothafen. Mittlerweile ist auch der „Port Gager", eine Anlage mit Ferienhäusern, Lachsräucherei, Laden und Restaurant, weitgehend fertig gestellt.

In *Groß Zicker* auf der anderen Seite des Bakenbergs hingegen kann es schon einmal etwas voller werden, vor allem dank des idyllischen Ortsbildes. Nichtsdestotrotz hat sich das unter Denkmalschutz stehende Dorf seinen beschaulich ländlichen Charakter bewahrt. Backsteinrot und kalkweiß erstrecken sich die schmucken Häuser, reetgedeckt und von blühenden Gärten umgeben, entlang einer holprigen kopfsteingepflasterten Straße. Am Ortseingang duckt sich eine alte Kirche unter prächtige Bäume. Erstmals erwähnt wurde ein Gotteshaus in Groß Zicker 1360, und zwar in der Verkaufsurkunde, mit der das Kloster Eldena den südlichen Teil des Mönchguts erwarb. Der heutige Backsteinbau mit Kreuzrippengewölbe im Chor wurde wenige Jahrzehnte später errichtet (der hölzerne Dachturm, der der Kirche ein gedrungenes Gesamtbild verleiht, stammt aus dem 19. Jh.). Das Kruzifix auf dem Altar stammt noch aus dem Mittelalter, und im Chorraum stehen alte Grabplatten mit Hausmarken (zu den Hausmarken siehe auch S. 248).

In der Dorfmitte befindet sich das *Pfarrwitwenhaus*, ein ausgezeichnet erhaltenes Beispiel eines niederdeutschen Hallenhauses, mit der für Rügen typischen Besonderheit des so genannten Zuckerhutdachs. Das Haus wurde 1720 gebaut, nachdem der ansässige Pfarrer verstorben war und seine Witwe mittel- und obdachlos hinterließ. Zwar war es bis ins 18. Jh. in Pommern üblich, dass ein neuer Pfarrer mit dem Amt auch Tochter oder Witwe des verstorbenen Geistlichen „übernahm", doch in diesem speziellen Fall wurde die Pfarrstelle an einen verheirateten Familienvater vergeben. Daraufhin musste eine Unterkunft für die arme Frau geschaffen werden, und die Gemeinde stiftete das Geld zur Erbauung des Witwenhauses. Bis 1984 (!) diente das Hallenhaus, das bereits 1892 als Postkartenmotiv debütierte, als Wohnhaus (nach kurzem Intermezzo als Schule), danach wurde es sorgsam renoviert und 1988 zu einem Museum umfunktioniert. Es handelt sich um eines der ältesten Wohnhäuser auf Rügen, ursprünglich war es ein Rookhus, der Schornstein wurde erst nachträglich in das spitz zulaufende Rohrdach integriert. Sehenswert.

Ostern bis Okt. Mo–Sa 10–17 Uhr, So 13–17 Uhr (Juni und Sept. jeweils bis 18 Uhr, Juli und Aug. bis 19 Uhr), Nov. bis Ostern geschl. Eintritt 2 €, Kind 1 €. Auch wechselnde Kunstausstellungen. ✆ 038308-8248.

Information/Verbindungen/Sonstiges

● *Information* Die **Kurverwaltung Gager/ Groß Zicker**, in *Gager* (beim Campingplatz links und nach 300 m bei einer Gabelung noch mal links, im flachen Gemeindegebäude). Im Sommer Mo–Fr 9–18 Uhr, Sa/So 9–12 Uhr, im Winter Mo/Mi/Fr 8–12 Uhr, Di 8–17 Uhr, Do 8–15 Uhr; hier gibt es auch jede Menge Landkarten. Zum Hövt 15 a, 18556 Gager, ✆ 038308-8210, ✉ 038308-30213, www.gager.de.

● *Kurtaxe* Juni bis Aug. 1 €, erm. 0,50 €, Mai und Sept. 0,50 €, erm. 0,25 €.

● *Parken* In Gager kostenloser Parkplatz am Hafen, in Groß Zicker kostenpflichtiger Parkplatz hinter der Kirche (der Beschilderung *Landhotel Boddenblick* folgen).

● *Verbindungen/Ausflugsschiffe* **Bus**: Die **Linie 20** biegt ca. 6-mal tägl. von ihrer Route von und nach Thiessow auf die Halbinsel ab, für häufigere Verbindung die 2 km

Malerisch: das Pfarrwitwenhaus in Groß Zicker

Das Mönchgut
Karte S. 127

bis zur Verbindungsstraße vorlaufen (Haltestelle an der Abzweigung, hier auch ein Fahrradverleih), nach Norden bis in die Ostseebäder mit Anschluss nach *Sassnitz*, nach *Bergen* am Wendeplatz in Serams umsteigen.

Schiff: Die *MS Hanseat* der **Boddenreederei Rügen** verbindet zur Saison Gager Di–Sa 1-mal tägl. mit *Peenemünde* auf Usedom (Mai nur Di und Do, Okt. nur Do), freitags mit einem Ausflug auf die Insel *Greifswalder Oie*; Aufenthalt knapp 3,5 Std., einfach 16 €, Kind 4–13 J. 10 €, Hund 3 €, hin/zurück 23,50 €, Kind 15 €. Auch Abendfahrten im Greifswalder Bodden. Boddenreederei Rügen. Zum Höft 10, 18556 Gager, ℡ 038308-8389, 🖷 038308-8392, www.boddenreederei-ruegen.de.

● *Fahrradverleih* an der Abzweigung von der Verbindungsstraße Göhren/Thiessow: **Fahrradverleih Kraft**, Tourenräder ab 5 €/Tag, MTB ab 6 €, Kinderräder 3 €, auch Tandem, Anhänger und Helme, außerdem

Strandutensilien aller Art vom Schwimmreifen bis zum Eis, Verleih von Strandkörben, Hundekörben und Windschutz (ca. 3 €). Boddenstr. 3, 18586 Groß Zicker, ℡ 038308-30512.

● *Hafen* Kleiner, durch die Mole perfekt geschützter Hafen, den sich Ausflugsschiffe, Fischkutter und Segelboote teilen, ca. 60 Liegeplätze bei 2–4 m Tiefe, ℡ 038308-8210.

● *Wandern* Kenntnisreich und sympathisch führt René Geyer **Kräuterwanderungen** in die Zickerschen Berge. Dass man dabei mehr erfährt als nur Infos über die Flora und die Anwendung von Heilkräutern, versteht sich fast von selbst (Erw. 9 €, Kinder 6–14 J. 3 €, Familienticket 18 €). Treffpunkt ist am Ende der Boddenstraße von Groß Zicker, bei der Gaststätte *Taun Hövt*. Termine zuletzt April bis Sept. Mo/Do/Fr 10 Uhr, Sa 13 Uhr, telefonische Anmeldung ist ratsam. Am Mühlengrund 5, 18586 Lancken-Granitz, ℡ 0173-9898031, www.naturgeyer.de.

Übernachten/Essen

● *In Gager* **Port Gager**, neben „Lachsmanufaktur und Räucherei" sowie Unterkünften ist am Hafen das schicke Restaurant *Alte Bootswerft* entstanden. Hier gibt es natürlich vornehmlich Lachs, günstige

Mittagskarte, abends gehobenes Preisniveau, Terrasse mit Blick auf die Marina. Von der Mannschaftskajüte ab 15 € pro Koje über die Kapitänskajüte für 100 € (DZ) bis zur Reedersuite 120 €, auch Ferienwohnungen. Am Hafen, 18586 Gager, ☎ 038308-66470, www.portgager.de.

Pension Am Hafen, schönes, reetgedecktes Haus mit schmuckem Garten, natürlich am Hafen gelegen, neun freundliche Zimmer, Aufenthaltsraum, eigene Bar und Liegewiese. DZ mit Frühstück 70 €, ganzjährig geöffnet. Am Höft 29, 18586 Gager, ☎ 038308-30160, 📠 038308-30596, www.wildeast.de/firmen/hafen.

Pension Fröhlich, Zimmer und Ferienwohnungen in einem hübschen, kleinen Gehöft, Inneneinrichtung mit viel Holz. Auch Gaststätte, nachmittags Café, abends warme Speisen. Auch für non-residents (wenn das Schild draußen hängt oder nach telefonischer Absprache), dann gibt es Fisch nach Mönchguter Art. DZ 58 € (mit Balkon 64 €), EZ 29 €, jeweils mit Frühstück, Hund 3 €. Zum Höft 33, 18586 Gager, ☎ 038308-8250, 📠 038308-34897, www.pensionfroehlich.de.

● *Camping* **Am Bodden**, direkt am Hafen von Gager (Ortseingang rechts), nicht mehr ganz neuer Platz, mit Imbiss und kleinem Laden, gut 200 Stellplätze auf relativ engem Raum, nicht überall Schatten. Erw. 4 €, Jugendliche 12–17 J. 3 €, Kind 6–11 J. 2 €, Hund 2 €, Zelt 9–13 €, Caravan 14 €, Strom 2,50 €. Geöffnet April bis Okt. 18586 Gager, ☎/📠 038308-30199, www.campingplatz-ruegen.de.

● *In Groß Zicker* **Taun Hövt**, unser Tipp: sehr beliebtes Restaurant mit guter Küche, malerisch in Alleinlage am äußersten (westlichen) Rand von Groß Zicker, von der großen Terrasse (nebenan ein neuer Spielplatz) herrlicher Blick über Wiesen und Bodden, sehr freundlicher Service, innen jüngst renoviert und recht schick, die Preise sind für das Gebotene völlig in Ordnung, nachmittags auch Kaffee und Kuchen. Ganztägig geöffnet. Auch Ferienwohnungen (ganzjährig) ab 80 € für 2 Pers./Tag (in der Hauptsaison nur wochenweise). Boddenstr. 61, 18586 Groß Zicker, ☎ 038308-5420, 📠 038308-30054, www.taun-hoevt.de.

Landhotel „Boddenblick", freundliches Hotel neben der Kirche, geräumige Zimmer mit knallrotem Teppich, Fischrestaurant mit gemütlicher Terrasse (auch Kaffee und Kuchen). DZ 92 €, EZ 64 €, Suite 120 €, weiteres Bett 15 €, einschl. Frühstücksbuffet, Hunde nach Absprache, ganzjährig geöffnet. Boddenstr. 16, ☎ 038308-8254, 📠 038308-340034, www.boddenblick.m-vp.de.

Fischrestaurant Kaiser's Gaststuben, beliebtes, rohrgedecktes Gasthaus, umfangreiche Karte, nicht teuer, Wintergarten und Terrasse mit Blick auf den Bodden, zur Saison durchgehend geöffnet, auch große Eiskarte. Boddenstr. 43, ☎ 038308-30091.

Lesertipp: **Fischbrötchen** beim Imbiss von Peter und Irmtraut Dumrath, Fischerei und Ferienwohnungen. Kleiner Hof mit einigen Tischen und winzigem Laden, bei Radwanderern beliebt. Boddenstraße 25.

Frischen Fisch gibt es im Hafen von Gager vom Kutter aus, die Verkaufszeiten hängen aus.

Wanderung 3: Über die „Zickerschen Berge"

Charakteristik: Die Wanderung über den Hügel, der manchmal auch „Zickersche Alpen" genannt wird, ist bei einer maximalen Höhe von 66 m gewiss keine Gebirgstour, vielmehr führt eine leichte Rundwanderung um die Halbinsel über schöne Wanderwege am „Hoch"-Ufer, durch das idyllische Groß Zicker und zu einem herrlichen Aussichtspunkt auf dem Bakenberg. **Länge/Dauer**: etwa 9 km, reine Gehzeit etwa 2,5 Std. **Einkehrmöglichkeiten**: in Gager und Groß Zicker. **Start/Anfahrt**: in Gager bei der Bushaltestelle am Hafen (hier auch Parkplätze).

Wegbeschreibung: Vom *Hafen* in Gager (WP 01) Richtung Westen, gleich an der ersten Weggabelung links und auf dem gepflasterten Weg an Lebensmittelladen, Biergarten und der Pension Am Hafen vorbei. Die nächste Abzweigung linker Hand ignorieren (WP 02), weiter durch den Ort und bei der nächsten Weggabelung rechts (WP 03).

Markierung gelber Querbalken, rechts liegt die Hagensche Wiek, links die letzten rohrgedeckten Häuser von Gager. Schließlich gelangt man zum Parkplatz am Eingang des *Naturschutzgebietes* (WP 04).

Nahe am Ufer entlang führt ein Wiesenweg weiter, der bald zu einem Wanderpfad wird. Immer wieder läuft man

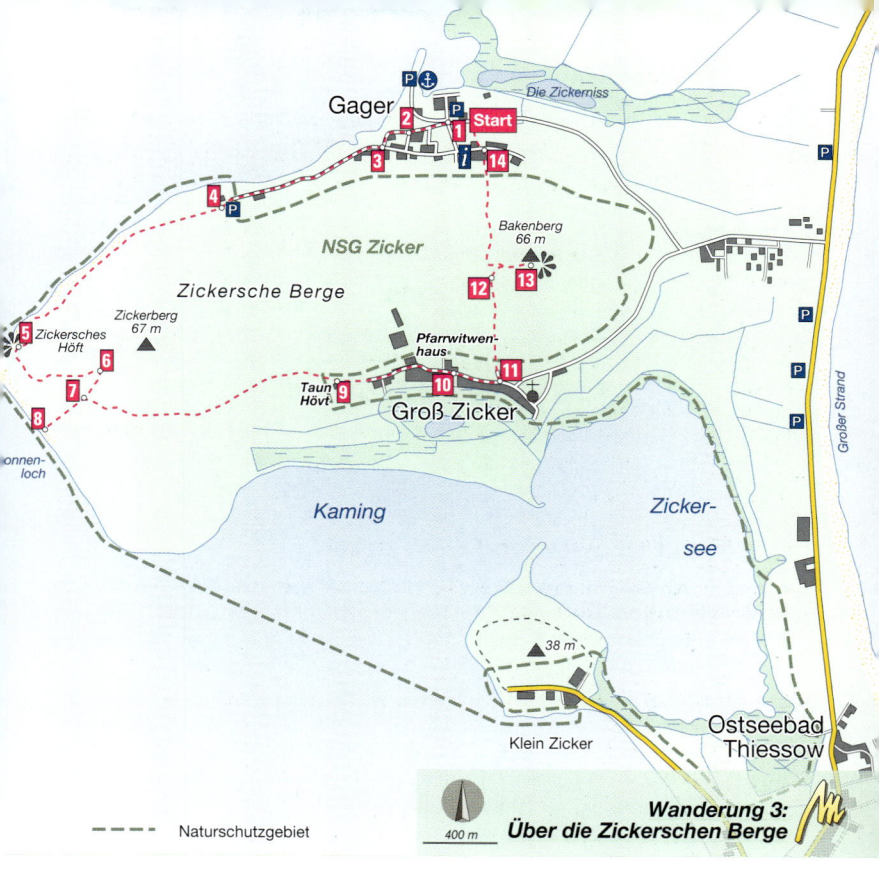

Gager

Start

Die Zickerniss

NSG Zicker

Bakenberg
66 m

Zickersche Berge

Zickerberg
67 m

Zickersches
Höft

Pfarrwitwen-
haus

Taun
Hövt

Groß Zicker

onnen-
loch

Kaming

Zicker-
see

Großer Strand

▲ *38 m*

Klein Zicker

Ostseebad
Thiessow

– – – – Naturschutzgebiet

400 m

Wanderung 3:
Über die Zickerschen Berge

---

durch kleine Wäldchen, dann zwischen dem Rand eines schönen Laubwaldes und der Küste (zuweilen bricht der Weg zum Ufer hin ab, er liegt zwar nicht hoch genug, um wirklich gefährlich zu sein, dennoch auf Kinder und Hunde achten). Kurz nach einem *Aussichtspunkt* an der Westspitze des Zickerschen Höfts (WP 05) lässt man den Wald hinter sich und geht auf einem sandigen Pfad leicht ansteigend weiter. Der Weg beschreibt eine Kurve und verläuft über Wiesen weiter bis zu einer Kreuzung (WP 06, bis hier etwa 1 Std. reine Gehzeit). Hier rechts hinunter (Markierung gelber Querbalken). Nach etwa 200 m zweigt ein Pfad zum *Nonnenloch* ab (WP 07, beschildert):

Über eine Treppe gelangt man hinunter zum hübschen, schmalen Sand-/Kiesstrand (WP 08) mit zwei großen Granitfindlingen.

> Das **Nonnenloch** soll ein Liebesnest gewesen sein. So will es jedenfalls die Legende. Hier sollen sich die Zisterzienserbrüder des Mönchguts mit ihren Schwestern im Glauben aus dem Bergener Kloster heimlich zu dem einen oder anderen Stelldichein getroffen haben.

Zurück an der Abzweigung (WP 07) geht es über blumenreiche Wiesen, genauer über Sandtrockenrasen, nach Osten weiter Richtung Groß Zicker. Nach einem kleinen Hügel ergibt sich ein schöner Blick auf den Ort und die gegenüberliegende Halbinsel Klein Zicker.

Nach insgesamt 1,5 Std. reiner Gehzeit erreicht man bei der Gaststätte *Taun Hövt* (WP 09) den äußeren Rand von Groß Zicker. Von hier aus geht es geradewegs in den Ort hinein, am *Pfarrwitwenhaus* (WP 10) vorbei bis zum *Spielplatz* (WP 11). Hier links abbiegen (wer die Kirche besuchen will, muss noch ein kurzes Stück geradeaus und bei der Gabelung rechts). Am Spielplatz und dem schönen Pfarrhaus vorbei läuft man auf ein kleines Wäldchen zu und in die Zickerschen Berge hinein. Hinter dem Nadelgehölz verläuft der Weg über sanft gewellte Blumenwiesen, bis bei einer Gabelung (WP 12) links ein Abstecher zum *Bakenberg* (WP 13) führt. Von der höchsten Erhebung des Mönchguts hat man einen fantastischen 360-Grad-Blick. Vom Bakenberg aus geht es schließlich ein kurzes Stück zurück, durch ein kleines Wäldchen und rechter Hand der Markierung grüner Querbalken folgend über Wiesen hinunter zum Ortsrand von Gager (WP 14) und zurück zum Ausgangspunkt.

Ostseebad Thiessow und Klein Zicker

Wie ein krummer Haken reicht die Südspitze der Halbinsel Mönchgut in den Greifswalder Bodden hinein. Ein idealer Standort für Lotsen, um den Schiffsverkehr durch die schwierigen Gewässer zu dirigieren. Heutzutage steuern vor allem Touristen das kleine Ostseebad Thiessow an.

Seit jeher war es die Pflicht der Mönchguter Fischer, Handelsschiffe an den Untiefen der heimischen Küste vorbeizumanövrieren. Erst im 19. Jh. wurde der Lotsendienst professionalisiert. Ab 1830 arbeiteten die angestellten Lotsen zunächst noch als Teilzeitkräfte, dann mit der Errichtung der Thiessower Lotsenstation 1859 als Beamte. 1909 wurde auf der Anhöhe hinter dem Ort der Lotsenturm samt Wache errichtet. 1949 wurde die Station aufgelöst.

Thiessows Ortsbild ist relativ unspektakulär. Das Kapital des kleinen Ostseebads sind nicht hübsche Fassaden in malerischen Gassen, sondern seine Lage: Mit dem Rücken zum Lotsenberg, der 36 m über das Meer ragenden Erhebung, ist Thiessow meerumschlungen und von drei Seiten von Küste gesäumt. Kein Wunder, dass es heißt, hier sei die salzige Luft gesünder als anderswo, kann doch der Wind eigentlich nur vom Meer her wehen. Und doch sind es weniger die Luftkurgäste, die es nach Thiessow verschlägt, als die Sonnenhungrigen und die Wassersportler. Die einen schätzen den Oststrand, die anderen das Surfrevier um den Thiessower Haken, das als eines der besten der Ostseeküste gilt.

Eine niedrige Landenge verbindet Thiessow mit dem fast kreisrunden, 38 m hohen Hügel, an dessen Süd-Ost-Flanke das Dorf *Klein Zicker* liegt. Am Ortsanfang nimmt ein kostenpflichtiger Parkplatz die Autos auf, sehr viel weiter würde man aber ohnehin nicht kommen, denn nach wenigen hundert Metern sind mit der Straße auch Ort und Insel zu ende. Ein Spazierweg führt rund um die kleine Halbinsel, mit schönen Ausblicken über den Zickersee und die große Schwester im Norden. Die beiden Halbinseln wären wahrscheinlich längst zusammengewachsen, würde man nicht die Fahrrille zum Thiessower Fischereihafen immer wieder freilegen. Von Norden und von Süden ragen Sandhaken in die Bucht und flankieren den Eingang zum Zickersee wie zwei natürlich gewachsene Hafenmolen.

Fischerboote im kleinen Hafen von Klein Zicker

Information/Verbindungen/Sonstiges

● *Information* **Kurverwaltung Thiessow**, Mai bis Sept. Mo–Fr 9–12, Mo, Mi Do auch 13–16 Uhr, Di bis 18 Uhr, Okt. bis April Mo–Fr 9–12 und Di 13–18 Uhr; auch Internet, zudem eine kleine Ausstellung zur Geschichte Thiessows als Lotsenort, schönes reetgedecktes Haus, etwas von der Hauptstraße zurückversetzt, von Norden kommend auf der linken Seite gegenüber vom Parkplatz. Hauptstr. 36, 18586 Thiessow, ☎ 038308-8280, ✆ 038308-30191, www.ostseebad-thiessow.de.

● *Kurtaxe* April bis Mitte Juni sowie Mitte Sept. bis Okt. 1 €, Kinder 0,50 €, Mitte Juni bis Mitte Sept. 2 €, Kinder 1 €.

● *Parken* Kostenpflichtiger Parkplatz am Ortseingang von Klein Zicker sowie mehrere in Thiessow.

● *Verbindungen* Die **Buslinie 20** verbindet Thiessow mit *Göhren* und *Sellin* fast stündlich, mit Anschluss an *Binz* und *Sassnitz* (nach Bergen am Wendeplatz in Serams umsteigen).

● *Baden* Die Strände um den Thiessower Endhaken (Süd- und Weststrand) bieten sich nicht unbedingt zum Baden an, eher zum Surfen, der Oststrand hingegen ist ein Badeparadies (zum *Großen Strand* siehe auch S. 172f.), oft windgeschützt durch das Kiefernwäldchen im Rücken. Hier werden auch Strandkörbe vermietet, kostenpflichtiger Parkplatz am Fuß des Lotsenberges.

● *Fahrradverleih* **moewe07**, an der Hauptstraße, Tourenrad 6 €/Tag, Kinderfahrrad 3,50 €, auch Familienkutsche (7 €/Std.), Bollerwagen, Kindersitze, Helme etc. Neben dem Haus eine „Mini-Minigolfanlage", auch Ferienwohnungen, normalerweise ist während der Saison tägl. von 9–19 Uhr jemand da, im Zweifelsfall anrufen. Sandstr. 1, 18586 Thiessow, ☎ 038308-34384, www.moewe07.de.

● *Sport* **Sail & Surf Rügen**, von Mitte Mai bis Mitte Sept. befindet sich ein Außenposten der Surfschule aus Altefähr auf den Thiessower Campingplätzen, großes Angebot: Surfkurse für Anfänger (145 €/12 Std.), Fortgeschrittene (120 €/4 Std.) oder Kinder (120 €/10 Std.), auch Scheinerwerb, zudem Kitesurfen (z. B. Anfänger 220 €/8 Std.). Materialverleih (z. B. Brett ab 11 €/Std., ab 30 €/Tag). Während der Saison ist zwischen 10 und 18 Uhr meist jemand da (oder auf dem Wasser). Die Thiessower Anschrift: Dörpstrat. 2, 18586 Klein Zicker, ☎ 038308-30360, www.sail-surf-ruegen.de.

Übernachten/Essen

• *In Thiessow* ****** Fürst Jaromar**, Nobel-Resort nördlich von Thiessow, umfassendes Wellnessangebot von der Gesichtsmassage bis zur Heilkreidepackung, mit Schwimm- und Dampfbad, finnische Sauna etc. Hotel im Haupthaus, Appartements in den Gebäuden auf dem Gelände, im Restaurant *Jaromar* gehobene Küche, eigener Strandabschnitt mit Strandkorbvermietung, großzügige, stilvolle Zimmer und Appartements. DZ 130 €, Suite oder Studio 150 €, jeweils inkl. Frühstücksbüffet, Appartements (2 Pers.) ab 125 €, in der Nebensaison deutlich günstiger. Hauptstr. 1, 18586 Thiessow, ✆ 038308-345, 📠 038308-346000, www.jaromar.de.

Hotel „Godewind", sympathisches Haus mitten im Ort, geräumige Zimmer, im Haus auch ein Restaurant (tägl. abends geöffnet, Okt. bis April Di Ruhetag), nachmittags Cafébetrieb. DZ ab 90 €, Suite mit Balkon 110 €, EZ 55 €, jeweils inkl. Frühstücksbuffet, auch Appartements (Mindestaufenthalt 3 Tage, ab 70 €/Tag), Hotel ganzjährig geöffnet. De niege Wech 7, 18586 Thiessow, ✆ 038308-3420, 📠 038308-34220, www.godewind-thiessow.de.

Mönchguter Fischerklause, *Lesertipp*! Traditionsreiches Lokal am südlichen Rand des Ortes, vor allem natürlich Fisch, aber auch Fleisch und Vegetarisches, beliebt, nicht teuer. Von Lesern nachdrücklich empfohlene Fischgerichte! Mittagstisch von 12–15 Uhr, abends ab 18 Uhr. Hauptstr. 48, ✆ 038308-30397.

Zum Hafen, Fischrestaurant der Fischereigenossenschaft, direkt am Thiessower Hafen, der Weg, den der fangfrische Fisch vom Kutter in die Küche nimmt, ist also denkbar kurz; nicht teuer, rustikale Inneneinrichtung mit viel Holz; auch Fischräucherei. Ostern bis Ende Okt. tägl. ab 11.30 Uhr. Am Hafen, ✆ 038308-30001.

Strandcafé Thiessow, hält, was der Name verspricht: Terrasse über dem Südende des *Großen Strandes*, neben Kaffee und Kuchen (oder Waffeln!) auch Restaurantbetrieb mit durchgehend warmer Küche, tendenziell günstig, freundlicher Service. Geöffnet Mitte März bis Anfang Nov., tägl. ab 11 Uhr. Strandpromenade, ✆ 038308-8345.

• *In Klein Zicker* **Zum trauten Fischerheim**, Gaststätte und Pension, von Lesern gelobte Küche, mittags und abends geöffnet (mindestens bis 20 Uhr warme

Küche), nicht teuer (Hauptgerichte zwischen 9 € und 14 €), auch Cafébetrieb. Uriger Gastraum und schöne Terrasse, hier kann man im Strandkorb sitzend und mit Blick auf den Greifswalder Bodden Kaffee und Kuchen genießen. Die Zimmereinrichtung ist rustikalen Bauernmöbeln nachempfunden. DZ 58 €, mit Seeblick 64 €, EZ 35 €, einschl. Frühstücksbuffet, Appartement ab 70 € für 2 Pers. Preise gelten ganzjährig. Dörpstr. 15, 18586 Klein Zicker, ✆ 038308-30152, 📠 038308-30153, www.kleinzicker.de.

Zollhaus, Café/Restaurant mit Terrasse, schöne Aussicht, umfangreiche Karte, günstig und sehr freundlich. Auch einfache Ferienwohnungen ab 66 €/Nacht, ganzjährig geöffnet, nach Voranmeldung auch Frühstück. Dörpstrat 9, 18586 Klein Zicker, ✆ 038308-8312, www.zollhaus-ruegen.de.

• *Camping* **Camping-Oase Thiessow**, der lang gezogene Platz erstreckt sich am Ortseingang entlang der Straße, 320 Stellplätze, viele mit Schatten, kleine Gaststätte und kleiner Laden, nur durch Straße und den 150 m breiten Kiefernwald vom Großen Strand getrennt, Fahrradverleih und Veranstaltungen. Erw. 5,50 €, Jugendliche 12–17 J. 4,50 €, Kind 6–11 J. 2,50 €, Hund 3 €, kl. Zelt 8 €, Caravan oder großes Zelt inkl. Auto 18,50 €, Pkw 2,50 €, Strom 3 €, geöffnet April bis Okt. Hauptstr. 4, 18586 Thiessow, ✆ 038308-8226, 📠 038308-8297, www.camping ruegen.de.

Während sich in der Camping-Oase vor allem Familien aufhalten, treffen sich Surfer in der Dependance **Surfoase Mönchgut** (am anderen Ortsrand, über den Norddeich keinen Kilometer), 60 Stellplätze, v. a. von Caravans genutzt, kein Schatten, direkt am eigenen Strand. Geöffnet Mai bis Sept. Erw. 5 €, Jugendliche 12–17 J. 4 €, Kind 6–11 J. 1,50 €, Hund 1,50 €, kl. Zelt 7,50 €, Caravan oder großes Zelt inkl. Auto 14 €, Pkw 2 €, Strom 3 €. Auch Surfertagesticket 5 € (17,50 €/Woche), bewachter Parkplatz und Teeküche. Dörpstrat 2, 18586 Klein Zicker, ✆/📠 038308-30125, www.windsurfen-ruegen.de. Auf dem Platz befindet sich auch die Surfschule *Sail & Surf Rügen* (→ oben).

• *Räucherfisch* am Fischereihafen von Thiessow sowie am Ortsrand von Klein Zicker (Imbiss *Snack tau'n Bodden*).

Wald, Kreide, Meer: im Nationalpark Jasmund

Jasmund

**Die spektakuläre Steilküste und die ausgedehnten Wälder des National-
parks rahmen das Wahrzeichen Rügens ein: den Königsstuhl, die 118 m hohe, blendend weiße Kreideklippe. Am Rand des Nationalparks befindet sich
die quirlige Hafenstadt Sassnitz, im Westen hingegen schilfreiche, flache
Binnenküste.**

Insgesamt drei lang gezogene Landengen verbinden die Halbinsel Jasmund mit
dem Kernland der Insel Rügen und der nördlich gelegenen Halbinsel Wittow: im
Süden die Schmale Heide sowie der Eisenbahn-/Straßendamm bei Lietzow und im
Norden die Schaabe. Besondere Attraktion der Halbinsel Jasmund ist der gleichnamige Nationalpark. Sein ausgedehntes Waldgebiet, die *Stubnitz*, erstreckt sich über
den gesamten nordöstlichen Teil Jasmunds und bricht hart von den Klippen der
Kreidefelsen zum Meer hin ab. Ob vom Hochuferweg oder vom Strand aus, von einem der Ausflugsschiffe oder gar aus dem Flugzeug, die Steilküste mit ihren markanten Kreideformationen bietet atemberaubende Anblicke: Hoch über dem Meer
liegt der lichte Buchenwald und dazwischen die blendend weißen Steilabbrüche,
die sich aus der Hangvegetation erheben, darunter ein romantischer, naturbelasse-
ner Strand, übersät mit Treibholz, abgestürzten Bäumen und groben Steinen. Die
berühmtesten der Kreidekliffs sind zweifellos die hohen Felsen der *Stubbenkammer*: der *Königsstuhl*, Rügens Fotomotiv Nr. 1, und die *Viktoriasicht*. Hier befindet
sich auch das sehenswerte Besucherzentrum des Nationalparks.

Aber Jasmund besteht nicht nur aus Kreide und Buche. Am südlichen Rand des Nationalparks liegt eingerahmt von Wald und Meer *Sassnitz*, die zweitgrößte Stadt der
Insel. Der lange Zeit bedeutende deutsche Ostsee-Fährhäfen Sassnitz wurde 5 km

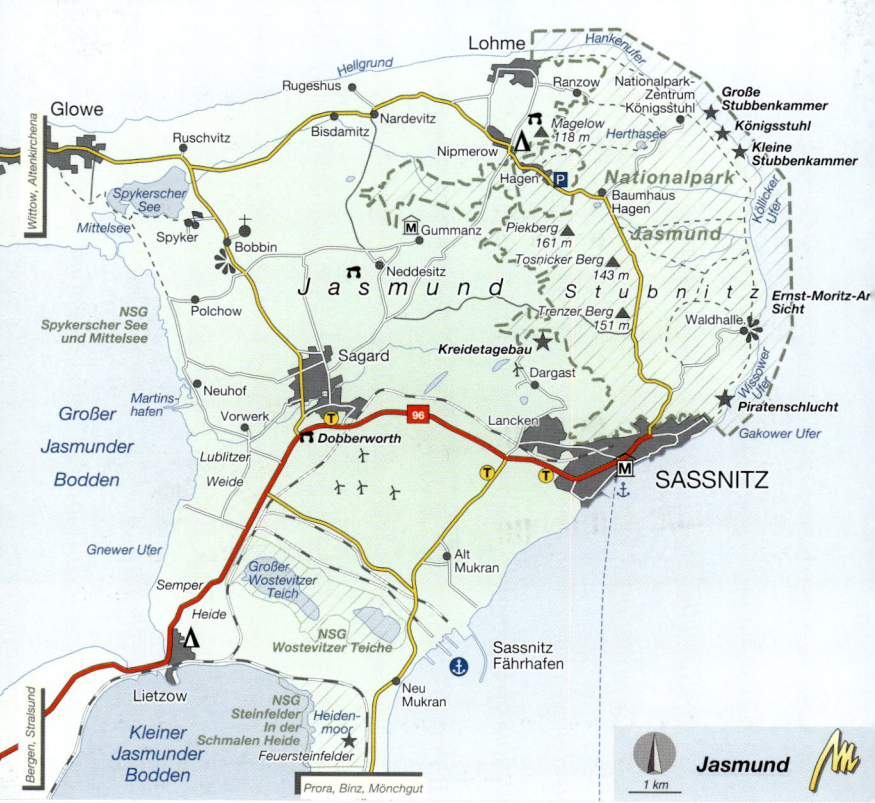

in den Süden nach *Neu Mukran* verlegt, so dass der große Stadthafen gänzlich den Fischern und Touristen vorbehalten ist. Hier findet man Ausflugs- und Museumsschiffe, nördlich der Mole erstreckt sich die lange Strandpromenade und in deren Rücken eine sehenswerte kleine Altstadt. Im Norden des Nationalparks befindet sich über dem flacher werdenden Steilufer der hübsche Ort *Lohme*. Eine romantischere Ansicht des Kap Arkona, vor allem wenn dahinter eine rote Sonne im Meer versinkt, wird man nirgends finden. Die übrige sanft hügelige Halbinsel ist vor allem landwirtschaftlich geprägt, nordwestlich von Sassnitz wird zudem im Tagebau noch Kreide abgebaut. Die Binnenküste ist von typischer Boddenvegetation gesäumt. Verstreut finden sich entlang des Boddenufers einige wenige, aber interessante touristische Angebote, z. B. in *Polchow* eine beliebte Fischgaststätte und natürlich *Schloss Spyker*, in dem heute Hotel und Restaurant untergebracht sind.

Wer auf Jasmund Badeurlaub machen möchte, sollte ein wenig mobil sein. Zwar hat Sassnitz einen Stadtstrand, aber der ist nicht sonderlich attraktiv. Auch die Steilküste wird von einem Strandstreifen gesäumt, der natürlich angesichts der Kreidefelsen zu den schönsten Stellen der Insel zählt, allerdings – auf Grund der groben Steine – kein Badeparadies darstellt. Dafür aber findet man endlose feinsandige Strände an den „Ausläufern" Jasmunds: entlang der Schaabe im Norden und natürlich bei Prora auf der Schmalen Heide im Süden.

An der Strandpromenade von Sassnitz

Sassnitz

ca. 10.500 Einwohner

Die „Weiße Stadt am Meer" war einst das „Tor des Nordens" – auch wenn der Fährhafen heute aus der Stadt in den Süden verlegt wurde, lockt das vielseitige Sassnitz immer noch zahlreiche Besucher an.

Eins vorneweg: Nach Sassnitz kommt man nicht, um zu baden. Es sind andere Attraktionen, die die Hafenstadt interessant machen: drei maritime Museen am Hafen, der angrenzende Nationalpark Jasmund, die sehenswerte Altstadt und nicht zuletzt die vielen Restaurants und Cafés.

So abwechslungsreich wie das Angebot zeigt sich auch das Gesicht der Stadt. Im Süden und Osten von Sassnitz erstrecken sich vor allem Wohn- und Gewerbegebiete. Eine Art modernes Zentrum findet sich in der kleinen Fußgängerzone, der *RügenGalerie,* zwischen Bahnhof und dem äußerlich unansehnlichen Rügenhotel, in dem die *Therme* untergebracht ist. Zum *Hafen* hin fällt die Stadt steil ab. Von dem weitläufigen Platz bei der Therme führt eine neue, abenteuerliche Fußgängerbrücke in kühnem Schwung hinunter zum Hafen (ein wenig schwindelfrei sollte man schon sein – und Vorsicht nach Regen, dann kann der Boden etwas rutschig sein). Dort liegen, geschützt von der fast 1,5 km langen Mole, Fischkutter und Ausflugsschiffe, Yachten und Segler und sogar ein U-Boot vor Anker. Letzteres, die *H.M.S Otus,* wird aber nicht mehr abtauchen, vor der Verschrottung gerettet, dient es heute als Museumsschiff. Vor dem *Sassnitzer Fischerei- und Hafenmuseum* trifft man auf ein weiteres Museumsschiff, die *Havel,* und im südlichen Bereich des Hafens beherbergt die ehemalige Fährhalle heute das *Museum für Unterwasserarchäologie.* Am oberen Teil des Hafens beginnt die *Strandpromenade* mit der kleinen Seebrücke und reicht bis zur *Altstadt.* Herrliche Bauten im Stil der Bäderarchitektur stehen in den verwinkelten kleinen Gassen rund um den alten Markt. In den vielen

Jasmund
Karte S. 182

Restaurants, Cafés und Bars im Altstadtviertel und entlang der Strandpromenade kann man einen lauen Sommerabend gemütlich ausklingen lassen. Oberhalb der Altstadt, bei der Abzweigung von der Hauptstraße, die zur Stubbenkammer führt, steht von viel Grün umrahmt die neugotische *Johanniskirche* (1880–1883), deren schlanker, asymmetrisch gesetzter Turm weithin sichtbar ist.

Stadtgeschichte

Bis weit ins 19. Jh. hinein war Sassnitz nicht mehr als ein kleines Fischerdorf, das sich an das steile Ufer schmiegte. Das blieb auch noch so, als immer mehr Besucher kamen und sich Sassnitz zum ersten Seebad Rügens entwickelte. Einer der ersten Urlauber, der noch in einer Fischerkate unterkommen musste, war der bekannte Berliner Theologe und Philosoph *Friedrich Schleiermacher*. Bald danach entstanden die ersten Hotels und Pensionen, in deren Gästebücher klangvolle Namen eingetragen wurden, Fontane zum Beispiel (in Effi Briest heißt es: „Denn nach Rügen reisen heißt nach Sassnitz reisen") oder Johannes Brahms, der hier den letzten Satz seiner 1. Sinfonie in c-Moll vollendete. Doch in den Goldenen Zwanzigern des 20. Jh. verblasste der Ruhm des Ortes, die jüngeren Seebäder Binz, Sellin und Göhren hatten ihm den Rang abgelaufen. Aber Sassnitz hatte noch eine zweite Karriere eingeschlagen. Bereits 1878 wurden Fährlinien nach Stettin und Rønne auf Bornholm eingerichtet. Als die Schienen der Eisenbahn 1891 Sassnitz erreichten, war der Hafenausbau schon fertig gestellt (1889). Das „Tor zum Norden" war aufgestoßen. 1897 legten erste Postdampfer aus Trelleborg (Schweden) in Sassnitz an, die Fährverbindung wurde bald als *Königslinie* bekannt. 1906 fusionierte das noch immer dorfähnliche Sassnitz (heute die Altstadt) mit dem südlich gelegenen Bauern- und Fischerdorf Crampas (im südlichen Hafenbereich). Dank des Fährverkehrs erlebte Sassnitz einen bescheidenen Aufschwung, weithin sichtbarer Ausdruck dafür war die Entstehung der 1,5 km langen Mole zwischen 1889 und 1912, damals wie heute die längste Außenmole Europas. Der berühmteste Durchreisende hatte übrigens keinen Blick für den kleinen Hafenort übrig, denn er saß in einem verplombten Eisenbahnwagon: Auf seiner legendären Reise aus der Schweiz und in die Revolution nutzte Lenin die Verbindung Sassnitz–Trelleborg, um nach St. Petersburg zu gelangen.

Im Zweiten Weltkrieg musste Sassnitz seine Bedeutung als wichtiger Fährhafen teuer bezahlen, eine alliierte Bomberstaffel legte in den letzten Kriegsmonaten Stadt und Hafen, in denen sich unzählige Flüchtlinge befanden, in Schutt und Asche. Nach dem Krieg wurde der Hafen wieder aufgebaut und die

Das Tor des Nordens

Fährverbindungen erneut aufgenommen. Mit dem Aufbau des Fischkombinats wurde ein weiterer traditionsreicher Wirtschaftszweig der Region gestärkt, die Verarbeitungsfabriken wurden von bis zu 200 Fischkuttern beliefert. Dritter Wirtschaftsfaktor war die Kreide, die im Hinterland abgebaut und im Hafen verladen wurde. Erst 1957 erhielt Sassnitz das Stadtrecht. 1986 wurde die Linie Sassnitz–Klaipeda (Litauen) eingerichtet, doch diese Fähren landeten bereits in Mukran, etwa 5 km südlich, an. Dieser neue Fährhafen wurde nach 1990 weiter ausgebaut und der gesamte Fährverkehr dorthin verlegt, um den Stadthafen zu entlasten.

Information und Allgemeines

• *Information* **Tourist Service der Stadt Sassnitz**, Vermittlung von Zimmern und Wellnessangeboten, geführte Wanderungen, Tickets sowie Fahrradverleih (6,50 €/Tag). Eine große Touristinformation befindet sich direkt am Stadthafen am Fuß der Mole, sehr freundlich, hier kann man auch Souvenirs und Post- und Landkarten erstehen. Tägl. 9–17 Uhr geöffnet (im Winter etwas weniger lang, wahrscheinlich bis 15 oder 16 Uhr). Strandpromenade 12, ☎ 038392-66945. Eine weitere beim Bahnhof, geöffnet 9–18 Uhr, Sa 10–16 Uhr, Bahnhofstr. 19 a, ☎ 038392-6490 ✆ 038392-64920, www.insassnitz.de.

• *Kurtaxe* in der Hauptsaison 1 €, in der Nebensaison 0,80 €, im Winter 0,50 €.

• *Parken* Gebührenpflichtige Parkplätze im Zentrum neben dem Rügenhotel sowie beim Bahnhof, am Stadthafen vor der Strandpromenade und beim Fischerei-Museum.

• *Taxi* Zentrale ☎ 038392-3030.

• *Autoverleih* z. B. **Rügen Car**, an der B 96, 18546 Sassnitz, ☎ 038392-57811.

• *Fahrradverleih* → Tourist Service; außerdem: Wolfgang Sock, Fischerring, ☎ 038392-32898; Andreas Harm, Hafenstr. 19 b, ☎ 038392-35075. Preise für ein 3- bzw. 6-Gangfahrrad 6 €/Tag, MTB 8 €/Tag, auch Kinderfahrräder oder -sitze, Anhänger etc.

• *Sporthafen* Das „Tor des Nordens" verfügt natürlich auch über einen großen Sporthafen mit allen Einrichtungen: Tankstelle, Werkstatt, Slipanlage, 6-t-Kran, 120 Liegeplätze bei 3–5 m Tiefe, ☎ 038392-6900.

• *Therme* **Rügentherme**, mehr als nur ein Hallenbad, Gegenstrombecken, kleiner Wasserfall, Saunalandschaft, Dampfbäder und diverse Wellnessangebote, im *Rügenhotel*, Seestr. 1.

Wanderungen ab Sassnitz:
→ *Wandern im Nationalpark*, ab S. 197.

Verbindungen und Ausflugsschiffe

• *Verbindungen* **Bahn**: Regionalbahn über Bergen nach und von *Stralsund* zw. 4 und 22 Uhr zu fast jeder vollen Stunden (bisher letzter Zug ab Stralsund um 23.04 Uhr, ab Sassnitz um 22.03 Uhr).
Bus: **Linie 13** verbindet mehrmals täglich Sassnitz mit Sagard, Glowe und Altenkirchen (und weiter über die Halbinsel Wittow bis Dranske). **Linie 20** fährt hinauf zum Königsstuhl (im Sommer halbstündlich). Die 20 verbindet Sassnitz aber in anderer Richtung auch mit dem *Fährhafen Sassnitz* bei Neu Mukran, *Prora* und dem Ostseebad *Binz* (im Sommer alle 15 Min.) und weiter mit den Ostseebädern *Sellin*, *Baabe*, *Göhren* (fast halbstündlich) und ganz im Süden *Thiessow* (fast stündlich). **Linie 23** schließlich fährt von Bergen nach Sassnitz (8-mal tägl.) und ebenfalls weiter zum Königsstuhl.

Zudem **Stadtbusse (Linie 18)** mit Anschluss nach Alt Mukran und bis zum Eingang des Nationalparks (Wedding), werktags halbstündlich, Sa/So stündlich.

Schiffsverbindungen nach Skandinavien vom *Sassnitzer Fährhafen* bei Neu Mukran: **Scandlines** führt die Tradition der „Königslinie" von *Sassnitz* nach *Trelleborg (Schweden)* fort: bis zu 5-mal tägl., Dauer 4 Std., Erw. 16 €, Kinder 4–11 J. 8 €, bis 4 J. frei, Hund 8 €, Fahrrad 23 €, Auto (in der HS eine Stunde vor Abfahrt am Hafen sein!) inkl. Insassen 121 €.

Nach *Rønne (Bornholm, Dänemark)*, Juli bis Sept. 1-mal tägl., in der Nebensaison seltener, im Winter gar nicht, Dauer 3 Std., 30 Min., Erw. 28 €, Kinder 4–11 J. 14 €, bis 4 J. frei, Hund 8 €, Erw. mit Fahrrad 35 €, Auto (in der HS eine Stunde vor Abfahrt am Hafen

Jasmund Karte S. 182

sein!) inkl. Insassen 213 €. Servicecenter Scandlines, Fährhafen Sassnitz, 18546 Sassnitz, ✆ 01805-116688, www.scandlines.de.

Schiffsverbindungen zu Rügens Ostseebädern: Die **Reederei Ostsee-Tour** fährt vom *Sassnitzer Stadthafen* zu den Seebrücken von *Binz* (ca. 4-mal tägl.; Erw. 6 €, Kinder 4–14 J. 3 €; Dauer ca. 45 Min.), *Sellin* (ca. 4-mal tägl.; Erw. 7 €, Kinder 4–14 J. 3,50 €; Dauer ca. 1 Std. 15 Min.) und *Göhren* (ca. 2-mal tägl.; Erw. 8 €, Kinder 4–14 J. 4 €; Dauer ca. 1 Std. 45 Min.), Kinder bis 4 J. frei, Hund 3 € auf allen Strecken. Fährbetrieb April bis Okt. Reederei Ostsee-Tour, Hafenstraße 12 j, 18546 Sassnitz, ✆ 038392-3150, ✆ 50672, www.reederei-ostsee-tour.de, Bordtelefon der Schiffe: *MS Cap Arkona* ✆ 0160-7474673, *MS Binz* ✆ 0160-7474674, *MS Marco Polo* ✆ 0160-7474675.

● *Ausflugsschiffe* Ein Highlight des Rügenaufenthalts: die Kutterfahrt zu den Kreidefelsen. Aber auch wenn es kein alter Fischkutter ist, sondern eine moderne Ausflugsfähre, das Küstenpanorama bleibt das gleiche. Die Auswahl jedenfalls ist umfangreich. Die **Reederei Ostsee-Tour** bietet neben und mit dem Fährverkehr auch Ausflugsfahrten zum Kreidefelsen (April bis Okt. 5-mal tägl., Erw. 11,50 €, Kinder 4–14 J. 6 €; Dauer 1 Std. 15 Min.), zum Kap Arkona (Mai bis Sept. Di, Mi, Do, Erw. 21 €, Kinder 4–14 J. 10,50 €; Dauer 4 Std.) sowie Rundfahrten um die Insel an (Mai bis Ende Sept., Mo, Erw. 40 €, Kinder 4–14 J. 20 €; Dauer 9 Std. 30 Min.). Auf allen Strecken Kinder unter 4 J. frei, Hund 3 €, kein Landgang, Adresse → oben.

Die **Reederei Lojewski** fährt ebenfalls zu den Kreidefelsen, zur Saison 4-mal am Tag legt die *MS Insel Rügen* (Liegeplatz schräg gegenüber vom Fischerei- und Hafenmuseum, ✆ 0171-6429396) und ebenso oft die *MS Nordwind* (Liegeplatz an der Mole, ✆ 0171-9903294) ab. Erw. 10 €, Kinder 5 €, Kinder unter 4 J. frei, Dauer 1,5 Std., Kartenverkauf am Fuß der Mole, auch Charterfahrten. Landadresse: Kpt. Fred Lojewski, Schlossallee 4–5, 18546 Sassnitz, ✆ 038392-35136, www.reederei-lojewski.de.

Auch die **M. J. Kalinin**, ein hochseetauglicher Fischkutter, unternimmt knapp zweistündige Ausflugsfahrten 4-mal tägl., Erw. um 10 €, Kinder bis 4 J. frei, bis 12 J. 5 €, bis 16 J. 7 €; ganzjährig auch Charterfahrten und Mehrstundenfahrten auf Vorbestellung, an Bord kann Räucherfisch gekauft werden. KTG Kalinin Touristik, Kapitänsweg 4, 18546 Sassnitz, ✆ 038392-32180, Bordtelefon 0171-7258234, www.kalinin-sassnitz.de.

Achtung: Sämtliche Ausflugsfahrten sowie der Bäderverkehr sind natürlich wetterabhängig!

Übernachten/Essen

Kurhotel Rügen (9) und **Rügenhotel (7)**, beide im Zentrum, Ersteres in einem schmucken Gebäude, das einst als Seemannsheim diente, das Zweite ist zwar renoviert, aber unansehnlich und unübersehbar, hier befindet sich auch die *Rügentherme*, zu der die Gäste beider Hotels freien Zugang haben, beide auch mit Restaurant und Wellnessangebot, ganzjährig geöffnet. Weitere Besonderheit des Rügenhotels: der Frühstücksraum liegt panoramareich im neunten Stock. DZ 92–112 €, EZ 52–62 €, Suite 123 €, einschl. Frühstücksbuffet. *Kurhotel Rügen*, Hauptstr. 1, ✆ 038392-530, ✆ 038392-53333; *Rügenhotel*, Seestr. 1, ✆ 038392-53100, ✆ 038392-53550 – beide www.ruegen-hotel.de, auch Ferienwohnungen in *Villa Seeblick* und *Fürstenhof*.

Gastmahl des Meeres (3), traditionsreiches und sehr beliebtes Fischrestaurant in gediegen-maritimem Ambiente, über die Stadtgrenzen hinaus bekannt, am unteren Ende der Strandpromenade gelegen, Spezialitäten aus Bodden und Ostsee. Auch Zimmer (DZ mit Frühstücksbuffet 90 €, EZ 70 €, keine Hunde). Strandpromenade 2, 18546 Sassnitz, ✆ 038392-5170, ✆ 038392-51733, www.gastmahl-des-meeres-ruegen.de.

Parkhotel del Mar (1), schönes Haus oberhalb der Altstadt (ca. 200 m von der Kirche entfernt), gepflegte Atmosphäre auch im angeschlossenen Restaurant im Untergeschoss, sehr freundlich. DZ 96–126 € (je nach Größe und Blick), EZ 65 €, einschl. Frühstücksbuffet. Hauptstr. 36, 18546 Sassnitz, ✆ 038392-6950, ✆ 038392-695199, www.parkhotel-del-mar.de.

Ringhotel Villa Aegir (4), oberhalb des Hafens gelegen, vom Restaurant und der schönen Terrasse hat man einen herrlichen Blick hinab, bodenständige Küche mit einem Hauch Internationalität, auch saisonale Spezialitäten aus der Region, mittlere Preisklasse. 36 freundliche Zimmer, DZ 75–85 €, EZ 50–65 €, Suiten bis 135 € (je nach Größe, mit oder ohne Seeblick oder Balkon), jeweils einschließlich Frühstück, in der Nebensaison deutlich günstiger. Mittelstr. 5,

Sassnitz

Start Wanderungen 4 und 5

Siehe Karte Altstadt

Fischerei- und Hafenmuseum

Fischereihafen

Museumsschiff >Havel<

U-Boot

Museum für Unterwasser-archäologie

Altstadt

1 Rosa-Luxemburg Str.
2 Karlstr.
3 Böttcherstr.

Fußgängerzone

150 m

Übernachten

1 Parkhotel del Mar
2 Villa Seestern
3 Gastmahl des Meeres
4 Ringhotel Villa Aegir
7 Rügenhotel
8 Waterkant
9 Kurhotel Rügen

Essen & Trinken

3 Gastmahl des Meeres
4 Villa Aegir
5 Kutter 4

Cafés

6 Grundtvighaus

18546 Sassnitz, ☏ 038392-3020, 📠 038392-302777, www.villa-aegir.de.

Villa Seestern (2), Hotel im Stil der Bäderarchitektur oberhalb der Promenade, hübscher Garten. Elegante Zimmer, die Preise staffeln sich von unten nach oben (dort die Suiten mit Balkon), aber alle (außer EZ) mit Meerblick. DZ ab 95 €, EZ ab 65 €. Mühlenstr. 5, 18546 Sassnitz, ☏ 038392-33257, 📠 038392-36765, www.villa-seestern-sassnitz.de.

Waterkant (8), Garni-Hotel oberhalb des Hafens und mit entsprechend herrlichem Ausblick. DZ mit Frühstücksbuffet 70–95 €, EZ 55–70 € je nach Seeblick, Größe oder (mit/ohne) Balkon. Zuletzt im Jan. Betriebsferien, ansonsten ganzjährig geöffnet. Walterstr. 3, 18546 Sassnitz, ☏ 038392-50941, 📠 038392-50844, www.hotel-waterkant.de.

Grundtvighaus (6), Kulturzentrum, das Raum gibt für Café, Kino, Töpferei, Veran-

staltungen, Workshops, Seminare etc. Sehr sympathisches Café (Mo–Fr ab 14 Uhr), mit viel Liebe fürs Detail eingerichtet und einer wintergartenähnlichen Fensterfront zum Hafen. Große Kaffee- und Teeauswahl, auch Kuchen, günstig. Außerdem sechs einfache Zimmer (DZ mit Etagenbad 40 €) sowie eine Ferienwohnung. Früh buchen. Seestr. 3, 18546 Sassnitz, ☏/📠 038392-63515, www.grundtvighaus-sassnitz.de.

Kutter 4 (5), die Fischgaststätte der Fischereigenossenschaft am Stadthafen, der Fisch ist hier natürlich fangfrisch, denn er kommt tatsächlich direkt vom Kutter, günstig, tägl. ab 11 Uhr, auch Imbiss. ☏ 038392-51355, www.kutterfisch.de.

Außerhalb Gasthaus Waldhalle → Nationalpark Jasmund/Übernachten/Essen, S. 192.

● *Räucherfisch* frisch vom Räucherschiff, Fischereihafenbrücke 3.

Sehenswertes

Museum für Unterwasserarchäologie: Das Museum befindet sich eigentlich in der früheren Abfertigungshalle des alten Sassnitzer Fährhafens, einem denkmalgeschützten Gebäude, ehemals prestigeträchtig und an sich schon sehenswert, wenn auch architektonisch eigenwillig. Eigentlich, denn das Gebäude ist renoviert, ein Konzept zur Wiedereröffnung der Ausstellung vorhanden, dennoch herrscht seit Jahren Stillstand. Ob es an Geld oder politischem Willen mangelt, um das (vielleicht zu ehrgeizige) Konzept durchzusetzen, sei dahingestellt. Dankeswerterweise springt der Verein *100 Jahre Königslinie* in die Bresche und füllt die Halle mit musealem Leben: über die traditionsreiche Fährlinie Sassnitz–Trelleborg, die Königslinie. Flankiert wird die Dauer-Sonder-Ausstellung mit Schautafeln, die über die zukünftige Nutzung als Museum für Unterwasserarchäologie informieren.

Die Sonderausstellung *100 Jahre Eisenbahnfährverkehr Sassnitz–Trelleborg* ist tägl. 10–17 Uhr geöffnet, Eintritt 1 €.

U-Boot-Museum: „Jawoll, Herr Kaleun" wird man im Bauch des Stahlkolosses vielleicht öfter mal zu hören bekommen, wenngleich das – streng genommen – nicht angebracht ist, denn bei diesem *Boot* handelt es sich um die *HMS Otus*, ein 1963 in Dienst genommenes U-Boot der Royal Navy. 28 Jahre war die 68 Mann starke Besatzung in dem U-Boot der Oberon-Klasse in den Weltmeeren unterwegs, bevor es verschrottet werden sollte. Stattdessen aber wurde es nach Stralsund geschafft und erhielt von den Torpedoklappen bis zum Heckstabilisator einen neuen Anstrich, um fortan als *Erlebniswelt U-Boot* eine Attraktion am Sassnitzer Hafen zu sein – und ein „Spaziergang" durch die Enge des 90,7 m langen, aber nur 8,1 m breiten Stahlschlauchs ist in der Tat ein Erlebnis („mind your head!").

Erlebniswelt U-Boot ganzjährig geöffnet: April bis Okt. 10–19 Uhr, Nov. bis März 10–16 Uhr. Eintritt 6 €, Kinder 3 €, Familienticket 14 €. Hafenstr. 12 j, 18546 Sassnitz, ℡ 038392-31516, www.hms-otus.com.

Fischerei- und Hafenmuseum: Das Museum am Hafen geht auf eine Initiative Sassnitzer Bürger zurück, die einen Ort schaffen wollten, in dem die Geschichte ihrer Stadt fassbar und lebendig wird. Die ersten Ausstellungen wurden anlässlich des 100-jährigen Baubeginns der Mole 1996 eröffnet, seither ist das Museum weiter angewachsen und vereint ein interessantes Sammelsurium nautischer Exponate: von Handbüchern über Knotentafeln und Sextanten bis zu Fischernetzen und Schiffspapieren. Außerdem sind zahlreiche Modelle zu bewundern, darunter auch ein Hafenmodell. Kurzum: allerlei Interessantes und Informatives über Fischfang und -verarbeitung, Stadt- und Hafengeschichten seit der ersten Hälfte des 19. Jh. (als der erste genossenschaftsähnliche Fischerverbund gegründet wurde). Zudem wechselnde Sonderausstellungen.

Zum Museum gehört auch ein Fischkutter. Die *Havel* liegt gegenüber vom Museum und bietet einen bei Besuchern beliebten Einblick in die harte Arbeit auf See.

Sassnitzer Fischerei- und Hafenmuseum mit Museumsschiff Havel, April bis Okt. tägl. 10–17.30 Uhr, Nov. bis März Di–So 10–18 Uhr. Eintritt 4 €, Kinder ab 6 J. 2 €, darunter frei. Stadthafen Sassnitz, 18546 Sassnitz, ℡ 038392-57846, www.hafenmuseum.de.

Weitere Sehenswürdigkeiten: der *Tierpark Sassnitz*, in dem vor allem heimische Tierarten zuhause sind, und der *Schmetterlingspark*. Zahllose bunte Schmetterlinge können hier in einer tropenhaus-ähnlichen Halle inmitten wild wuchernder Pflanzen bewundert werden, eine Cafeteria ist angeschlossen.

Tierpark Sassnitz, April bis Sept. 10–18 Uhr, Okt. bis März 10–16 Uhr, letzter Einlass jeweils eine halbe Stunde früher. Eintritt 3,50 €, erm. 2 €, Hund 1 €, Familien 8 €. Hauptstraße bis hinter die Kirche, dann links; Steinbachweg 4, 18546 Sassnitz, ℡/℡ 038392-22381, www.tierpark.sassnitz.de.

Schmetterlingspark, April bis Okt. tägl. 9.30–17.30 Uhr, im Okt. bis Einbruch der Dämmerung, im Winter geschl. Eintritt 6,90 €, Kinder 4–14 J. 3,50 €, Jugendl./Schüler 4,50 €. Straße der Jugend 6, 18546 Sassnitz, ℡ 038392-66442.

Kreidefelsen im Herbstgewand

Nationalpark Jasmund

Über den ganzen Höhenrücken von Sassnitz bis Lohme erstreckt sich ein herrlicher Buchenwald, der beste Wandermöglichkeiten bietet. Zum Meer hin wird er begrenzt von der eindrucksvollen Steilküste, deren Kreidefelsen sich imposant über das strahlend blaue Meer erheben. Die ganze Region ist im Nationalpark Jasmund zusammengefasst.

Beeindruckend ist vor allem die Steilküste: Als würden Wind und Wetter die Kreidefelsen blank polieren, ragen die imposanten Klippen und die bizarren Felsformationen leuchtend weiß aus der üppig grünen Vegetation. Entwurzelte Bäume hängen oft über dem Abgrund oder liegen malerisch am Geröllstrand. Der Besuchermagnet schlechthin ist natürlich die *Stubbenkammer*, der Küstenabschnitt im Nordosten. Ob mit dem Pendelbus von Hagen, zu Fuß über die Wanderwege, auf dem Ausflugsschiff von Sassnitz oder sogar aus der Luft: ein Blick auf den *Königsstuhl*, den hohen, steil abfallenden Kreidefelsen, wollen die wenigsten Reisenden auf Rügen versäumen. Von Land aus hat man die beste Aussicht auf das Wahrzeichen der Insel von der *Viktoriasicht*, eine nicht minder imposante schneeweiße Klippe. Beim Königsstuhl befindet sich auch das *Nationalpark-Zentrum* mit einem sehenswerten naturkundlichen Museum. Im Hinterland der Stubbenkammer liegt der idyllische *Herthasee*, von dem Wilhelm von Humboldt schwärmte: „Schwerlich dürfte noch ein anderer Ort einen solchen Charakter der Heiligkeit und Ehrfurcht an sich tragen."

Wem der Rummel in der Stubbenkammer zu viel wird, kann abseits auf einem der zahlreichen Wanderwege, die durch den Nationalpark führen, mehr Ruhe finden. Der vielleicht schönste, sicherlich aber der berühmteste Wanderweg Rügens ist der

Grün schimmernder Morgennebel im Rotbuchenwald

Hochuferweg. Er verläuft entlang der Küstenlinie von Sassnitz nach Lohme. Hoch über dem wunderschönen Naturstrand kann man immer wieder grandiose Ausblicke auf die Kreideküste und das Meer genießen. Zahlreiche Bäche fließen durch den naturbelassenen Rotbuchenwald, deren Wasser sich tief in die erosionsfreundliche Kreide gegraben hat und so malerische kleine Schluchten, so genannte *Lieten*, schuf.

Aus der Stubnitz sind frühe Naturschutzmaßnahmen überliefert – wenngleich natürlich nicht ein Stück Wald um seiner selbst willen bewahrt werden sollte, sondern als lebenswichtiger Rohstoff. Der Holzbedarf von Generationen hatte den Wald beinahe vernichtet, als 1551 alle Wege in die Stubnitz gesperrt und das Holzschlagen verboten wurde. In dieser Zeit entstanden z. B. bei Hagen so genannte Baumhäuser, die Unterkünfte der Beamten, die über die Einhaltung des Verbots zu wachen hatten. Auch als die Stubnitz Teil des schwedischen Kronwaldes war (1648–1815), stand sie unter besonderem Schutz. Das Freiholz, das sich die Bauern aus dem Wald schlagen durften, war strikt beschränkt. Unter der preußischen Oberförsterei wurde das Freiholzen sogar abgeschafft und brachliegende Flächen wieder aufgeforstet. 1929 wurde über die Hälfte des Waldgebietes unter Naturschutz gestellt, aber weiterhin forstwirtschaftlich genutzt. Das änderte sich erst 1990, als der Nationalpark Jasmund gegründet wurde.

Die Stubnitz ist das größte Rotbuchenwald-Gebiet der deutschen Ostseeküste. Dazwischen mengen sich in den Feuchtgebieten der Bachquellen Erlen und Eschen sowie an den Steilhängen der Küste Ahorn, Ulmen, Wildobstbäume und sogar die seltenen Eiben. In den Mooren finden sich zahlreiche seltene Moose und Blumen wie der Sonnentau oder der dreiblättrige Fieberklee. Nicht minder artenreich ist die Vegetation an den kargen Kreidehängen, hier sind unter anderem auch Orchideen zu sehen. Auch was die Tierwelt angeht, ist die Stubnitz reich gesegnet: Rot- und Damhirsch, Reh, Wildschwein, Dachs, Fuchs und sogar Seeadler leben hier, ebenso wie Kamm- und Teichmolch, Spring- und Laubfrosch sowie die Rotbauchunke. Häufiger zu sehen (allerdings schwerer zu spezifizieren) sind die zahlreichen Insekten, darunter ca. 1000 verschiedene Arten von Käfern.

Es sind vor allem drei „Eingänge", die in den Nationalpark führen. Im Süden, genauer im nördlichen Stadtbereich von Sassnitz (beim Parkplatz am Ende der Weddingstraße) beginnt der Hochuferweg, der zunächst zur Waldhalle führt. Mit dem Auto gelangt man dorthin auch über eine holprige Straße, die einen knappen Kilometer nördlich von Sassnitz abzweigt (hier standen die *Wissower Klinken*, einst Wahrzeichen der Insel, die bei einem Kreideabbruch im Februar 2005 ins Meer stürzten). Der Zugang, den der Großteil der Besucher wählt, ist Hagen an der Verbindungsstraße zwischen Sassnitz und Lohme. Hier befindet sich ein Großparkplatz, von dem aus ein Pendelbus zum Königsstuhl fährt (die Straße dorthin ist für Privat-Pkw gesperrt). Schließlich führt der Hochuferweg von Lohme aus in einem schmalen Waldstreifen in die Stubbenkammer. Die beste Tageszeit für einen Besuch ist der Vormittag, wenn die Sonne auf die Kreidefelsen scheint und die Stubnitz in sanftes Licht taucht.

Nationalpark Jasmund

Mit 3000 ha Gesamtfläche handelt es sich bei dem geschützten Gebiet um den kleinsten Nationalpark Deutschlands. Er umfasst nicht nur das ausgedehnte Waldgebiet, die *Stubnitz* (ca. 2200 ha), sondern auch Moore, Feuchtwiesen, ehemalige Kreidebrüche sowie die Kreidefelsen, den Strand und 603 ha Ostsee, d. h. einen 500 m breiten Streifen entlang der Steilküste. Weit über 80 % des Nationalparks sind als *Kernzone* ausgewiesen, d. h. dass auf diesem Gebiet in keiner Weise eingegriffen wird, während in der so genannten *Pflegezone* vorsichtige Waldnutzung und Pflanzen-„Pflege" betrieben werden.

Für den Nationalpark gelten die üblichen Verhaltensregeln: auf den Wanderwegen bleiben (Ausnahme: der Strand), Finger weg von Flora und Fauna, Hunde an die Leine, Autos auf den ausgewiesenen Parkplätzen lassen und den produzierten Müll wieder mitnehmen.

Weitere Informationen: **Nationalpark-Zentrum Königsstuhl**, ✆ 038392-661766, www.nationalpark-jasmund.de oder www.koenigsstuhl.de.

Jasmund
Karte S. 182

*I*nformation/*V*erbindungen

• *Information* **Nationalpark-Zentrum Königsstuhl** (am Königsstuhl), Stubbenkammer 2, 18546 Sassnitz, ✆ 038392-661766, ✉ 038392-661740, www.koenigsstuhl.com.
• *Parken* Großparkplatz bei Hagen, 1 Std. 1,30 €, 5–8 Std. 5,20 €, 24 Std. 8 € (auch Caravanstellplatz, Nebenkosten extra). Hier auch Tickets für den Shuttle-Bus.
• *Verbindungen* **Shuttle-Bus (Linie 19)** während der Saison 9.20–19.20 Uhr alle 15 Min. zwischen Großparkplatz *Hagen* und Königsstuhl (einfach 1,55 €, erm. 1,05 €, hin und zurück 3 € bzw. 2 €, Fahrrad 1,80 €, Tageskarte Fahrrad 3,15 €, Hund einfach 1,05 €), im Winterhalbjahr weniger, bei Bedarf wird der Takt dichter, letzter Bus ab Königsstuhl ca. 19.30 Uhr.

Von und nach *Sassnitz* **Linien 20** und **23**, in etwa stündliche Verbindung, über Mittag auch halbstündlich, die meisten fahren direkt zum Königsstuhl, morgens und abends aber muss man an der Abzweigung Königsstuhl in den Pendelbus (Linie 19) umsteigen, letzte Verbindung direkt nach Sassnitz ca. 19 Uhr. Die **Linie 14** fährt 4-mal tägl. (Sa/So 3-mal) von Sassnitz nach Lohme mit Halt am Parkplatz Hagen.

Die Haltestellen am Königsstuhl befinden sich unterhalb des Nationalpark-Zentrums. **Achtung**: rechts befindet sich die Haltestelle des Pendelverkehrs zum Großparkplatz Hagen, links ist die Haltestelle der Linie 20/23 nach Sassnitz.

Übernachten/Essen

Egal ob man nach dem Tagesausflug nur etwas essen oder längere Zeit im Nationalpark verbringen will, es gibt einige Möglichkeiten. Die Gegend ist aber nicht gerade unbekannt. Wer ein Zimmer sucht, sollte in der Hochsaison besser reservieren.

● *Im Nationalpark* **Bistro** im Nationalpark-Zentrum, → S. 195.

Hotel/Restaurant Baumhaus Hagen, auf dem heute im Nationalpark liegenden Gelände lebte einst der *Waldgraf*, der über den Forst zu wachen hatte, im urigen Restaurant (von Lesern hoch gelobt) gibt es neben Wildgerichten aus der Stubnitz auch Fisch und zum Kaffee auch köstliche Windbeutel und Apfelstrudel. Alles in allem nicht teuer, mittags und abends geöffnet (im Winter nur abends). An der Verbindungsstraße Sassnitz–Lohme bei der Abzweigung in die Stubbenkammer gelegen. Auch Zimmer. DZ mit Frühstück 78 €, Appartements ab 98 € für 2 Pers. Stubbenkammer, 18546 Sassnitz, ✆ 038392-22310, ✉ 038392-66869, www.baumhaushagen.im-web.de.

Gasthaus Waldhalle, urige Gaststätte mitten im Wald, während der Saison tägl. 11–18 Uhr geöffnet, in der Hochsaison auch länger, in der Nebensaison Di Ruhetag, im Winter geschl. Anfahrt über eine ramponierte Kopfsteinpflaster-/Schotterpiste (gut 2,5 km). Auch Zimmer, EZ 34 €, DZ 51 € (oder 44 € mit separatem Bad auf dem Flur). An den Wissower Klinken, ✆ 038392-22478, ✉ 038392-36037, www.wissower-klinken.de.

● *Camping* → Lohme, S. 204.

Die Stubbenkammer – Königsstuhl und Viktoriasicht

Jeder kennt den majestätischen Kreidefels, auch ohne jemals in dem „Große Stubbenkammer" genannten Küstenabschnitt gewesen zu sein, er ist das viel fotografierte Wahrzeichen der Insel.

Senkrecht erhebt sich die schneeweiße Wand des *Königsstuhls* 118 m über das Meer. Gekrönt wird er von einem Aussichtsplateau, das bereits vor 300 Jahren auf dem Gipfel befestigt wurde, um den weiten Blick über die Ostsee zu ermöglichen. Die beste Aussicht auf den Königsstuhl selbst hat man natürlich vom Meer aus. Zu Land kann man von einem weiteren, etwa einen halben Kilometer südlich gelegenen Aussichtspunkt, der *Viktoriasicht* in der *Kleinen Stubbenkammer*, einen Blick

Weiter Blick über die Stubbenkammer

auf den berühmten Kreidefelsen werfen. Oder aber man steigt hinab zum Strand: zwischen Königsstuhl und Viktoriasicht zieht sich ein lange, steile Treppe hinunter zu den Füßen der Kreidefelsen. Doch der Abstieg ist beschwerlich: Über 400 Stufen benötigt man, um die 110 Höhenmeter hinunter zum Strand zu überwinden – Stufen, die man auch wieder hinauf muss!

Sagenhaftes

Zahlreiche Mythen und Legenden ranken sich um die Stubbenkammer; sie erzählen von schönen Frauen, die in die Kreidefelsen verbannt waren, von blutigen Opferriten und natürlich von diversen Schlupfwinkeln und Schätzen Störtebekers. Auch der *Königsstuhl* verdankt seinen Namen einer Legende: Vor langer Zeit waren die eigenwilligen Bewohner Rügens nicht bereit, sich von ungelenken Feiglingen regieren zu lassen. Jeder Anwärter auf den Thron musste zunächst den Mut und die Geschicklichkeit beweisen, den 118 m hohen, markanten Kreidefelsen zu erklimmen. Erst nachdem er sich als Felsbezwinger (heute würde man Freeclimber sagen) bewährt hatte, wurde er als König anerkannt und durfte sich auf seinem Thron ausruhen. Dabei handelte es sich um einen steinernen Thron auf dem Gipfel der Kreideklippe, den Königsstuhl (andere Versionen erzählen gar von regelrechten Freeclimbing-Events, deren Gewinner noch auf dem Königsstuhl gekrönt wurden).

Einer Legende jüngeren Datums zufolge soll sich der wagemutige schwedische König *Karl XII.* die Tradition zunutze gemacht haben. Es heißt, er habe die riskante Kletterei unternommen, um sich vor den Bewohnern der Insel als würdig zu erweisen, König auch über Rügen zu sein, das zu seiner Zeit Teil des schwedischen Großreiches war. Wahrscheinlicher, aber nicht minder unbewiesen ist es, dass Karl XII. in der Tat auf dem Königsstuhl Platz genommen hat, aber nicht um irgendetwas zu beweisen. Vielmehr habe er den hoch aufragenden Felsen genutzt, um eine Seeschlacht des Großen Nordischen Krieges (1700–1721) zu beobachten.

Auch der *Waschstein*, ein markanter, vermutlich 59 Tonnen schwerer Findling zu Füßen des Königsstuhls, erhielt seinen Namen auf Grund einer Sage. Alle sieben Jahre soll im ersten Licht des Morgens bei dem Granitkoloss eine Frau zu sehen sein, die mühsam ihre Kleider wäscht – in einer reißerischen Variante handelt es sich um ein blutiges Leinenhemd. Die arme Frau ist natürlich verflucht und kann nur durch die Worte „Guten Morgen, Gott hilf!" erlöst werden (und wie so oft springt auch ein Schatz als Belohnung dabei raus). Literarisch verarbeitet hat *Adelbert von Chamisso* die Legende in seiner Ballade *Die Jungfrau von Stubbenkammer* („Ich trank in schnellen Zügen / Das Leben und den Tod / Beim Königsstuhl auf Rügen / Am Strand im Morgenrot"). Der Name der *Viktoriasicht* erklärt sich weit unspektakulärer: Er wurde von König Wilhelm I. verliehen zu Ehren seiner Cousine, der englischen Königin Victoria.

Achtung: Zutritt auf die Plattform des Königsstuhls nur mit einem Ticket des Nationalpark-Zentrums! In dieser Kombination okay, horrend allerdings ist der Preis, sollte jemand nur auf den Königsstuhl-Aussichtspunkt wollen (→ S. 195). Man sieht aber ohnehin nicht viel von der Attraktion, wenn man draufsteht. Weite Aussicht *und* einen schönen Blick auf den Königsstuhl hat man von der Viktoriasicht aus.

Jasmund
Karte S. 182

Die Erinnerung an eine Hochzeitsreise gibt Rätsel auf

Im Jahr 1818 überraschte der Maler *Caspar David Friedrich* (1774–1840) seinen Freundeskreis: Er heiratete. Der Künstler galt als sehr menschenscheu und lebte zurückgezogen. Nachdem er und Christiane Caroline Bommer sich das Jawort gegeben hatten, begaben sie sich auf Hochzeitsreise, die über Greifswald, den Geburtsort des Malers, und Stralsund nach Rügen führte. Später verarbeitete Caspar David Friedrich die Eindrücke der Reise in dem angeblich beliebtesten Gemälde der Deutschen: „Kreidefelsen auf Rügen", das heute in der Stiftung Oskar Reinhart in Winterthur (Schweiz) zu besichtigen ist.

Eine Frau und zwei Männer stehen am Rande der Klippen, seitlich von ihnen türmen sich die weißen Kreidefelsen auf und geben den Blick auf das Meer frei, auf dem in weiter Ferne zwei Segelboote dem Horizont entgegen fahren.

Eine stimmungsvolle Erinnerung an die Hochzeitsreise? Die Kunsthistoriker sind sich nicht einig. Friedrichs Landschaftsgemälden haftet stets etwas Geheimnisvolles an, doch schwieg sich der Maler über die tiefere Bedeutung seiner Werke aus. So häufen sich die Theorien über die „Kreidefelsen auf Rügen". Es sei einfach nur eine Erinnerung an die Hochzeitsreise, eine Allegorie auf die Liebe zu seiner Frau. Oder wollte der Maler, der sich auf dem Bild vorsichtig zum Klippenrand kriechend dargestellt hat, seine Angst vor der Sexualität thematisieren? Sagt das Gemälde nicht auch, dass alles Glück endlich ist, schließlich erinnert der von den Felsen eingerahmte Horizont an den oberen Teil einer Sanduhr, und stellen die zwei Segelschiffe nicht Lebensschiffe dar? Oder sollte das Bild durch seine geheimnisvolle Ausstrahlung einfach nur zum Nachdenken über Mensch und Natur anregen? Letzteres Ziel hat Friedrich wohl auch erreicht, das belegt zweifellos die Vielzahl der Theorien.

Die Felsformation, die dem Maler Modell stand, sucht man allerdings vergeblich. Zum einen gibt es die Kreidefelsen, die Friedrich sah, nicht mehr, Wind und Wetter haben der Küste längst ein neues Aussehen verliehen. Außerdem schuf der Künstler das Gemälde im Atelier und nutzte dabei seine vor Ort gezeichneten Skizzen. Drittens setzte er das Gemälde wahrscheinlich aus verschiedenen Felsformationen zusammen. So ist möglicherweise der rechte Fels ein Abbruch des Königsstuhls, während die linke Bildseite einen Felsen der Kleinen Stubbenkammer darstellt.

Nationalpark-Zentrum Königsstuhl

Das neue Zentrum des Nationalparks ist rundum gelungen. Das gilt für Architektur und Innenausstattung, Informationsgehalt und Unterhaltungswert.

Der Einstieg ist etwas umständlich und kann, je nach Besucherandrang, ein wenig Geduld erfordern. Jeder Besucher erhält zunächst einen Kopfhörer, über den die Informationstexte vor den jeweiligen Objekten abgerufen werden können. Die Texte werden von bekannten Synchronsprechern gelesen, z. B. von den deutschen Stimmen von Julia Roberts und Kevin Costner. Sobald jeder seinen Kopfhörer hat, geht es mit dem Fahrstuhl zurück in die Kreidezeit.

Hier erwarten den Besucher allerlei Sensationen. Da lässt sich ohne Kraftaufwand ein 4-Tonnen-Findling bewegen, in einen Raum ragt ein Miniaturgletscher, oberhalb der Treppe kann man alle fünf Minuten einen Sonnenuntergang erleben oder andernorts die Entstehung eines Kreuzspinnennetzes an die Wand projizieren. Zwischen diesen aufwändigen Installationen findet man natürlich jede Menge naturkundliche und inselspezifische Informationen: über Entstehung und Beschaffenheit der Kreidefelsen und die Feuersteinbänder, die sich durch die Kreide ziehen, die letzte Eiszeit, den Klang des Waldes oder über Flora und Fauna unter der Erde und in den Feuchtwiesen.

Die Tour lässt sich komplettieren durch einen Besuch in der Multivisionsschau. In der Eingangshalle des Zentrums befindet sich zudem ein großer Büchertisch. Im Außenbereich gibt es einen Kletterwald (auch für Kinder).

Ostern bis Okt. 9–19 Uhr, Nov. bis Ostern 10–17 Uhr; die Multivisionsschau beginnt zu jeder vollen Stunde und läuft dann im 20-Min.-Takt, Dauer 15 Min. Letzter Einlass in die Ausstellung ist eine Stunde vor Schließung des Nationalpark-Zentrums. **Preise**: Erw. 6 €, Kinder (6–14 J.) 3 €, Familien (2 Erw., Kinder unbegrenzt) 12 €, inkl. Ausstellung, Multivisionsschau, Königsstuhlplattform. Hunde gestattet, außer in der Ausstellung und der Multivisionsschau. Das **Königsstuhl-Ticket** beinhaltet an einem Tag die freie Fahrt mit Bussen der Rügener Verkehrsbetriebe RPNV sowie den Eintritt zum Nationalparkzentrum, Preis: Erw. 15 €, Familien (2 Erw. und max. 3 Kinder bis 14 J.) 30 €. Nationalpark-Zentrum Königsstuhl, Stubbenkammer 2, 18546 Sassnitz, ☎ 038392-661766, www.koenigsstuhl.com.

● *Essen & Trinken* Im **Bistro** werden regionale Bioprodukte vom nahe gelegenen Hofgut Bisdamitz (→ S. 204) angeboten, natürlich auch vegetarische Gerichte sowie Kaffee und Kuchen; schöne Terrasse neben dem Holzkreiselbau des Nationalpark-Zentrums. ☎ 038302-9207, www.hofgut-bisdamitz.de.

Ein berühmtes Stück Kreide:
der Königsstuhl

Herthasee

Rund um den idyllischen Waldsee hat die Erdgöttin *Nerthus*, auch Hertha genannt, ihre Spuren hinterlassen, zumindest was die Namensgebung betrifft. In der Herthaburg soll sie gewohnt haben, auf dem Opferstein seien ihr zu Ehren blutige Kulte abgehalten worden, die rauschenden Blätter der Herthabuche wären ihre Stimme gewesen und in dem „unergründlichen" See habe sie gebadet, wobei der Sage zufolge die dabei behilflichen Diener ihr Leben lassen mussten, um niemandem offenbaren zu können, was sie gesehen hatten. Doch die vielen Sagen um die Göttin beruhen auf einem alten Zuordnungsfehler. *Philipp Klüver* behauptete fälschlicherweise in seinem Werk „Germania antiqua" (1616) den Ort gefunden zu haben, den Tacitus in Zusammenhang mit dem Nerthus-Kult erwähnte. Die glaubhafteren Erklärungen

Waldwasseridyll: der Herthasee

klingen nüchterner: Der Wall war eine der vielen slawischen Burgen, die auf Rügen zu finden sind. Bei dem Opferstein mit seinen eigenartigen Vertiefungen handelt es sich um einen prähistorischen Mahlstein, der seit langer Zeit immer wieder mit dramatisch roter Farbe bemalt wird. Der See schließlich, dessen Unergründlichkeit etwa 11 m tief ist, ist wahrscheinlich durch einen riesigen Eisblock entstanden, der gegen Ende der letzten Eiszeit hier hängen blieb und langsam dahinschmolz.

Aber auch ohne legendäres Beiwerk ist der Herthasee einen Abstecher wert (ein knapper Kilometer vom Nationalpark-Zentrum entfernt, detaillierte Wegbeschreibung bei Wanderung 6, → S. 200). Auf dem Weg zum See passiert man einen pittoresk verwachsenen Schwarzerlensumpf, der zuweilen intensiv, fast unwirklich grün leuchtet. Der Herthasee selbst liegt einsam und still im Wald. Über das Ufer ragen die Äste der Buchen weit in den See und beschatten die dunkle Wasseroberfläche, die von kaum einem Lufthauch gekräuselt wird.

Piratenschlucht

Natürlich hat die Schlucht ihren Namen keinem Geringeren als Störtebeker zu verdanken, denn hier soll sich der legendäre Freibeuter vor seinen hanseatischen Häschern versteckt haben. In der Tat kann man sich die Einkerbung in der Steilküste sehr gut als provisorisches Piratennest vorstellen. Die kleine Schlucht ist wie ein T geformt: Von der Küste führt ein schmaler Durchlass ein Stück ins Land hinein und endet abrupt vor einem steilen Hang, während sich die Vertiefung rechts und links fortsetzt. Heute verbindet eine hölzerne Treppen-Steg-Konstruktion den wildromantischen Strand mit dem Hochuferweg.

Die Piratenschlucht befindet sich einen knappen Kilometer nördlich vom Sassnitzer Stadtrand (detaillierte Wegbeschreibung unter Wanderung 4, → S. 197). Hier soll übrigens auch der sagenhafte Schatz Störtebekers verborgen sein, aber den Spaten sollte man besser zu Hause lassen. Nicht nur, dass das Löcher-Graben im Nationalpark wie auch Raubgrabungen generell unter Strafe stehen, es ist auch äußerst unwahrscheinlich, dass man hier fündig wird. Mindestens ein Dutzend anderer Stellen auf und um Rügen konkurrieren mit der Piratenschlucht um die Ehre, Hüter des Schatzes zu sein...

Wanderungen im Nationalpark

Wandern durch die Stubnitz, das ist Erholung pur. Ob man gemütlich auf einem Pfad unter Rotbuchen entlang schlendert, den spektakulären Weg über der Küste einschlägt oder aber am Strand im Schatten der Kreidefelsen spaziert, im Nationalpark gibt es zahlreiche Möglichkeiten, einen Tag in der Natur zu verbringen.

Manches Wegstück wird man sich mit anderen (manchmal vielen anderen) Ausflüglern teilen müssen, denn vor allem die Küstenlinie um den Königsstuhl ist natürlich kein Geheimtipp, eher ein Fall für die Kategorie Was-Sie-auf-Rügen-auf-keinen-Fall-versäumen-sollten. Aber auch Ruhesuchende werden auf ihre Kosten kommen: Der Nationalpark ist groß genug, um sich zu verlaufen, lautstarke Wanderergespräche werden vom Wald geschluckt oder vom Geschrei der Möwen übertönt.

Drei der schönsten Wanderungen durch den Nationalpark Jasmund werden im Folgenden vorgestellt: eine Rundwanderung ausgehend von Sassnitz, an der Küste entlang und durch den Wald zurück; der Hochuferweg von Sassnitz die Küstenlinie entlang zum Königsstuhl; eine Rundwanderung von Lohme zu Königsstuhl und Herthasee und zurück. Die Wanderungen sind natürlich kombinierbar, sei es durch One-way-Abstecher oder aber durch die Verbindung zu einer großen Tour von Sassnitz nach Lohme.

> **Beste Wanderzeit** für alle drei Wanderungen ist Frühjahr bis Herbst; ideal ist der Vormittag, wenn die Sonne auf die Kreidefelsen scheint, schön aber auch gegen Abend, wenn die schräg fallenden Sonnenstrahlen den Wald in allen Grüntönen leuchten lassen.
> **Achtung:** Keinesfalls nach starken Regenfällen oder bei Tauwetter am Strand unterhalb des Hochufers entlang wandern: Erdrutsch- und Kreideabbruchgefahr! Siehe auch Wandern, S. 56.

Jasmund
Karte S. 182

Wanderung 4: Rundwanderung nördlich von Sassnitz

Charakteristik: Die leichte Wanderung verläuft vollständig im herrlichen Laubwald des Nationalparks. Sie führt zuerst den Hochuferweg entlang (hier ein paar An- und Abstiege, teils über Treppen) bis zur Waldhalle. Von hier aus geht es auf Waldwegen, die nach Regen streckenweise recht matschig sein können, zurück zum Ausgangspunkt in Sassnitz. **Länge/Dauer**: 6,5 km, reine Gehzeit knapp 2 Std. **Einkehrmöglichkeiten**: natürlich in Sassnitz sowie in der *Waldhalle* (→ S. 192). **Start/Anfahrt**: Die Wanderung beginnt am nördlichen Stadtrand von Sassnitz. Die oberhalb der Altstadt verlaufende Hauptstraße (die später Berg- bzw. Weddingstr. heißt) führt bis zum Waldrand. Hier, am Eingang zum Nationalpark, befindet sich ein kostenpflichtiger Parkplatz (P 6, 1 €/Std., 4 €/Tag); hier hält auch der Stadtbus (die Linie 18).

Wegbeschreibung: Vor dem *Parkplatz* befindet sich eine Infotafel des Nationalparks (WP 01). Rechter Hand beginnt der breite Wanderweg unterhalb des Parkplatzes. Nach 100 m geht es bei einer Häusergruppe halblinks hinauf

auf den *Hochuferweg* (Markierung: *blauer Querbalken*, Beschilderung: *Zum Hochuferweg, Königstuhl*).

> Gleich zu Beginn der Wanderung bietet sich eine interessante, aber anstrengendere **Variante** an: Über steile Stiegen, die erste direkt am Ausgangspunkt, ist das Ufer zu erreichen, so dass man einen Teil der Strecke am steinigen Strand zurücklegen kann. Hinter dem Parkplatz nach wenigen Metern rechts (Strand beschildert), hinter einer Häusergruppe führt die Treppe hinunter. Der Weg am Strand ist wegen der groben Steine nicht leicht zu gehen, Aufstieg zum Hochuferweg dann durch die Piratenschlucht.

Nach etwa 10 Min. durch den Buchenwald auf dem Hochuferweg erreicht man eine Treppe (WP 02), über die man einen Abstecher in die wie ein T geformte *Piratenschlucht* unternehmen kann. Knapp 100 Stufen (die man aber auch wieder hinauf muss!) führen hinab in die Schlucht (und weiter hinab zum Strand), die ihren Namen dem berühmtesten Freibeuter der Ostsee verdanken soll, denn hier habe kein Geringerer als Klaus Störtebeker sich, seine Mannschaft und seine Beute vor dem Zugriff wütender Hansehändler versteckt.

Die Wanderung führt den Hochuferweg weiter entlang. Bald kann man den slawischen Burgwall, den *Hengst*, überblicken, von dem noch ein Halbkreis zu erkennen ist. Dann stößt man erneut auf eine Treppe, die hinunter zum *Lenzer Bach* führt und auf der anderen Seite wieder hinauf (WP 03). Oben rechts halten und weiter an der Küste entlang. Immer wieder eröffnen sich herrliche Ausblicke auf die Küstenlinie, bis der Weg nicht mehr dicht am Geländer, sondern etwas weiter waldeinwärts verläuft. Nach insgesamt etwas mehr als 30 Min. geht es wiederum eine Senke hinab und über die hölzerne *Wissower*

Brücke (WP 04), danach wieder hinauf und auf einem breiten, stetig steigenden Waldpfad bis zu einer Weggabelung. Von hier aus sind es rechter Hand noch etwa 50 m bis zu der Stelle, an der sich früher die berühmten *Wissower Klinken* (WP 05) erhoben haben (Näheres → S. 15); weiter Richtung Königsstuhl → Wanderung 5; reine Wegstrecke bis hier 2 km).

Linker Hand führt ein breiter Waldweg zu der Lichtung, auf der sich die *Waldhalle* (WP 06) befindet (→ S. 192).

An der Waldhalle vorbei gelangt man auf eine Kopfsteinpflasterstraße (Richtung Westen), die man nach 200 m an einer Linksbiegung (WP 07) wieder verlässt und geradeaus auf dem Waldweg weitergeht (Markierungen: gelb-weiß). Der Waldweg, teils auf altem Kopfsteinpflaster, teils auf Schotter, ist von viel Farn gesäumt.

Nach ca. 15 Min. (von der Waldhalle) passiert man eine Strommastenschneise, der der Weg eine Weile parallel versetzt folgt. Alle Abzweigungen, v. a. Reiterwege, ignorieren. Nach einer Wegbiegung um eine Eichenpflanzung (wieder auf der anderen Seite der Stromleitungen) kommt man zu einer Abzweigung, hier links halten (Beschilderung „Alte Kiesgrube", WP 08). Rechts des Wegs liegt eine kleine Wiese, die wenig später zu einem lang gezogenen Feuchtgebiet samt See wird. An einer Kreuzung (WP 09) geht es rechts zum Forsthaus (noch ca. 200 m), die Wanderung aber führt weiter geradeaus auf Kopfsteinpflaster wieder in den herrlichen Buchenwald hinein (Markierung *Grüne Diagonale*).

An einer Fünf-Wege-Kreuzung (WP 10) überquert man die Zufahrtsstraße zur Waldhalle und folgt geradeaus der Beschilderung „Sassnitz" (Markierung nun: *blauer Querbalken*). Schließlich gelangt man an den Stadtrand von Sassnitz, oberhalb der ersten Häuser links halten (WP 11) und zurück zum Parkplatz.

Wanderung 5: Auf dem Hochuferweg am Rand des Nationalparks

Charakteristik: der Klassiker und vielleicht der schönste Wanderweg Rügens, dementsprechend nicht ganz unbekannt. Am Rand des Nationalparks oft hart an der Abbruchkante des Steilufers führt der Wanderweg von Sassnitz bis zur Großen Stubbenkammer und dem Königsstuhl. Wer Zeit und Lust hat, kann den gesamten Hochuferweg bis Lohme laufen (→ Wanderung 6, S. 200). Nach Regen können manche Wegpassagen aufgeweicht und dadurch etwas schwierig sein. **Länge/Dauer**: etwas mehr als 8 km, ca. 2,5 Std. reine Wegstrecke. **Einkehrmöglichkeiten**: in der *Waldhalle* und am Königsstuhl (Achtung: Eintritt erforderlich → S. 195, Nationalparkzentrum). **Start/Anfahrt/Rückweg**: Start in Sassnitz, am kostenpflichtigen Parkplatz am Nationalparkrand (Weddingstraße, P 6, 1 €/Std., 4 €/Tag); hier auch Haltestelle des Stadtbusses, die Linie 18); zurück mit der Linie 20 oder 23, mindestens stündliche Verbindung, in der Hochsaison öfter.

Wegbeschreibung: Der erste Teil der Wanderung entspricht der Anfangs-Teilstrecke der Wanderung 6, also vom Parkplatz am Ortsrand über den Hochuferweg oberhalb der *Piratenschlucht* und am *Hengst* vorbei bis zu der Stelle, an der einst die *Wissower Klinken* standen (WP 01–05, reine Gehzeit ca. 40 Min.). 200 m weiter wird die Absturzkante des Steilufers wieder durch ein Geländer gesichert. Es geht weiter auf dem Hochuferweg entlang, links der lichte Buchenwald und rechts das Meer. Bald führt eine Holztreppe in eine Senke hinab, auf der anderen Seite wieder hinauf und kurz darauf zu einem **Aussichtspunkt**, der *Ernst-Moritz-Arndt-Sicht* (WP 06). Achtung: In der Folge ist die Abbruchkante des Hochufers teilweise ungesichert! Es eröffnen sich aber auch immer wieder atemberaubende Blicke auf die Kreidefelsen.

Alternativrouten führen unterhalb des Hochuferweges am Strand entlang

Zunächst aber geht es ein wenig landeinwärts in den Wald (im Herbst ist die Orientierung durch laubverdeckte Wege erschwert, zudem spärliche, teils verblasste Markierung *blauer Balken*). Bald sollte links eine kreisrunde Kuhle mit 10 m Durchmesser erscheinen. Unvermittelt gerät man in dichteren Wald, durch den ein langer Holzsteg führt. Wenn dieser endet, geht es leicht bergab und in einer Senke wieder über einen Holzsteg durch dichtes Unterholz. Schließlich gelangt man über zwei Treppen hinunter zum *Kieler Bach* (ca. 4,5 km von Sassnitz). Es geht ein kurzes Stück auf Holzplanken durch die Schlucht, bis rechts eine Treppe hinaufführt, links geht es über eine steile Treppe hinunter zum Kieler Ufer und dem pittoresken Wasserfall (WP 07). Oben auf der anderen Seite des Baches läuft man wieder näher am Steilufer entlang (teils gesichert), up and down, wobei man aber stetig an Höhe gewinnt. Nach einer weiteren Senke mit Treppe kommt man zum Steg über den *Kollicker Bach* (WP 08, ca. 5,5 km von Sassnitz) und befindet sich bald oberhalb des Kollicker Ort (WP 09).

Weiter geht es in nordwestlicher Richtung, wobei sich der Weg zweimal ein Stück in den Wald wendet, bevor dann ein Holzsteg über einen Senkengrund führt. Beim zweiten Mal ist es der *Steinbach*, den man überquert, auf der anderen Seite führt der Weg hinauf zur *Viktoriasicht* (WP 10). Kurz davor gabelt sich der Weg. Links geht es zum Parkplatz und den Bushaltestellen, rechts zum Aussichtspunkt und weiter bis auf den *Königsstuhl* (WP 11).

Am Königsstuhl kann man das neue Nationalpark-Zentrum besuchen oder nebenan auf einen Kaffee oder zum Essen einkehren. Zurück geht es mit dem Bus (Haltestelle unterhalb des Nationalpark-Zentrums, Achtung: rechts befindet sich die Haltestelle des Pendelverkehrs zum Großparkplatz Hagen, links ist die Haltestelle der Linie 20 oder 23 zurück nach Sassnitz).

Oder aber man setzt die Wanderung bis nach Lohme fort, entweder weiter auf dem Hochuferweg (hinter dem Nationalpark-Zentrum rechts halten, letzte Teilstrecke der *Wanderung 6* in entgegengesetzter Richtung) oder über den Herthasee (*Wanderung 6* ab WP 09).

Wanderung 6: Rundwanderung von Lohme zum Königsstuhl

Charakteristik: Die abwechslungsreiche Wanderung verläuft zunächst auf einem weniger frequentierten Stück des Hochuferwegs und führt zu den Höhepunkten der Stubbenkammer: Königsstuhl, Viktoriasicht, Herthaburg und Herthasee. Ein wenig Kondition ist von Nutzen, nach Regen können die Waldwege aufgeweicht sein. **Länge/Dauer**: ca. 9 km, reine Gehzeit gut 3 Std. **Einkehrmöglichkeiten**: in Lohme und am Königsstuhl. **Start/Anfahrt**: Die Wanderung beginnt beim Dorfladen von Lohme, am östlichen Ortseingang kurz nach der Kurve (hier auch nahe gelegene Parkplätze und ein Wohnmobilstellplatz, Näheres und Verbindungen → Lohme, S. 203).

Wegbeschreibung: Rechts von dem kleinen *Dorfladen* (WP 01) führt ein Schotterweg rechts am Caravan-Stellplatz vorbei und geradeaus bis an den Waldrand (WP 02). Hier gleich rechts der Beschilderung „Königsstuhl" folgen (Markierung *blauer Balken*). Der Weg führt durch einen schmalen *Waldstrei*

fen, der sich den steilen Abhang entlang zieht: Rechter Hand erstrecken sich Wiesen und Felder, links unten rauscht das Meer. Man passiert diverse Abstiege, eine kleine Stahlbrücke und läuft weiter am Hang entlang, bis eine Holztreppe zu einer Wiese hinaufführt (WP 03), oben links und weiter im Wald.

Lohme

Schwanenstein

2 **P**

Start **1**

13

Ranzow

Hankenufer

3

Stubbenhörn

4

Nipmerow

△

12

Teufels-
grund

Waschstein

NP-Zentrum

Königsstuhl

5

6

7 **11** **Große Stubbenkammer**

Victoriasicht

Opfersteine

Herthaburg

Herthasee

11

10 **9**

8 **10** **Kleine
Stubbenkammer**

Äser Ort

NATIONAL

Hagen

**Pendelbus zum
Königsstuhl**

P

**Baumhaus
Hagen**

Kollicker Bach

9 Kollicker
Ort

8

Kollicker Ufer

PARK

Brisnitzer Bach

Kieler
Wasserfall

Kieler Ufer

7

Kieler Bach

Wanderung 4: Nördlich von Sassnitz
Wanderung 5: Auf dem Hochuferweg
Wanderung 6: Von Lohme zum Königsstuhl

JASMUND

Tipper
Ort

6

8

7

6

5

Waldhalle ★

Wissower
Berg

4

Kreidebruch

Forstamt

9

Wissower Ufer

Dargast

Lenzer Bach

3

2 **Hengst**

10

11

1

Start

Lancken

Sassnitz

Piraten-
schlucht

Nationalpark Jasmund

450 m

Nach ca. 2 km erreicht man eine beschilderte Weggabelung, hier links Richtung Königsstuhl (Markierung *blauer Balken*, der Weg rechts führt nach Hagen). Bald kommt man zu einem *Aussichtspunkt* (WP 04). Achtung: Das hohe Ufer bricht unversehens ab, Kinder und Hunde an die kurze Leine nehmen (wenig später ein weiterer Aussichtspunkt mit Bänkchen, allerdings ohne viel Aussicht). Es geht weiter geradeaus und um die kleine Schlucht mit dem dramatischen Namen *Teufelsgrund* herum, bis man (nach etwa 1 km) an eine Abzweigung gelangt (WP 05). Hier rechts halten und weiter zum Zentrum des Nationalparks (WP 06) und zu einem der berühmtesten Aussichtspunkte Deutschlands: dem *Königsstuhl* (WP 07, Wegstrecke bis hier 4 km). Näheres zum Königsstuhl → S. 192ff.

Nach dem einen oder anderen Blick vom Kreidefelsen oder in das Nationalpark-Zentrum kann die Wanderung mit einem *Abstecher zur Viktoriasicht* fortgesetzt werden. Hierzu geht es zunächst zum unterhalb des Zentrums liegenden Busparkplatz. In der hinteren Ecke linker Hand geht man neben Imbiss- und Souvenirbuden zunächst der

Beschilderung folgend links, am Hochufer wieder rechts (Markierung *blauer Balken*) – geradeaus führt ein Abstieg auf über 400 Stufen 110 Höhenmeter hinunter zum Strand. Weiter auf dem Hochuferweg erreicht man kurz darauf die Viktoriasicht (WP 08). Etwa 10 m weiter nach Süden unterhalb des Aussichtspunktes verläuft halbrechts ein breiter Weg oberhalb des *Steinbachs*, auf dem man nach wenigen Minuten zum Wendeplatz für Busse (WP 09) und zurück zur Straße nach Hagen kommt. Auf dieser geht man, an der Bushaltestelle vorbei, bis zu einer Weggabelung (WP 10). Hier verlässt man die Asphaltstraße auf dem mittleren Weg und erreicht bald den malerischen *Herthasee*: zuerst den grün schimmernden Teich mit seiner fast mystischen Ausstrahlung und dann (Abzweigungen zum Opferstein zunächst ignorieren) an der Herthabuche den eigentlichen See (WP 11). Durch einen Hohlweg rechter Hand kann man in den Kessel der Wallanlage Herthaburg steigen (hierzu auch S. 195). Die Wanderung führt wieder zurück Richtung Straße und dann bei der nächsten Abzweigung (beschildert) links zum Opferstein.

Zurück auf der Straße (WP 10) nimmt man nun die linke Abzweigung, der Weg verläuft auf Kopfsteinpflaster nördlich von Herthaburg, -see und -buche. Nun auf dem Hauptweg bleiben und alle Abzweigungen ignorieren (Markierung *blau-weiß*, später Beschilderung *Ranzow*, *Lohme*). Alternativ führen rechts Pfade zurück zum Hochuferweg, der Weg ist aber länger. Schließlich tritt man etwa 400 m nach der letzten Abzweigung aus dem Wald (WP 12) und erhält einen herrlichen Blick auf das Kap Arkona. Es geht weiter nach Ranzow, geradeaus durch den Ort, am Reiterhof vorbei und auf Asphalt bis zur Landstraße (WP 13). Auf dieser läuft man rechts das letzte Stück zurück nach Lohme und zum Ausgangspunkt.

Lohme

Ein ausgezeichneter Standort, um den Nationalpark zu erkunden oder um einfach nur auszuspannen. Hoch über der Ostseeküste gelegen, bietet Lohme herrliche Blicke auf das Meer und das Kap Arkona.

Mit dem Rücken zu einer zauberhaften Landschaft liegt Lohme direkt an der 70 m hohen Steilküste im Norden Rügens. Eine Holztreppe führt hinunter zum Hafen, der zu den idyllischsten der Insel zählt. Der Tourismus hat in dem ehemaligen Fischerdorf Tradition, bereits in den 1860er Jahren begann hier ein Hotelbetrieb: das *Strandhotel Hagemeister* (heute *Panorama Silence Hotel*). Eine bemerkenswerte touristische Infrastruktur hat sich bis heute gehalten, dennoch kommt hier keine Bäderhektik auf. Der Grund dafür liegt wohl darin, dass sich der kiesige Strand eher für einen Spaziergang eignet als zum Baden. Aber gerade die Beschaulichkeit macht den Charme Lohmes aus – ganz zu schweigen von der herrlichen Gegend und den grandiosen Sonnenuntergängen hinter dem Kap Arkona...

Südlich von Lohme befindet sich das kleine Dorf *Nipmerow*, zwischen beiden Orten liegt nahe der Straße der Grabhügel *Magelowberg* mit Hünenbett, Steinkreis und Ganggrab, nicht zwingend einen Besuch wert, es sei denn wegen der Aussicht.

● *Verbindungen* **Buslinie 14** kommt aus Glowe, fährt zum Parkplatz Hagen und weiter zum *Königsstuhl* (dort umsteigen nach Sassnitz), 4-mal tägl., Sa/So 3-mal.

● *Einkaufen* **Hofgut Bisdamitz** → S. 204.

Keramik Kerstin Bartel, winzig kleiner Keramikladen (und Werkstatt in einem) auf dem Weg zum Hafen, sehr schöne Vasen etc. Während der Saison tägl. ab 11 Uhr geöffnet. Zum Hafen 6, ✆ 038302-88898.

● *Übernachten/Essen* **Panorama Silence Hotel**, das Hotel hält, was der Name verspricht und bietet noch mehr. In dem traditionsreichen Haus stehen stilvoll eingerichtete, helle Zimmer mit Bad und TV zur Verfügung, teils mit herrlichem Panoramablick, gut ausgestattete Unterkünfte bieten zudem die angeschlossenen Gästehäuser. Ausgezeichnet ist auch das Restaurant: Von dem herrlichen Wintergarten hoch über dem Ufer hat man einen grandiosen Blick, empfehlenswert ist das Halbpensionsmenü zu 27 €, die hier hervorragend investiert sind, das 3-Gang-Abendmenü kommt auf 35 €. Tägl. 12–21.30 Uhr geöffnet. DZ ab 89 € (mit Seeblick ab 136 €), EZ ab 62 €, Frühstück inkl., Hund 9 €/Tag. An der Steilküste 8, 18551 Lohme, ✆ 038302-9110, ✉ 038302-911132, www.lohme.com.

Haus am Meer, neues Haus an der Holztreppe zum Hafen, zwölf helle Appartements, alle mit Meerblick und Balkon, auch ein Café (Frühstück ab 8 Uhr), das Restaurant mit leicht gehobener Küche ist tägl.

Niedlich: das Café am Hafen von Lohme

12–22 Uhr geöffnet. Appartement für 2 Pers. 88 €, 4 Pers. 112 € (plus 20 € Endreinigung), in der Nebensaison deutlich günstiger, Frühstück auf Anfrage, Hund 3 €. Zum Hafen 7, 18551 Lohme, ✆ 038302-88523, 📠 038302-88526, www.hausammeer-lohme.de.

Café Niedlich, hübsches Café mit toller Holzterrasse über dem Hafen, große Auswahl an Kaffees, Eis, Kuchen etc., nicht teuer.

● *Camping* **Krueger Naturcamping Nipmerow**, in gewisser Weise ein Seiteneinstieg in den Nationalpark, denn der einfache, aber herrlich gelegene Campingplatz befindet sich in einem baumreichen Ausläufer der Stubnitz und bietet sich als Standort für zahlreiche Wanderungen an. Lohme ist gut 1,5 km entfernt. Viel Schatten, kleiner Laden, einfache Gaststätte, Grillplatz, Fahrradverleih, Fußballplatz, Riesenschach. Von Sassnitz kommend in Nipmerow zunächst Richtung Lohme, dann gleich rechts rein. Erw. 7 €, Kinder 3–16 J. 4 €, Zelte (je nach Größe) 3–5 €, Auto 3 €, Wohnwagen/-mobil 10 €, Hunde willkommen und kostenlos, Strom 2,50 €. Jasmunder Str. 5, 18551 Lohme, OT Nipmerow, ✆ 038302-9244, 📠 038302-56308, www.ruegen-naturcamping.de.

● *Caravanstellplatz/Fahrradverleih* Im **Dorfladen** (der auch *Dorfladen* heißt) am Parkplatz kann man nicht nur das Nötigste einkaufen, hier ist zudem ein kleines **Bistro** untergebracht, außerdem ein **Fahrradverleih** (Trekkingräder um 5 €/Tag, auch Kinderräder und -sitze); hinter dem Haus ein **Caravanstellplatz** (12 €/Nacht, Strom 1 €, Dusche 2 €), man kann sich einfach abends hinstellen und am nächsten Morgen im Laden melden. Auch **Waschsalon** (3 € pro Maschine bzw. Trockner). Mo–Fr 7.30–12 Uhr und 16–18 Uhr, Sa nur 7.30–12 Uhr, So im Sommer 16–18 Uhr, im Winter So geschl. Arkonastr. 4, 18551 Lohme, ✆ 038302-88557.

● *Baden* Nicht ideal – kleiner Kiesstrand rechter Hand vom Hafen.

● *Reiten* **Pferdehof Ranzow**, auch Unterricht (20 €/Std.), Geländeritte, Wanderreiten, u. a., mit Reithalle und -platz, Gastpferde möglich (10–15 €/Tag), außerdem Ferienwohnungen: für 2–6 Pers. 60–80 € am Tag, Endreinigung 25 €, Hund 5 €/Tag. Im östlich von Lohme gelegenen Ranzow. Ranzower Weg 3, 18551 Lohme, OT Ranzow, ✆ 038302-2788, www.pferdehof-koenigstuhl.de.

● *Sporthafen* Wasserwander-Rastplatz mit 55 Liegeplätzen bei ca. 3 m Tiefe. ✆ 038302-90909.

Entlang der Jasmunder Nordküste

Weite Felder, gelegentlich Hügel mit vereinzelten Baumgruppen, schöne Alleen sowie abgeschiedene Strandabschnitte bestimmen den Norden der Halbinsel Jasmund. Eine kurvige Straße verläuft parallel zur Ostseeküste, doch nur wenige reetgedeckte Gehöfte stehen entlang des Weges: so z. B. *Nardevitz*, ein Landidyll, durch das sich eine alten Kopfsteinpflasterallee schlängelt. Hier scheint die Zeit still zu stehen. Über eine holprige Straße, die am Ortseingang von Nardevitz abzweigt, gelangt man zum *Rugeshus*, einer idyllisch gelegenen Pension. Folgt man weiter der Landstraße Richtung Wittow, kommt man zum Gutshaus *Bisdamitz*, heute ein etabliertes Bio-Hofgut mit Restaurant und Übernachtungsmöglichkeit. Bei *Ruschvitz*, der Legende nach der Geburtsort Störtebekers, mündet die schmale Straße in die Verbindungsstraße von Bergen nach Glowe und weiter nach Wittow. Der Küstenabschnitt zwischen Lohme und Glowe ist zum Baden nur bedingt geeignet, da meist steinig, dafür bieten sich Spaziergänge über diese entlegenen Geröllstrände umso mehr an.

● *Übernachten* **Pension/Café Rugeshus**, im Hochuferwäldchen gelegenes, allein stehendes Haus. Ein Fußpfad führt durch eine kleine Schlucht hinab zum Meer (Strand mit sehr groben Kieseln); das Café hat geöffnet, wenn jemand da ist, was während der Saison meist der Fall ist (auch Frühstück), warme Gerichte auf Vorbestellung. Sehr sympathische Leitung; acht individuell eingerichtete Zimmer (früh reservieren!). Von Lohme kommend am Ortseingang von Nar-

devitz rechts und noch 500 m auf Schotter. DZ mit Frühstück 78–98 € (je nach Größe), Haustiere (nach Anmeldung) willkommen, es begrüßt freundlich die Hundedame Pauline. Am Ufer 2, 18551 Lohme, OT Nardewitz, ✆ 038302-88960, 📠 038302-91220, www.rugeshus.de.

● *Übernachten, Essen, Einkaufen* **Hofgut Bisdamitz**, Bioprodukte im Hofladen und in der Gaststätte, Herz des Hofguts ist die eigene Käserei, in dem wintergartenartigen

Restaurant kann man die Produkte des Hofes probieren; tägl. 10–18 Uhr, im Sommer bis 20 Uhr, warme Küche bis 17.30 Uhr. Wechselnde Tageskarte, auch Vegetarisches, Tagesgericht 5–7 €, für Kinder 3 €, auch Kaffee und Kuchen. Übernachtung im Ferienhaus (ein DZ, ein 5-Bett-Zimmer) 20 €/Pers., Kinder 3–11 J. 15 €, Bettwäsche wird gegen Aufpreis gestellt. Hofgut Bisdamitz, 18551 Lohme, OT Bisdamitz, ✆ 038302-9207, ✆ 038302-90199, www.hofgut-bisdamitz.de.

Bobbin und die Jasmunder Boddenküste

Im Westen von Jasmund trifft man auf die Binnenküste des Großen Jasmunder Boddens. Hier wächst die typische niedrige Boddenvegetation an den sumpfigen Ufern. Wenige schmale, von Bäumen beschattete Wege durchziehen die Felder. Die meisten Besucher kommen in die Gegend, um das Schloss Spyker in der Nähe von Bobbin zu besichtigen.

Das Dorf *Bobbin* ist nur rund um seine Kirche auf dem Hügel nett anzusehen, der Rest verläuft sich an der Durchgangsstraße. Zur Kirche gelangt man, wenn man kurz vor dem nördlichen Ortsausgang die kopfsteingepflasterte Straße hinaufsteigt. Die gotische Kirche *St. Pauli* wurde um 1400 aus Feldsteinen errichtet und die Zwischenräume mit Backstein gefüllt, was der Fassade ein ganz eigenes Aussehen verleiht. Der gedrungene Turm entstand wahrscheinlich 100 Jahre später, die Inneneinrichtung präsentiert sich verhalten barock. Den sehenswerten Altar stiftete der Herr von Spyker, *Carl Gustav Wrangel* im Jahr 1668.

Die **Paulikirche** ist täglich geöffnet, im Sommer finden am Di abends oft Konzerte statt, Termine hängen aus.

• *Einkaufen* **Hofladen Bobbin**, hier kann man die Produkte der hofeigenen ökologischen Landwirtschaft erwerben, der Laden befindet sich in einem 1799 errichteten und 2002 renovierten Gebäude. Neben Gemüse, Sanddorn und Eiern gibt es auch Strickwaren aus handgesponnener Schafswolle, Saft aus der eigenen Mosterei und andere regionale Produkte. Außerdem Kaffee und Kuchen, Getränke und kleine Gerichte, im Sommer ein paar Tische im Hof. Geöffnet Mo–Sa 10–17 Uhr. Hof Bobbin, Oberdorf 5 a, 18551 Bobbin, ✆/✆ 038302/88757, www.hofladen-bobbin.de.

• *Aktivitäten   Lesertipp*: **Dinosaurierland Rügen**, auf einem Rundweg sind Nachbildungen der urzeitlichen Tiere zu sehen, ein Spaß für dinobegeisterte Kinder, schrieben uns Leser. Tägl. 10–18 Uhr geöffnet, Fr Ruhetag (Nov. bis März nur Mo–Do 10–15 Uhr), Erw. 7,50 €, Kinder 4–12 J. 5,50 €. Nördlich von Bobbin, rechts abbiegen. ✆ 038302-719874, www.dinosaurierland-ruegen.de

Jasmund
Karte S. 182

Am Großen Jasmunder Bodden

Vom Oberdorf Bobbins bei der Kirche sowie dem südlich gelegenen, fast 60 m hohen *Tempelberg* (direkt an der Straße, vom Parkplatz aus führt eine Treppe hinauf) hat man eine herrliche Aussicht. Bei passendem Wetter überblickt man den großen Bodden, seine nur durch schmale Wasserengen verbundenen nördlichen Buchten *Mittelsee* und *Spyker See* sowie die Schaabe und die Halbinsel Wittow. Unweit des nördlichen Ortsausgangs führt eine schmale Straße zum *Schloss Spyker*. Das alte Herrenhaus bietet im Sommer dank seiner dunkelroten Fassade im Kontrast zum üppigen Grün der Umgebung einen farbenprächtigen Anblick.

Schloss Spyker

Die ungewöhnliche, für Rügen untypische Farbe der Fassade, ein dunkles, ins rostbraun neigende Rot, verdankt das alte Herrenhaus seinem vormaligen Besitzer: *Carl Gustav Wrangel*, schwedischer Generalfeldmarschall im Dreißigjährigen Krieg, erhielt das Herrenhaus samt Ländereien, nachdem der lange Krieg zu Ende gegangen und Rügen zu einem Teil des schwedischen Reiches geworden war. Unter seiner Regie erhielt das Schloss Spyker sein heutiges Aussehen: die runden Türme an jeder Ecke, bedacht von niedrigen Hauben, und eben den roten Putz über dem Backstein. Als Vorbild diente das Heimatschloss der Wrangels in Schweden.

Wie so oft auf Rügen ist das Schloss zwar öffentlich zugänglich, wird aber nicht museal genutzt. Hier befindet sich heute ein nobles Hotel samt zwei Restaurants, Bar und Café, ein beliebter Ort für Hochzeitsfeiern.

Hotel Schloss Spyker, ungemein stilvolles Hotel, das Gebäude beeindruckend, das Ambiente fein. Das Restaurant Wrangel befindet sich im Gewölbekeller (auch Sitzgelegenheiten auf der Terrasse) und ist auch bei Nichthotelgästen beliebt: gute Küche, leicht gehobenes Preisniveau, für die Lage und das Gebotene aber nicht teuer. Im Sommer finden auch klassische Konzerte statt (meist montags), außerdem diverse Festivitäten, u. a. Schloss- oder Grillfeste. Auch Fahrradverleih (6 €/Tag). DZ 110–150 €, Turmzimmer 170–190 €, EZ ab 85 €, jeweils inkl. Frühstück. Halbpension 25 € (3 Gänge). Hund 10 €/Tag. Schlossallee 1, 18551 Spyker, ℰ 038302-770, ℰ 038302-77300, www.schloss-spyker.de.

Abseits gelegen: Martinshafen

Westlich von Bobbin liegt das kleine Dorf *Polchow*, dessen Häuser sich zwischen goldgelben Weizen- und Rapsfeldern, Schilfgürteln und dem Großen Jasmunder Bodden verstreuen. Bekannt sind hier vor allem das Fischlokal „Am Jasmunder Bodden" und die Fischräucherei des Ortes. Ein wenig südlich davon befindet sich inmitten eines Meeres aus Schilf *Martinshafen* – an den Rändern von Nirgendwo. Die Boddenvegetation endet im Süden am Gnewer Ufer, dem Küstenabschnitt der waldreichen Semper Heide oberhalb von Lietzow (→ S. 113). Hier wird es noch ruhiger: einige enge Straßen, hin und wieder eine verlassene landwirtschaftliche Anlage und jede Menge Schilf.

Jasmund
Karte S. 182

● *Verbindungen* Von *Sassnitz* fährt **Buslinie 13** etwa 10-mal tägl. (Sa/So bis zu 6-mal) über *Sagard* nach Bobbin/Spyker und weiter über *Altenkirchen* und *Wiek* nach *Dranske*. **Linie 14** verbindet nur werktags 3-mal tägl. Lohme mit Nardenitz/Bisdamitz und *Glowe*, in Gegenrichtung 4-mal tägl. über *Hagen* nach *Sassnitz*; **Linie 12** fährt Mo–Fr 2-mal tägl. (nachmittags) von *Bergen* über Bobbin/Spyker, Sagard und ebenfalls weiter über Glowe, Juliusruh, Altenkirchen und Wiek nach *Dranske*.

● *Übernachten/Essen* **Hotel Der Wilde Schwan**, schönes Appartementhotel in Alleinlage nahe dem Bodden, noch relativ neu (2002 eröffnet), mit Gartenanlage einschließlich Strandkörben gesäumtem Teich, Reitstall, Kegelbahn, Sauna, Fahrradverleih und freundlichem, hellem Restaurant, das auch ausgefallene Gerichte in mittlerer bis gehobener Preisklasse bietet. Mit netter Terrasse. Anfahrt entweder über Polchow oder (einfacher) von der Umgehungsstraße Sagards Richtung Neuhof ab (beschildert), nach ca. 2 km auf schmaler Asphaltstraße links. Im Winter geschl. (außer über Weihnachten/Neujahr). Appartement für 2 Pers. 125 €, auch Maisonettesuiten für 4 Pers. (200 €), das Appartement in Einzelnutzung kommt auf 85 €. Frühstück ist jeweils inkl. Neuhof 10, 18551 Sagard, OT Neuhof, ☎ 038302-8030, 📠 038302-80329, www.hotel-der-wilde-schwan.de.

Gaststätte Am Jasmunder Bodden, ungekünsteltes Landlokal in Polchow, freundlicher Service, vor allem für seinen guten, günstigen und fangfrischen Fisch (8–11 €) berühmt und beliebt, wenig Fleischgerichte, in der Saison oft bis zum letzten Platz besetzt, schöne Terrasse im Sommer. Im Winter Mo Ruhetag und manchmal abends geschl. (sicherheitshalber anrufen). Von Bobbin kommend auf der rechten Seite. Dorfstr. 8, ✆ 038302-53003.

Zu Lietzow → S. 113.

Peters Fischräucherei, Verkauf, Imbiss und Restaurant mit viel Platz in Polchow, Mo–Fr 8–18 Uhr, Sa 8–13 Uhr, im Sommer auch (Fisch-)Grillabende. Dorfstr. 38, ✆ 038302-78030, www.peters-fisch.de.

Sagard und Umgebung

Sagard (ca. 2600 Einwohner) mit seiner etwas tristen Plattenbau-Peripherie bietet einen recht beschaulichen Ortskern, der in den letzten Jahren ein wenig herausgeputzt wurde. Dabei hat der Tourismus im Ort einen frühen, viel versprechenden Anfang genommen. Hier und nicht, wie man meinen möchte, an den Stränden der Ostseeküste entstand der erste Kurbadebetrieb – dank einer eisenhaltigen Quelle. Gespeist von dem „Gesundbrunnen" wurde 1794 die „Brunnen-, Bade- und Vergnügungsanstalt" eröffnet, die sich regen Zuspruchs erfreute. Zumindest für wenige Jahre, denn schon Anfang des 19. Jh. verlor der Kurbetrieb von Sagard rapide an Bedeutung. Heute ist nur der kleine Ortskern vom Markt und Kirche einen Zwischenstopp wert. Die Halle der imposanten *Michaelskirche* (natürlich ein Backsteinbau) wurde bereits um 1210 errichtet, die An- und Ausbauten, Chor, Sakristei, Seitenschiffe, Gewölbe des Hauptschiffs und Turm erfolgten sukzessive in den folgenden Jahrhunderten. Prunkstück der Kirche ist die größte und vielleicht schönste Barock-Orgel der Insel.

Der Vorraum der Pfarrkirche St. Michael ist täglich geöffnet, die Orgel ist von dort aus aber nicht zu sehen; im Sommer finden freitags oft Orgelkonzerte statt, Termine hängen aus.

Etwas südlich von Sagard liegt direkt an der Bundesstraße das größte bronzezeitliche Hügelgrab Norddeutschlands: *Dobberworth*. Allerdings ist damit bereits alles gesagt, denn außer dem kreisrunden, von dichtem Strauchwerk bewachsenen Hügel mit über 10 m Höhe und einem Durchmesser von ca. 50 m ist nicht viel zu sehen.

Etwas mehr als 2 km nördlich von Sagard befinden sich Neddesitz und Gummanz. Die direkte Verbindung ist eine schöne Allee mit altem Kopfsteinpflaster, aber dadurch sehr holprig. Mit dem Auto geht es schneller, wenn man zunächst Richtung Glowe fährt und dann rechts abbiegt. *Neddesitz* wäre ein verschlafener, kleiner Flecken mit einer Handvoll Höfe, hätte sich nicht im nahe gelegenen Gutshaus und den umliegenden Ländereien das Jasmar Resort Hotel samt *Jasmund Therme* niedergelassen.

Ganz in der Nähe wurde in einem lange stillgelegten Kreidebruch ein Freilicht-Museum angelegt. Im *Kreide- und Naturlehrpfad Gummanz* kann man sich vor Ort über den heilpraktischen und industriellen Rohstoff informieren. Ein Film informiert über die Geschichte der Kreidegewinnung auf Rügen von der ersten Klärschlämmerei 1827 bis heute, Schautafeln und Ausstellungsstücke illustrieren die Entstehung von Kreide und Feuerstein. Im Außenbereich sind alte Gerätschaften ausgestellt. Hier kann man auch einen Blick in einen ehemaligen Kreidebruch werfen (heute ein Feuchtbiotop). Ein 10-minütiger Spaziergang führt auf die andere Seite des Bruchs und auf einen „Kleiner Königstuhl" genannten Kreidefelsen.

Kreide- und Naturlehrpfad Gummanz, beim Gutshaus befindet sich ein großer Parkplatz, dann rechter Hand ca. 500 m zu Fuß weiter; Ostern bis Okt. tägl. 10–17 Uhr, Nov. bis Ostern Di–So 10–16 Uhr. Eintritt 3 €, erm. 1,50 €, Familienkarte 7 €, weitere Infos unter ✆ 038302-56229, www.kreidemuseum.de.

Sonnenuntergang bei Glowe

● *Übernachten/Essen* **** **Jasmar Resort Hotel**, trotz alter Bausubstanz des schönen Gutshauses wirkt das riesige Areal im Rücken der Therme ziemlich retortenhaft. Sehr freundlicher und zuvorkommender Service. Diverse Restaurants: ein *Gourmet-Restaurant* befindet sich im Gutshaus, günstiger isst man in der *Hofküche* oder auch italienisch in *L'Osteria*, außerdem gibt es ein Bistro und die Bar *Zur Tränke*. Zum Hotel gehört die **Jasmund Therme**, eine Bade- und Wellnessanlage auf 1000 qm mit Saunalandschaft, Massage und Kreidebädern, Rutsche etc., natürlich auch für Nicht-Hotelgäste geöffnet. Zimmer im Hotel (DZ ab 180 €), Suiten im Gutsherrenhaus (ab 230 € für 2 Pers.), Ferienwohnungen (in der Hauptsaison nur wochenweise, sonst ab 95 € für 2–4 Pers.) Alle Preise übrigens inkl. Nutzung der Jasmar Therme. 18551 Sagard, OT Neddesitz, ✆ 038302-95, ✉ 038302-96620, www.jasmar.de.

Glowe und die Schaabe

Glowe ist ein kleines, lang gestrecktes Straßendorf am nordwestlichen Rand der Halbinsel Jasmund. Seine einzige Attraktion, dem das ehemalige Fischerdorf eine beschauliche wirtschaftliche Blüte verdankt, beginnt am kleinen Hafen: Von der Landzunge Königshörn im Norden Glowes zieht sich in einem leichten Halbbogen ein kilometerlanger herrlicher Sandstrand bis nach Juliusruh.

Die Nehrung, die die Ostsee vom Jasmunder Bodden trennt, die *Schaabe* genannt, gehört zu den jüngeren Teilen Rügens. Erst im 19. Jh. wuchs (unter Zuhilfenahme straßenbaulicher Maßnahmen) die Anlandung zu einer Landbrücke zusammen, welche die Halbinsel Wittow mit Jasmund und dem Rest Rügens verbindet. Ab 1860 wurde damit begonnen, das angeschwemmte Land durch Pflanzungen von Kiefern und Birken zu befestigen. Auch heute noch ist die Schaabe fast auf ihrer gesamten Länge von über 8 km mit einem lichten Wald bedeckt. Während sich an der Ostseeseite der Nehrung erwähnter Strand erstreckt, geht der Wald an der Boddenküste der Schaabe in einen breiten Schilfgürtel über. Über die Landbrücke verläuft nicht nur die Straße nach Altenkirchen und Putgarten, sondern auch ein Wanderweg, der von Glowe bis Breege/Juliusruh führt (wegen der Kreuzottern ist festes Schuhwerk ratsam).

• *Information* **Tourismusbüro Glowe**, im östlichen Ortsteil; Mo–Do 8–12 und 14–18 Uhr, Fr nur bis 16 Uhr, Sa 9–12 Uhr. Hauptstr. 37, 18551 Glowe, ✆ 038302-5221, www.glowe.de.

• *Verbindungen* Sehr gute Busanbindung: Die **Busse** der **Linie 13** verbinden stündl. (Sa/So alle zwei Stunden) Sassnitz mit Glowe (via Sagard) und fahren weiter über Altenkirchen und Wiek bis Dranske (von Bergen aus mit **Linie 12** nach Sagard und dort umsteigen, nur 2-mal tägl. weiter bis Dranske).

Die **Linie 14** fährt 7-mal tägl. (Sa/So 3-mal) von Glowe via Lohme zum Königsstuhl.

• *Parken* In der „Dorfmitte" stehen kostenpflichtige Parkplätze zur Verfügung.

• *Übernachten/Essen* **Sandstrand Ostseeperle**, schickes, neues Appartement-Hotel in Glowe, ungemein stilvoll eingerichtete Appartements (ab 118 € für 2 Pers.). Dazu gehört auch das *Restaurant Ostseeperle* in dem auffälligen Stahl-Glas-Gebäude, das aussieht wie eine eckige Konzertmuschel am Strand. Tägl. ab mittags geöffnet, Sa/So auch Frühstück), Di/Mi Ruhetag. Hauptstr. 65, 18551 Glowe, ✆ 038302-56380, www.sandstrand-ostseeperle.de.

Landgasthof Fischerhus, urige Kneipe, vor allem Fischgerichte, sehr beliebt und nicht teuer. Tägl. ab 11.30 Uhr geöffnet, im Winter Mi Ruhetag. Hauptstr. 53, 18551 Glowe, ✆ 038302-5235, ✉ 71877, www.ruegenschewe.de.

Gasthaus Zur Schaabe, beliebtes Restaurant, das mit alten Werbetafeln geschmückt ist, freundlicher Service, gutbürgerliche, mecklenburgische Küche zu fairen Preisen, natürlich viel Fisch; freundliche Zimmer. Hauptstr. 92, ✆ 038302-7100.

• *Sporthafen* Am Königshörn, einer kleinen Landzunge oberhalb von Glowe, befindet sich der neue Wasserwanderer-Rastplatz am Südufer die Tromper Wiek, etwa 60 Liegeplätze bei ca. 3 m Wassertiefe. ✆ 0175-2624841.

Baden

Das lange Ostseeufer der Schaabe ist zweifellos einer der schönsten Strände der Insel. Zwischen Wald und Meer erhebt sich ein sanfter Dünengürtel, ein feinsandiger Strand zieht sich von Glowe bis hinauf nach Juliusruh, flach fällt das steinlose Ufer in die *Tromper Wiek*. Der Strand ist unbebaut, es gibt dementsprechend keinerlei Service, was der Beliebtheit aber keinen Abbruch tut. Wie an den anderen größeren Badeküsten ist der Strand in Abschnitte aufgeteilt, aber in der Praxis schert sich hier niemand darum, ob in Textil oder FKK (sonnen-)gebadet wird.

Entlang der Straße über die Schaabe liegen mehrere (kostenpflichtige) Parkplätze, von denen aus schmale Pfade durch das Kiefernwäldchen zum Strand führen.

Alles dabei?
Strandzugang auf der Schaabe

Übersichtlich: das idyllische Fischerdörfchen Vitt samt Ausblick auf das Kap

Wittow

Die Halbinsel wird auch das „Windland" genannt – eine treffende Bezeichnung, denn der salzige Seewind wird hier von kaum einer Erhebung behindert. Farbenprächtig erstrecken sich weite Korn- und Rapsfelder über Wittow: Der Raps blüht im Mai leuchtend gelb und wilder Mohn überzieht die Kornfelder mit einem rötlichen Schleier. Von Land oder See aus weithin sichtbar ragen die berühmten Leuchttürme über das Kap Arkona.

Weitgehend flach erhebt sich Wittow nur an seiner nördlichen „Spitze" bis auf 46 m. Hier befinden sich die Hauptattraktionen der Halbinsel: die Leuchttürme am *Kap Arkona*. Das Kap ist ein geschichtsträchtiger Ort und heute Flächendenkmal. Es lässt sich am besten von dem hübschen kleinen Ort *Putgarten* mit seinem zu groß geratenen (und doch oft voll gestellten) Parkplatz aus erreichen. In der Nähe liegen auch die *Jaromarsburg*, ein breiter slawischer Burgwall, und das malerische, leider meist hoffnungslos überlaufene Fischerdörfchen *Vitt*.

Der „Zugang" zu Wittow befindet sich im Doppelort *Breege-Juliusruh*, wo die Halbinsel dank der Schaabe mit Rügen verbunden ist. Stilles wirtschaftliches Zentrum von Wittow ist das Städtchen *Altenkirchen* mit seiner schönen alten Kirche, eine der ältesten auf Rügen. Gleichzeitig dient der Ort aber auch als Verkehrsknotenpunkt, an dem die Straßen aus allen Richtungen zusammenlaufen.

Bakenberg ist – von den zahlreichen Tagesausflüglern ans Kap Arkona abgesehen – das touristische Zentrum der Halbinsel Wittow, beliebt dank des langen Badestrandes an der Nordküste. Im Waldstreifen oberhalb des Strandes befinden sich zahlreiche Campingplätze und Ferienanlagen. Den (nord-)westlichen Schlusspunkt Rügens bildet *Dranske*, eine ehemals blühende Ortschaft dank NVA-Marinestütz-

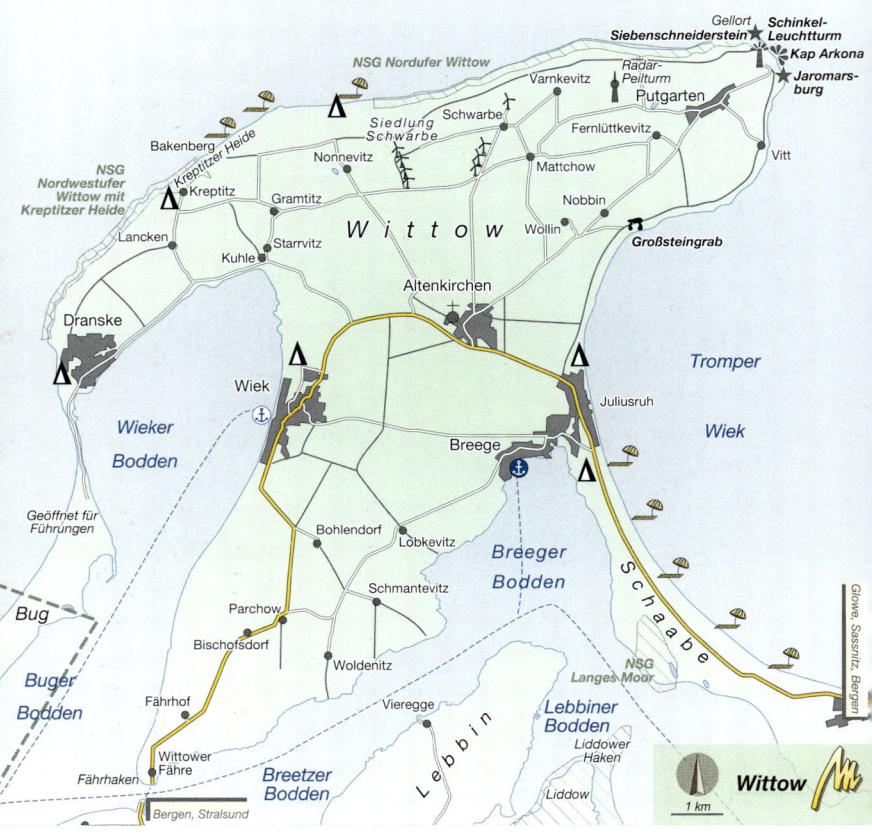

punkt. Jenseits des Ortes endet die Straße am Anfang der langen Landzunge mit Namen *Bug*. Der unter Naturschutz stehende Haken, der auf Hiddensee zuwächst, darf nur im Rahmen einer Führung betreten werden.

Auf der anderen Seite des Wieker Boddens, der vom Bug gegen die Ostsee geschützt wird, liegt der ansehnliche Hafenort *Wiek* und 8 km entfernt, an der Südspitze der Halbinsel, die alte *Wittower Fähre*, die das „Windland" mit dem „Muttland" verbindet.

Seebad Breege-Juliusruh   ca. 800 Einwohner

Der Brückenkopf der Schaabe ist ein kleiner Doppelort mit zwei Gesichtern: auf der einen Seite *Juliusruh*, ein Straßendorf mit Seebad-Gepränge an der Ostseeküste, und auf der anderen Seite der kleine, gemütliche Boddenhafen *Breege*. Dank des kilometerlangen Sandstrandes an der Tromper Wiek haben sich um Juliusruh zahlreiche Pensionen und Ferienanlagen angesiedelt. Besonderheit des Seebades ist sein alter Park. Er wurde 1795 vom größten Grundbesitzer auf Rügen, *Julius von der Lancken*, als weitläufiger Garten seiner (nicht mehr erhaltenen) Sommerresidenz angelegt – und kurz darauf verkauft. Heute dient er als *Kurpark* und liegt landseits zwischen den beiden Orten. Seit 1928 ist Juliusruh mit Breege, das sich die Boddenküste entlang zieht, zu einer Gemeinde vereint. Der alte Ort (der Name stammt aus dem Slawischen und bedeutet schlicht „Ufer") war einst ein wichtiger Hafen- und Gemeindeflecken. Die schilfgedeckten Kapitäns- und Fischerhäuser erinnern noch an diese wohlhabende Zeit. An der Hauptstraße nach Altenkirchen wurde übrigens die erste Ampel auf der Halbinsel Wittow in Betrieb genommen, eine Fußgängerampel, die den Zugang zum Strand erleichtern sollte...

• *Information* Das **Informationsamt See-bad Breege-Juliusruh** befindet sich an der Durchgangsstraße von Juliusruh und ist zur Saison Mo–Fr 8–12 und 13–16 Uhr geöffnet, in der Nebensaison eingeschränkt. Wittower Str. 5, 18556 Juliusruh, ✆ 038391-311, ✆ 038391-13235, www.ostseebad-breege.de.

• *Verbindungen* Bus: Die **Busse** der **Linie 13** verbinden stündl. (Sa/So alle zwei Stunden) Sassnitz mit Juliusruh (via Sagard) und fahren weiter über Altenkirchen und Wiek bis Dranske (von Bergen aus mit der **Linie 12** nach Sagard und dort umsteigen, nur 2-mal tägl. weiter bis Dranske).

Die **Linie 10** fährt etwa 6-mal tägl. (Sa/So 2-mal) rund um die Halbinsel Wittow (nach Wiek, zur Wittower Fähre und nach Altenkirchen).

Schiff: Mit den Fähren der **Personenschifffahrt Kipp** von und nach *Vitte/Hiddensee*: zwischen 1- und 3-mal tägl. (März bis Okt., Achtung: manche Fähren nur werktags). Dauer ca. 75 Min., Hin- und Rückfahrt 16 € (einfach 10 €), Kinder 4–12 J. 10 € (5 €), Kinder unter 4 J. frei, Familienkarte 40 €, Hund 8 € (5 €), Fahrrad 6 € (5 €). Personenschifffahrt Kipp, Dorfstr. 101, 18556 Breege, ✆ 038391-12306, www.reederei-kipp.de.

• *Übernachten/Essen* ****** Hotel Aquamaris Strandresidenz**, direkt an der Schaabe, also in unmittelbarer Strandnähe gelegene Anlage, freundlich geführt und mit großem Angebot (drei Restaurants, Pub, Tanzbar, Bistro, Kiosk, Hallenbad, Sauna, Dampfbad, Fitnessraum, Wellness, Tennisplatz, Kegelbahn, Billard, Fahrradverleih und Kinderprogramm). Es stehen auch barrierefreie Ferienwohnungen zur Verfügung. Über 250 Hotelzimmer, Suiten und Ferienwohnungen, die alle nach Vögeln benannt sind: Die Übernachtung z. B. im DZ „Wildgans" kostet 174 €, im EZ „Wildente" 98 €, in der Suite „Albatros" 270 € (alle inkl. Frühstücksbuffet sowie Nutzung des Hallenbads, Saunabereichs etc.). Wittower Str. 4, 18556 Juliusruh, ✆ 038391-440, ✆ 038391-44141, www.aquamaris.de.

Strandhotel Dünenhaus, direkt am Strand liegt das große, in den 1920er Jahren er-baute Hotel, mit Sauna, Solarium und Fitnessraum, auch Restaurant mit schöner Terrasse. EZ 69 €, landseitiges DZ 109 €, seeseitiges DZ 119 €, mit Balkon 125 €, Hund 5 €. Ringstr. 5, 18556 Juliusruh, ✆ 038399-4070, ✆ 038399-40769, www.duenenhaus.im-web.de.

Kapitänshäuser Breege, Ferienanlage direkt am Hafen von Breege, die Ferienwohnungen sind natürlich nach berühmten Kapitänen benannt wie Drake oder Cook, auch DZ. Das Freizeitangebot reicht von Tret- und Motorbootverleih bis zu Sauna und Hallenbad. Dazu gehört auch das Fischrestaurant *Zum alten Fischer*. DZ mit Frühstück ab 92 €, Ferienwohnung ab 72 € (2 Pers.). Hochzeitsberg 16, 18556 Breege, ✆ 038391-420, ✆ 038391-12005, www.kapitaens-haeuser.de.

Zum alten Fischer, *Lesertipp*, am Hafen von Breege. Hier kann man gut und preiswert essen. Die meisten Gerichte, ob Fisch oder Fleisch, um die 10 €. Tägl. ab 12 Uhr geöffnet, ✆ 038391-12189.

Pension Mola, neues Haus direkt am Hafen von Breege (sowie eine Dependance etwas außerhalb). Da die Pension zur gleichnamigen Segelschule gehört und gern von Segelschülern belegt wird, ist es ratsam, früh zu reservieren. Mit Restaurant/Café *Steghaus*. DZ mit Frühstück 66–100 € (je nach Größe, Balkon, Seeblick). Boddenweg 1–2, 18556 Breege, ✆ 038391-4320, ✆ 038391-43211, www.mola.de.

• *Camping* **Freizeitcamp Am Wasser**, schöner Campingplatz im Wald und am Wasser, südlich von Juliusruh (etwa 150 m vor dem Ortsschild) auf der Schaabe zwischen Bodden und Meer. Nicht parzellierte Zeltplätze, sandiger Boden, viel Schatten. Zum Strand muss man nur über die Straße. Fahrrad- und Ruderbootverleih, Spielplatz, Laden, Gaststätte. Beliebt. Erw. 6 €, Kind 3–14 J. 3,50 €, Hund 3 €, Zelt 5–6 €, Caravan 8 €, Pkw 2,50 €, Strom 2 €; auch Ferienwohnungen. Wittower Str. 1–2, 18556 Ostseebad Juliusruh, ✆ 038391-43928, ✆ 038391-237, www.freizeitcampamwasser.m-vp.de.

Wittow Karte S. 212

Ein weiterer strandnaher Campingplätze liegt nördlich von Juliusruh, am Ortsausgang Richtung Altenkirchen rechts abbiegen: **Campingplatz Drewolke**, etwa 700 m nach der Abzweigung von der Landstraße, mit Gaststätte, Laden und Fahrradverleih. Geöffnet April bis Okt. Erw. 6 €, Kind 4–14 J. 3,50 €, Hund 3 €, Zelt 5,50–9 €, Caravan 9 €, Pkw 3,50 €, Strom 2,50 €, auch Mietwohnwagen und Bungalows. Zittkower Weg 27, 18556 Altenkirchen, ✆ 038391-12965, ✉ 038391-56655, www.camping-auf-ruegen.de.

● *Baden* → Glowe und die Schaabe, S. 209.

● *Sport* **Mola**, sympathische Segelschule, auch Törns, Yachtcharter und Pension (→ oben). Großes Angebot, z. B. Grundkurs (25 €/6 Tage) oder Kindersegeln, alle Scheine. Auch Jollenvermietung (80 €/Tag). Boddenweg 1–2, 18556 Breege, ✆ 038391-4320, ✉ 038391-43211, www.mola.de.

● *Sporthafen* Im Norden der Schaabe befindet sich am Breeger Bodden der Sportboothafen und Wasserwander-Rastplatz von Breege, etwa 50 Liegeplätze bei ca. 2,50 m Wassertiefe, Tankstelle, Slipanlage, ✆ 03891-579.

Altenkirchen

ca. 1000 Einwohner

Als „Antiqua Ecclesia" taucht die namensgebende Kirche des Ortes erstmals 1314 in der Überlieferung auf. Dem Dorf, das sich um das Gotteshaus herum erstreckt, sieht man heute nicht an, dass es das Zentrum der Halbinsel ist. Auch wenn alle Wege auf Wittow nach Altenkirchen führen, geht es hier ruhig und beschaulich zu.

Die Attraktion des Ortes ist zweifellos die zweitälteste Kirche Rügens, nach der St. Marienkirche in Bergen. Sie ist der Nachfolgebau einer Kirche, die im Zuge der Christianisierung Rügens durch die dänischen Eroberer 1168 errichtet worden war. Mittelschiff und Chor wurden wahrscheinlich um 1200 erbaut. Die Außenseite des Chores ist unterhalb des Daches mit Schmuckfriesen verziert, deren kleine untere Anschlusssteine Gesichter darstellen. Ursprünglich als dreischiffige romanische

Poet und Pastor: Gotthard Ludwig Theobul Kosegarten

Der Pfarrer, der 1792–1808 die Gottesdienste in Altenkirchen hielt, hieß *Gotthard Ludwig Theobul Kosegarten* und war seinerzeit ein bekannter Schriftsteller. Zahlreiche namhafte Zeitgenossen, wie Otto Runge, Ernst Moritz Arndt oder Caspar David Friedrich, waren zu Gast in seinem Pfarrhaus; mit Goethe, Schiller und Herder stand Kosegarten in Briefkontakt. Ein nicht geringer Teil seines literarischen Werkes entstand in Altenkirchen. Dass es heute kaum noch bekannt ist, liegt wohl zu allererst an dem Übermaß an Empfindlichkeit, mit der er zur Feder griff. Nicht zuletzt wenn Kosegarten über das von ihm innig geliebte Rügen schrieb, übersprang er zumeist die schmale Linie zwischen Kunst und Kitsch. Beispiel gefällig?

„Dort, wo umschäumt Arkona / Die Brust den Wogen beut, / Schaut glanzberauscht das Auge / In die Unendlichkeit. / Es späht in Ost und Westen, / In Süd und Nord der Blick, / Und späht umsonst. Nicht draußen, / Nur drinnen wohnt das Glück."

Auf Rügen wurde der Pfarrer vor allem durch seine Uferpredigten bekannt (→ Kasten, S. 221). 1808 nahm er in Greifswald, der Stadt, in der er auch studiert hatte, eine Professur für Geschichte an, 1817 einen Lehrstuhl für Theologie. Kosegarten starb am 16. Oktober 1818. Er liegt auf dem alten Friedhof in Altenkirchen begraben.

Basilika konzipiert, wurde die Backsteinkirche mehrfach umgebaut, u. a.
entstand ein einheitliches, spätgotisches
Kreuzrippengewölbe. Die Ausstattung
der Kirche ist in mehrfacher Hinsicht
bemerkenswert: Der Taufstein, aus dem
vier bärtige Gesichter in alle Himmels-
richtungen ragen, stammt aus der Zeit
um 1250. Die das Kreuzrippengewölbe
schmückenden Malereien sind nach
Originalfunden aus dem 13. Jh. rekonstruiert. Die Tierfiguren im Gewölbe
wurden 1967 freigelegt, bemerkenswer-
terweise sind drei der vier Darstellungen
heidnischer Natur: Das Schwein ist ein
slawisches Kultobjekt, die beiden Hähne
werden der Gottheit Svantevit zugeschrieben, und nur der Pelikan kommt
eindeutig aus der christlichen Symbolik.

Der meistfotografierte Stein der Kirche,
der so genannte *Svantevit-Stein*, liegt
versteckt im südlichen Seitenanbau des
Chores. Es handelt sich wahrscheinlich
um eine Grabplatte, die aus der Zeit vor
1168 stammt. Zu sehen ist darauf ein
bärtiger Mann, der ein großes Füllhorn
in Händen hält. Ob es sich dabei um die
slawische Gottheit selbst handelt, ist

Die alte Kirche

ungeklärt, dagegen spräche, dass Svantevit meist mit vier Gesichtern dargestellt
wird. Wahrscheinlicher ist, dass es sich um einen slawischen Fürsten (möglicherweise Jaromar selbst) handelt oder einen Svantevit-Priester des Heiligtums von
Arkona. Letztere nämlich sollen das Füllhorn benutzt haben, um die Ergiebigkeit der
kommenden Ernte vorherzusagen: Schwand über Nacht das Met im Horn, hieß es den
Gürtel enger schnallen. Der Svantevit-Stein ist nicht leicht zu finden: Im Altarraum
geht es rechter Hand in den Seitenanbau, hier ist er entgegen der meisten gedruckten
Abbildungen nicht aufrecht, sondern quer in die rechte Wand eingemauert.
  Die Kirche ist tägl. geöffnet, im Sommer meist ab 8 Uhr bis Sonnenuntergang.

Etwa 3 km nordöstlich von Altenkirchen befindet sich nahe der Küste der so genannte *Riesenberg* bei *Nobbin* (ab dem kleinen Weiler ein paar hundert Meter zu
Fuß Richtung Meer, kaum zu verfehlen). Hierbei handelt es sich um ein gut 5000
Jahre altes, steinzeitliches Megalithgrab. Die zwei trapezförmigen und von zwei
großen Wächtersteinen begrenzten Steinreihen, mit einer Länge von ca. 34 m,
inspirierten schon *Caspar David Friedrich*, der die Eindrücke des Großsteingrabes
wahrscheinlich in dem Gemälde *Hünengrab* verarbeitete.

● *Verbindungen* Die **Busse** der **Linie 13**
verbinden stündl. (Sa/So alle zwei Stunden)
Sassnitz mit Altenkirchen und fahren weiter
nach Wiek und bis Dranske (von Bergen aus
mit der **Linie 12** nach Sagard und dort umsteigen, nur 2-mal tägl. weiter bis Dranske).
Nach Putgarten pendelt die **Linie 11** ca.
stündl. (Sa/So alle 2 Stunden).
Und schließlich fährt die **Linie 10** ca. 6-mal
tägl. rund um Wittow von Altenkirchen über

Wittow Karte S. 212

Breege und über die Wittower Fähre nach Wiek).

● *Essen & Trinken* **Hofcafé**, unweit der alten Kirche, mit eigener Fischräucherei (zuletzt wurde Di und Do Rotbarsch geräuchert). April bis Okt. geöffnet, Karl-Marx-Platz 4/6, ✆ 038391-89701.

● *Camping* → Juliusruh

● *Fahrradverleih* **Wittow Bike**, *die* Alternative, um die Parkgebühren in Putgarten zu sparen. Gute 7-Gang-Tourenräder für 6 €, MTB (das man auf Wittow allerdings nicht wirklich braucht) 6,50 €, Kinderräder 3,50 €, Kinderanhänger 5,50 €, auch Helme und Kindersitze, Anlieferung zum Urlaubsquartier (auf Wittow) gegen geringen Aufpreis, während der Saison 9–18 Uhr geöffnet, außerhalb der Saison auf tel. Nachfrage. Straße des Friedens 10, ✆/✉ 038391-13071 oder ✆ 0173-3758390, www.fahrradverleih-auf-ruegen.de.

Putgarten und das Kap Arkona

Das Flächendenkmal zwischen Putgarten, dem Kap und dem hübschen Fischerdörfchen Vitt ist reich an Sehenswürdigkeiten – und reich an Besuchern. Nicht nur in der Hochsaison kann es hier eng werden.

Das Kap ist geschichtsträchtiges Land. Schon die germanischen Rugier siedelten hier und hinterließen oben genanntes Großsteingrab. Unter den Slawen entstand in der Tempelfestung Arkona das religiöse Zentrum der Insel. Die Zerstörung der Burg und ihres Heiligtums 1168 durch die Dänen unter *Absalon*, Bischof von Roskilde, leitete die Christianisierung Rügens ein. Der Rügenfürst Jaromar I. erkannte die dänische Lehnshoheit an und ließ sich taufen. Daraufhin wurde, wahrscheinlich um die Überlegenheit des christlichen über den alten Glauben zu verdeutlichen, an der Stelle des Heiligtums die erste Kirche Rügens errichtet, von der heute allerdings nichts mehr zu sehen ist. In der Folge schwand die Bedeutung Arkonas. Einzig die Gefährlichkeit des Kaps, auf dem erst im 19. Jh. die beiden Leuchttürme entstehen sollten, war durch die Jahrhunderte unter den Ostseefahrern berühmt und berüchtigt. An den Rand großer europäischer Geschichte rückte das Kap nochmals kurz, als im Zuge des Deutsch-Dänischen Krieges 1864 die dänische Flotte vor Rügen kreuzte. Der Wärter des mit einem hochmodernen Telegrafen ausgestatteten Leuchtturms sandte sofort Meldung nach Berlin – allerdings per berittenem Boten, denn zu diesem Zeitpunkt war der Mann noch nicht an der neuen Technik ausgebildet und musste trotz engagierter Versuche am Morsegerät scheitern.

Von Vitten, Hanse und Hering

Wie *Vitte* auf Hiddensee verdankt auch *Vitt* seinen Namen dem Hering. *Fitten* oder *Vitten* wurden zu Zeiten der Hanse die Orte genannt, an denen sich die Fischer mit den Händlern des Städtebundes trafen, wenn im Spätsommer/Herbst die großen Heringsschwärme um die Inseln zogen. Die Händler brachten das Salz mit zum „Fischzulegen". Was damals *fitten* hieß, lässt sich heute mit „Fische in Salz einlegen" übersetzen. Im 13./14. Jh. glichen Fitten (als Orte) eher Piratennestern als Fischfang-Umschlagplätzen: ein paar provisorische Hütten in einer meist gottverlassenen Bucht, mehr nicht. Die Hütten dienten teils als Lager, teils als Unterkunft. An den anfangs nur zur kurzen Fangsaison genutzten Plätzen begannen sich später Fischer mit ihren Familien niederzulassen. So entstanden allmählich Dörfer. Insgesamt sechs gab es auf Rügen und Hiddensee, vier davon lagen auf Wittow. Die beiden wichtigsten haben bis heute ihren Namen behalten.

Das ganze Gebiet, das sich zwischen dem „Nordkap Rügens" (das ist allerdings nicht Kap Arkona selbst, sondern der nordwestlich gelegene *Gellort*), den Leuchttürmen und der Jaromarsburg bis hinunter nach Vitt erstreckt, ist heute Landschafts- und Naturschutzgebiet. Das Fischerdorf *Vitt*, das malerisch in einer kleinen, sich zum Meer öffnenden Schlucht liegt, steht komplett unter Denkmalschutz.

Das Landschafts- und Naturschutzgebiet ist autofreie Zone. Der Einstieg befindet sich in Putgarten, wo ein riesiger Parkplatz am Ortseingang die Besucherfahrzeuge aufnimmt. Von hier aus ist der Rundgang zu allen Sehenswürdigkeiten etwa fünf Kilometer lang; die unten beschriebene Wanderung, die nicht nur zu Sehenswürdigkeiten, sondern auch in ruhigeres Gebiet führt, erstreckt sich über etwa 10 km (detaillierte Wegbeschreibung vom Gellort über das Kap bis nach Vitt und zurück nach Putgarten ab WP 05).

Zum Baden sind die steinigen Strände unterhalb der Steilküste nicht geeignet. Zum Strand rund um Kap Arkona gelangt man nur von Vitt aus oder über drei steile Treppen, die über das Kap verteilt sind. Die nördlichste Treppe befindet sich beim Gellort und klettert hinab zum Siebenschneiderstein, einem Findling von geschätzten 165 Tonnen.

Ungleiche Verwandte: die beiden Leuchttürme am Kap

Vom Kap Arkona selbst führt die Königstreppe über 42 m hinab, 1995 nach historischem Vorbild wiederaufgebaut. Schließlich gelangt man noch knapp unterhalb des slawischen Burgwalls über die Veilchen-Treppe hinunter zum Strand, auch hier liegt ein Findling im Wasser: der Kosegartenstein. Die zum Baden geeigneten Strände erstrecken sich westlich des Gellortes und südlich der Veilchentreppe.

Putgarten

ca. 250 Einwohner

Der Name Putgarten stammt wohl aus dem Slawischen. Er setzt sich zusammen aus *pod* (unterhalb, bei) und *gard* (Burg, Festung) und bedeutet demnach so viel wie „Siedlung unterhalb der Burg". Gemeint ist die slawische Tempelfestung von Arkona (→ *Jaromarsburg*, S. 220). Dies ist ein weiterer Hinweis darauf, dass sich hier in slawischer Zeit ein wichtiges kulturelles Zentrum befand, mit dem Hafen in der Schlucht von Vitt, der Fluchtburg samt Heiligtum über der Steilküste und eben der Handelssiedlung Putgarten im Hinterland.

Wittow Karte S. 212

Heute ist das kleine Dorf vor allem der viel besuchte „Eingang" und die Durchgangsstation zum Kap Arkona. Der große Parkplatz am Ortseingang lässt den Besucherandrang in Hochphasen erahnen. Das Fahrverbot gilt auch für Putgarten selbst. Hauptattraktion des Ortes ist der *Rügenhof Arkona*, ein Kultur-, Handwerks- und Geschäftszentrum, das so vielgestaltig ist wie der alte Gott Svantevit. In dem alten Gutshof begann zuerst der *Töpferhof Arkona* mit traditionellen Techniken und Design Keramiken herzustellen und vor Ort zu verkaufen. Hinzu gesellten sich u. a. eine *Korbflechterei*, ein *Kerzenmacher* und die *Historische Druckwerkstatt*. Die Handwerker schließen sich dabei nicht in ihren Werkstätten ein, sondern lassen sich über die Schultern schauen. Bemerkenswert vor allem die historische *Druckwerkstatt:* Museum, Galerie und Laden in einem. Hier kann man nicht nur alte Maschinen und Setzkästen betrachten, hier werden mit dem alten Gerät auch noch Drucke produziert und an manchen Tagen sogar Büttenpapier handgeschöpft.

Zum „Rahmenprogramm" des Handwerkszentrums gehören wechselnde Ausstellungen in der Galerie in der Kulturscheune, Streichelzoo, Kräutergarten, diverse Veranstaltungen und natürlich das Gutshauscafé mit hübschem Garten. Einkaufen kann man unter anderem im *Handelsschiff* (vor allem Mode und Schmuck) und im *Rügenladen* (v. a. Ess- und Trinkbares aus Rügen), außerdem stehen ein paar Ferienwohnungen zur Verfügung.

Weiter hinten im Dorf, wenn es etwas ruhiger wird, stößt man auf das *Helene-Weigel-Haus*. Die Schauspielerin und Intendantin des Berliner Ensembles hatte das rohrgedeckte Gebäude Mitte der 1950er Jahre für sich und ihren Ehemann Bertolt Brecht als Ferienhaus gekauft. Heute beherbergt es neben einer kleinen, sehenswerten Fotoausstellung über Helene Weigel ein idyllisches Gartencafé, das zu einer Pause vom Putgarten-Trubel einlädt (s. unten).

• *Information* **Tourismusgesellschaft Kap Arkona**, in der Hauptsaison tägl. 9–17 Uhr, in Nebensaison 11–16 Uhr, sonst eingeschränkt, in jedem Fall kürzer. Auch Zimmervermittlung. Am Parkplatz, 18556 Putgarten, ✆ 038391-4190, ✆ 038391-41919, www. kap-arkona.de.

• *Verbindungen* Aus Altenkirchen kommt **Linie 11** ca. 15-mal tägl. (Sa/So 9-mal tägl.). Vom Ortseingang kann Kap oder nach Vitt (Haltestelle bei der Kapelle) fährt die kleine **Arkona-Bahn**, während der Saison von 9–20.15 Uhr, im Winter von 10–16 Uhr, meist alle 15 Min. (im Winter alle 30 Min.), Erw. 2 € (hin/zurück 3,50 €), Kinder 0,50 € (1 €). Bei **Kutschrundfahrten** zum Kap gibt es diverse Erläuterungen, Dauer etwa 1,5 Std. bei 30 Min. Aufenthalt bei den Leuchttürmen (ca. 6 km), Abfahrt ebenfalls beim Parkplatz. Erw. 8 €, Kinder 4 €, nur während der Saison.

• *Parken* Großer Parkplatz am Ortseingang, 3 €/Tag, Wohnmobile 5 €, hier auch Imbissbuden.

• *Fahrradverleih* direkt am Parkplatz, 3 €/1. Std., jede weitere Stunde 1 € oder 6 €/Tag, auch Kindersitze; während der Saison 10–18 Uhr, ✆ 038391-760846.

• *Rügenhof* Die Adresse des alten, umfunktionierten Gutshofes lautet: Rügenhof, Dorfstr. 22, 18556 Putgarten, Infos unter ✆ 038391-4190, ✆ 038391-41917, www.ruegenhof.de. Wer nicht auf seinen Urlaub warten möchte oder während des Rügenaufenthalts nichts mit sich rumschleppen will, kann sich über *Rügen-direkt* das Sortiment des Ladens nach Hause schicken lassen (nicht nur Kulinarisches, sondern auch Souvenirs), Bestellungen unter ✆ 038391-439990 oder im Internet unter www.ruegen-direkt.de.

Historische Druckwerkstatt, Eintritt 1 €, Kinder frei, Führungen nach Anmeldung, tägl. 10–18 Uhr, im Sommer eine Stunde länger, ✆ 038391-13248.

• *Übernachten* **Hotel/Pension Zum Kap Arkona**, familiär geführtes, freundliches Haus mit 33 Zimmern, Bar, Restaurant und teils weitem Ausblick. Nov. bis 24. Dez. geschl. Im Haus gibt es ein Restaurant (in der Nebensaison bis 20 Uhr geöffnet, in der Hauptsaison nach Bedarf). DZ 84–87 € inkl. Frühstück, Halbpension 15,50 €/Pers. zusätzlich, Hund 5 €, ganzjährig geöffnet. Dorfstr. 22 a, 18556 Putgarten, ✆ 038391-4330, ✆ 038391-43351, www.zum-kap-arkona.de.

Gartencaféidyll: das Helene-Weigel-Haus in Putgarten

● *Café* **Helene-Weigel-Haus**, *unser Tipp!* In dem alten Bauernhaus, das Helene Weigel in den 1950ern zu ihrem Feriendomizil erkoren hatte, befindet sich eines der schönsten Cafés der Insel. Innen ist das engagiert geführte Café gemütlich, hell und stilsicher schlicht eingerichtet. Sehr schön sitzt man vor allem aber bei gutem Wetter draußen im idyllischen, weitläufigen Garten mit Kirschbäumen, Wiese und Kräuterschnecke. Guter Kaffee, hervorragender, selbst gebackener Kuchen, der Service unaufgeregt herzlich. Auch Leser schrieben uns begeistert: eine Oase inmitten des Kap-Arkona-Rummels. Mai bis Okt. tägl. 13–18 Uhr geöffnet (in der Nebensaison Mi Ruhetag). Es werden auch – wie sollte es bei der Geschichte des Hauses auch anders sein – Lesungen und Liederabende veranstaltet. Dorfstr. 16, ✆ 038391-431007, www.helene-weigel-haus.de.

Die Leuchttürme und das Kap

Gleich drei Türme teilen sich den Standort *Kap Arkona*: Der Veteran unter den Leuchttürmen ist der so genannte *Schinkelturm,* sein Nachfolger muss sich mit dem Namen „neuer Leuchtturm" begnügen, etwas abseits steht der *Marinepeilturm.* Nach jahrelanger Planungsphase, der erste Entwurf lag bereits 1819 vor, fand am 5. Mai 1826 endlich die Grundsteinlegung für den Bau eines Leuchtfeuers auf dem Kap Arkona statt. Maßgeblich beteiligt an der Errichtung des Leuchtturms war der umtriebige Architekt *Karl Friedrich Schinkel.*

Der Neue Leuchtturm war zwar 1902 fertig gestellt, den Schinkelturm aufs Altenteil schicken konnte man aber erst 1905, wegen technischer Probleme mit dem „elektrischen Schnellblinkfeuer"! Der mit 33 m höchste Turm am Kap ist übrigens heute noch in Betrieb, einen Leuchtturmwärter aber sucht man vergeblich. Das modernisierte System wird von der Zentrale auf Dänholm/Stralsund „fern-gesteuert", und im ehemaligen Wärterhaus kann man sich nun in einer Ferienwohnung

Wittow
Karte S. 212

Der Schinkelturm

Kein Geringerer als der Vorsitzende der preußischen Oberbaudeputation, der berühmte Architekt und Maler *Karl Friedrich Schinkel* (1781–1841), entwarf den Leuchtturm für das Kap Arkona: ein Gebäude auf quadratischem Grundriss mit drei jeweils leicht voneinander zurückgesetzten Geschossen und darauf schließlich der eigentliche verglaste Aufsatz für das Leuchtfeuer. Bei der Gestaltung der Fassade griff Schinkel sowohl auf die Formenstrenge der norddeutschen Backsteingotik als auch auf die symmetrische Ästhetik des Klassizismus zurück. Ähnliche Stilelemente verwandte er 1831 in der Berliner Bauakademie, deren Fassade an die des Leuchtturms erinnert und die zum Vorbild für viele Industriebauten des 19. Jh. wurde. Bei Errichtung des Leuchtturms war Schinkel allerdings nicht persönlich anwesend, die Bauleitung hatte der Oberbau-Inspektor Michaelis inne. Am 1. Januar 1828 konnten die 17 Öllampen in der Laterne des 21 m hohen Leuchtturms ihren Dienst aufnehmen. Damit ist der „Schinkelturm" eines der ältesten festen Leuchtfeuer an der Ostsee. Bis ins 20. Jh. wies er den Schiffen den Weg, dann galt seine Technik als veraltet. Mit der Fertigstellung des zweiten Leuchtturms am Kap Arkona wurde der Schinkelturm außer Dienst gestellt. Heute dient der Turm als Standesamt am Kap Arkona und wer will, kann seine Eheschließung auch noch auf einer Steintafel vor dem Schinkelturm verewigen.

einquartieren. Der dritte Turm, der nahe der Jaromarsburg steht, entstand als Marinepeilturm, wird jetzt aber nur noch „zivil", heißt: touristisch genutzt. Darüber hinaus ist unweit des Schinkelturms ein Bunker zu besichtigen (Ausstellung und Führung).

Die **Kapkarte** für 10 € beinhaltet alle Sehenswürdigkeiten am Kap Arkona: Türme, Jaromarsburg (s. u.) und Bunker (mit Führung).

Schinkelturm mit Museum über Schinkels „Schaffen in Pommern und auf der Insel Rügen": ganzjährig geöffnet, in der Saison 10–18 Uhr (im Juli/Aug. bis 19 Uhr), im Winter 11–16 Uhr. Eintritt 2 €, erm. 1,50 €. Über eine gusseiserne Treppe gelangt man in die oberen Etagen und auf die Aussichtsplattform.

Neuer Leuchtturm, April bis Okt. 11–16 Uhr (im Juli/Aug. bis 18 Uhr, im Juni und Sept. bis 17 Uhr), im Winter geschl. Eintritt 3 €, erm. 1,50 €.

Marinepeilturm mit Atelier (s. unten), Ostern bis Ende Okt. tägl. 10–16 Uhr, im Juni und Sept. bis 17 Uhr, im Juli/Aug. bis 18 Uhr. Eintritt 2 €, erm. 1,50 €.

● *Einkaufen* Im Marinepeilturm befindet sich das Bernsteinatelier von *Nils Peters*, hier sind jede Menge kunstvoll gestalteter Schmuckstücke ausgestellt, ☏ 0162-2018630, www.sonnenschmuck.de. Bei den beiden älteren Türmen kann man außerdem allerlei Souvenirs erwerben.

● *Essen & Trinken* Bei den Türmen gibt es einen Imbiss mit **Biergarten**, auf dem Weg dorthin die **Gaststätte Arcun** (mit großer Terrasse und Garten), hier günstige Fischgerichte und auch Fischbrötchen, während der Saison tägl. ab 10 Uhr geöffnet. Weitere *Imbissbuden* auf dem Areal, die Preise sind meist genauso exponiert wie ihre Lage.

● *Übernachten* **Ferienwohnung im Leuchtturmwärterhaus** neben dem Schinkelturm, ab 70 € für 2 Pers., Infos unter ☏ 038391-4000, www.kap-arkona.de.

Die Jaromarsburg

Die Tempelfestung war das religiöse Zentrum der Slawen auf Rügen und ihrem Hauptgott Svantevit geweiht. Vor ihrem Fall war sie bedeutend größer, aber es waren nicht die Dänen, die sie geschleift haben, sondern Wind und Wetter. Wie viel

Land an der Klippe in den letzten gut acht Jahrhunderten verloren ging, lässt sich heute nicht mit Sicherheit sagen, aber es wird vermutet, dass die sichtbaren Reste des Walls gerade einmal ein Drittel der ehemaligen Gesamtanlage darstellen! Wirklich eindrucksvoll muss sie einst gewesen sein, wie auch der Bericht des dänischen Historikers *Saxo Grammaticus* vermuten lässt, der den Fall der Burg auf Seiten der Angreifer erlebte. Er schrieb: *Sie liegt hoch auf dem Felsen und ist im Osten, Süden und Norden nicht durch natürliche Steilhänge gesichert, die Uferwände sind wie Mauern, deren Höhenrand durch einen Geschoßpfeil unten vom Meere nicht erreicht werden kann. An den drei genannten Seiten ist sie vom Meer umflossen, nach Westen aber ist sie durch einen Wall abgeschlossen ..., dessen untere Hälfte aus Erde war, die obere bestand aus Holz und Erdfüllung ...* Auch wenn man in Betracht zieht, dass der mittelalterliche Chronist zur Übertreibung neigt, und man auf den heute noch 13 m hohen Wall nicht nochmals 13 m Holzbefestigung aufzurechnen hat, bleibt eine Ahnung von den imposanten Ausmaßen der Burg.

Im Innersten der Tempelfestung soll ein gewaltiges hölzernes Standbild des Hauptgottes Svantevit gestanden haben, „weit größer als ein Mensch, seltsam anzusehen mit seinen vier Köpfen und vier Hälsen", weiß Saxo zu berichten. Jeder Kopf blickte dabei in eine andere Richtung. Die christlichen Sieger in der letzten Schlacht um Arkona stürzten auch die Statue und verarbeiteten sie zu Brennholz.

Im Sommer tägl. 10–18 Uhr, in der Nebensaison 10–15.45 Uhr, Eintritt 1 €.

Vitt

Geschützter kann ein Dorf nicht liegen – und idyllischer wohl auch nicht. Ein gutes Dutzend hübscher Häuschen mit rohrgedeckten und von Moos geschmückten Dächern duckt sich in eine schmale Liete. Enge, von Bäumen beschattete Gassen ziehen sich entlang hübscher Fassaden und Gärten und führen zum kleinen Hafen. So viel Idylle hat natürlich ihren Preis. In der Saison ziehen unzählige Besucher in das komplett unter Denkmalschutz stehende Dorf und geben ihm eine nicht ganz so beschauliche Atmosphäre.

Uferpredigten

Eine Variation der Geschichte vom Berg und dem Propheten: Die Altenkirchener Pastoren hatten einst das Problem, dass die Bauern und Fischer aus Vitt im Spätsommer jeden Jahres dem Gottesdienst fernblieben. Grund war der Hering, den keiner vorbeiziehen lassen wollte, während man sich vielleicht auf den langen Weg zur Pfarrkirche von Altenkirchen machte. Also kam der Pastor nach Vitt und hielt die Predigten am Ufer ab, während ein Ausguck das Auge auf der See behielt und wenn nötig den Gottesdienst nicht mit einem Amen, sondern mit den Worten „De Hiering kümmt" beendete. Zum Schutz vor den Launen des Wetters ließ der berühmte Pastor Kosegarten (→ S. 214), der bereits jahrelang Uferpredigten abgehalten hatte, die *Vitter Kapelle* errichten.

Wittow Karte S. 212

Der Bau der *Uferkapelle* von Vitt wurde 1806 begonnen, aber erst 1816 beendet. Hoch über dem Dorf entstand das weiß getünchte, reetgedeckte Gotteshaus mit achteckigem Grundriss. Auch im Inneren ist die Kapelle eher schlicht gehalten, hier hängt eine Kopie von *Philipp Otto Runges* Gemälde „Petrus auf dem Meer".

● *Verbindungen* Nach Vitt (Haltestelle bei der Kapelle) fährt die kleine **Arkona-Bahn** während der Saison zu jeder vollen und halben Stunde, Erw. 2 €, Kinder 0,50 €.

● *Essen & Trinken* Die mit pommerscher Geduld ausgestatteten Bewohner Vitts wissen um die Attraktivität ihres kleinen Dorfes und kümmern sich um ihre Gäste. Nahe beim Strand befindet sich das **Café am Meer**, Kaffee und selbst gemachter Kuchen, auch kleine Snacks und vor allem Sanddornprodukte. Am Hafen gibt es Räucherfisch. Unbedingt empfehlenswert ist der Dorf-gasthof **Goldener Anker**, eine urige, gemütliche Fischgaststätte, die trotz exklusiver Lage günstige Gerichte anbietet; da bleibt es nicht aus, dass der Dorfgasthof oft bis zum letzten Platz gefüllt ist; im Garten davor bei gutem Wetter Cafébetrieb, zudem ein Fischbrötchenstand. Nov. und Jan. geschl., sonst tägl. 11–20 Uhr. Vitt Nr. 2, 18556 Putgarten, ☎ 038391-12134.

● *Bootsverleih/Ausflugsfahrten* Motorboote (kein Führerschein) ab ca. 15 €/Std., auch Kaprundfahrten, allerdings wetter- bzw. andrangabhängig, am Steg nachfragen.

Wanderung 7: Rund um Putgarten

Charakteristik: leichte Wanderung, die zunächst über die Felder und dann auf dem Hochuferweg zum Kap führt, schließlich über Vitt zurück nach Putgarten. Verlaufen kann man sich hier nicht, die Leuchttürme bieten nicht nur dem Seefahrer Orientierung. **Länge/Dauer**: ca. 10 km, knapp 3 Std. reine Gehzeit. **Einkehrmöglichkeiten**: Imbissbuden am Kap, Gaststätten in Vitt, schließlich der Rügenhof und das Café im Helene-Weigel-Haus in Putgarten. **Start/Anfahrt**: am großen Parkplatz am Ortseingang von Putgarten.

Wegbeschreibung: Vom Eingang des **Parkplatzes** aus (WP 01) geht es zunächst einmal nicht in den Ort hinein, sondern nach Nordwesten. Bald trifft man auf eine T-Kreuzung, den Varnkevitzer Weg (WP 02), hier links weiter auf einer schmalen Asphaltstraße an Feldern vorbei und auf einen pilzköpfigen Militärturm, den Radardom, zu. Nach gut 800 m die Abzweigung linker Hand nach Fernlüttkevitz ignorierend, geht es kaum 30 m dahinter rechts auf einen Plattenweg ab (WP 03). Man läuft nun geradewegs nach Norden auf die Küste zu, links den Radardom, rechts die Leuchttürme des Kaps und dazwischen nichts als Felder. Nach knapp 2 km vom Ausgangspunkt trifft man auf den bewachsenen *Hochuferweg* (WP 04), links geht es zum Bakenberg (8 km), rechts zum Kap. Hier befinden sich auch ein Abstieg zum Sandstrand und ein abgelegener Parkplatz. Die Wanderung führt rechter Hand hinter dem Parkplatz den schmalen Hochuferweg entlang. Der Pfad windet sich zwischen den Feldern und dem Meer, das unten gegen einen steinigen Strand schlägt, geradewegs auf die Leuchttürme zu. Nach insgesamt einer Stunde erreicht man den Aussichtspunkt *Gellort* (WP 05), von dem aus ein Abstieg zum Strand und zum Siebenschneiderstein führt. Das Ufer knickt nun nach Südosten ab, und nachdem man weitere Aussichtspunkte passiert hat, erreicht man die *Königstreppe*, einen 1995 an historischer Stelle wieder aufgebauten Abstieg, der durch eine Liete, eine vom Regenwasser in die Steilküste gegrabene Schlucht, 42 m hinabführt. Von der Königstreppe aus ist es rechter Hand nur noch ein Katzensprung zu den Leuchttürmen.

Von den beiden alten *Leuchttürmen* (WP 06) geht es dann zum dritten Turm, dem Peilturm bei der Jaromarsburg (WP 07). Die Wanderung führt von hier aus Richtung Süden am Burgwall vorbei und zur etwas versteckt liegenden *Veilchentreppe*. Ein wenig weiter gelangt man an einen Aussichtspunkt, von dem man einen schönen Blick auf das Kap genießen kann. Während auf dem Hochuferweg westlich vom Kap meist wenig los ist, kann dieser Abschnitt (die Verbindung vom Kap

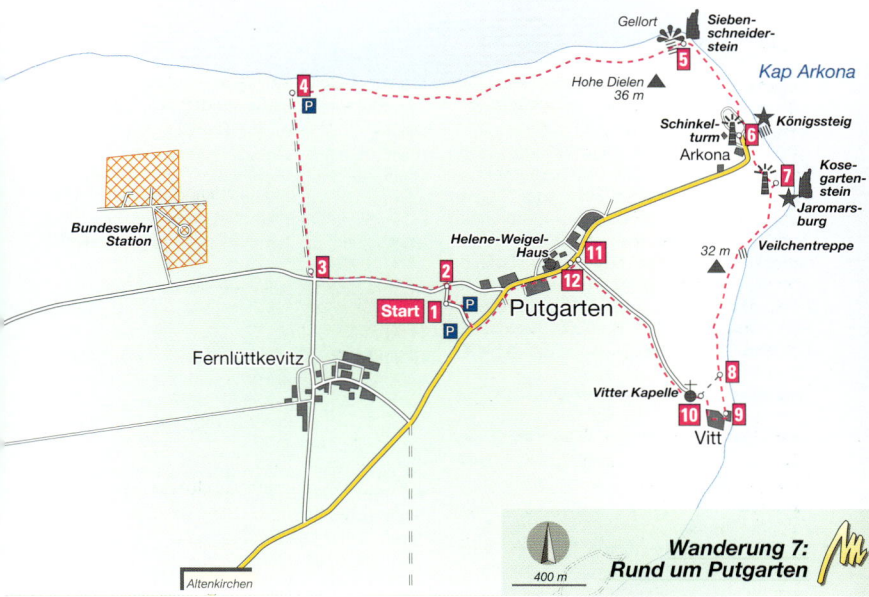

Wanderung 7:
Rund um Putgarten

zum Fischerdörfchen Vitt) zuweilen ziemlich überlaufen sein.

Bald biegt mit Blick auf die Vitter Kapelle der Hauptweg nach rechts (WP 08), hier aber auf dem Fußpfad geradeaus weiter und kurz darauf über eine Treppe hinab ins Fischerdorf *Vitt* (WP 09). Nach einem Rundgang durch das malerische Dorf kann man entweder auf gleichem Weg zurück oder über den westlichen Ortsausgang (beim Schild *Kirche* rechts die Treppen hoch) gehen, in jedem Fall aber zur *Vitter Kapelle* (WP 10). Von hier aus nämlich führt eine Asphaltstraße direkt zurück nach *Putgarten* – im Ort links halten (WP 11), am Rügenhof (WP 12) vorbei und durch das Dorf zurück zum Ausgangspunkt (beim Feuerwehrhaus links).

Bakenberg/Schwarbe

Über den *Bakenberg* im Nordwesten der Halbinsel erstreckt sich ein lang gezogener Wald (nach dem nahe gelegenen Weiler auch *Schwarbe* genannt), eine Seltenheit in Wittow. An der Steilküste befindet sich dagegen ein herrlicher Badestrand. Der westliche Teil des Kiefernwaldes beschattet zahlreiche Feriendörfer und weitläufige Campingplätze, die natürlich wegen des breiten, feinsandigen und kilometerlangen Strandes beliebt sind. Der Strand ist über zahlreiche Treppen vom bis zu 27 m hoch gelegenen Bakenberg aus zu erreichen. In Richtung Osten führt ein Hochuferweg bis zum Kap Arkona, im Westen schließt sich an den Wald das Naturschutzgebiet *Krepitzer Heide* an.

● *Verbindungen* Im Winter streift **Linie 13** den Bakenberg nur bei Kuhle (von Sassnitz kommend via Altenkirchen und Wiek sowie weiter bis Dranske), im Sommer fährt der Bus morgens und abends einen Schlenker über den Bakenberg. Die **Linie 10** fährt ca. 6-mal tägl. rund um Wittow: von Altenkirchen über Breege und über die Wittower Fähre bis Wiek.

● *Übernachten/Camping* Das Angebot an Feriensiedlungen, die sich in und um den schmalen Waldstreifen am Bakenberg verteilen, ist enorm, meist bestehen sie aus einfachen Holzhütten und Bungalows.

Rugana am Bakenberg, moderne, vor dem Wald gelegene Appartementanlage mit großem Angebot: Hallenbad, Fitness, Sauna und Solarium, Massagen, Minigolf, Bocciabahn, Fahrradverleih (8 €/Tag), SB-Restaurant und 6-Loch-Golfplatz mit Driving Range (alle Angebote auch für non-residents). Appartements ab 90 € (Erdgeschoss, für 2–3 Pers.) bzw. 103 € (Dachgeschoss, 4 Pers.) und 140 € (Maisonette, 4–6 Pers.) jeweils pro Tag. Frühstück 8,50 €/Pers. Nonnewitz 25 A-B, 18556 Bakenberg/Dranske, ℡ 038394-9140, ✆ 038394-91414, www.rugana.de.

Regenbogen Camp Nonnevitz, riesiger Campingplatz nördlich von Nonnevitz mit etwa 580 Stellplätzen im Kiefernwald, viel Schatten und nur ein paar Schritte zum Strand; auf dem Platz Gaststätte, eigene Bäckerei, Fahrradverleih, Beachvolleyball-Felder, neue Sanitäranlagen. Geöffnet April bis Okt. Erw. 7,50 €, Kind 6–14 J. 3 €, Hund 4 €, kleines Zelt 5 €, großes Zelt 9–11 €, Caravan 11,50–12,60 €, Pkw 4,30 €, Strom 2,90 €.

Nonnevitz 13, 18556 Dranske, ℡ 038391-89032, ✆ 038391-8765, www.regenbogen-camp.de.

● *Essen & Trinken* Pferdestübchen, ungemein urige und gemütliche Gaststube beim Haus Bela (auch Reiterhof → unten); günstig und deftig, schöner Biergarten im Hof, in der Saison tägl. ab 12 Uhr (abends sicherheitshalber anrufen). Schwarbe/Siedlung, ℡ 0172-3967487.

● *Sport* Golf, 6-Loch-Platz neben der Ferienanlage Rugana, mit Driving-Range. Infos unter ℡ 038394-9140.

Reiterhof Schwarbe/Haus Bela, Unterricht und Ausritte, mit Halle und Dressurplatz, auch Ferienwohnungen. 18556 Schwarbe/Siedlung, ℡ 038391-12169, mobil 0162-2317282, www.haus-bela.de.

Jegelhof, hier können sich auch Anfänger auf die gutmütigen Islandpferde trauen, Ausritte (auch geführt), Reitunterricht. Infos unter ℡ 0173-1504821 oder beim Ferienpark Haidehof, Nonnevitz 15, 18559 Dranske, ℡ 38391-764690, www.ferienpark-heidehof.de.

Um den Wieker Bodden

Der flache Wieker Bodden, der durch den Bug südlich von Dranske von der Ostsee abgetrennt wird, ist vor allem als beliebtes Surfrevier bekannt. Sand, Wind und

Wasser bieten ausgezeichnete Voraussetzungen auch für Einsteiger (Schulen in Dranske und in Wiek). Ansonsten geht es um den Bodden ruhig zu, hier ist eines der vielen „Enden der Welt".

▶ Wiek: Das Wappen des hübschen ehemaligen Fischerdorfes Wiek (heute ca. 1200 Einwohner) ziert neben dem martialischen Wikingerboot auch ein Bienenstock. Früher nämlich hieß der Ort *Medowe* (aus dem Slawischen *med* – Honig), also in etwa *Siedlung der Honigsammler*. Ob der heutige Name sich von *Wiek*, der flachen Bucht, ableitet oder aber aus dem slawischen *vic* (in etwa *Handelsplatz* oder *Marktsiedlung*), ist umstritten. Wiek ist jedenfalls ein uraltes Siedlungsgebiet, vor den Slawen lebten hier wahrscheinlich bereits die Rugier, nach der Slawenzeit ließen sich Niedersachsen nieder. Bis ins 19. Jh. war Wiek ein bedeutender Handelsplatz und wichtigster Hafen der Halbinsel Wittow. Nachdem mit der Eröffnung

Der Reiter ...

des Rügendammes seine Bedeutung rapide schwand, sollte dem Hafen ein neues Standbein gegeben werden. So wurde dort eine Kreideverladebrücke errichtet, über die der am Kap Arkona gewonnene Rohstoff verfrachtet werden sollte, doch der Ausbruch des Ersten Weltkrieges verhinderte die Inbetriebnahme. Die Brücke, heute Baudenkmal, steht noch immer ungenutzt im Hafen.

Lange Tradition hat hier auch der Bootsbau, noch heute werden im Ort die so genannten *Wieker Boote* gefertigt (Infos unter www.wiekerboote.de). Eine neue Werfthalle an der modernen Marina ist im Bau, ebenso wie eine Ferienhausanlage direkt am Bodden. Im Hafen selbst soll nach dem Vorbild in Lauterbach eine schwimmende Ferienhaussiedlung entstehen.

Darüber hinaus hat sich Wiek als Kurort einen Namen gemacht. 1920 wurde ein Kinderkurheim errichtet, die „Weiße Kinderstadt am Bodden“. Heute ist die Anlage saniert und dient weiterhin als Reha-Klinik und Mutter-Kind-Kuranlage.

... in der Wieker Kirche

Sehenswert ist außer dem hübschen Ort selbst vor allem die *Georgskirche*. Die Backsteinkirche mit ihrem winzigen Dachtürmchen über einem imposanten Giebel entstand in mehreren Phasen nach 1400, der freistehende Glockenturm um 1600. Die reiche Ausstattung im Innern der Kirche, u. a. die gotische Triumphkreuzgruppe, der barocke Altaraufsatz aus einer Stralsunder Werkstatt und das bemerkenswerte spätmittelalterliche Reiterstandbild (linker Hand im Seitenschiff) sind Ausdruck des Selbstbewusstseins der Wieker Schiffsbauer und -führer.

Pfarrkirche St. Georg, in der Saison meist Mo–Fr 10–12 und 14–16 Uhr, Aufstieg ins Gewölbe möglich.

● *Information* Das **Informationsbüro** befindet sich im gleichen Haus wie die *Bismarck-Stuben*, nahe der Kirche; in der Saison Mo–Mi 9–17 Uhr, Do 9–12 Uhr und 13–17 Uhr, Fr 9–16 Uhr, Sa 9–12 Uhr. Am Markt 5, 18556 Wiek, ☎ 038391-76870, ✆ 038391-76871, www.wiek-ruegen.de.

● *Verbindungen* Die **Busse** der **Linie 13** verbinden stündl. (Sa/So alle zwei Stunden) Sassnitz via Altenkirchen mit Wiek (und bis Dranske (von Bergen aus mit der **Linie 12** nach Sagard und dort umsteigen, nur 2-mal tägl. weiter bis Dranske). Und schließlich fährt die **Linie 10** ca. 6-mal tägl. rund um Wittow: von Altenkirchen über

Breege und die Wittower Fähre nach Wiek.
Schiff: Nach **Vitte** auf Hiddensee (nur Mai bis Sept.): etwa 3-mal tägl. hin/zurück 14,80 € (einfach 8,50 €), Kinder 4–11 J. 8,50 € (5,50 €), Kinder unter 4 J. frei, Familienkarte 39 €, Hund 8,50 € (5,50 €), Fahrrad 6,90 € (4,20 €). Infos unter ☎ 0180-3212150, www.reederei-hiddensee.de.

● *Übernachten* **Landhotel Herrenhaus Bohlendorf**, schöne Anlage südlich von Wiek, man residiert in einem Gutshaus (auch Ferienwohnungen im Nebengebäude und Ferienhäuser in Wiek). Im mondänen Wintergarten kann man sich dem reichhaltigen Frühstücksbüfett mit Blick auf den Park

WITTOW
Karte S. 212

widmen. Zudem gibt es ein gemütliches Kaminzimmer und ein gutes Restaurant mit großer Weinkarte und leicht gehobenem Preisniveau (mittags und abends geöffnet). Sehr freundlicher, hilfsbereiter Service. DZ 99 €, EZ 79 € einschließlich Frühstück, Hund 6 €. Das Landhotel ist ganzjährig geöffnet. 18556 Bohlendorf (Rügen), ✆ 03891-770, ✇ 03891-70280, www.bohlendorf.de.

Alt Wittower, Krug, Hotel und Restaurant in Wiek, im Ort ausgeschildert. Beliebtes Restaurant mit Terrasse und Räucherofen im Garten. Solide, gute Landgasthof-Küche zu mittleren Preisen. Das Hotel ist mit 38 Zimmern gar nicht mal so klein. Freundlicher Service, Parkplatz hinter dem Haus. EZ 49 €, DZ 89 €, Appartement für 4 Pers. 120 €, Frühstück jeweils inkl. Gerhart-Hauptmann-Str. 7, 18556 Wiek auf Rügen, ✆ 038391-7600, ✇ 038391-760760, www.alt-wittowerkrug.de.

● *Camping* **Surf & Kite Camp**, kleiner, ruhig gelegener Campingplatz mit Surf- und Kiteschule, mit Bistro, nettem Biergarten und entspannter Stimmung. Geöffnet, solange das Wetter mitspielt. Von Altenkirchen aus am Ortseingang rechts und ca. 500 m weiter. Erw. 8 €, Jugendliche 6,50 €, Kinder 4 €, Zelt, Auto, Caravan etc. bereits inkl. Boddenweg 1, ✆ 038391-70711, ✇ 038391-76595, www.surf-kite-camp.de.

● *Essen & Trinken* **Bismarck-Stuben**, direkt im Zentrum in der ehemaligen Poststelle, heller, etwas bieder eingerichteter Gastraum, freundlicher Service, gutbürgerliche Küche mit regionalem Touch, Leser zeigten sich zufrieden. Tägl. 12–14 Uhr und ab 17.30 Uhr, Mo Ruhetag. Am Markt 4, 18556 Wiek, ✆ 038391-70790.

Blumencafé, das freundliche Café ist angeschlossen an einen kleinen Blumenladen, entsprechend gelungen ist die (floristische) Dekoration. Vor allem im Sommer sitzt man draußen herrlich inmitten eines kleinen Gartenidylls. Einen Besuch wert sind auch die selbst gebackenen Kuchen. Ideal für eine entspannende Pause. Di–Fr 13–18 Uhr, Sa/So schon ab 8 Uhr, Mo geschl. Gerhart-Hauptmann-Str. 6, ✆ 038391-769932.

● *Essen & Trinken/außerhalb* **Schifferkrug**, eine Institution, weit über das Boddenufer hinaus bekannt, aber unverbogen, unge-

künstelt und urig – hier wird seit 1455 Bier gezapft. Einfache, herzhafte Küche zu entsprechend ehrlichen Preisen, günstige Fischgerichte. Mo–So 12–14 und 17–22 Uhr (manchmal Do Ruhetag). Der Schifferkrug befindet sich an der nördlichsten Ausbuchtung des Wieker Bodden im kleinen Weiler Kuhle (gut 3 km nördlich von Wiek), ✆/✇ 038391-8460.

Ein weiteres Restaurant gibt es im **Herrenhaus Bohlendorf** (→ oben).

Imbiss, köstliche Fischbrötchen, sowie weitere kleine Fischgerichte gibt es bei **Fisch Schreiber** auf dem *Räucherschiff* in Kuhle (schräg gegenüber dem Schifferkrug am Boddenufer), man sitzt im Wintergarten oder auf dem alten Kutter *Janny*, jedenfalls aber mit Blick auf den Wieker Bodden.

Ein guter *Fischimbiss* befindet sich auch am südlichen Hafenende von Wiek.

● *Fahrradverleih* **Fahrradservice Frank Jonak**, Verleih und Werkstatt, 3-Gang-Fahrrad 5 €/Tag, 7-Gang-Fahrrad 6 €/Tag, Mo–Sa geöffnet (Mittagspause 12–12.30 Uhr). Hauptstr. 17, aus Norden kommend vor der Kirche auf der linken Seite. ✆ 038391-70045.

● *Sport* **Surf & Kite Camp**, freundliche Surfschule auf dem Campingplatz mit dem üblichen Angebot: Schnupperkurs (2 Std.) 35 €, Grundkurs (11 Std.) 130 €, Aufbaukurs (2 Std.) 35 €, auch Scheinerwerb, sowie Kitekurse sowie Materialverleih: Board 10 €/ Std., 40 €/Tag. Boddenweg 1, ✆ 038391-70711, www.surf-kite-camp.de.

Kitesurfschule Wiek, am Bodden nahe des Campings, Schnupperkurse ab 20 € (1 Std.), 2-tägiger Grundkurs 175 €. Molkereistr. 9, ✆/✇ 038391/70086, ✆ 0172/3522072, www.kite surfschule-wiek.de.

Reithof Pätzold, in Starrvitz (gleich neben Kuhle, etwas mehr als 3 km nördlich von Wiek), Reitunterricht, Gelände- und Strandritte, Reithalle, auch Platz für Gastpferde, zudem Ferienwohnungen. Haus Nr. 37, 18556 Dranske, OT Starrvitz, ✆ 038391-8233, www.reiterhof-paetzold.de.

● *Sporthafen* Am Wieker Bodden liegt der Hafen von Wiek, zuletzt etwa 150 Liegeplätze (wird weiter ausgebaut) bei ca. 3 m Wassertiefe. ✆ 038391-769722 oder 0174-1929726.

▸ **Wittower Fähre**: Wie alt diese Fährverbindung schon ist, kann keiner genau sagen. Sicher ist, dass bereits vor 500 Jahren über die 350 m schmale Wasserstraße zwischen Ostsee und Großem Jasmunder Bodden regelmäßig Schiffe verkehrten. Wahrscheinlich aber ist die Verbindung Wittows mit Zentralrügen über Wasser erheblich älter.

Malerische Alleen ziehen sich zwischen Rapsfeldern dahin

1896 wurde die Fähre trajekt-fähig, heißt: Sie beförderte auch die Kleinbahn, wodurch die Zuganbindung von Altenkirchen an Bergen ermöglicht wurde.

Die Bahnlinie wurde zwar bereits vor Jahrzehnten eingestellt, die Wittower Fähre jedoch, natürlich inzwischen ein moderneres Exemplar, setzt noch immer über. Bis heute ist sie einer der wenigen Fährbetriebe in Deutschland mit großer infrastruktureller Bedeutung, denn auf dem Weg nach Stralsund oder nach Bergen spart man sich dank der Fähre den langen Umweg über Jasmund.

● *Verbindung* Die Fähre verkehrt ganzjährig von morgens 5.50 Uhr (ab Nordseite) bis 20 Uhr (ab Südseite), Mai bis Aug. bis 21 Uhr, Nov. bis März bis 19 Uhr. Pkw (inkl. Fahrer) 4 €, jede weitere Person 1,20 €, Motorrad 3 €, Fahrrad 1,20 €, Kinder (4–11 J.) 0,80 €, Auskunft Wittower Fähre ✆ 0172-7526838.

Achtung: Laut Leserberichten kann es im Sommer zu Wartezeiten von bis zu einer Stunde kommen!

Sollte es tatsächlich jemanden zu Fuß hierher verschlagen haben: Von der anderen Seite fährt ein Bus frühmorgens 1-mal direkt und nachmittags 4-mal via Schaprode nach Bergen.

● *Sporthafen* kleiner Wasserwander-Rastplatz mit elf Liegeplätzen bei 1,6 m Tiefe, ✆ 038309-1209.

● *Übernachten/Essen* **Restaurant/Pension Zur Wittower Fähre**, das Gasthaus befindet sich seit 1991 im ehemaligen Lokschuppen der Kleinbahn, gemütliche Gaststätte mit Kamin. DZ mit Boddenblick und Balkon ab 70 €, ohne Seeblick 62 €, EZ 45 €, Hund 5 € (kleiner Hund 2,50 €!), für Gäste auch Fahrradverleih (5 € pro Tag) und Bootverleih (20 € ohne und 40 € mit Motor, jeweils pro Tag). 18556 Wittower Fähre Nr. 9, ✆ 03891-70334, ✉ 03891-70577, www.pension-wittow.de.

Wittow
Karte S. 212

▸ **Dranske**: Einstmals war Dranske (heute ca. 1200 Einwohner) eine muntere Kleinstadt, die vom Marinestützpunkt der NVA auf dem Bug lebte. Nicht unbedingt reich, aber recht lebendig. Es gab sogar zwei Schulen in Dranske. Heute würde man wohl kaum noch das Lehrerzimmer mit Schülern füllen können. Die meisten der Plattenhochhäuser sind abgerissen, zwischen den verbliebenen klafft brachliegendes Land, das sich selbst renaturiert. Zwischenzeitlich gab es große Pläne. Auf dem ehemaligen NVA-Gelände sollte ein Hotelkomplex entstehen, aber es passierte nichts. Ob sich der Investor im deutschen Paragrafendschungel verheddert oder, wie ziemlich offen gemunkelt wird, nur die Subventionen abgegriffen hat, ist letztlich gleich. Heute hört man auf Nachfrage in Dranske nur: Da wird nix gebaut, das ist ja das Problem. Aber natürlich gibt es auch hier Ausnahmen, soll heißen Lichtblicke, wie z. B. die sympathische und prosperierende Surfschule am Hafen (boddenseits) oder das nette, kleine Caravancamp an der Ostseeseite.

- *Information* **Fremdenverkehrsamt Dranske**, Mo–Fr 8.30–12 und 13–17 Uhr, Sa 9–12 Uhr. In der Dorfmitte in einem reetgedeckten Klinkerhaus. Freundlich und hilfsbereit. Karl-Liebknecht-Str. 41, 18556 Dranske, ☎ 038391-89007, www.gemeinde-dranske.de.

- *Verbindungen* Die **Busse** der **Linie 13** verbinden stündl. (Sa/So alle zwei Stunden) Sassnitz via Altenkirchen und Wiek mit Dranske (von Bergen aus mit der **Linie 12** nach Sagard und dort umsteigen, nur 2-mal tägl. weiter bis Dranske).

- *Übernachten/Camping* Das Hostel **No-Hotel** ist der Surf- und Segelschule *UST Rügen* angeschlossen, → unten. **Caravancamp Ostseeblick**, schöner Platz mit Blick auf Hiddensee an der Ostseeseite von Dranske, direkt am Strand, 60 Stellplätze für WoMos, aber nur wenige Zeltplätze, diese liegen dafür sehr geschützt. Neue Sanitäranlagen, Minimarkt in der Rezeption (kleines Backsteinhaus auf der anderen Straßenseite). April bis Okt. geöffnet. Erw. 5,50 €, Kinder 6–16 J. 2,20 €, Hund 2 €, Strom 2 €, Wohnmobil 6,70 €, Wohnwagen 5 €, Zelt 5 €, Pkw 1,70 €. Seestr. 39 a, 18556 Dranske, ☎ 038391-8196, ☏ 038391-89253, www.caravancamp-ostseeblick.de.

- *Essen & Trinken* **Zum Anker**, ein weiterer Lichtblick im eher tristen Dranske, beliebte Gaststätte an der Durchgangsstraße, auf der Karte natürlich viel Fisch, eigene Fischräucherei, nicht teuer. Tägl. ab 17 Uhr geöffnet (warme Küche bis 21 Uhr), Mo Ruhetag. Karl-Liebknecht-Str. 14, ☎ 038391-89827.

- *Baden* an der Ostseeküste, beim Camping oder südlich von Dranske an der Landenge zum Bug, Sandstrand, nicht immer sauber.

- *Sport* **UST Rügen**, sympathische Surf- und Segelschule mitten in Dranske mit reichhaltigem Angebot, z. B. Windsurfen (Einstiegskurs/6 Std. 89 €, Grundkurs/12 Std. 139 €), Katamaran (Einführungskurs/12 Std. 199 €, für segelerfahrene Umsteiger 3-Std.-Kurs 109 €), Jollensegeln (Einstiegskurs/7 Std. 90 €, Grundkurs/14 Std. 175 €) und Kitesurfen (Einführungskurs/4 Std. 109 €, Einstiegskurs/8 Std. 199 €); auch Radtouren und Segeltörns; Materialverleih: Windsurf-Board, Kite samt Board, Jolle und Katamaran; Fahrradverleih (ab 7 €/Tag, auch Tandems). April bis Anfang Okt. geöffnet. Nebenan befindet sich die *Surfbar*. Unterbringung ist im jugendherbergs-artigen **NoHotel** (DZ ab 45 €, ☎ 038391-439757) möglich. Am Ufer 14, 18556 Dranske, ☎ 038391-89898, www.ustruegen.de.

▶ **Der Bug:** Südlich von Dranske befindet sich der ca. 9 km lange Haken, dessen südliche Spitze Teil des Nationalparks Vorpommersche Boddenlandschaft ist (Schutzzone I, heißt: unbefugtes Betreten verboten). An der schmalsten Stelle der Landzunge, die sich in einem sanften Bogen in Richtung Hiddensee zieht, passt neben den Deich gerade noch die Straße, die zum ehemaligen Militärkomplex führt. Der Bug wurde schon früh militärisch genutzt: Hier war zuerst die kaiserliche Marine stationiert, dann ein Fliegerhorst unter den Nationalsozialisten und schließlich wieder die Marine der NVA. Die friedliche Nutzung des Geländes als Hotelkomplex war zwar geplant, wurde aber nie realisiert. Heute ist der Haken der Flora und Fauna vorbehalten.

- *Geführte Wanderung* über die Südspitze des Bugs mit kundiger Führung, April bis Okt. Di und Sa jeweils um 9.30 Uhr, im Juli/Aug. auch Dämmerungswanderung (Do 19.30 Uhr bzw. 19 Uhr), Dauer etwa 3 Std., Mindestteilnehmerzahl 4 Pers., Erw. 5 €, Kinder 2,50 €, Anfahrt mit dem eigenen Pkw/Fahrrad bis zur Schranke am ehemaligen Militärgelände. Anmeldung über das Touristbüro in Dranske, ☎ 038391-8730.

Ein friedliches Plätzchen findet sich überall entlang der Boddenküste

Rügens Westen

Weites Land auf Rügen – kerzengerade Alleen, die sich durch schier endlose Felder ziehen. Hin und wieder ragt ein backsteinroter Kirchturm aus der Landschaft und kündigt das nächste Dorf an.

In Rügens Westen geht es ruhig zu. Die sanftwellige, vor Urzeiten von Gletschern flach geschliffene Moränenlandschaft ist eine landwirtschaftlich geprägte Gegend, in der produziert wird, was der Boden hergibt. Sensationen und Sehenswürdigkeiten sucht man vergeblich (die Ausnahme von der Regel: ein Vergnügungspark in Gingst, der gerade dadurch schon wieder an Charme gewinnt, weil er so deplatziert wirkt), aber es ist gerade der Mangel an geographischen und touristischen Höhepunkten, der den Reiz des Westens ausmacht. Hier und da drängen sich kleine Weiler an die Ränder der Landstraßen, andere liegen abgeschieden zwischen den Feldern. Zuweilen durchbricht ein Waldstreifen die Weite oder ein von undurchdringlichem Gestrüpp geschütztes Hügelgrab hebt sich vom Ackerland ein wenig ab. Doch auch hier im Kernland Rügens ist das Meer nie fern, es sind nie mehr als sieben Kilometer bis zum nächsten Brack- oder Salzwasserufer. Wo das Land im Schilfgürtel endet und wo das stille Meer genau beginnt, lässt sich entlang der vielgliedrigen, oft unzugänglichen Boddenküste nicht immer genau erkennen.

Früher nannte der Volksmund das Kernstück der Insel Rügen übrigens *Muttland*. „Mutten", so heißt es, war das gängige Wort für Säue, wodurch die Bezeichnung der Bewohner dieses Teils der Insel als *Muttländer* wenig schmeichelhaft erscheint.

Das stille Zentrum des „Muttlands" ist Gingst. Viele Reisende kennen die Gemeinde nur von der Durchfahrt, denn hier treffen sich die Hauptrouten, die durch den westlichen Teil Rügens führen: die Nord-Süd-Achse verläuft von Samtens (und damit aus Richtung Stralsund) zur Wittower Fähre oder nach Schaprode (dem Fährhafen nach Hiddensee). Die West-Ost-Achse verbindet Bergen mit Ummanz, der stillen Insel im Westen.

Gingst

ca. 1400 Einwohner

In dem ehemaligen Handwerkerzentrum dominiert heute Kleinstadtflair. Von der alten Bausubstanz blieb zwar das ein oder andere Gebäude erhalten, doch in erster Linie dient der Ort als Versorgungszentrum des Inselwestens.

Um den Marktplatz findet sich alles, was man in einer kleinen Marktgemeinde so braucht: Lebensmittelgeschäft und Apotheke, Blumen- und Bücherladen, die Post und der Dorfkrug. Und natürlich steht auch die Kirche am Marktplatz, wenngleich sie sich nicht ganz symmetrisch in das Ortsbild einfügt, sondern halbrechts versetzt liegt.

Die *Jacobikirche*, ein (wie sollte es auch anders sein) Backsteinbau, fällt zu allererst durch ihren klobigen Turm auf. Die Kirche entstand um 1300 und wurde seither mehrfach erweitert und nach Schäden umgebaut, zuletzt im 18. Jh., als im Innern die Stuckdecke und (das Prachtstück des Gotteshauses) die meisterhaft gearbeitete Orgel (um 1790) hinzugefügt wurden. Außen an der Kirche befindet sich eine mittelalterliche Mordwange (es heißt, ein junger Adliger hätte sie stiften müssen, nachdem er im Rausch den Pastor mit einem Bierkrug erschlagen hatte), die allerdings im 18. Jh. zur Grabplatte umfunktioniert wurde.

Gingst war vormals ein wichtiges Handwerkszentrum und Sitz der Vogtei. Zahlreiche Handwerker hatten hier ihre Werkstätten: Schneider, Schuster und Sattelmacher, Böttcher, Tischler und Schmiede; vor allem die Damastweber der Gemeinde machten sich über die Insel hinaus einen Namen. Heute erinnert das gelungene Museum *Historische Handwerkerstuben* an diese Zeit.

Der Name des Ortes, erstmals nahezu unaussprechlich als *Gynxt* erwähnt (1232), geht auf das Wort *jiniste* zurück, das im alten pommerschen Dialekt in etwa *Raureif* heißt; klingt poetisch, war aber wahrscheinlich nur ein Hinweis auf kalte Winter.

● *Information* **Tourismusverein Westrügen,** im Museum in Gingst ist eine Infostube untergebracht. Karl-Marx-Str. 19, 18569 Gingst, ✆/✉ 038305-535862, www.westruegen.net.

● *Verbindungen* **Linie 35** verbindet werktags etwa stündlich Bergen mit Schaprode via Gingst (Achtung, der Bus hält am Wochenende nur in Kluis, nicht in Gingst!); **Linie 38** fährt mehrmals tägl. von Bergen über Gingst nach Waase (und zurück) und **Linie 41** von und nach *Samtens* (hier Anbindung nach Stralsund) sowie 1-mal an Werktagen (morgens) durchgehend nach *Stralsund.*

● *Übernachten/Essen in der Umgebung* **Pension/Restaurant Alte Schule,** rustikales Restaurant im ehemaligen Landschulgebäude, auf den Tisch kommen regionale Produkte (natürlich auch Fisch). stilvoll rustikale DZ mit Frühstück ab 75 €, ganzjährig geöffnet. In Gagern, 3 km nordöstlich von Gingst (hinter Kluis). Hausnr. 5, 18569 Trent, OT Gagern, ✆/✉ 038305-366, www.alte-schule-gagern.de.

Boldevitzer Rügenkaten und Herrenhaus, inmitten eines großen Parks samt (Bade-) Teich stehen in einem Herrenhaus und den ehemaligen Gesindehäusern Ferienwohnungen zur Verfügung, alle frisch renoviert. Außerdem Tennis, Fahrradverleih, Reithalle und Reitausflüge. Ferienwohnungen 70–120 €. Knapp 5 km östlich von Gingst (Richtung Bergen). Brunnenhaus, 18569 Trent, OT Boldevitz, ✆ 03838-313976, ✉ 03838-313621, www.ruegenkaten.de.

Museumscafé, *unser Tipp!* Gemütliches und freundliches Café in den Historischen Handwerkerstuben. Besonders schön sitzt man im Sommer draußen im Schatten der Bäume und inmitten des an sich schon sehenswerten Gebäudeensembles. Ideal für ein kleines Päuschen bei Café und (selbst gebackenem) Kuchen. Geöffnet, wenn das Museum geöffnet ist. ✆ 038305-304.

Wohnmobilstellplatz am südlichen Ortseingang.

Historische Handwerkerstuben: In dem hübschen Hof mit seinen reetgedeckten Backsteinhäusern sind nicht nur Ausstellungen zur Alltagswelt und zum histori-

Der Herrensitz von Boldevitz

schen Handwerk untergebracht. In der Museumsscheune befindet sich zudem ein netter Laden, in dem Kunsthandwerk, Textilien, Seifen, Sanddorn, Bücher u. Ä. angeboten werden, sowie ein gemütliches Café (→ oben). Der Rundgang beginnt im Haus neben der Straße (sollte hier niemand sein, hinten im Café fragen). Zu sehen sind Gerätschaften und Arbeitsbedingungen von Handwerkern um 1900, u. a. von Schuhmachern und Weißnäherinnen, Friseuren und Schneidern (Achtung: niedrige Decken und Türstöcke). Außerdem informieren Schautafeln über die Ortsgeschichte. Zuweilen werden in den Gebäuden Sonderausstellungen präsentiert. Eine kleine Kuriosität steht im Innenhof: ein Schäferwagen, eine Art historischer Caravan, der allerdings nicht für den Urlaub konzipiert war, sondern sehr karg ausgestattet dazu diente, den Schäfern auf den Weiden vor Wind und Wetter Schutz zu bieten.

Juni bis Aug. tägl. 10–17 Uhr, Mai und Sept. Mo–Sa 10–17 Uhr, Okt. Mo–Sa 10–16 Uhr, Nov. bis April Mo–Fr 10–16 Uhr. Eintritt 2 €, erm. 1,50 €, Kinder unter 6 J. frei, Familien 5 €. 18569 Gingst, ℡ 038305-304, www. historische-handwerkerstuben-gingst.de.

Rügenpark: Die weite Welt auf Rügen – en miniature. Im Vergnügungspark für Kinder, eine Mischung aus Legoland und Abenteuerspielplatz, kann man mal eben von Pisas schiefem Turm zum Leuchtturm von Kap Arkona spazieren und auf dem Weg auch noch Notre Dame und die Freiheitsstatue besichtigen. Zahlreiche Modelle tummeln sich auf 40.000 qm, außerdem komplett nachgebaut die Insel Rügen. Wem ein Spaziergang durch so viele Sehenswürdigkeiten zu anstrengend ist, nimmt die kleine Parkbahn und lässt die architektonischen Glanzleistungen der Welt gemütlich an sich vorbeiziehen. Damit aber nicht genug der Attraktionen: Außerdem gibt es Nautic-Jets und Riesenrutsche, Hüpfburgen, Butterfly, Pferdereitbahn, Streichelzoo und, und, und...

April bis Juni Di–So 10–18 Uhr, Juli/Aug. tägl. 10–19 Uhr, Sept. bis Nov. Di–So 10–17 Uhr. Eintritt 8,50 €, Kinder (Preis wird nach Körpergröße bemessen) 1,50–6,50 € (bis 3 J. frei, egal, wie groß), erm. 6,50 €. Am Marktplatz die Straße Richtung Westen nehmen. Mühlenstr. 22 b, 18569 Gingst, ℡ 038305-55055, www.ruegenpark.de.

Halbinsel Lieschow

Die Gemeinde Ummanz umfasst die Halbinsel Lieschow und die mittels Brücke angebundene Insel Ummanz. Die Häuser des Ortes *Lieschow* liegen im Süden der gleichnamigen Halbinsel weit verstreut und abgeschieden entlang der Landstraße, die von der Verbindungsstraße Gingst–Ummanz nach Süden abzweigt. In der ländlichen Einsamkeit haben sich ein paar interessante Anlaufpunkte etabliert, die alle mehr oder weniger mit der agrarischen Ausrichtung der Gegend zusammenhängen: Urlaub auf dem Bauernhof, Streichelzoo, Heuhotel, verschiedene Hofläden und nicht zuletzt die Erste Rügener Edeldestillerie.

• *Übernachten/Essen* **Landgasthof Kiebitzort**, an der Südspitze der Halbinsel Lieschow befindet sich die ockergelbe Anlage, herrlich ruhig und abgeschieden, umgeben von einem weitläufigen Garten. Dazu gehört ein gemütliches Restaurant (Hauptgerichte 12–17 €), im Sommer sitzt man herrlich im Biergarten. Das Restaurant ist nur abends ab 18 Uhr geöffnet, Mi Ruhetag. DZ 76 €, mit Terrasse 86 €, EZ (mit Balkon) 53 €, jeweils einschließlich Frühstück. Außerdem stehen kleine Garten-Ferienhäuschen zur Verfügung (76 €/Tag für 2 Pers., jede weitere Pers. 25 €), Hunde in den Ferienwohnungen willkommen. Nov. bis April geschlossen. 18569 Lieschow/Ummanz, ☎ 038305-55166, 🖳 038305-55188, www.kiebitzort-ruegen.de.

• *Einkaufen/Urlaub auf dem Bauernhof* **Bauer Lange**, eine Institution auf Rügen: Im Hofladen gibt es von der Kartoffel bis zum Souvenir alles, was das Land hergibt (tägl. von 9–18 Uhr, im Winter eingeschränkt, zuletzt nur Mi und Sa 9–17 Uhr); die große Scheune ist ein bäuerliches Bistro/Self-Service-Restaurant, in dem die Speisekarte noch der jeweiligen Saison entspricht, und auf dem Hof grunzt und gackert, mümmelt und miaut, bellt und wiehert allerlei Viehzeug wie in einem großen Streichelzoo. Diverse Veranstaltungen (u. a. Ostermarkt, Grillmeisterschaft, Kartoffelfeuer, Dumperrennen) und vor dem Hof ein riesiges Maislabyrinth. Auch Ferienwohnungen (ab 55 €/Tag für 2 Pers., zusätzliches Bett 6 €, ab 75 €/Tag für 4 Pers.), sowie ein Heuhotel. Auf der Straße von Gingst nach Waase links ab zum OT Lieschow, nach etwa 1 km fährt man direkt auf den Hof zu. Hof Nr. 37, 18569 Lieschow/Ummanz, ☎ 038305-55117, 🖳 038305-55151, www.bauer-lange.de.

Bauernhof Kliewe, großer Hofladen (Wurstwaren, Marmelade, Sanddornprodukte etc., Mo–Sa 9–18 Uhr) und Café/Restaurant mit Wintergarten, Terrasse und Spielecke für Kinder. Auf dem Hof Sauna und Solarium, außerdem Reitunterricht, Ponyreiten und Ausritte, Streichelzoo und Spielplatz. Kurz nach der Abzweigung nach Lieschow (und vor dem Weiler Mursewiek) führt rechts die Auffahrt zum Hof. Auch Ferienwohnungen (ab 99 €/Tag für 3–4 Pers.). Dorfstr. 1, 18569 Mursewiek/Ummanz, ☎ 038305-8130, www.bauernhof-kliewe.de.

Erste Rügener Edeldestillerie, hier erfährt man nicht nur allerhand Wissenswertes über heimische Obstsorten und deren Veredelung zu Hochprozentigem, vor allem kann man die edlen Bio-Destillate natürlich auch erwerben: Brände gibt es vom Apfel über die Birne und bis zur Zwetschge, dabei werden traditionelle Apfel- und Obstsorten ebenso veredelt wie die fast in Vergessenheit geratenen Sorten, z. B. die Reneklode. Außerdem gibt es diverse Liköre und (natürlich) einen ausgezeichneten Sanddorngeist. Meist tägl. etwa 10–18 Uhr geöffnet (wenn zu diesen Zeiten geschlossen: anrufen!), Destillerie-Besichtigung nach Absprache. Freistehendes Gehöft an der Landstraße auf halbem Weg vom Lange-Hof zum Südende von Lieschow. Haus Nr. 17, 18569 Lieschow/Ummanz, ☎ 038305-55300, www.edeldestillerie.de.

Insel Ummanz und Waase

Die Insel Ummanz schmiegt sich eng an die Westküste des Rügenschen Kernlandes. Kraniche staksen während ihres Stop-overs über die Feuchtwiesen, Kornfelder werden von Entwässerungskanälen begrenzt, Schafe weiden auf den Dämmen. Still ist es hier – und flach.

Die etwa 18 qkm der Insel Ummanz ragen kaum mehr als 3 m aus dem Meer heraus, manche sumpfige Wiese befindet sich sogar ein Stück unter dem Meeresspiegel. Dass der Bodden sich nicht über die von Schilf zerfranste Küste hermacht, wird von langen Deichen verhindert, die sich fast um die ganze Insel herumziehen. Die Stille, die zwischen den Deichen herrscht, wird nur vom Wind gestört oder von den Vögeln, die auf Ummanz ein unbeschädigtes Naturparadies vorfinden. Scharen von Zugvögeln wie z. B. der *Graue Kranich* nutzen die Insel im Frühjahr und im Herbst als Rastplatz, während sie für sesshaftere Vögel auch als Brutplatz dient.

1901 rückte Ummanz ein gutes Stück näher an die große Schwester heran, denn seither erstreckt sich eine 250 m lange Brücke über die schmale Wasserstraße, die die Halbinsel Lieschow von Ummanz trennt. Direkt am Brückenende liegt *Waase,* die einzige dorfähnliche Siedlung der Insel. Hier befindet sich auch die einzige kulturhistorische Sehenswürdigkeit. In der für sich schon sehenswerten *Marienkirche* steht ein außergewöhnlicher gotischer Flügelalter. Die filigranen Schnitzereien des kostbaren Altars aus Eichenholz stammen aus Antwerpen und gelangten via Stralsund 1708 nach Waase. Seit der Mitte des 15. Jh. gehörte Ummanz nämlich dem Heilgeistkloster der Hansestadt Stralsund, das die Kirche um 1440 errichten ließ. Auch die Malereien im Chor stammen aus dem 15. Jh.

Marienkirche, in der Saison Mo 12–14 Uhr, Di–Fr 11–15 Uhr, Sa/So 14–15 Uhr.

Neben Waase verteilen sich nur noch wenige kleine Weiler über die Insel. Ganz im Süden befindet sich das denkmalgeschützte *Freesenort* mit seinen Reetdachhäusern und an der Westküste *Suhrendorf*, die „Ausnahme von der Regel". Hier nämlich säumt schilffreier Strand die Küste, die Insel erhebt sich bis zu 7 m aus dem Bodden und richtig ruhig ist es im Sommer auch nicht, dank des Campingplatzes mit angeschlossenem großem Wassersportangebot. Ganz anders (und Ummanz-typischer) geht es am anderen Ende der In-

Die Marienkirche auf Ummanz

Am kleinen Hafen von Waase auf Ummanz

sel zu: Bei *Tankow* herrscht absolute Stille, denn hier steht nur ein einziges Gehöft, umgeben von der geschützten Boddenlandschaft in herrlicher Ruhe. Nahebei befindet sich eine Vogel-Beobachtungshütte, die natürlich vor allem genutzt wird, wenn sich die Zugvögel zur Rast in den sumpfigen Wiesen niederlassen.

• *Information* **Ummanz-Information**, Insel-Info in der Alten Küsterei, ein schönes, reetgedecktes Fachwerk-Backsteinhaus, unregelmäßige Öffnungszeiten, zuletzt zur Saison Mo/Di/Do 9–12 Uhr, Di/Do auch 13–17 Uhr. Nebenan befindet sich eine Nationalpark-Ausstellung (Mai bis Okt. tägl. 10–16 Uhr). Neue Straße 63, 18569 Waase/Ummanz, ✆ 038305-53481.

• *Verbindungen* **Buslinie 38** verbindet werktags mehrmals tägl. *Gingst* mit Waase (am Wochenende nur 2-mal tägl.).

• *Übernachten/Essen* **Pension/Restaurant Holzerland**, direkt an der Brücke, demnach das „erste Haus" auf Ummanz, rustikale Kneipe/Restaurant, vor allem Fisch im Angebot, die Terrasse liegt nicht gerade idyllisch an der kleinen Anlegestelle, aber man hat einen schönen Blick auf die schmale Wasserstraße und ein Stück Westrügen. Eigene Fischräucherei (mit Verkauf). DZ mit Frühstück ab 55 €, EZ 35 €, Dreibett-Zimmer 80 €. Am Focker Strom 17, 18569 Ummanz, ✆ 038305-8159, ✆ 038305-60040, www.ruegen-ummanz.de.

Haidehof, die freundliche Pension samt Restaurant befindet sich mitten auf Ummanz, also abseits und in herrlicher Alleinlage, aber dennoch nicht weit vom Strand entfernt. In der Küche des Restaurants werden regionale Produkte verarbeitet. Mit Fahrradverleih (6,50 €/Tag). DZ 64 €, EZ 44 €, inkl. Frühstück. Haide 15, 18569 Ummanz, ✆ 038305-55360, ✆ 038305-55359, www.haide-hof.de.

Ostseekaffee – Rügener Kaffeerösterei, in der ehemaligen Pfarrscheune, freundliches Café mit schönem Garten, köstlicher, selbst gebackener Kuchen. Beim Kaffeerösten kann man nicht auch nur zusehen und sich über die Kaffeeherstellung informieren, die Hausröstung kann man natürlich auch probieren. Zudem gibt es einen kleinen Laden, in dem man neben Kaffee auch Schokolade, Pralinen und die unvermeidlichen Sanddornprodukte erwerben kann. Die Pfarrscheune befindet sich ganz in der Nähe des Hafens von Waase, zur Saison Di–So ab 10 Uhr geöffnet (in Hochsaison gibt es Frühstück ab 8 Uhr, im Winter ab 11 Uhr). Am Fockerstrom 1.

Rügens Westen

Karte S. 230

Richtig was los im Kite-Revier bei Suhrendorf

• *Camping* **Ostseecamp Suhrendorf**, großer, gut organisierter Camping- und Caravanplatz direkt am Wasser, Gaststätte, Kiosk, Minigolfplatz, Volleyball etc., vor allem aber das Wassersportangebot: Surfschule und -verleih (siehe unten), Kanu- und Bootsverleih etc. (Tageskarte für Surfer 4,50 €). Zeltplatz je nach Größe 12,50–21 €, Erw. 6 €, Kinder 3–15 J. 3,20 €, Hund 3,20 €, nicht parzellierte Plätze (ohne Strom) 5–9 €, Pkw 2,50 €, in der Neben- und Vorsaison deutlich günstiger, ganzjährig geöffnet, Öffnungszeiten der Rezeption im Sommer 8–22 Uhr (Mittagsruhe 13–15 Uhr), im Winter nur vormittags. Suhrendorf 4, 18569 Ummanz, ☎ 038305-82234, ☏ 038305-8165, www.ostseecamp-suhrendorf.de.

• *Fahrradverleih* an der Hauptstraße, Fahrräder 6 €/Tag, Kinderräder 4 €/Tag, auch Anhänger, in der Saison tägl. geöffnet. Neue Straße 67 ☎ 038305-55114.

• *Sporthafen* kleiner Hafen am Focker Strom mit einer Hand voll Liegeplätze (1,6 m Tiefe), ☎ 038305-8159.

• *Sport* **Windsurfing Rügen**, Surfschule am Ostseecamp und Surfhostel etwas weiter nördlich, Windsurf- und Kite-Unterricht, auch Materialverleih. Im Hostel 2- und 4-Bett-Zimmer (16 €/Pers. im Mehrbettzimmer und 22 €/Pers. im DZ, Verpflegung möglich), Bar, Lounge, Veranstaltungen. Windsurfing Rügen (Surfschule), Ostseecamp, Suhrendorf 4, 18569 Ummanz, ☎ 038305-82240. Surfhostel, Suhrendorf 8, 18569 Ummanz, ☎ 038305-55018, www.surfen-auf-ruegen.de. **Reiten**, Haflingerzucht Ummanz, Reiten und Reitunterricht, Kutschfahrten (auch Tagestouren) und im Winter Doktor-Schiwago-taugliche Pferdeschlittenfahrten. Am Focker Strom 11, ☎ 038305-55604 oder 0172-3015619 (mobil).

Nordöstlich von Gingst

Entlang des Westufers des Großen Jasmunder Boddens bis ins Hinterland bei Bergen, Gingst und Trent erstreckt sich stille Landidylle. Enge Straßen, teils kaum besser befestigt als Feldwege, verbinden die kleinen Dörfer und vereinzelten Höfe untereinander und mit der Außenwelt. Durch die Felder ziehen sich Entwässerungsgräben, und wo diese nicht hinreichen, befindet sich unbebaubares Feuchtgebiet. Gelegentlich trifft man auf einstmals herrschaftliche Gutshäuser, heute entweder verfallen oder frisch renoviert und zu einem abgeschiedenen Hotel, Restaurant oder Gestüt umfunktioniert.

Im Nordosten liegt an der Binnenküste der berühmte Festspielort *Ralswiek* und in dessen Rücken das Dorf *Patzig* mit dem Hügelgräberfeld *Woorker Berge* (→ *Nörd-*

lich von Bergen, S. 109). Jenseits davon wird es ruhig und einsam. Knapp 10 km nordwestlich der beiden Orte liegt *Rappin*, ein hübsches Dorf, das genauso unverfälscht ist wie bar jeder touristischen Infrastruktur. In Rappin steht umgeben vom Friedhof die sehenswerte *Andreaskirche*, deren ältesten Teile um 1300 entstanden sind. Bemerkenswert ist vor allem der freistehende hölzerne Glockenturm von 1635.

Andreaskirche, die Kirche ist nur während des Gottesdienstes geöffnet (alle zwei Wochen im Wechsel mit Neuenkirchen, Termine nach Aushang), man kann aber einen Blick durch das Gittertor werfen, die schwere Pforte ist meist offen (kräftig ziehen). Anfragen an den Gemeindepädagogen in Neuenkirchen per e-Mail: neuenkirchen@kirchenkreis-stralsund.de.

Rappin liegt zu Füßen der *Banzelvitzer Berge:* Der lang gestreckte, bewaldete Hügel erhebt sich auf immerhin 45 m über dem Bodden. Hier befinden sich auch ein schöner Strand und ein Campingplatz. Im Norden mündet der Hügel in eine schmale Landenge, die zum Liddower Haken führt. Die Halbinsel bzw. der *Tetzitzer See*, den der Haken vom Jasmunder Bodden trennt, wird von nahezu unberührter Boddenküste gesäumt. Küste, See und Halbinsel sind überwiegend als Naturschutzgebiet ausgewiesen. Der *Liddower Haken* und das Guthaus Liddow sind einer treuen Fangemeinde sehr vertraut: Das alte Gutshaus fungierte vor einigen Jahren als Fernseh-Heimat des Seehundes Robbie, Held der beliebten ZDF-Vorabendserie *Hallo Robbie.*

In dem kleinen, ruhigen Ort *Neuenkirchen* thront auf einem Hügel die Kirche *Maria Magdalena*. Die Findlinge, die in die Wände der Kirche eingebaut sind, stammen möglicherweise noch vom Vorgängerbau, der 1308 erstmals erwähnt wurde. Der Backsteinbau selbst mit seinem tief hinuntergezogenen Kreuzrippengewölbe entstand im 15. Jh. Seit der Dachturm 1650 von einem Sturm heruntergerissen wurde, kommt die Kirche, in der sich die älteste Glocke Rügens befindet (1367), ohne Glockenturm aus.

Auch diese Kirche ist nur während des Gottesdienstes geöffnet (alle zwei Wochen im Wechsel mit Rappin, Termine nach Aushang). Den Gemeindepädagogen in Neuenkirchen erreicht man per e-Mail: neuenkirchen @kirchenkreis-stralsund.de.

Nördlich von Neuenkirchen schieben sich die *Moritzhagener Berge* vor die Halbinsel *Lebbin*. Die höchste Erhebung des lang gezogenen Hügels ist mit 44 m der *Hoch Hilgor*. Auf ihm befindet sich der hölzerne *Grümbke-Turm.* Von dem 16 m hohen Aussichtsturm hat man allerdings nur begrenzt gute Sicht, da die Baumkronen bereits deutlich ins Blickfeld hineingewachsen sind. Sollte der Turm nicht frei geschnitten werden (und sich von weitem sichtbar über die Baumwipfel erheben), lohnt der Aufstieg nur noch zum Aufbau von Ober-

Landidyll Rappin

schenkelmuskulatur. Die Straße, die von Neuenkirchen über den Hügel und quer über die Halbinsel führt, endet in dem kleinen Weiler *Vieregge* an einer verfallenen Landestelle.

● *Verbindungen* **Bus**, die **Linie 37** fährt wochentags ein paar Mal von *Bergen* über die Dörfer, am Wochenende nicht.

● *Übernachten/Essen* ****** Gut Tribbevitz**, Hotel und Restaurant, mit Gestüt und Reithalle, mitten im Nirgendwo steht das prächtige gelbe Herrenhaus mit seinen zinnengekrönten Giebeln. Auch ein Trakehnergestüt ist im Gut untergebracht (Pferdepension möglich). Im Sommer auch mit gehobenem Restaurant (auch vegetarische Menüs). Großzügige DZ 110–140 €, EZ ab 80 €, jeweils einschließlich Frühstück und Fitnessangebot, Zustellbetten möglich, Hund 10 €, auch Fahrradverleih (7 €/Tag). Ca. 3 km südlich von Neuenkirchen, Anfahrt am besten über Neuenkirchen (bzw. bei Neuendorf rechts ab), die „Straße" von Rappin gestaltet sich recht ruppig. Gut Tribbevitz, 18569 Neuenkirchen, ✆ 038309-7080, www.gut-tribbevitz.de.

Wirtshaus Neuenkirchen, nicht zu verfehlen, durch das Dorf hindurch Richtung Lebbin, dann auf der linken Seite, traditionsreiches Gasthaus, gutbürgerliche Küche, im Sommer schöner Garten, auch Fremdenzimmer. DZ ab 60 € inkl. Frühstück. Dorfstr. 12, 18569 Neuenkirchen, ✆ 038309-70360, ✆ 038309-70361, www.wirtshausneuenkirchen.com.

● *Camping* **Banzelvitzer Berge**, einer der schönsten Wald- und Wiesencampingplätze auf Rügen, weitläufig, geradezu „verwinkelt", viele Plätze auf weichem Waldboden und mit viel Schatten, gepflegte Sanitäreinrichtungen. Der Campingplatz befindet sich weit ab vom Schuss, etwas auf der Höhe am Südausläufer eines Hügels gelegen und dadurch mit herrlichem Blick auf den Großen Jasmunder Bodden, mit Gaststube (*Zum Kuckkuck*), kleinem Laden und Fahrradverleih. Freundliche Platzleitung. Anfahrt: von der Straße zwischen Trent und Bergen nach Rappin abbiegen und durch das kleine Dorf hindurch noch 1 km zu den Banzelvitzer Bergen. Geöffnet März bis Okt. Vom kleinen Stellplatz (2 Erw. und Zelt) 10,50 € bis zum großen Stellplatz (Pkw, Caravan, 2 Erw., 1 Kind) 19,50 €. Weitere Erw. 5 €, Kinder 4–11 J. 2,50 €, Hund 2,50 €, Pkw 1,50 €, Strom 2 €, auch kleine, hölzerne Ferienhäuser (75 € für 2 Pers., 95–105 € für 4 Pers.). 18528 Groß Banzelvitz, ✆ 03838-31248, ✆ 03838-31260, www.banzelvitzer-berge.de.

● *Baden* schönes, sandiges Boddenufer hinter den Banzelvitzer Bergen (beim Camping).

Trent

Inmitten der Felder liegt dieses kleine Dorf an der uralten Handelsstraße von Stralsund ans Kap Arkona. Auch heute noch ist Trent eher gut frequentierter Durchgangsort als Reiseziel. Hier gabelt sich der Weg aus Süden: Rechts geht es zur Wittower Fähre (4 km) und links nach Schaprode und dem Fährhafen nach Hiddensee. Einen intensiveren Blick ist lediglich die *Katharinenkirche* wert. Das um 1400 entstandene Kreuzrippengewölbe des Chors stellt die älteste Bausubstanz des Gotteshauses dar und steht ungewöhnlicherweise längs zur Mittelachse, der wuchtige Turm stammt wahrscheinlich aus der Zeit des Umbaus Ende des 15. Jh.

Die Kirche ist tägl. 8–14 Uhr geöffnet, zuletzt auch Sa nachmittags 14–16 Uhr. Ansonsten: Aushänge beachten oder beim Pfarrer in Schaprode nachfragen (✆ 038309-1363).

● *Verbindungen* Die **Buslinie 35** verkehrt werktags fast stündlich zwischen *Bergen* und Schaprode mit Zwischenhalt in Trent, davon im Sommer 6-mal mit Fahrradanhänger, Sa/So 5-mal täglich Verbindungen (davon 3-mal mit Fahrradanhänger).

● *Übernachten* ****** Radisson SAS Hotel Rügen**, an einem der vielen Ränder Rügens liegt diese Hotelanlage direkt am Bodden, mit dem Rücken zum flachen Land wirkt der Gebäudekomplex wie eine Luxus-Wagenburg, das Innere der Anlage wird von edlem Ambiente dominiert. Das Niveau hat natürlich seinen Preis: DZ mit Bad, TV und Frühstücksbuffet ab 150 €, Suiten bis 220 €. Ca. 5 km nordöstlich von Trent, kurz vor dem Fähranleger links. An der Wittower Fähre, Vaschvitz 17, 18569 Trent, ✆ 038309-220, ✆ 038309-22599, www.radissonsas.com.

Etwa 4 km nördlich von Trent befindet sich eine der letzten Fährverbindungen Deutschlands, die tatsächlich noch als alltägliche Verkehrsader fungiert. Zwischen Zentralrügen und der Halbinsel Wittow pendelt die *Wittower Fähre* über die Meerenge zwischen *Breetzer Bodden* und *Rassower Strom*. Man spart sich auf dem Weg von oder nach Süden dank der Fähre immerhin den Umweg über die Halbinsel Jasmund und um den Großen Jasmunder Bodden.

Die **Wittower Fähre** verkehrt ganzjährig von morgens 5.50 Uhr (ab Nordseite) bis 20 Uhr (ab Südseite), Mai bis Aug. eine Stunde länger, Nov. bis März eine Stunde kürzer. Pkw (inkl. Fahrer) 4 €, jede weitere Person 1,20 €, Motorrad 3 €, Fahrrad 1,20 €, Kinder (4–11 J.) 0,80 €. Auskunft Wittower Fähre ℡ 0172- 7526838. *Achtung*: Leser berichteten über lange Wartezeiten (bis 1 Std.) in der Hochsaison!

Auch **Busanbindung**: die **Linie 35** von Bergen nach Schaprode (siehe dort) macht wochentags 4-mal tägl. einen Abstecher zum Fähranleger.

Schaprode

ca. 500 Einwohner

Schaprode ist das Sprungbrett nach Hiddensee, was zur Folge hat, dass das alte Fischerdorf oft einem Parkplatz gleicht. Doch der Ort hat weit mehr zu bieten als nur den Fähranleger.

Das Dorf hat eine lange Tradition als Fischer- und Fährhafen. Fischer gibt es zwar, abgesehen von den Hobbyanglern, die ihr Glück im Schaproder Bodden versuchen, keine mehr, aber als Fährhafen hat Schaprode Karriere gemacht. Ganzjährig legen hier die Schiffe der Weißen Flotte an und pendeln hinüber nach Neuendorf, Vitte und Kloster auf Hiddensee. Dabei gerät zuweilen aus dem Blick, dass das Dorf trotz der zahllosen Durchgangstouristen viel von seinem Charme bewahrt hat.

Nahe am Hafen liegt in einem engen Radius um die Kirche herum der alte Dorfkern. 1168 landeten hier der Dänenfürst *Waldemar I.* und *Absalon von Roskilde* und starteten die Eroberung und Christianisierung Rügens. Im 17. und 18. Jh. kam Schaprode zu Wohlstand, als die heimischen Kapitäne Ostsee, Nordsee und Atlantik besegelten. Aus dieser Zeit stammen die schmucken Kapitänshäuser, die sich von den schilfgedeckten Backsteinhütten der Fischer dadurch unterscheiden, dass der Eingang Letzterer ebenerdig ist, während die Kapitänshäuser etwas höher liegen und eine kleine Treppe zur Tür führt. In die Backsteinfassaden der

Selten nötig: Rohrdach-Reparatur

Die Reformation in Kurzform

Fischerhütten sind zudem Steinplatten eingelassen, auf denen „erbauliche" Sprüche zu lesen sind, so zum Beispiel: „Die erste Pflicht eines Mannes ist, seinen eigenen Unterhalt zu verdienen und sein Vaterland zu verteidigen."

Sehenswert ist die bereits erwähnte *Johanneskirche*. Sie ist nach der Marienkirche in Bergen und der Pfarrkirche von Altenkirchen die drittälteste Kirche Rügens. Vom ersten Bau aus der ersten Hälfte des 13. Jh. ist noch der romanische Chor vorhanden. Das (ehemals dreischiffige) Langhaus entstand im 15. Jh., der Dachturm 1666. Nachdem man die Kirche über zwei alte Grabplatten betreten hat, sind im Inneren vor allem Ausstattungsstücke aus dem 18. Jh. zu sehen, abgesehen von der spätgotischen Triumphkreuzgruppe (um 1500, die farbliche Ausführung aber stammt aus dem 18. Jh.). Bemerkenswert ist das Bekenntnis zum Protestantismus an der Kanzel. Auf ihr sind die Reformatoren Luther und Bugenhagen mit folgendem holprigen Reim abgebildet: „Was Luther an das Licht gebracht / hat Bugenhagen bekandt gemacht".
Zur Saison täglich 10–16 Uhr geöffnet.

Eine Kuriosität befindet sich am Ortseingang Schaprodes: die *Mordwange*. Der Sühnestein stammt aus dem Jahr 1368. Die Reste eines Kreuzreliefs sind noch zu erkennen, nicht mehr aber das Wappen des Mordopfers, dessen mit diesem Stein gedacht werden sollte (alten Fotos zufolge soll es ein Mitglied der Familie von Platen gewesen sein).

● *Verbindungen* **Bus**, unter der Woche fast stündlich mit **Linie 35** von und nach *Bergen*, Sa/So 5-mal tägl., davon 3-mal mit Fahrradanhänger (nur im Sommer). **Fährverbindungen** → unten stehender Kasten.

● *Parken* → unten unter „Die Fähren nach Hiddensee".

● *Übernachten/Essen* **Landgasthof Schafshorn**, in ruhiger, boddennaher Lage im südöstlichen Teil des Ortes (vom Weg aus in zweiter Reihe stehend). Von Mai bis Okt. auch Restaurantbetrieb mit großer Karte (natürlich viel Fisch, aber auch vegetarische Gerichte), Preise okay, außerdem Café mit schöner Terrasse/Wintergarten (in der HS ganztägig geöffnet), Fahrradverleih (6 €/Tag), sehr freundlich. DZ 92 €, EZ 70 €, einschließlich Frühstücksbuffet, Hund 8 €. Streuer Weg 65 a, 18569 Schaprode, ☎ 038309-1313, 📠 038309-1448, www.schafshorn.de.

Die Alte Schule, Erlebnisgastronomie im alten Schulgebäude nahe der Kirche. Der eigenwillige Gastraum (in der ehemaligen sechsten Klasse) sieht aus wie ein kleines Schulmuseum: lehrreiche Schautafeln, alte Klassenbücher, Tafellineal und -zirkel und natürlich eine große Schiefertafel, auf das Tagesmenü steht (keine Sorge: es gibt keine eingepackten Stullen mit Apfel als Pausenbrot, sondern gute pommersche

Küche, und zum Bezahlen muss man auch nicht an die Tafel vortreten und selber rechnen). Das Restaurant ist tägl. ab 11.30 Uhr geöffnet, warme Küche bis 21 Uhr. Im Haus stehen zudem DZ (72 €) zur Verfügung, inklusive Frühstücksbuffet, das es im Landgasthaus Schafshorn gibt. Lange Str. 32 a, ☎ 038309-1454.

• *Übernachten/Außerhalb* **Hotel/Restaurant Zur alten Schmiede**, 1 km nördlich von Schaprode im Ortsteil Poggenhof (dort gleich rechts), Gebäude aus den 1990ern, das einem alten Gutshof nachempfunden wurde. Mit Sauna, Sonnenterrasse, und Restaurant (regionale Küche). DZ 93–143 € (je nach Zimmergröße, Balkon etc.), EZ 73 € inkl. Frühstück, Hund auf Anfrage (10 €). OT Poggenhof Nr. 25, 18569 Schaprode, ☎ 038309-70500, www.ruegen-schmiede.de.

• *Camping* **Am Schaproder Bodden**, der Name verspricht nicht zu viel, der große Platz liegt in der Tat in direkter Strandnähe, über 100 Stellplätze (wenig Schatten), kleiner Shop, geöffnet April bis Okt. Erw. 7 €, Kinder 3–15 J. 3,50 €, Zelt 3–4 €, Caravan 5 €, Hund 1,75 €, Strom 2 €. Lange Straße 24, 18569 Schaprode, ☎/✆ 038309-1234, www.campingplatz-schaprode.de.

• *Fahrradverleih* Im Landgasthof Schafshorn, 6 € am Tag. Streuer Weg 65 a, ☎ 038309-1313.

• *Sporthafen* Bestens ausgebauter Hafen im Schaproder Strom, der engen Wasserstraße zwischen dem Ort und der vorgelagerten kleinen Insel Öhe. Zahlreiche Liegeplätze bei 2,50–4 m Wassertiefe, Tankstelle, Slipanlage, 10 t-Kran und Werkkran. ☎ 038309-1209; *Yachtservice* ☎ 038309-28010.

Die Fähren nach Hiddensee

Die *Reederei Hiddensee*, ein Teil der Weißen Flotte, verbindet Schaprode mehrmals täglich mit Neuendorf, Vitte und Kloster auf **Hiddensee**. Im Sommer wird Hiddensee etwa 16-mal angesteuert, im Winter ca. 10-mal. Fahrtzeit zwischen 30 Min. (nach und von Neuendorf) und 45 Min. (nach Kloster bzw. 90 Min. mit Stopps in Neuendorf und Vitte). Die Fähren laufen selten alle drei Häfen an, so dass man gegebenenfalls auf das nächste Schiff warten muss, um an den gewünschten Zielort zu gelangen. *Fahrradtransport* ist grundsätzlich möglich, aber nur auf der *MS Vitte* garantiert (nur im Hochsommer relevant, wenn viel los ist). An Bord gibt es kleine, nicht überteuerte Bistros.

Reederei Hiddensee, Achtern Diek 4, 18565 Vitte, www.reederei-hiddensee.de; oder **Weiße Flotte**, Fährstr. 16, 18439 Stralsund, ☎ 03831-268138 oder ☎ 0180-3212150 (9 ct/min.), www.weisse-flotte.com.
Preise: Hin- und Rückfahrt 16,90 € (einfach 10,20 €), Kinder 4–11 J. 9,60 € (6 €), Kinder unter 4 J. frei, Familienkarte 47,50 €, Hund 9,60 € (5,50 €), Fahrrad 6,90 € (die Preise gelten für die Überfahrt nach Kloster und Vitte, nach Neuendorf etwas günstiger). Achtung: unterschiedliche Saisonfahrpläne!

Rund um die Uhr fahren **Wassertaxis**, die in Schaprode ankern oder bestellt werden können (☎ 038309-21110); oder direkt an Bord: Die *Pirat* ist mobil unter ☎ 0171-7457713 zu erreichen, die *Störtebeker* unter ☎ 0171-7457710, die *Anna Maria* unter ☎ 0171-6428021. Weitere Infos unter www.reederei-hiddensee.de. *Preise*: Überfahrt von Schaprode nach Hiddensee im Wassertaxi kostet 9,80 € pro Person (nach Neuendorf) bzw. 11,40 € pro Person (nach Vitte und Kloster), wenn mindestens sieben Personen mitfahren, sonst gilt mit 65 € bzw. 69 € der Schiffspreis.

Parken in Schaprode: Da auf Hiddensee keine Autos erlaubt sind, müssen alle Kraftfahrzeuge am Fährhafen abgestellt werden. Dazu stehen große gebührenpflichtige *Parkplätze* am Ortseingang von Schaprode und am Hafen zur Verfügung. Preise: ca. 3,50 €/Tag, ab dem zweiten Tag 2 €/Tag (ist das Fahrzeug höher als 1,95 m 5 €/Tag, ab dem zweiten Tag 3 €).

▲ Die Dünenheide auf Hiddensee

Hiddensee

Perle der Ostsee

Das Leuchtfeuer Dornbusch

Hiddensee

Hiddensee ist eine wunderschöne Insel. „Perle der Ostsee" und „Capri Pommerns" sind ihre klingenden Beinamen. Noch aussagekräftiger aber ist der Umstand, dass die meisten, die Hiddensee besucht haben, früher oder später wiederkommen.

In kühlen Zahlen liest sich das dann so: Knapp 1000 Einwohner leben in den drei Dörfern Hiddensees. Dagegen stehen 300.000 Besucher, die die Insel Jahr für Jahr besuchen, 250.000 davon sind Tagesgäste. Entsprechend kann es gerade in der Hauptsaison Mitte Juni bis Ende August vorkommen, dass man sich die Idylle mit vielen anderen teilen muss – zumindest bis die letzte Fähre abgelegt hat. Wer hingegen außerhalb dieser Hochzeiten die Insel besuchen will und die Zeit mitbringt, auch ein paar Nächte zu bleiben, dem wird sich der Zauber dieser Insel nicht verbergen: Sattgrüne Wiesen, über die Herden Pommerscher Landschafe ziehen, gehen unvermittelt über in morastige Salzwiesen oder karge, sandige Heide. Über die wenigen Erhebungen krümmen sich malerische Windflüchter. Durch die Dörfer klappern, wie aus der Zeit gefallen, noch heute Pferdegespanne.

Schmal und lang gezogen liegt die Insel Hiddensee vor Rügens Westküste. Was von Westen her an Wind und Wellen kommt, bricht sich an ihrer Küste. Auch Hiddensee ist ein erdgeschichtlich junges und bis heute stetig wachsendes Eiland, das mit jeder Welle ein paar Sandkörner mehr Land gewinnt. Vom Enddorn im Norden, wo die beiden Landzungen Alt- und Neubessin in den Vitter Bodden hineinragen, bis zum südlichen Ausläufer des Gellen sind es knapp 17 km. An ihren schmalsten Stellen, in Vitte und südlich von Neuendorf, misst die Insel nicht einmal 300 m.

Die drei Dörfer der Insel könnten nicht unterschiedlicher sein, auch wenn sie sich auf Grund der Schlankheit der Insel alle zwischen Hafen und Strand erstrecken. *Kloster* im Norden ist eine grüne, dicht bewachsene Oase. Zuweilen scheint es, als läge der Ort in einem lichten Wald. Beschatten mal keine Bäume die Häuser, werden diese von üppigen Gärten umgeben. *Vitte* hingegen ist gut ausgestattet mit großzügigen Wegen und sogar einem kleinen Zentrum. *Neuendorf* wiederum verzichtet fast ganz auf Wege, seine Häuser stehen weit verstreut auf einer Wiese.

Hiddensee ist zu jeder Jahreszeit ein lohnenswertes Reiseziel. Im Frühling an den ersten warmen Tagen des Jahres am Strand spazieren zu gehen, ist ein unvergessliches Erlebnis. Im Sommer wird dieser lange Sandstrand, der sich fast über die gesamte Westflanke der Insel erstreckt, zum Anziehungspunkt für zahlreiche Gäste

Von Hedin und Mutter Hidden – der Name Hiddensee

Erwähnt wurde die Insel Hiddensee bereits in der Edda, der altnordischen Liedersammlung. „Dort wartete König Helgi, bis Heere aus Hedinsey kamen", heißt es dort. Wie allerdings ein so schmales Eiland Heere von Wikingern hervorbringen soll, bleibt eines der Geheimnisse der Edda. Die Endung *-ey, -oe* oder einfach nur *-ö* bedeutet *Insel*. Hiddensee ist demnach „die Insel Hedins" oder latinisiert *insula hithini*, wie sie der dänische Historiker *Saxo Grammaticus* nannte. Saxo wusste außerdem von einer alten Sage zu berichten, die den Namen erklären soll: In lange vergangener Zeit sollten Hithin/Hedin und ein König namens Högin auf der Insel gegeneinander gekämpft haben – ihr Streit ging um Liebe, Ehre und (natürlich) um eine Frau, des einen Tochter, des anderen Gattin, und endete für beide Parteien tödlich. Zurück blieben die unglückliche Frau und der Name der Insel.

Eine Volkssage kennt dagegen einen ganz anderen Ursprung des Namens und liefert die Entstehungsgeschichte der Insel gleich mit. Die Geschichte, die sich natürlich noch viel wortreicher erzählen lässt, geht in der Kurzfassung so: Ein Mönch suchte ein Nachtlager und klopfte bei Mutter Hidden an, die genauso wenig arm wie gastfreundlich war und ihn davonjagte. Im nächsten Haus aber fand der Mönch Obdach: Es war die arme Mutter Vitten, die ihn aufnahm. Am folgenden Morgen bedankte sich der Mönch und segnete die erste Arbeit, die Mutter Vitten an diesem Tag beginnen sollte. Die gute Frau dachte sich nichts dabei und begann, wie geplant, ihr Leinentuch abzumessen. Aber so viel sie auch maß, das Leinentuch nahm kein Ende, bis das ganze Haus voller Tuch und Mutter Vitten reich war. Ihre Nachbarin hingegen erblasste vor Neid, als sie davon erfuhr. Nach einiger Zeit kam der Mönch erneut vorbei und Mutter Hidden ging ihm gierig entgegen, um ihm ein Nachtlager anzubieten. Am nächsten Morgen wiederholte der Mönch seinen Segen und Mutter Hidden, geizig aber nicht dumm, wollte ihr Erspartes zählen, damit es kein Ende nähme, bis das ganze Haus voller Geld war. Als sie aber beginnen wollte, schrie die Kuh im Stall und Mutter Hidden ging, um sie zu tränken, denn sie wollte bei ihrer Zählerei nicht gestört werden. Doch nachdem sie den ersten Eimer aus dem Brunnen gezogen hatte, konnte sie für den Rest des Tages nicht aufhören, Wasser zu schöpfen, bis schließlich alles umliegende Land von Wasser bedeckt und Hiddensee entstanden war.

Karten S. 263 und S. 267

Hiddensee

und Tagesbesucher. Ob man nun die Dünung entlangschlendert oder sich zum Sonnenbaden hinlegt, ein Stück Insel für sich allein zu finden, wird schwer, denn im Seebad Hiddensee ist einiges los. Kuratmosphäre oder gar Club-Feeling kommen allerdings nicht auf, dazu ist die Insel zu klein und zu ursprünglich geblieben. Ruhiger wird es erst wieder im Herbst, wenn sich ein ganz eigener melancholischer Charme über die Landschaft legt. Ein mattes Farbenspiel breitet sich über die Heide aus und vermischt sich mit den Grautönen von Himmel und Meer. Heftige Herbstwinde machen den Kopf frei und sollen alle möglichen Leiden lindern, seien es nun Allergien oder Liebeskummer. Im Winter kommt die Stille. Das kulturelle, gastronomische und touristische Angebot schwindet: Die Fähren fahren seltener, es schließt das eine oder andere Restaurant, die Ferienhäuser werden winterfest gemacht, bis schließlich nur noch wenige Gasthäuser geöffnet haben. Zwischen Weihnachten und Neujahr ändert sich das Bild ebenso wie auf Rügen für ein kurzes Intermezzo. Dann kehren die Besucher auf die Insel zurück, um hier den Jahreswechsel zu feiern. Die Feuerwerksraketen steigen übrigens zuhauf beim Leuchtturm auf dem Bakenberg, einem besonders gefragten Platz, um auf das neue Jahr anzustoßen.

Die zahlreichen Besucher, die an schönen Tagen auf die Insel strömen, können nicht darüber hinwegtäuschen, dass Hiddensee eine kleine Gemeinde ist. Etwa 1000 Menschen leben auf der Insel, manche noch von Fischerei und Landwirtschaft. Zum Einkaufen muss man ins ferne Bergen oder nach Stralsund übersetzen. Von den ehemals drei Schulen, ist nur noch die in Vitte übrig geblieben. Wer seine Kinder über die zehnte Klasse hinaus auf die Schule schicken will, muss sie in Stralsund oder Bergen, also im Internat oder bei Bekannten und Verwandten unterbringen. Lediglich einen Allgemeinarzt gibt es auf Hiddensee, er praktiziert in Vitte, während der einzige Zahnarzt seine Praxis in Kloster hat. Der Doktor ist übrigens einer der wenigen, die das Privileg haben, auf der Insel Auto fahren zu dürfen. Hinzu kommen noch der Dienstwagen des Inselpolizisten, der Inselbus, der Löschzug der Feuerwehr, Müllabfuhr und Rettungswagen, ein elektrisch betriebener Postwagen sowie der eine oder andere Trecker oder Unimog. Ansonsten ist die Insel für Privatautos gesperrt.

Schatzsuche am Strand

Land unter 1872

Am 12./13. Nov. 1872 erlebte Hiddensee ein unvergleichliches Sturmhochwasser. Keine Schlecht-Wetter-Chronik – die älteste datiert immerhin auf 1304 – wusste bis dato von einer ähnlichen Katastrophe auf der Insel zu berichten. Der Wasserstand lag zeitweilig bei 2,40 m über NN, während gleichzeitig ein Orkan über die Reste der Insel tobte, die nicht unter Wasser standen. Bereits bei 1,50 m über NN spricht man von einem Sturmhochwasser (oder, geläufiger, von einer Sturmflut). Sie entsteht, wenn bei anhaltend starken (Nord-)Westwinden Wassermassen durch den Skagerrak in die Ostsee gedrückt werden. Was der Orkan 1872 nicht niederriss, erledigte schließlich das Wasser: die Insel wurde praktisch entzweigerissen. Neuendorf und Vitte wurden komplett überflutet, viele Lehmhäuser fielen in sich zusammen, und die meisten Fischerboote wurden zerstört.

Aber schwere Zeiten bringen oft mutige Vorhaben hervor. Der Dorfschulze von Vitte, Johann Karl (Jan Korl) Schluck, machte sich auf nach Berlin, um beim obersten Kaiser höchstpersönlich um Hilfe zu bitten. Schluck und seine Begleiter kamen in der Tat nicht nur bis in die Hauptstadt, sondern sogar bis ins Audienzzimmer Seiner Majestät. Doch wer sie dort empfing, war nicht der Kaiser, sondern dessen Sohn, Kronprinz Friedrich. Schluck war damit nicht ganz einverstanden und sagte ohne Rücksicht auf Etikette: „Je, wi wull'n eigentlich den Ollen spräken." Friedrich zeigte sich ob der derben Begrüßung keineswegs pikiert, hörte sich das Anliegen der Hiddenseer an und versprach Hilfe. „Na denn stell'n Sei Vaddern dat man ordentlich vör", soll Schluck zum Abschied dem Kronprinzen mit auf den Weg gegeben haben.

In den Jahrzehnten um die Jahrhundertwende ins 20. Jh. wirkte Hiddensee wie ein Magnet auf die Größen des deutschen Geisteslebens. Nobelpreisträger gaben sich hier die Klinke in die Hand, Maler und Architekten schufen aus Gebäuden Kunstobjekte, und ganze Künstlerzirkel definierten ihre Kreativität von Hiddensee aus. Die Liste prominenter Gäste ist lang: Thomas Mann, Sigmund Freud, Franz Kafka, Albert Einstein, Bertolt Brecht, Gustav Gründgens, Max und Käthe Kruse, Gottfried Benn, Asta Nielsen, Joachim Ringelnatz, August Macke, Stefan Zweig und natürlich Gerhart Hauptmann, der Hiddensee das „geistigste aller deutschen Seebäder" nannte und an anderer Stelle mahnte: „nur stille, stille, dass es nicht etwa ein Weltbad werde."

Ein Saint Tropez der Ostsee ist Hiddensee sicherlich nicht geworden, wegzudenken ist der Tourismus von der Insel seit der Promi-Invasion des frühen 20. Jh. allerdings auch nicht mehr. Nach den Wirren des Zweiten Weltkriegs avancierte die Insel fast notwendigerweise zu einem bedeutenden Urlaubsziel der DDR, wobei es auf Grund der engen Kontingentierung der Besucher nicht eben leicht war, eine Unterkunft auf Hiddensee zu ergattern. Wie heute auch waren die meisten Gäste Tagesausflügler. 1995 wurde Hiddensee offiziell in den Kreis der deutschen Seebäder aufgenommen. Im Januar/Februar 2010 war Hiddensee aufgrund der zugefrorenen Ostsee für rund drei Wochen vom Eis eingeschlossen, die Fahrrinne nach Schaprode war für Fährschiffe nicht mehr passierbar. Hubschrauber versorgten die Insel mit Nahrungsmitteln und flogen Touristen auf die Nachbarinsel Rügen aus.

Karten S. 263 und S. 267

Hiddensee

Hausmarken

Auf Hiddensee, vor allem in Vitte und Neuendorf, ist eine regionale Besonderheit zu beobachten. Neben Eingangstüren oder an Wegen zugewandten Fassaden sind eigentümliche Zeichen mit runenartiger Kantigkeit angebracht. Die so genannten Hausmarken dienten einst der Zuordnung von Arbeitsgerät, sei es ein Ruder, eine Heugabel oder ein Waschzuber. Dabei bezogen sich die Zeichen weniger auf die Personen und Familien, als vielmehr auf die Häuser, in denen sie wohnten. Wurde ein Haus vererbt oder anderweitig veräußert, erhielt der neue Bewohner, ob aus derselben Familie wie der Vorbesitzer oder nicht, die Hausmarke gleich mit. Wurde hingegen ein neuer Hausstand eröffnet, so erhielt der Sohn die Hausmarke der Familie mit einem zusätzlichen Strich, einer „Afmark". Und auch bei unliebsamen Arbeiten der Fischer in Neuendorf dienten die Hausmarken auf „Kaveln" gekerbt als Loshölzer. Wie bedeutend die Hausmarken einst für die Hiddenseer waren, zeigt sich auf dem Friedhof von Kloster: Hier finden sich heute noch Grabsteine, auf denen kein Name eingraviert ist, sondern neben dem Todesjahr nur noch die Hausmarke des Verstorbenen.

Anreise

Fähren der *Reederei Hiddensee*, die zur Weißen Flotte gehört, starten von *Schaprode* aus mehrmals täglich nach Neuendorf, Vitte und Kloster (im Sommer etwa 16-mal täglich, im Winter 10-mal). Wegen der engen Fahrrinne durch den Bodden dauert der „Katzensprung" auf die Insel jedoch zwischen einer halben Stunde nach Neuendorf und 45 Minuten nach Kloster (bzw. 90 Min. mit Stopps in Neuendorf und Vitte). Da die Fähren aber fast nie alle drei Häfen anlaufen, muss man zuweilen umsteigen, die nächste Fähre einplanen oder auf dem Landweg weiterreisen, um ans Ziel zu kommen.

Fahrradfahrer sollten beachten, dass nicht jede Fähre die Mitnahme des Zweirads garantiert. Alle Fähren nehmen grundsätzlich *Fahrräder* mit, aber wenn viel los ist, kann es passieren, dass das Rad an der Anlegestelle zurückgelassen werden muss. Auf der *MS Vitte* ist dagegen immer Platz, denn sie besitzt als einziges Schiff der Reederei einen großen Frachtraum. Wann sie wohin fährt, ist im Fahrplan der Reederei Hiddensee gekennzeichnet. Wie in jedem öffentlichen Nahverkehr können sich die Fahrpläne im Jahreszeiten-Takt ändern, den aktuellen Plan erhält man entweder vor Ort an der Fahrkartenausgabe oder bei der Reederei Hiddensee.

Zudem steuert die *Reederei Hiddensee* von April bis Okt. 3-mal täglich die Insel von *Stralsund* aus an (sowie vom 20.12. bis 4.1. 2-mal täglich). Im Winter ersetzt 2-mal täglich ein Bus auf der Strecke Stralsund–Schaprode die Direktverbindung (ansonsten über Bergen nach Schaprode).

Reederei Hiddensee, Achtern Diek 4, 18565 Vitte, ☎ 038300-210, 🖷 038300-50170, www.reederei-hiddensee.de; oder **Weiße Flotte**, Fährstr. 16, 18439 Stralsund, ☎ 03831-26810, 🖷 03831-268130, www.weisse-flotte.de. Weitere Infos in den jeweiligen Ortskapiteln. In den Bordcafés der Hiddenseer Flotte herrschen übrigens im Gegensatz zu manch anderen Schiffen faire Preise. Den Pott Kaffee gibt es hier für 2,10 €, mit Kuchen 3,50 €, ein Paar Wiener mit Brötchen kosten 2 €.

Die aktuellen **Fährverbindungen** und **-preise** finden Sie unter den jeweiligen Orten.

Im Sommer steuern außerdem Ausflugsschiffe der *Weißen Flotte* die Insel 3-mal täglich von *Wiek* aus an (natürlich mit Landgang auf Hiddensee, Einzelfahrt möglich). Zudem gewährleistet die *Personenschifffahrt Kipp* eine Fährverbindung von *Breege* und *Ralswiek* aus (April bis Okt. und über Neujahr zwischen 1- und 3-mal täglich von und nach Breege sowie werktags 1-mal tägl. ab Ralswiek, Mai bis Sept.). Und schließlich verkehrt die *Reederei Zingst* zwischen dem gleichnamigen Ort und Hiddensee (Mai bis Sept. 1-mal tägl. außer Mo, April nur Di und Do, Okt. nur Di–Sa). Eine weitere Verbindung besteht während der Saison ab *Barhöft* nördlich von Stralsund nach Neuendorf (allerdings ebenfalls als Tagesausflug, → S. 90).

Information zur Weißen Flotte und Reederei Hiddensee → oben. **Personenschifffahrt Kipp**, Dorfstr. 101, 18556 Breege, ☎ 038391-12306, ✆ 038391-12307, www.reederei-kipp.de. **Reederei Zingst** (gehört wie Reederei Hiddensee zur Weißen Flotte) www.reederei-zingst.de.

Eine weitere, schnellere, aber nicht gerade günstige Möglichkeit auf die Insel zu gelangen, besteht durch die *Wassertaxis* der Reederei Hiddensee. Die drei Schiffe des *Hiddenseer Taxirings* fahren ganzjährig von 6–22 Uhr, liegen entweder im Hafen oder kommen, wie es sich für Taxis gehört, bei telefonischer Bestellung. Der deutlich schnellere und nicht mal besonders teure Weg auf die Insel: Die Überfahrt von Schaprode nach Neuendorf kostet 9,80 €, nach Vitte oder Kloster 11,40 € pro Person, wenn mindestens sieben Personen mitfahren, ansonsten gilt mit 65 € bzw. 69 € der Schiffspreis. Von und nach Stralsund oder Ralswiek wird es hingegen kostenintensiver: Bei ein Auslastung von mindestens neun Personen sind es 24 €/Pers., sonst gilt der Schiffspreis (200 €). Auch bei Nachtfahrten nach 22 Uhr wird ein deutlicher Aufschlag erhoben.

Ein Taxi ordern kann man beim **Hiddenseer Taxiring** in Vitte (Achtern Diek 4, ☎ 038300-210, ✆ 038300-50170) oder direkt an Bord: Die *Pirat* ist mobil unter ☎ 0171-7457713 zu erreichen, die *Störtebeker* unter ☎ 0171-7457710, die *Anna Maria* unter ☎ 0171-6428021. Weitere Infos unter www.reederei-hiddensee.de.

Beschwerliche Anreise: Schiffbruchgemälde in Klosters Kirche

Unverzichtbar auf Hiddensee: der Einspänner

Unterwegs auf der Insel

Da die Insel quasi autofrei ist, müssen sich nicht nur Lauffaule und Pkw-Freunde umorientieren. Auch Reisende mit Gepäck sollten bedenken, dass kein Taxi zur Verfügung steht, in dessen Kofferraum Rucksack oder Reisetasche einfach verstaut werden können. Man ist auf Fahrräder mit Anhängern, Handwagen oder auf Kutschen angewiesen.

Wundern Sie sich nicht, wenn sich die Preise verschiedener Fahrradverleiher oder Kutscher wie abgesprochen gleichen: Die Preise *sind* abgesprochen. Diverse Insel-Logistiker bieten Gepäcktransport, Kremser- und Kutschfahrten, manche auch Ausritte an. Die Preise für eine **Kutschfahrt** richten sich nach Entfernung und Anzahl der Fahrgäste und werden mit dem Kutscher individuell abgesprochen. Richtwert: Einzelfahrt ab ca. 3 €, Rundfahrt ab ca. 10 €, jeweils pro Person.

Fahrräder gibt es zuhauf zu mieten, die Preise sind fast überall identisch: Tourenrad (3- bis 7-Gang) 5,50–7 €/Tag, ab 3 Tagen 4–5 €/Tag, für eine Woche um die 20 €; Kinderräder ca. 3–4 €/Tag, Anhänger ca. 4 €, Kindersitz 1 €. Adressen in den Ortskapiteln.

Zwischen Kloster, Vitte und Neuendorf pendelt auch ein kleiner *Inselbus*, der gleichzeitig als Schulbus fungiert. Mo–Fr von morgens bis abends etwa alle zwei Stunden, Tageskarte 4,20 € (Kinder 6–14 Jahre 1,80 €), halber Tag 3 €.

Übernachten, Essen und Trinken

Die meisten Gäste Hiddensees sind Tagesbesucher. Dieser Umstand ist auch der im Grunde erfreulichen Weigerung der Insel geschuldet, sich mit Feriendörfern und Appartementanlagen der Reisekonzerne zupflastern zu lassen (auf Hiddensee bestehen strengste Bauvorschriften). Lediglich eine einzige Hotelanlage samt Feriensiedlung befindet sich in der Dünenheide; ein dreiteiliger Hotelgroßbau steht in Vitte. Letzterer ist allerdings verwaist und wirkt trotz (oder gerade wegen) der riesigen Rohrdächer ein wenig wie das Prora Hiddensees. *Camping* ist auf der Insel nicht möglich. Es gibt weder einen offiziellen Zeltplatz, noch ist wildes Campen erlaubt.

Das Angebot für Übernachtungsgäste beschränkt sich zum einen auf eine Hand voll *Hotels* und *Pensionen,* die meisten familiengeführt, sowie privat angebotene *Fremdenzimmer.* Aber die Bettenanzahl reicht kaum aus, um im Sommer die Nachfrage zu decken. Wer also während der Saison längere Zeit auf Hiddensee verbringen will, ist gut beraten, sich frühzeitig um eine Unterkunft zu kümmern.

Die Zahl der zur Verfügung stehenden *Ferienwohnungen* auf der Insel ist hingegen beachtlich. Man könnte meinen, dass in jedem Haus eine Ferienwohnung untergebracht ist und in jedem noch so kleinen Garten ein kleines Ferienhäuschen steht. Die meisten Unterkünfte sind standardmäßig (Küche bzw. Küchenzeile, Bad, WC) eingerichtet, viele in traditionellen Fischerhäusern, und strandnah ist ohnehin jedes Haus auf Hiddensee.

Information Einige Zimmer- und Appartementvermittlungen: www.hiddenseeservice.de (Hartwig Lotz, Wiesenweg 4a, Vitte, ☎ 038300-60860, 🖷 038300-60861). Oder www.hiddensee-touristik.de (HT&S, Wiesenweg 32, Vitte, ☎ 038300-60497, 🖷 038300-60498). Und schließlich die Insel Information Hiddensee: www.seebad-insel-hiddensee.de.

Das *kulinarische Angebot* auf Hiddensee reicht vom Fischbrötchen am Hafen über den Sanddornkuchen zum Kaffee bis zu Fischspezialitäten auf gehobenem Niveau. In jedem Ort stehen ausreichend Lokale zur Verfügung. Neigt sich allerdings die Saison dem Ende zu, kann das eine oder andere Restaurant bereits geschlossen sein, so dass sich die Auswahlmöglichkeiten einschränken. Zwischen Weihnachten und der ersten Januarwoche dagegen ist wieder alles offen.

Räucherschiff im Hafen von Kloster

Ein *Nachtleben* gibt es auf Hiddensee eigentlich nicht, keine Discos in Hotelanlagen, keine trendigen Szenebars. Wer sich abends auf ein Bier unter Leute mischen will, findet sich im *Godewind* in Vitte oder im *Wieseneck* in Kloster ein. Dass außerhalb der Hauptsaison das spärliche „Nachtleben" auch mal gegen 22 Uhr erlahmen kann, stört auf der Insel niemanden.

Baden

An Hiddensees Westküste erstrecken sich vom Gellen im Süden bis zum Enddorn an der Nordspitze 13 km herrlichster Ostseestrand (nur auf Höhe von Kloster stören aufgeschichtete Steinwälle den ungetrübten Fernblick). Von Mitte Mai bis Mitte September wird der Strand jeweils auf Höhe der Inselorte von der DLRG überwacht. Je nach Wetterlage kann zuweilen etwas Seegras angeschwemmt werden und sich an den Stränden ablagern (dazwischen verirrt sich aber auch mal ein kleiner Bernstein oder ein Donnerkeil). Die überwachten Strandabschnitte (hier auch Strandkorbverleih) werden den Sommer über gereinigt, alle anderen als Naturstrand belassen. An den Ortsstränden sind Hunde nicht erlaubt. Die Unterscheidung von Textil- und FKK-Strand ist zwar vorhanden, wird aber im Normalfall nicht so eng gesehen wie in einigen Bereichen auf Rügen.

Karten S. 263 und S. 267   **Hiddensee**

Information und Allgemeines

• *Information* **Insel Information Hiddensee** und Kurverwaltung im Rathaus in Vitte, vom Hafen aus rechter Hand, gegenüber von der Blauen Scheune. Mai bis Sept. Mo–Fr 9–17 Uhr, Sa/So 10–12 Uhr; April und Okt. Mo–Fr 9–16 Uhr, Sa 10–12 Uhr; Nov. bis März Mo–Fr 9–15 Uhr. Norderende 162, 18565 Vitte, Insel Hiddensee, ☎ 038300-6420, 🖷 038300-64225, www.seebad-insel-hiddensee.de. Touristeninformation auch im **Hafencenter Kloster** (das neue Gebäude direkt am Fähranleger). April bis Okt. Mo–Fr 10–12.30 und 13.30–17 Uhr, Sa/So 10–12.30 Uhr (im Okt. So geschl.); im Winter siehe Anschlag, im Januar komplett geschl. Hier werden auch **Fährtickets** verkauft, das Büro ist also immer vor Abfahrt der Fähren geöffnet. Hafenweg 15, 18565 Kloster, Insel Hiddensee, ☎ 038300-60654.

> **Hiddensee – Inselnachrichten**
> Die monatlich erscheinende Inselzeitung berichtet über Neuigkeiten und informiert über Veranstaltungen. Zu beziehen nur auf der Insel zum Einzelpreis von 2,50 € oder im Abo. Seglerhafen 19, 18565 Vitte, ☎/🖷 038300-401, inselnachrichten@t-online.de.

• *Postleitzahl* für die ganze Insel 18565.
• *Ärztliche Versorgung* Ein **Allgemeinarzt** praktiziert in Vitte (Süderende 57, ☎ 038300-287), ein **Zahnarzt** in Kloster (Am Bau 1, ☎ 038300-375). **Apotheken** gibt es keine auf Hiddensee, es gibt eine Rezeptsammel- und Medikamentenausgabestelle in Vitte (Süderende 154, ☎ 038300-50565).
• *Angeln* nur mit Berechtigungsschein, erhältlich in der Insel Information in Vitte (unter Vorlage eines Angelscheins).
• *Bank* Sparkassenfiliale mit Geldautomat in Vitte, Süderende 59, zwei Häuser nach dem Hotel Godewind.
• *Häfen* **Hafenmeister** (in Vitte), ☎ 038300-64210. **Sportboothäfen** in Neuendorf (Wasserwanderrastplatz), ☎ 0170-9849720; in Vitte (Seglerhafen und Tankstelle), ☎ 038300-608768; in Kloster (Seglerhafen), ☎ 038300-60808 oder 0171-5364229. Näheres in den Ortskapiteln.
• *Karten* Abgesehen von den Rügenkarten, die meist auch die Insel Hiddensee auf dem Blattschnitt haben (→ S. 49), bieten sich zwei Karten im Maßstab 1:30.000 an, die nur Hiddensee abbilden: *Rad- und Wanderkarte Hiddensee*, Ummanz, Verlag *grünes herz* (Ilmenau), 3,75 €, sowie *Hiddensee* aus dem Nordland Kartenverlag (Schwerin), 5,50 €. Beide im Buchhandel und vor Ort erhältlich.
• *Kurtaxe* Ganz Hiddensee ist ein Seebad, auch wenn die großen Kurhotels fehlen, eine Kurtaxe muss gezahlt werden. Sie fällt allerdings mit täglich 1,50 €/Pers. (April bis Okt.) bzw. 1 € (Nov. Bis März) recht mäßig aus (Jahreskurkarte 42 €). Kinder und Jugendliche unter 18 J. müssen keine Kurtaxe zahlen.
• *Parken* Hiddensee ist für private Pkws/Motorräder gesperrt, Parken muss man daher in Schaprode: bewachter Parkplatz am Hafen oder am Ortseingang links, je 2 €/Tag (am Hafen 3,50 €/Tag, ab 2 Tagen 2 €/Tag) oder in Stralsund.
• *Polizei* Die Station des Inselpolizisten befindet sich im Rathaus Vittes, Sprechstunden nach Vereinbarung (☎ 038300-50131), in Notfällen (wenngleich auf der friedlichen Insel kaum vorstellbar) auch über Bergen (☎ 038338-8100) oder den Notruf 110 erreichbar.
• *Veranstaltungen* Es findet sich immer ein Grund zu feiern, sei es ein sportlicher wie der **Hiddenseelauf** (ein Halbmarathon, zuletzt immer Ende April ausgetragen) oder das **Inselschwimmen** von Neuendorf nach Schaprode (Ende Juli), ein musikalischer wie bei der **Jazz-und-Meehr-Woche** (zuletzt Mitte August), ein cineastischer zur **Asta-Nielsen-Woche** (Anfang/Mitte Sept.), ein tänzerischer mit der **Palucca-Woche** (Anfang Juli) oder schließlich ein kulinarischer mit den **Sanddornwochen** (Mitte Sept.). Zudem finden im Gerhart-Hauptmann-Haus regelmäßig **Lesungen** und **Konzerte** statt. Der monatliche Veranstaltungskalender liegt in den Tourist-Informationen und den Hotels aus, nähere Infos auch unter www.seebad-insel-hiddensee.de.
Seebühne Hiddensee, Figuren- und Kammertheater für Groß und Klein, genaue Spielpläne per Aushang oder auf der Website, Wallweg 2, Vitte, ☎ 038300-60593, www.hiddenseebuehne.de.
• *Aktivitäten* Das Angebot an Freizeitmöglichkeiten auf der kleinen Insel ist enorm – u. a. gibt es Nordic Walking, Literarische

Spaziergänge, die Joachim-Ringelnatz-und-Asta-Nielsen-Tour (inkl. Sanddornschnäpschen!), Yoga am Strand, Besuch des ARD-Wetterstudios mit Führung, Wettervorträge, Vogelstimmen-Wanderungen auf den Altbessin, geführte Heidewanderungen, naturkundliche Wanderungen, Diavorträge usw. Die genauen Termine und Preise (meist nicht mehr als eine Aufwandsentschädigung, teilweise auch umsonst) hängen am Hafencenter in Kloster und in der Tourist-Information in Vitte aus, ebenso sind sie im monatlich erscheinenden Veranstaltungskalender aufgeführt. Für manche Veranstaltungen muss man sich bei der Tourist-Information (Vitte oder Kloster) anmelden.

Der Hafen von Kloster

Kloster

Pferdekutschen klappern über ungepflasterte Wege, Familien spazieren an blühenden Gärten entlang, in denen hübsche, teils schilfgedeckte Häuser stehen, Gäste und Hiddenseer sitzen ruhig und gelassen am Hafen oder in den Biergärten.

Kloster im Norden Hiddensees ist ein kleines Inselidyll. Lang gezogenes „Zentrum" des Dorfes ist der Kirchweg, der etwas oberhalb vom Hafen beginnt und sich bis zum Heimatmuseum und dem dahinter liegenden Weststrand zieht. An dieser Achse befinden sich auch das Gerhart-Hauptmann-Haus, die Inselkirche, Restaurants und Cafés, Supermarkt, Buch- und Souvenirläden sowie der Friseursalon der Insel mit dem pragmatischen Namen *Die Bö*. Nördlich vom Kirchweg erstreckt sich das Dorf bis in die Ausläufer eines Hügellandes mit dem hübschen Namen *Dornbusch*.

Einen Geheimtipp kann man Kloster natürlich längst nicht mehr nennen. In der Hochsaison ist einiges los auf den sandigen Wegen. Dennoch kommt selten Hektik auf (ausgenommen vielleicht in den Küchen der Restaurants zur Mittagszeit). Wer Kloster aber in Ruhe erleben möchte, sollte sich hier einmieten und warten, bis die letzte Fähre die Tagesbesucher zurück nach Rügen oder Stralsund geschippert hat, oder man wählt gleich Herbst bzw. Winter für einen Aufenthalt.

Die Entstehung des Dorfes geht, der Name trügt nicht, auf die Zisterzienser zurück. Der Orden gründete 1296 hier eine (angesichts der abseitigen Lage) relativ stattliche Abtei, die wohl einen Großteil des heutigen Ortsgebietes umfasste. Das

Karten S. 263 und S. 267

Hiddensee

Kloster wurde im Zuge der Säkularisierung aufgelöst, und auf dem Abteigelände entstand ein kleines Fischerdorf. Anfang des 20. Jh. sollen hier gerade einmal neun Häuser gestanden haben: die vier Häuser des Gutshofs, Pfarrei, Schule, Strandvogtei, das Haus des Amtsvorstehers und ein Gasthaus. Heute ist Kloster das kulturelle Zentrum der Insel, nicht nur, weil sich hier Inselmuseum und -kirche befinden, im Gerhart-Hauptmann-Haus finden auch regelmäßig klassische Konzerte, Sonderausstellungen und Lesungen statt, Letztere nicht selten in hochkarätiger Besetzung.

• *Verbindungen* Mit der Reederei Hiddensee von und nach **Schaprode** Mai bis Sept. 8-mal tägl. hin u. zurück, Okt. und April 7-mal tägl., im Winter 5-mal tägl. (im Winter mit direktem Busanschluss nach Stralsund). *Achtung*: Bei mancher Verbindung muss man in Vitte umsteigen. Hin- und Rückfahrt 16,90 € (einfach 10,20 €), Kinder 4–11 J. 9,60 € (6 €), Kinder unter 4 J. frei, Familienkarte 47,50 €, Hund 9,60 € (6 €), Fahrrad 6,90 €. Unterschiedliche Saisonfahrpläne!

Von und nach **Stralsund** 3-mal tägl. (nicht Nov. bis März, Sonderfahrten zwischen den Jahren, April bis Mitte Mai nur 2-mal tägl.). Hin- und Rückfahrt 18,90 € (einfach 12 €), Kinder 4–11 J. 10,10 € (6,40 €), Kinder unter 4 J. frei, Familienkarte 52,50 €, Hund 10,10 € (6,40 €), Fahrrad 8 €. Büro: Achtern Diek 4, 18565 Vitte, ℰ 038300-210, Infos auch unter ℰ 0180-3212150, www.reederei-hiddensee.de.
Wassertaxis → Anreise, S. 249.

• *Übernachten/Essen* **Hotel Hitthim**, eines der besten Häuser der Insel, verfügt über viel gastronomische Tradition (schon 1910 warb man mit „elektrischem Licht", „gut gepflegten Bieren" und „streng solide gehaltenen Preisen"). Im Saal hängt eine Bildergalerie berühmter Hiddensee-Gäste, das überaus gemütliche Restaurant bietet gute Fischküche (wir empfehlen den köstlichen Pfefferhering "Hitthim" mit Bratkartoffeln), ab 12 Uhr durchgängig warme Küche, die Zimmerpreise variieren stark nach Saison und Ausstattung (Balkon, Badewanne, Hafenblick). In einem neu gebauten Nebengebäude befinden sich fünf modern ausgestattete Appartements jeweils mit Terrasse zum Hafen. Ganzjährig geöffnet. Direkt am Hafen gelegen. DZ mit Bad, TV und Halbpension 95–155 €, EZ 57,50–77,50 €, kleine Ferienwohnung für 2 Pers. 89–100 €, Ferienwohnung 2–5 Pers. 95–135 €. Hafenweg 8, 18565 Kloster, Insel Hiddensee, ℰ 038300-6660, ℰ 66618, www.hitthim.de.

Wieseneck, Restaurant, Café und Pension in einem alten und schön renovierten Haus, klasse Kneipe, in der sich vor allem jüngeres Publikum trifft, vom Garten aus hat man einen herrlichen Blick über den Inselsüden. 17 Zimmer, ganzjährig geöffnet. Das Restaurant bietet solide und gute Fischküche zu ebensolchen Preisen, leckere Fischsuppe; vorne Kneipenatmosphäre mit viel Holz, etwas gediegener das Restaurant mit eingedeckten Tischen im hinteren Raum. Mit Terrasse und Garten, netter Service. DZ mit Bad, TV und Frühstücksbuffet 68–92 €, EZ ab 35 €, DZ als EZ 46–58 €. Kirchweg 18, 18565 Kloster, Insel Hiddensee, ℰ 038300-316, ℰ 68024, www.wieseneck-hiddensee.de.

Zum kleinen Inselblick, gemütliches Café, Restaurant und origineller Trödelladen in einem, ob auf einen Kaffee, eine schmackhafte (und dabei) günstige Hiddenseer Mahlzeit oder zum Stöbern (Bilder, Emailleschilder, Bücher, Porzellan und Möbel), der Besuch lohnt sich, auch schöner Biergarten. Auf dem Speiseplan stehen hier nicht nur Fisch, sondern auch Wokgemüse und Nudelgerichte; mittleres Preisniveau. Ende März bis 31. Okt. 12–23.30 Uhr geöffnet, Küche bis 21.30 Uhr, Di geschl. Etwas abseits am Ortsrand Richtung Dornbusch gelegen (am einfachsten vom Hafen oder entlang des Kirchwegs zum querenden Mühlberg und diesen rechts hinauf und gradewegs bis zum Ortsausgang). Birkenweg 2, ℰ 038300-68001.

Pension Inselidyll, neun hübsche Doppelzimmer, hier soll schon Einstein genächtigt haben. Im Nov. geschl., Reservierungen für die Hochsaison schon im Frühjahr empfehlenswert. DZ mit Bad, TV und Frühstücksbuffet 90–110 €, Hund 5 €. Siedlung 23, 18565 Kloster, Insel Hiddensee, ℰ 038300-234, ℰ 60612, www.inselidyll-hiddensee.de.

Pension Haus Hiddensee, in der „Ortsmitte" nahe der Kirche, mit bodenständigem Restaurant (tägl. 11–22 Uhr). Es werden auch Appartements vermietet (Preise variieren je nach Aufenthaltsdauer). Auch Fahrradverleih. Ganzjährig geöffnet. DZ mit Bad, TV und Frühstück 80 €, EZ 45 €. Kirchweg 31, 18565 Kloster, Insel Hiddensee, ℰ 038300-335, ℰ 60650, www.haus-hiddensee.de.

Das Hotel Hitthim in Kloster

Apartment-Haus Dornbusch, das weitgehend neue Gebäude am Südrand des Ortes beherbergt 28 Appartements sowie Hallenbad, Sauna, Fitnessraum; die "Wellness-Oase" (mit Massage, Kosmetikbehandlungen, Ayurveda, Akupressur etc.) ist auch für Nicht-Gäste geöffnet. Außerdem Kegelbahn und das schicke Restaurant/Café Inselstube (große Karte, gehobenes Preisniveau.) Ganzjährig geöffnet. App. für 2–4 Pers. je nach Größe 123–153 €, in der Hochsaison nur für mehrere Nächte zu mieten, keine Tiere. Frühstück auf Wunsch 9 € pro Pers. und Tag. Weißer Weg 2–3, 18565 Kloster, Insel Hiddensee, ☎ 038300-60400, ☏ 038300-6040140, www.hiddensee-dornbusch.de.

● *Imbiss* **Fischbrötchen** frisch vom Kutter für 2–3 €, mit Backfisch 3,50 €, (natürlich) am Hafen. Den etwas ausführlicheren Snack bekommt man bei der *Hafenbar Achtern Strom* beim Fähranleger.

Bäckerei am Kirchweg, auch Kaffee und Kuchen, mit Terrasse.

● *Einkaufen* **Buchladen**, schräg gegenüber vom Hotel Wieseneck, in einem reetgedeckten, allein stehenden Häuschen im Kirchweg, Mitte März bis Ende Nov. und über Weihnachten/Silvester geöffnet. Kirchweg 19, ☎ 038300-465.

Der Kirchweg ist die „Einkaufsmeile" von Kloster, hier finden sich neben Buchhandlung und Bäcker mehrere mehr oder minder spezialisierte Souvenirläden, z. B. die **Bernsteinwerkstatt** (schöner Schmuck, große Auswahl an Steinen), **Souvenirs Nautic** (müßig zu erwähnen, was dieser Laden führt) oder die **Schatzkiste** (Schmuck, Schnickschnack und Schals).

Einen weiterer Souvenirladen findet sich direkt am Hafen, die **Strandkiste**, die alles führt, was man sich an Inselsouvenirs denken kann: Bernstein, Land- und Ansichtskarten, Klamotten, Sanddornprodukte, Buddelschiffe etc.

Ein kleiner **Supermarkt** liegt am Hafenweg (Richtung Grieben/Leuchtturm), ein weiterer nahe der Kirche am Kirchweg, beide mit Café/Mittagstisch.

● *Fahrradverleih* u. a. **Barbara Pehl**, auch Tandems und Gokarts, kostenloser Pannenservice (in Vitte vom *Fahrradverleih Kula*, in Neuendorf im *Freizeitladen Leschner*, dort kann man die Fahrräder auch abgeben, 2,50 € Aufschlag), auch *Pension* (DZ ab 50 €, in der Ferienzeit nur bei einem Mindestaufenthalt von fünf Nächten buchbar). Hafenweg 4, ☎/☏ 038300-437, www.hiddensee-pension.de.

● *Fuhrunternehmen/Kutschfahrten* **Fuhrmannshof Neubauer**, auch Wander- und Ponyreiten. Hafenweg 10, ☎ 038300-487 oder 1280, mobil ☎ 0171-1892807 www.hiddensee-kutschfahrten.de.

Fuhrunternehmen Willi Berg, Am Reedsal 24, ☎ 038300-50155 oder 0171-8377124.

Inselkirche: Mitten im Ort steht das hübsche, unspektakuläre Gotteshaus, umgeben vom alten, baumbestandenen Friedhof. Die spätgotische Kirche ist in ihrer Bausubstanz das älteste Bauwerk der Insel und das letzte Überbleibsel des ehemaligen Zisterzienserklosters, das um 1300 hier entstanden war. Mehrfach umgebaut, präsentiert sich das Backsteingebäude heute weiß getüncht. Seit der Renovierung gegen Ende des 18. Jh. erhebt sich über dem Innenraum ein hölzernes, blaues Tonnengewölbe. Die Kirche ist ganztägig geöffnet.

Hinter der Blumenwiese liegt Hauptmanns Haus

Auf dem dazugehörigen *Friedhof* stehen gleich links (noch vor der Kirche) einige uralte Grabsteine, manche namenlos, nur mit Hausmarke und Todesjahr versehen. Das Grabmal Gerhart Hauptmanns liegt links hinter der Kirche – der größte Stein auf dem Friedhof ist unübersehbar. Rechts der Kirche, am Rand des Friedhofs von Kloster fand die Tänzerin *Gret Palucca* ihre letzte Ruhe.

Gerhart-Hauptmann-Haus: Als *Gerhart Hauptmann* das „Haus Seedorn" 1930 kaufte, war er längst dem Zauber der Insel verfallen. Das Sommerdomizil, das der Schriftsteller bis zu seinem Lebensende fast jährlich für einige Wochen, manchmal Monate bewohnte, war aber viel zu klein für seine Bedürfnisse. Also ließ er anbauen: ein geräumiges, etwas abseitig stehendes Arbeitszimmer (samt Bibliothek), das durch den so genannten Kreuzgang mit dem alten Haus (von 1920) verbunden ist. 1954 wurde das Haus in ein Museum umgewandelt.

Die Einrichtung ist weitgehend in originalem Zustand, als sei Hauptmann erst kürzlich nach Berlin abgereist. In der Veranda gleich links vom Eingang dokumentieren einige Originalschriften das Leben des Nobelpreisträgers. Vom Dielenraum am Eingang gelangt man über die steile Stiege hinauf zu den Schlafgemächern der Hauptmanns im oberen Geschoss. Durch den lichtdurchfluteten Kreuzgang – heute eine Art Galerie – gelangt man zunächst in das berühmte Abendzimmer (Speiseraum); in den Weinkeller führt praktischerweise direkt von hier aus eine steile Stiege hinunter. Nettes Detail: Heute lagern hier wieder Hauptmanns Lieblingsweine vom *Ihringer Berg* im Badischen (Jahrgänge meist aus den 1990ern). An das Abendzimmer schließt das ungleich größere Arbeitszimmer an. Hier befindet sich ein Teil der beachtlichen Bibliothek, ebenso wie das Stehpult, der mächtige Schreibtisch und die goldene Nobelpreisplakette Hauptmanns von 1912.

Hauptmann auf Hiddensee

Im Sommer 1885 kam Gerhart Hauptmann im Alter von 22 Jahren das erste Mal nach Hiddensee und begeisterte sich sofort für die Natur und Einsamkeit der damals touristisch noch völlig unerschlossenen Insel. Jahre später zog es ihn mit seiner Geliebten und späteren (zweiten) Ehefrau Margarete 1896 wieder für einige Sommer nach Hiddensee. Den Familiensitz hatte der Dichter 1901 vom Berliner Umland nach Haus Wiesenstein in Agnetendorf in Schlesien (Riesengebirge, heute Polen) verlegt.

Ab 1916 – Hiddensee hatte sich inzwischen einen Ruf als Seebad gemacht – verbrachten die Hauptmanns fast jeden Sommer hier, die Winter über hielt man sich an der italienischen Riviera in Rapallo auf. Zunächst wohnte die Familie in Hotels in Vitte oder Kloster, ab 1926 dann im Haus Seedorn, dem heutigen Gerhart-Hauptmann-Haus, das der Dichter vier Jahre später kaufte und sogleich um Kreuzgang (Verbindungsflur), Speisezimmer, Arbeitszimmer und Terrasse erweitern ließ. Auf Hiddensee erlebte Hauptmann eine produktive Zeit, wobei er sich einen strikten Tagesablauf auferlegte: Morgens ein nacktes Bad in der kühlen Ostsee, dann Frühstück und ein ausgedehnter Inselspaziergang, Mittagessen und Mittagsschlaf, Nachmittagskaffee und im Folgenden drei Stunden konzentriertes Arbeiten bei ungestörter Ruhe im Haus. Die Abende gehörten dann den berühmten Einladungen der Hauptmanns mit Essen und gutem Wein, zu denen im Abendzimmer nicht mehr als vier Gäste Platz fanden – Literaten und andere Künstler, die auf der Insel ihre Sommerfrische verbrachten, darunter z. B. die Schauspielerin *Asta Nielsen,* aber auch der Inselpastor Arnold Gustavs, ein enger Freund der Familie. Der übrigen Inselbevölkerung gegenüber zeigte sich Hauptmann eher reserviert, reiste im eigens gecharterten Dampfer an und ab und suchte sich mit den Zukäufen der umliegenden Grundstücke um sein Haus Seedorn zusätzliche Distanz zu verschaffen. Doch auch die Hiddenseer zeigten sich befremdet über den Sommergast, der allmorgendlich zu unchristlicher Stunde zum Strand schritt, mal im Bademantel, manchmal aber auch mit einer Mönchskutte und nichts darunter bekleidet.

Mit nur einer Unterbrechung im Jahr 1939 verbrachten die Hauptmanns bis 1943 jeden Sommer auf der Insel. Möglich wurde dies natürlich auch durch die unpolitisch-gleichgültige bis opportune Haltung, die der Dichter der NS-Diktatur entgegenbrachte. Ab 1944 war dann aber Schluss mit der Hiddenseer Sommerfrische, Hauptmann lebte bis zu seinem Tod, zuletzt schwerkrank, in Haus Wiesenstein/Agnetendorf, wo er am 6. Juni 1946 im Alter von 83 Jahren starb und wo er auch begraben werden wollte. Doch das erwies sich im mittlerweile polnischen Agnetendorf als unmöglich, der Leichnam konnte erst Wochen später über Berlin und Stralsund (mit großer Trauerfeier im Rathaus) nach Hiddensee überführt werden. Am 28. Juli 1946 wurde Hauptmann von seinem Freund Pastor Gustavs auf dem kleinen Inselfriedhof von Kloster beerdigt, nach seinen Wünschen in der Stunde vor Sonnenaufgang und bekleidet mit seiner Mönchskutte.

Das Haus Seedorn ist auch Sitz der Gehart-Hauptmann-Stiftung, die sich um das Anwesen kümmert. Hier werden zudem regelmäßig Konzerte, Sonderausstellungen und Lesungen veranstaltet (teils lesen bekannte Schriftsteller eigene, teils Werke von Hauptmann), die zweifelsohne zu den kulturellen Highlights der Region gezählt werden können.

Mai bis Okt. tägl. 10–17 Uhr, März/April und Nov. Mo–Sa 11–16 Uhr, Weihnachten, Jahreswechsel und Ostern tägl. 11–16 Uhr, Dez. bis Febr. nur nach Voranmeldung. Eintritt 3 €, erm. 2 €. Führungen von Mai bis Okt. Di–Sa um 11.30 Uhr, Dauer ca. 1 Std., 2 € pro Pers. Außerhalb der Saison sind Führungen nur nach tel. Anmeldung möglich (Festpreis 15 €). Buchverkauf am Eingang (Werke zur Insel Hiddensee, über und natürlich von Hauptmann). Gerhart-Hauptmann-Haus (Haus Seedorn), Kirchweg 13, ☏ 038300-397, 📠 038300-60565, www.gerhart-hauptmann.org. An der Museumskasse werden auch Karten für die Abendveranstaltungen im Hauptmannhaus verkauft (auch tel. Reservierung möglich).

Hiddenseer Heimatmuseum: Das kleine Museum fast direkt am Strand von Kloster hält, was man sich von einem Heimatmuseum verspricht. In der ehemaligen Seenotrettung aus dem Jahr 1888 sind allerlei Exponate zur Geologie, zu Flora (auch sehr anschaulich und saisonal in der Vase zu bewundern) und Fauna (diese eher

---

Der Hiddenseer Goldschatz

Nachdem sich der schwere Sturm vom 12./13. Nov. 1872 ausgetobt hatte, gab das Wasser nicht nur das Dorf Neuendorf/Plogshagen langsam wieder frei, sondern auch einen Schatz von unermesslichem Wert. Strandräuber, die den havarierten schwedischen Schoner *Klara Karl* plünderten, fanden filigranes Geschmeide im Dünensand. Anfangs vermutete man, dass der Schmuck von Bord des gestrandeten Schiffes gespült worden war, aber das erwies sich bald als unwahrscheinlich. Bei einer weiteren Suche im folgenden Frühjahr sowie nach einem erneuten Sturm im Februar 1874 wurden wieder Stücke des bald als *Hiddenseer Goldschatz* bekannten Wikingerfunds entdeckt. Ob die Schmuckstücke aber aus dem Meer an den Strand geworfen, vom Sturm aus dem Dünensand gegraben oder mit dem Flutwasser aus dem Inselinneren herausgewaschen wurden, ist bis heute nicht geklärt, wobei die letztere die wahrscheinlichste Variante ist.

Die insgesamt 16 Teile stellen den bedeutendsten Fund aus der Wikingerzeit auf deutschem Boden dar. Es handelt sich um einen geflochtenen Halsreif, eine Scheibenfibel und Teile einer prachtvollen Kette: sechs große sowie vier kleine Kreuze und vier Zwischenglieder mit Ösen. Das Geschmeide wurde um das Jahr 950 von einem ungemein fähigen Goldschmied gearbeitet, wahrscheinlich für den ersten getauften Wikingerkönig *Harald Blauzahn* und möglicherweise sogar in Haithabu (nahe dem heutigen Schleswig) gefertigt. Vor allem die Kreuze spiegeln eine Zeit im Umbruch wider. Sie vereinen die Form des christlichen Kreuzes mit der heidnischen Darstellung Mjölmirs, Thors Hammer, und geben anschaulich den Kampf des neuen Glaubens mit dem alten wieder. Der mutmaßliche Besitzer des Schmucks fiel genau diesem Kampf zum Opfer, denn Blauzahn musste vor seinen Gegnern, allen voran sein Sohn *Sven Gabelbart*, die sich vehement gegen den neuen Glauben wehrten, nach Hiddensee fliehen. Möglicherweise vergrub er hier den Schatz. Das Original befindet sich heute im Kulturhistorischen Museum von Stralsund.

präpariert bzw. ausgestopft) der Insel, zur Geschichte des Zisterzienserklosters, der Fischerei und der Insel als Reiseziel sowie natürlich jede Menge Bernstein ausgestellt. Eine kleine Abteilung informiert (dem Standort des Museums entsprechend) auch über diverse Havarien an Hiddensees Küste und über die Geschichte der Seerettung, schließlich war das hiesige Ufer *litus multis naufragiis famosum* (eine Küste durch viele Schiffbrüche berüchtigt), wie ein Reisender 1608 vermerkte. Interessant sind auch die Schautafeln zu „Biografien" berühmter Gebäude Hiddensees (z. B. Gerhart Hauptmanns Sommerdomizil „Haus Seedorn") und v. a. der berühmte Hiddenseer Goldschatz, der hier (als Kopie) ganz aus der Nähe bewundert werden kann. Weitere Fotos, Dokumente und andere Ausstellungsstücke dokumentieren Hiddensees Aufschwung und Glanzzeit als Seebad.

Mai bis Okt. tägl. 10–16 Uhr, in den Wintermonaten meist nur Do–So 10–16 Uhr. Eintritt mit Kurkarte 3 € (Kinder 2 €, unter 11 J. frei), ohne Kurkarte 5 €, Familienkarte 8 €. Di und Fr jeweils um 13 Uhr Führungen durch das Heimatmuseum, Mi 13 Uhr Kinderführung, Do 13 Uhr Knotenschule und kleine Segelkunde für Jung und Alt. Kirchweg 1 (am westlichen Ende von Kloster), ☎ 038300-363, 🖷 038300-64225. Kleiner Museumsladen.

Nördlich von Kloster

▸ **Dornbusch, Grieben und Enddorn:** Nördlich von Kloster erstreckt sich ein zauberhaftes Hügelland: der Dornbusch. Das Hiddenseer „Hochland" bricht im Westen am Steilufer bis zu 60 m tief ab. Der Hochuferweg führt anfangs noch durch einen Wald, in dem sich nicht nur eine bekannte Gaststätte befindet, sondern auch das ARD-Wetterstudio Nord (seit 1998). Hinter dem Leuchtturm zieht sich dichtes Sanddorngehölz entlang der Hügelkuppen. So genannte Windflüchter, vom Wind bizarr verformte Bäume, krallen sich in die Steilküste. Zur Boddenseite hin dominieren sanft gewellte Wiesen und Weiden, zum Teil von Sanddornhecken gesäumt und mit Ginsterbüschen bestanden. Hier befindet sich auch die älteste Siedlung Hiddensees: *Grieben* hat zwar Tradition, aber kaum Einwohner, nur eine Hand voll Häuser stehen malerisch in Ufernähe. Der Endpunkt des Dornbuschs bildet gleichzeitig auch das Ende von Hiddensee. Er trägt den passenden Namen *Enddorn*. Unterhalb der nördlichen Inselspitze ragen zwei lange Haken in den Bodden: *Altbessin* und *Neubessin*. Der Name des Ersteren trügt ein wenig, denn die Landzunge

Stress- und autofrei: Insel Hiddensee

Grieben mit den Bessiner Haken im Hintergrund

ist mit kaum 400 Jahren ein geologisch gesehen junges Stück Insel. Noch jünger ist der Neubessin, der sich erst um 1900 herauszubilden begann. Während der Altbessin nicht mehr an Land gewinnt, wächst der jüngere Bruder weiter. Er kann jährlich bis zu 30 m zulegen, so dass die Kartografen Mühe haben, mit der Landzunge mitzuhalten. Der Neubessin gehört zusammen mit dem gegenüberliegenden, von der Halbinsel Wittow abzweigenden Bug zur Kernzone des *Nationalparks Vorpommersche Boddenlandschaft*, Brutgebiet und Rastplatz unzähliger, teils bedrohter Vogelarten. Betreten ist also verboten. Auf dem Altbessin verläuft ein kleiner Weg bis zum Aussichtspunkt an der Spitze.

● *Übernachten/Essen* **Zum Klausner**, Pension und beliebte Ausflugsgaststätte mitten im Dornbuschwald, ein sympathischer Familienbetrieb (seit 1906). Außer Zimmern werden noch Appartements sowie nette, kleine Holzhäuser vermietet (das Haus „Klaus" z. B. spektakulär über der Steilküste gelegen). Während der Saison tägl. 11–20 Uhr (in der Hochsaison auch länger), im Winter sehr eingeschränkt. Das Restaurant mit einladender Terrasse bietet natürlich Fisch (v. a. Hering in diversen Variationen), aber auch bodenständig Internationales wie Spaghetti und Crêpes, nachmittags Kaffee, Kuchen und riesige Eisbecher. Mittleres Preisniveau. Freundlicher Service. DZ mit Bad, TV und Frühstück 72 €, EZ 55 €, Appartement für 2 Pers. 82–94 €, Appartement im Holzhaus für 2 Pers. 110 € (4 Pers. 220 €), Ferienhaus für 2 Pers. 95–115 €, für 4 Pers. 220 €. Die Appartements haben keine Küche. Im Dornbuschwald 1, 18565 Kloster, Insel Hiddensee, ✆ 038300-6610, ✆ 038300-66120, www.klausner-hiddensee.de.

Hotel Enddorn, in Grieben, 20 gemütliche, geschmackvoll eingerichtete Zimmer, im Erdgeschoss die Bilderkneipe, die ihrem Namen alle Ehre macht, hier gibt es auch gutes und deftiges Essen, schöner Garten, mittleres Preisniveau (Hauptgerichte zwischen 10 und 14 €), tägl. 12–20 Uhr geöffnet. Übernachtung frühzeitig buchen. Geöffnet Ostern bis Ende Okt. und über Silvester. DZ mit Bad/TV und Frühstücksbuffet 99–105 €, EZ 61–68 €, in der Nebensaison DZ um 80 €. Dorfstr. 6, 18565 Kloster, OT Grieben, Insel Hiddensee, ✆ 038300-304 (Kneipe) oder 460 (Hotel), ✆ 038300-68094, www.enddorn.de.

Altes Gasthaus zum Enddorn, (ehemals Schwedenschänke) gleich nebenan, innen ungemein gemütlich, maritimes Ambiente in mehreren kleinen Räumen; ebenfalls mit hübschem Biergarten, Leser waren vor allem von den Fischgerichten begeistert. Während der Saison tägl. ab 11 Uhr geöffnet, Küchenschluss ist um 20 Uhr, das Lokal schließt meist gegen 21 Uhr, im Sommer auch mal später. Dorfstr. 8, Grieben, ✆ 038300-60833.

• *Fahrradverleih* **Der Laden**, ebenfalls ein kleiner Dorfladen, in dem es alles gibt, was man so braucht: von der Wanderkarte bis zum Pflaster, Essen, Eis und Souvenirs. Außerdem Zimmervermittlung. Fahrradverleih: 3-Gang-Rad 5,50 €, 7-Gang 6 €, Kinderrad 4,50 €, in der Hochsaison (v. a. am Wochen-ende) unbedingt reservieren! Mai bis Okt. tägl. 8–10 und 17–18 Uhr, Mi nur 8–9 und 17.30–18 Uhr (im Sommer bis 19 Uhr), im Winter nur Di, Do und So 17–18 Uhr. Dorfstr. 12, 18565 Kloster, OT Grieben, Insel Hiddensee, ☏ 038530-277, 🖷 439.

Der Leuchtturm: Das „Leuchtfeuer Dornbusch" steht auf der höchsten Erhebung Hiddensees, dem Bakenberg (72 m). Wie der Name des Ortes verrät, gab es hier seit Urzeiten Baken, also Signalfeuer, die den Ostseeschiffern die Richtung wiesen. Der Leuchtturm wurde aber erst 1887/1888 erbaut. Ursprünglich aus Ziegeln errichtet, musste der Turm verstärkt werden, nachdem der Boden nachgegeben und das Gebäude Risse gezeigt hatte. So wurde dem Turm Ende der 1920er Jahre eine Art zwölfeckiger Stützstrumpf aus Eisen und Beton übergezogen. Der Leuchtturm ist begehbar, wer Lust auf noch mehr Fernblick hat, kann über 102 Stufen auf eine Höhe von knapp 28 m klettern.

April Di–Sa 10.30–16 Uhr, Mai bis Okt. tägl. 10.30–16 Uhr, Nov. bis März nur an Feiertagen (Aushang zu besonderen Winteröffnungszeiten bei der Tourist-Information in Kloster), Zutritt für max. 15 Pers., nicht gestattet für Kinder unter 6 J., keine Hunde. Eintritt ohne Kurkarte 4 €, mit Kurkarte 2 €, Kinder von 6 bis 14 J. 1,50 € bzw. 1 €.

Wanderung 8: Von Kloster zum Enddorn und über den Dornbusch

Charakteristik: Die schöne Wanderung mit herrliches Ausblicken führt über das „Hochland" Hiddensees auf teils befestigten, teils sandigen Wegen und Trampelpfaden und schließlich den geradezu steilen Swantiberg (65 m) hinauf. **Länge/Dauer**: knapp 8 km, ca. 2,5 Std. reine Gehzeit (ohne Abstecher). **Wanderzeit**: ganzjährig möglich, am schönsten sicherlich im Frühling. **Start/Anfahrt**: am Hafen von Kloster, Fährverbindungen → S. 254; **Karte** → S. 263.

Wegbeschreibung: Vom Bootsanleger in Kloster (WP 01) geht es am Souvenirgeschäft „Sandkiste" vorbei und links den Weg hoch, das *Hitthim* passieren, Abzweigung ins Dorf ignorieren und weiter geradeaus am kleinen Supermarkt vorbei. An der folgenden Wegkreuzung mit einer großen roten Boje als Wegweiser (WP 02) hart rechts abbiegen Richtung Grieben. Man läuft auf einem gepflasterten Weg, anfangs eine Allee, bis man nach insgesamt einem knappen Kilometer den winzigen Weiler Grieben erreicht (WP 03), rechts zwei Gasthöfe, links „Der Laden". Dem Weg weiter geradeaus folgend hat man schließlich einen herrlichen Blick: auf der einen Seite die sanften Hügel des Dornbusch mit dem Leuchtturm, auf der anderen Seite der malerische Nordausläufer des Vitter Bodden und die Altbessiner Landzunge. Bald nach Grieben wird der gepflasterte Weg zur Platte. Kurz darauf zweigt ein Plattenweg zum Leuchtturm ab (WP 04), hier besteht die Möglichkeit, die Wanderung zu verkürzen (durch eine Niederung mit dem schönen Namen *Honiggrund* immer auf den Leuchtturm zu, weiter mit WP 08), ansonsten Abzweigung ignorieren, genauso wie die nächste Abzweigung, dieses Mal nach rechts. Wer genug Zeit mitgebracht hat, kann sich hier einen Abstecher auf den Altbessin gönnen.

Der Plattenweg beschreibt nun eine leichte Biegung und endet in einem sich gabelnden Feldweg (WP 05). Hier lohnt ein kurzer Abstecher geradeaus zum Enddorn. Auf einem enger werdenden Wanderweg erreicht man nach etwa 300 m einen Fahrradparkplatz und dahinter den herrlichen Sandstrand (zum Wasser hin Kies, im Wasser steinig).

Karten S. 263 und S. 267

Hiddensee

Auf manchen Karten ist ein Wanderweg eingezeichnet, der von hier zum Swantiberg führt. Völlig verwachsen und eigentlich auch gesperrt, sollte dieser Pfad gemieden werden, daher zurück zu WP 05.

Bei der Weggabelung also nach Westen wenden. Es geht weiter an Weidegrund vorbei, leicht ansteigend. Der Feldweg ist bald nur noch ein Wanderpfad über Wiesen, der nach einer leichten Biegung steil ansteigt. Der Aufstieg wird belohnt durch einen herrlichen Ausblick (WP 06) vom 65 m hohen Swantiberg (der Ausblick wird noch schöner, wenn man einen kurzen Abstecher rechter Hand unternimmt). Weiter geht es geradeaus auf einem schmalen, kurvigen Trampelpfad bergab. Auch wenn es wegen des Ginster- und Sand-

Unvermeidlich: Ausblick auf den Leuchtturm

dorngestrüpps nicht immer erkennbar ist, geht man nun auf dem Hochuferweg entlang, oberhalb des *Toten Kerls*, eines Steilküstenabschnitts, der seinen drastischen Namen einem schiffbrüchigen (und ertrunkenen) Seemann verdanken soll, der hier an Land gespült wurde. Nach kurzer Zeit erreicht man eine Lichtung mit Fahrradparkplatz und Aussichtspunkt (WP 07) hoch über dem Ufer, von dem aus man an schönen Tagen bis Dänemark sehen kann. Hier gehen mehrere Wege ab, unsere Wanderung führt einfach geradeaus weiter den Hochuferweg entlang. Bald an Höhe gewinnend verläuft der sandige Pfad teils direkt an der Abbruchkante des Hochufers. Schließlich verlässt der Weg das Ufer und wendet sich direkt auf den Leuchtturm zu (Öffnungszeiten s. o.). Unnötig zu erwähnen, dass man hier auf dem Bakenberg (WP 08), mit 72 m die höchste Erhebung Hiddensees, auch ohne Leuchtturmbesteigung eine herrliche Aussicht über die Insel und die Westküste Rügens hat.

Nun geht es um den Leuchtturm herum und über Treppen hinunter auf den Dornbuschwald zu. Am Waldrand an der Weggabelung (WP 09) mit dem kleinen Türmchen führt rechts der Weg zur Gaststätte „Zum Klausner" (WP 10). Hier kann man eine Pause einlegen oder über die Klausnertreppe zum Strand absteigen. Es gibt zwei Wege zurück nach Kloster: Der längere führt an der Seeseite weiter den Hochuferweg entlang (etwas mehr als 2 km, abschnittsweise kann man auch am Strand entlanglaufen). Für den kürzeren muss man ein Stück zurückgehen und sich im Wald auf dem Betonweg links halten (1,5 km, hier immer wieder schöne Ausblicke auf den Süden der Insel), bis man schließlich bei der Kreuzung mit der roten Boje rauskommt (WP 02).

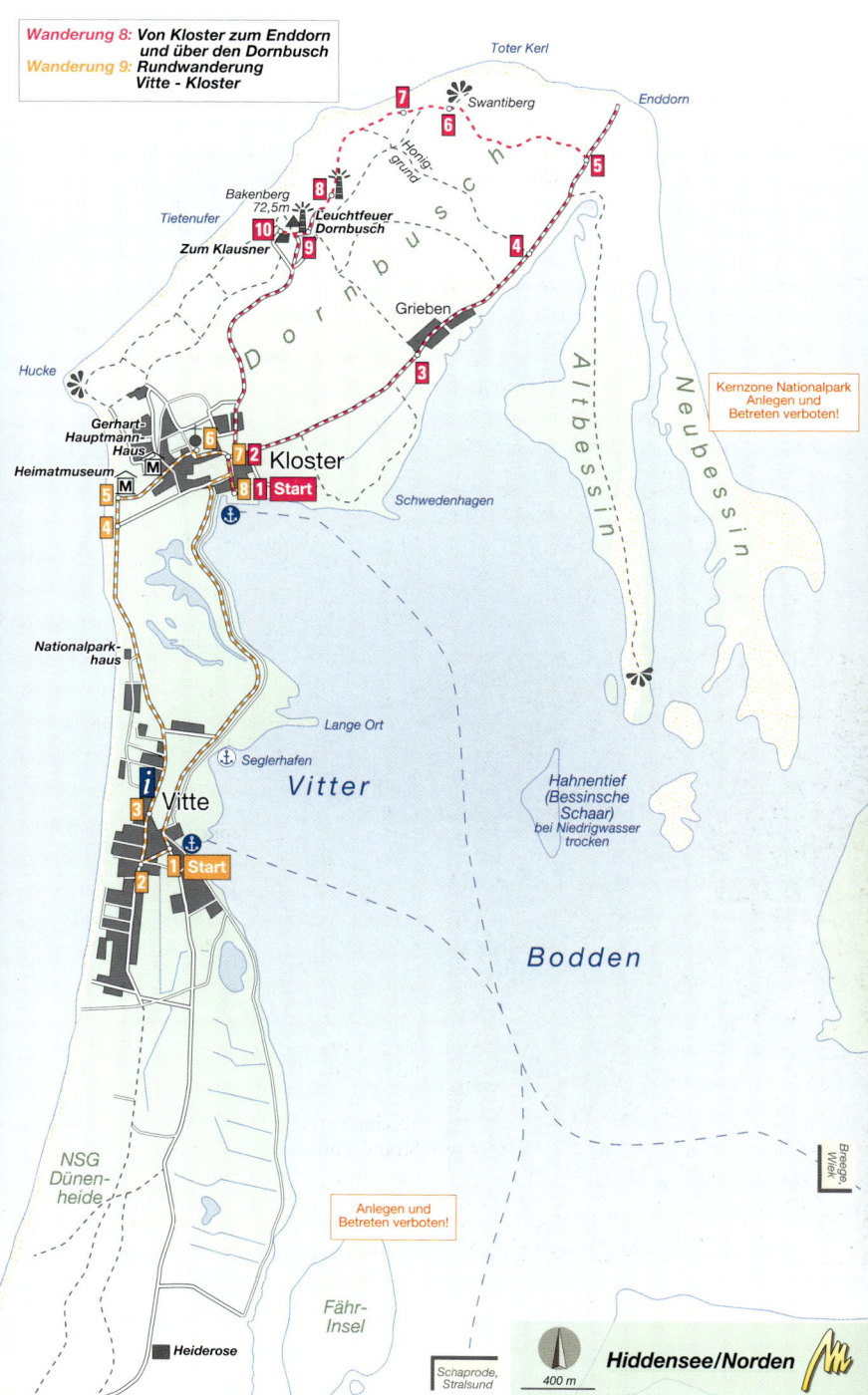

Wanderung 8: *Von Kloster zum Enddorn und über den Dornbusch*
Wanderung 9: *Rundwanderung Vitte - Kloster*

Toter Kerl

Enddorn

7

Swantiberg

6

Honig-grund

5

D o r n b u s c h

Bakenberg 72,5m

8

Tietenufer

Leuchtfeuer Dornbusch

10

9

Zum Klausner

4

Grieben

Hucke

3

A l t b e s s i n

N e u b e s s i n

Kernzone Nationalpark
Anlegen und
Betreten verboten!

Gerhart-Hauptmann-Haus

6

7

2

Kloster

Heimatmuseum

M

5

M

8

1 Start

Schwedenhagen

4

Nationalpark-haus

Lange Ort

Seglerhafen

Vitter

Hahnentief
(Bessinsche
Schaar)
bei Niedrigwasser
trocken

i

Vitte

3

2

1 Start

Bodden

NSG
Dünen-
heide

Anlegen und
Betreten verboten!

Fähr-Insel

Breege/
Wiek

Heiderose

Schaprode,
Stralsund

400 m

Hiddensee/Norden

Vitte

Das einstige Fischerdorf ist heute das Zentrum der Gemeinde Hiddensee und der größte Ort der Insel. Vitte ist für den Besucher der ideale Ausgangspunkt zur Erkundung der Insel. Knapp 2 km sind es nach Kloster und 5 km nach Neuendorf – und zum langen Sandstrand sind es immer nur ein paar Schritte.

Harsch dagegen war das Urteil eines Reisenden vor 200 Jahren: „Elend gebaut" seien die meisten Häuser, „krüppelhafte Gestalten" mit „Bekleidungen von Seegras" und „Gemäuern aus Torf", kurzum ein Anblick von „rohen architektonischen Stümpereien". Nachdem aber zunächst die Flut von 1872 Vitte vollends ruiniert hatte, in den folgenden Jahrzehnten jedoch immer mehr Besucher auf die Insel strömten, hat sich das elende Erscheinungsbild gründlich gewandelt. Ein Dorf ist Vitte geblieben, jedoch ein ziemlich schmuckes. Hat man vom Hafen aus den niedrigen Deichweg erklommen, führt der breite, gepflasterte Wallweg zwischen hellen, freundlichen Häusern hindurch. Von dem kleinen Dreieck Hafen, Einkaufszentrum und Blaue Scheune (bzw. Rathaus) abgesehen, erstreckt sich Vitte vor allem entlang des Verbindungsweges von Kloster nach Neuendorf. Der Weg Norderende gabelt sich beim Rathaus: der Wiesenweg führt am Hafen vorbei, während man parallel zum Westufer zum Weg Süderende gelangt, von dem aus immer wieder kleine Stichpfade zum herrlichen Sandstrand abgehen.

Im Hafen von Vitte

Die Ähnlichkeit trügt nicht: Der Name *Vitte* hat den gleichen Ursprung wie der des idyllischen Fischerdörfchens *Vitt* auf Wittow. Auch Vitte war einst aus einem provisorischen Handelsplatz für Hering entstanden. Hier kauften die Händler der Hanse den Fischern den Fang ab, der noch vor Ort in Salz eingelegt wurde (das so genannte *fitten*, Näheres im Kapitel Wittow → S. 216).

Über ausgewiesene Sehenswürdigkeiten verfügt Vitte nicht, allerdings über drei markante Gebäude, die allesamt auf die künstlerische Tradition der Insel hinweisen. Im Norden des Dorfes steht das Haus mit runden Ecken, *Karusel* (allen Rechtschreibreformen zum Trotz) genannt, das vom Architekten *Max Taut* entworfen worden war und dem Stummfilmstar *Asta Nielsen* als Sommerresidenz diente. Die *Blaue Scheune* stammt aus dem 19. Jh., das Gebäude wurde aber mehrfach umgebaut. Der namensgebende Anstrich wurde dem traditionellen Hallenhaus 1920 von der Malerin *Henni Lehmann* verpasst, die hier Ausstellungen des „Hiddenseer Künstlerbundes" veranstaltete. Schließlich befindet sich hinter dem Rathaus nahe am Strand eine flügellose Windmühle, in der heute ein Atelier eingerichtet ist (alle drei Häuser werden privat genutzt und sind der Öffentlichkeit nicht zugänglich).

Einen Besuch wert ist das *Nationalparkhaus Hiddensee*, das sich am nordwestlichen Ortseingang von Vitte befindet. Die teils kindgerecht aufbereitete, kleine Ausstellung informiert über Hiddensee als „Landschaft in Bewegung" sowie über Flora und Fauna. Auch gibt es einen 20-minütigen Film über den Nationalpark Vorpommersche Boddenlandschaft zu sehen.

Öffnungszeiten April bis Okt. tägl. 10–16 Uhr, Nov. bis März tägl. 10–15 Uhr, Norderende 2, ✆ 038300-68041.

Verbindungen/Diverses

• *Verbindungen* Mit der Reederei Hiddensee nach **Schaprode** Mai bis Sept. etwa 9-mal tägl. hin/zurück, im Winter etwa 7-mal tägl. (mit Busanschluss nach Stralsund). Hin- und Rückfahrt 16,90 € (einfach 10,20 €), Kinder 4–14 J. 9,60 € (6 €), Kinder unter 4 J. frei, Familienkarte 47,50 €, Hund 9,60 € (6 €), Fahrrad 6,90 € (4,20 €). Achtung: unterschiedliche Saisonfahrpläne.
Nach **Stralsund** 2- bis 3-mal tägl. und von Stralsund nach Vitte 3- bis 5-mal tägl. (nicht Nov. bis März, dann mit der **Buslinie 41** von Schaprode nach Stralsund, Sonderfahrten zwischen den Jahren). Hin- und Rückfahrt 18,90 € (einfach 12 €), Kinder 4–14 J. 10,10 € (6,40 €), Kinder unter 4 J. frei, Familienkarte 52,50 €, Hund 10,10 € (6,40 €), Fahrrad 7 € (4,70 €). Infos unter ✆ 03831-26810, www.reederei-hiddensee.de.
Nach **Wiek** (nur Mai bis Sept.): etwa 3-mal tägl. hin/zurück 14,80 € (einfach 8,50 €), Kinder 4–11 J. 8,50 € (5,50 €), Kinder unter 4 J. frei, Familienkarte 39 €, Hund 8,50 € (5,50 €), Fahrrad 6,90 € (4,20 €). Infos unter ✆ 03831-26810, www.reederei-hiddensee.de.
Mit den Fähren der *Personenschifffahrt Kipp* von und nach **Breege**: zwischen 1- und 3-mal tägl. (März bis Okt.; davon Mai bis Sept.1-mal tägl. ab/bis Ralswiek, allerdings nur Mo–Fr). Dauer ca. 1,5 Std. Hin- und Rückfahrt 16 € (einfach 10 €), Kinder 4–12 J. 10 € (5 €), Kinder unter 4 J. frei, Familienkarte 45 €, Hund 8 € (5 €), Fahrrad 6 € (4 €). Personenschifffahrt Kipp, Dorfstr. 101, 18556 Breege, ✆ 038391-12306, www.reederei-kipp.de.
Wassertaxis → Anreise, S. 249.
• *Einkaufen* Ein kleines **Einkaufszentrum** befindet sich mitten im Ort. Souvenirs gibt es vor allem entlang des Norderendes, z. B.

im **Eisbär** (vom Fischerhemd bis zum Buddelschiff) oder im **Bernsteinstübchen** (was es hier gibt, ist klar, Norderende 142) und nicht zuletzt den freundlichen und gut sortierten **Buchladen Koralle** (Norderende 202, ✆ 038300-218).
• *Fahrradverleih* **Fahrrad-Müller**, auch Fachgeschäft samt Reparaturservice, hafennah. Wallweg 1, ✆ 038300-464.
Christian Kula, kostenlose Pannenhilfe (in Kloster beim *Fahrradverleih Pehl*, in Neuendorf im *Freizeitladen Leschner*, dort kann man die Räder auch abgeben, 2,50 € Aufschlag), vom Hafen den Wallweg entlang, dann links. Süderende 6, ✆ 038300-472.
• *Gepäcktransport, Kutschfahrten* **Hiddensee Logistik**, Gepäcktransport auch von und nach Schaprode. Achtern Diek 35, ✆ 038300-50300, www.hiddensee-logistik.de.
• *Sportboothafen* neuer großer Seglerhafen, 180 Liegeplätze, 1,50–2,50 m Wassertiefe, mit Tankstelle. Zum Seglerhafen 28, ✆ 038300-6036868.
• *Sport* **Surf und Segel Hiddensee**, sympathische Segel- und Surfschule, Segelkurse (auch Katamaran) und Windsurfunterricht, auch Materialverleih und Bootsführerscheine. Mai bis Okt, tägl. 10–18 Uhr geöffnet. Vom Hafen kommend nach dem Wallweg geradeaus Richtung Strand. Mai bis Okt. tägl. 10–18 Uhr. Norderende 163, ✆ 038300-60525, www.surfundsegelhiddensee.de.
• *Veranstaltungen* **Zeltkino**, im Sommer läuft hier, was es auch in den Multiplex-Palästen der Großstädte zu sehen gibt, nachmittags Kindervorstellung, abends großes Kino. Mit etwas Glück bekommt man aber auch einen alten, auf Hiddensee gedrehten Streifen zu sehen: *Das Mädchen von Fanö,*

mit Brigitte Horney in der Hauptrolle. Wegen des geplanten Neubaus des Zeltkinos ist eine Ausweichspielstätte möglich: Infos dazu und das aktuelle Kinoprogramm erhält man in der Tourist-Info oder unter www.zelt kino-hiddensee.de. Norderende 150, ☎ 038300-60674.

Seebühne Hiddensee → S. 252.

Übernachten/Essen

Hotel/Restaurant Godewind, sympathisches Haus mit beliebter Gaststätte (tägl. 12–24 Uhr), in der man zum Essen geht oder sich abends in angenehmer Kneipenatmosphäre auf ein Bier trifft. Die Zimmer sind gemütlich, das Frühstücksbuffet vielfältig und reichlich, zuvorkommender Service. Ganzjährig geöffnet. DZ mit Frühstück 95–125 €, EZ 50–85 €, auch Appartements (95 €). Vom Hafen Richtung Weststrand, dann links, Süderende 53, 18565 Vitte, Insel Hiddensee, ☎ 038300-6600, ✆ 038300-660222, www.hotelgodewind.de.

Inselreif, kleines, gemütliches Restaurant, sehr freundlich, schön sitzt man auch an den wenigen Tischen draußen (innen sind übrigens keine Hunde erlaubt). Aus der Küche kommen vor allem pommersche Spezialitäten zwischen bodenständig und fein, natürlich viel Fisch, aber auch etwas Pasta und ein paar vegetarische Gerichte aus dem Wok. Leicht gehobenes Preisniveau, Fischgerichte 12,50–15 €. Geöffnet Ostern bis Ende Okt., tägl. 12 Uhr (warme Küche bis 21 Uhr), Mo Ruhetag. Süderende 9, ☎ 038300-263, www.hiddensee-inselreif.de.

Aparthotel Töwerland, helle, freundliche Zimmer und Appartements in Hafennähe, im Haus auch eine Sauna, das *Restaurant/ Café Sundevit* und die Boutique *outvit*. Der Boutique verpflichtet ist auch die Kategorisierung der Appartementgrößen in S (74 €, 2 Pers.), M (92 €, 2–4 Pers.), L (107 €, 4 Pers.) und XL (119 €, 4–6 Pers.); im Hotel: DZ 96 €, EZ 63 €, beide inkl. Frühstück. Ganzjährig geöffnet. Wiesenweg 8, 18565 Vitte, Insel Hiddensee, ☎ 038300-6070, ✆ 038300-60721, www.aparthotel-toewerland.de.

Hotel Post Hiddensee, gediegenes Ambiente in großzügig bemessenen Zimmern, Suiten und Appartements, manche mit Kamin. Ein Kamin steht auch in der Lounge, außerdem großer Garten, Bibliothek und Fahrradverleih. DZ ab 65 €, inkl. Frühstücksbuffet, Appartements ab 120 €. Vom Hafen aus links. Wiesenweg 26, 18565 Vitte, Insel Hiddensee, ☎ 038300-6430, ✆ 038300-64333, www.hotel-post-hiddensee.de.

Pension Lachmöwe, das schöne Haus liegt ganz in der Nähe des Hafens, manche Zimmer mit Boddenblick, hier auch das kleine *Café Kanne*. DZ ab 72 €, EZ ab 40 €, jeweils inkl. Frühstücksbuffet. Wallweg 5, 18565 Vitte, Insel Hiddensee, ☎ 038300-253, ✆ 038300-50405, www.lachmoewe.de.

Hiddensee Klause, beliebter Treffpunkt beim Hafen, Restaurant, (Garten-)Café und Kneipe in einem, das hübsche Holzhaus ist dank seines knallroten Anstrichs unübersehbar. Wallweg 2, ☎ 038300-50400.

Fischbistro, von der Fischereigenossenschaft betriebener Imbiss in der Fischhalle direkt am Hafen.

Wanderung 9: Rundwanderung von Vitte nach Kloster

Charakteristik: Kurzwanderung auf befestigten Wegen, auf der sich die beiden schönen Dörfer in aller Ruhe erkunden lassen. Natürlich auch mit dem Fahrrad möglich. **Länge/Dauer:** knapp 5 km, reine Gehzeit ca. 1,5 Std. **Wanderzeit:** ganzjährig. **Start/Anfahrt:** am Hafen von Vitte. **Karte** → S. 263.

Wegbeschreibung: Die Kurzwanderung beginnt am Hafen von Vitte auf dem Deichweg vor der Pension *Lachmöwe* (WP 01) und führt geradeaus auf dem Wallweg in den Ort hinein. Bei dem quer verlaufenden Weg (WP 02, Süderende/Norderende), ergibt sich bereits die erste Alternative: Entweder den Pfad geradeaus und 1 km Richtung Norden am Strand entlang, dann rechts auf den Hauptweg, oder gleich rechts abbiegen und durch den Ort an der Blauen Scheune (rechts) und dem Rathaus (links, WP 03) vorbei nach Norden.

Bald verlässt man den Ort und läuft zwischen Pferdekoppeln und Schilfgürteln,

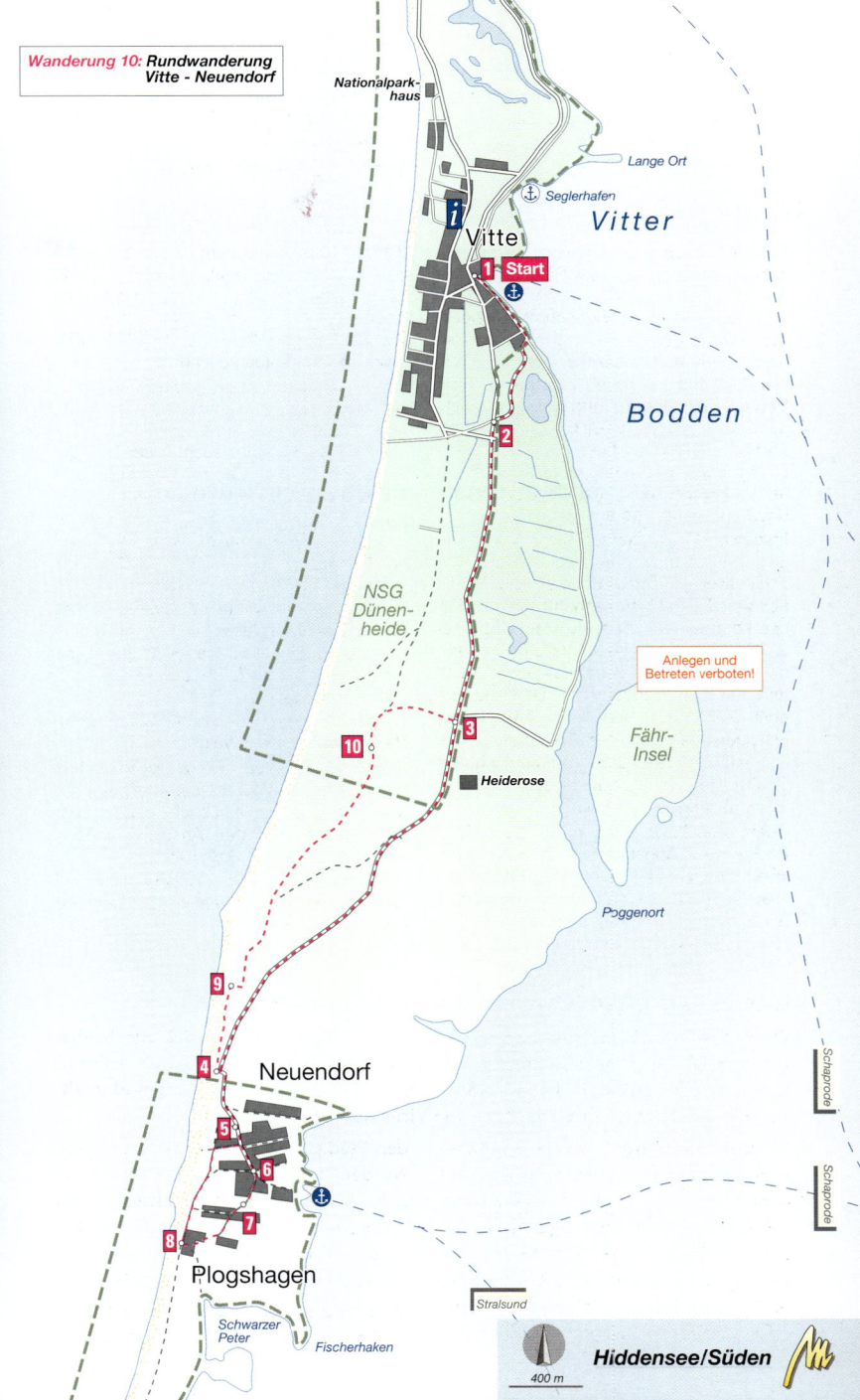

Wanderung 10: Rundwanderung
Vitte - Neuendorf

Nationalpark-
haus

Lange Ort

Seglerhafen

Vitter

Vitte

1 **Start**

2

Bodden

NSG
Dünen-
heide

Anlegen und
Betreten verboten!

Fähr-
Insel

3

10

Heiderose

Poggenort

9

Schaprode

4

Neuendorf

5

6

Schaprode

7

8

Plogshagen

Stralsund

Schwarzer
Peter

Fischerhaken

Hiddensee/Süden

400 m

wobei die Wegbeschaffenheit zwischen Pflasterstein, Betonplatten und Asphalt wechselt. Rechter Hand passiert man das allein stehende Nationalparkhaus. Nach knapp 2 km vom Start erreicht man kurz vor Kloster eine Weggabelung (WP 04; rechts zum Hafen), geradeaus gelangt man nach knapp 200 m (WP 05) zum Inselmuseum (Öffnungszeiten → Kloster, S. 259).

Der Weg beschreibt nun einen Rechtsknick und führt direkt in den Ort. Linker Hand liegt nach wenigen Metern das Gerhart-Hauptmann-Haus, es folgen Buchhandlung, Bäckerei und schließlich die Kirche mit dem alten Friedhof (WP 06), bis man an die Kreuzung mit der roten Boje als Wegweiser kommt (WP 07). Hier rechts und hinunter zum Hafen (WP 08). Hier wieder rechts halten und auf den befestigten Wallweg. Dieser führt auf etwas mehr als 2 km direkt nach Vitte, am Seglerhafen vorbei und zurück zum Ausgangspunkt.

Wer noch Lust und Luft hat, kann gleich weiter nach Neuendorf wandern, der Weg ist allerdings ein gutes Stück länger (→ unten).

Wanderung 10: Rundwanderung von Vitte nach Neuendorf

Charakteristik: einfache, etwas längere Wanderung, teils auf sandigen Wegen durch die Heide im Süden Hiddensees. Nur der erste Teil der Wanderung ist auch auf dem Fahrrad möglich, zurück dann auf dem gleichen Weg. **Länge/Dauer**: ca. 10 km, gut 3,5 Std. Gehzeit. **Wanderzeit**: am schönsten im Sommer. **Start/Anfahrt**: am Hafen von Vitte, Fährverbindungen → S. 265; **Karte** → S. 267.

Wegbeschreibung: Gleicher Start wie Wanderung 9 (WP 01), nun aber *auf* dem Deichweg Richtung Süden, am gelb-orangen Hotelschiff *Caprivi* vorbei, bis nach einem knappen Kilometer der Deichweg den Wiesenweg kreuzt (WP 02). Hier links abbiegen. Nach knapp 5 km durch die Heide und durch ein kleines Waldstückchen (hier befindet sich die Hotelanlage Heiderose (WP 03), deren Appartementhausensemble ein wenig wie Schlumpfhausen unter Reet wirkt) gelangt man nach Neuendorf. Direkt am Ortseingang führt rechts ein Pfad zum Meer (WP 04), geradeaus kommt man in das kleine Dorf, das von wenigen Wegen durchzogen wird, die meisten Häuser stehen mehr oder weniger auf der Wiese. Auch hier dienen rote Bojen als

Zwischen Vitte und Neuendorf

Wegweiser: Bei der ersten (WP 05) geht es geradeaus, bei der zweiten (WP 06) kann man links einen Abstecher zum Hafen machen und dann geradeaus weiter an der dritten vorbei (WP 07). Nunmehr im Ortsteil Plogshagen, erreicht man schließlich bei den Dünen der Westküste das Ortsende Neuendorfs beim *Strandcafé* (WP 08).

Von hier lässt sich ein Abstecher zum 12 m hohen Süderleuchtturm auf dem Gellen unternehmen, entweder auf dem neuen Deichweg, durch den schmalen Waldstreifen oder am Strand entlang (einfach knapp 2 km).

> Wer mit dem Fahrrad unterwegs ist, muss den gleichen Weg zurück oder ab jetzt schieben: Weder der Strand noch die sandigen Pfade durch die Dünenheide sind durchgängig befahrbar.

Weiter geht es entweder quer durch das Dorf oder am Strand entlang nach Norden bis zu einem Metallsteg (WP 04), der über die Dünen führt. Auf der anderen Seite der Düne gleich links auf einem Wanderpfad am Deich entlang.

Bei einer T-Kreuzung (WP 09) rechts abbiegen (links zum Strand), durch einen schmalen Waldstreifen und danach gleich links. Der Wanderweg führt nun ein wenig vom Kiefernwäldchen weg und verläuft dann parallel zum Wald quer durch die Heide (teils ist der Weg recht sandig, dennoch besser nicht barfuß durch die Heide laufen: Kreuzottern!). Verschiedentlich kreuzen Wege oder zweigen ab, aber die meisten führen nach Vitte: Am besten immer auf dem Hauptweg bleiben und im Zweifelsfall zunächst links halten. Nachdem man die Heide durchquert hat, erreicht man ein kleines Wäldchen, in dem vereinzelt ein paar Häuser stehen. Bei einer größeren Wegkreuzung (WP 10) geradeaus in den lichten, sumpfigen Wald und an ein paar Holzhäusern im schwedischen Blockhausstil vorbei (alternativ links und am Strand oder parallel zum Strand zurück nach Vitte). Nach einem winzigen, kreisrunden See, gelangt man auf eine kleine Lichtung und bald auf die Straße (WP 03), über die man anfangs Richtung Neuendorf gewandert ist. Von hier aus links zurück nach Vitte und zum Ausgangspunkt.

Dünenheide und Fährinsel

Zwischen Vitte und Neuendorf befindet sich ein ökologisches Kleinod: Auf zum Teil meterhohen Dünen und in vom Wind ausgeblasenen Mulden wachsen Besenheide (auch Heidekraut genannt), Wacholder und Krähenbeere zu einem buschigen, im Sommer blühenden Teppich über dem Sand. In manchen Mulden bilden sich kleine Dünenmoore, in denen die immergrüne Glockenheide und der seltene Rundblättrige Sonnentau blühen. Vereinzelt stehen dazwischen verwachsene Baumgruppen, v. a. Kiefern und Birken. Die Dünenheide geht teils nahtlos in die Küstendünen über, hier greift das Wetter mit Sandüberwehungen und Windanrissen in die Heide ein, teils wird sie allerdings durch Kiefernwäldchen geschützt. Schutz vor den expandierenden Bäumen wiederum bieten die Schafe, die die Kiefernjährlinge verbeißen, Wacholder und Heide aber verschmähen. Dennoch verändern Wind und Wetter das Aussehen der Dünenheide ständig, sie ist eine Landschaft im Fluss.

● *Übernachten/Essenn* **Hotelanlage Heiderose**, große Anlage mit vielfältigem Angebot im Waldstück inmitten der Dünenheide zwischen Vitte und Neuendorf: Hotel, Ferienwohnungen, Restaurant, Fischräucherei, Kinderspielplatz, Fahrradverleih, Sauna, Solarium, Wellness etc. EZ 75 €, DZ 87–105 €, Suite 130 €. In den Dünen 127, 18565 Insel Hiddensee, ☎ 038300-630, ✆ 038300-63124, www.heiderose-hiddensee.de.

Karten S. 263 und S. 267

Hiddensee

Der Dünenheide ostwärts vorgelagert und nur durch den schmalen Boddenarm *Bäk* von Hiddensee getrennt, liegt die kleine Fährinsel. Wie die Dünenheide ist auch sie Teil des *Nationalparks Vorpommersche Boddenlandschaft*, mit dem einzigen Unterschied, dass das etwas mehr als 1 km lange und 500 m breite Eiland als Vogelschutzgebiet für Besucher gesperrt ist. Früher lebte hier, der Name trügt nicht, der Fährmann Hiddensees, der auch Postbote und im Winter Eislotse war, also die verantwortungsvolle Aufgabe innehatte, für die Bewohner einen bruchfreien Weg über den zugefrorenen Bodden zu finden. Wer dem Eislotsen folgte, hielt übrigens gebührenden Abstand, für alle Fälle ...

Neuendorf

Weitläufig verstreut stehen die weißen, schilfgedeckten Häuser auf einer Wiese, die sich über die ganze Breite der Insel erstreckt. Einige kaum befestigte Wege ziehen sich durch das Dorf, wo sie fehlen, geht man eben über das Gras zu den Eingangstüren der Häuser.

Nur scheinbar zufällig stehen die Gebäude über die Wiese verteilt, manche befinden sich auf leichten Bodenwellen (ein paar Zentimeter mehr Schutz bei Überflutung) und alle sind in West-Ost-Richtung ausgerichtet, so dass die Wohnräume nach Süden zeigen. Das gesamte Gebäudeensemble des Fischerdorfes steht unter Denkmalschutz.

Neuendorf besteht eigentlich aus zwei Ortsteilen: Neuendorf im Norden und das weit ältere Plogshagen im Süden. Für den Außenstehenden ist natürlich keinerlei Unterschied erkennbar, zumal die Ortsteile nahtlos und ohne Grenzmarkierung ineinander übergehen. Für die übrigen Hiddenseer ist diese Unterscheidung ebenfalls unerheblich. Diese nämlich nennen die Bewohner des Doppeldorfes einfach nur „de Süder".

Auf der anderen Seite der Dünen erstreckt sich der herrliche, feinsandige Strand, der weit in den Süden reicht. Ob man hier in Bikini und Badehose oder textilfrei (sonnen-)badet, interessiert kaum jemanden. 2 km weiter steht das südlichste Bauwerk der Insel: der 12 m hohe *Süderleuchtturm*. Schon Anfang des 14. Jh. betrieb das Kloster hier eine „Luchte", was ein Hinweis dafür ist, dass Hiddensee vor 700 Jahren hier endete. Der *Gellen*, das Südende der Insel, ist nämlich eine vergleichsweise junge Verlandung, die sich auch heute noch stets verändert und jährlich um mehrere Meter wächst. Das Schwemmland wäre wohl längst mit der Insel Bock und dem Festland zusammengewachsen, würden Bagger nicht die Fahrrinne freihalten. Dieser südliche Haken ist nicht zugänglich, er ist mit dem *Bock* und dem Osten von *Zingst* Teil der Schutzzone I des Nationalparks, heißt: Betreten des Biotops absolut verboten.

Am Ortseingang von Neuendorf ist in einem rohrgedeckten Backsteinhaus das kleine Fischereimuseum untergebracht. Draußen stehen ein kleines Boot und Reusen, drinnen ist allerlei Handwerkszeug für Fischer zu sehen.

Mai bis Okt. Mo–Sa 14–17 Uhr geöffnet. Der Eintritt ist frei, eine kleine Spende ist natürlich willkommen. Am Pluderbarg 7.

• *Verbindungen* Mit der Reederei Hiddensee nach **Schaprode** April bis Okt. 6-mal tägl. hin und zurück, im Winter 4-mal tägl. (mit Busanschluss nach Stralsund). Hin- und Rückfahrt 14,50 € (einfach 8,40 €), Kinder 4–14 J. 8,60 € (5 €), Kinder unter 4 J. frei, Familienkarte 41,50 €, Hund 8,60 € (5 €), Fahrrad 6,90 € (4,20 €). *Achtung*: unterschiedliche Saisonfahrpläne.

Von und nach **Stralsund** 3-mal tägl. (nicht Nov. bis März, Sonderfahrten zwischen den Jahren). Hin- und Rückfahrt 18,10 € (einfach 10,20 €), Kinder 4–14 J. 8,90 € (5,40 €), Kinder unter 4 J. frei, Hund 8,90 € (5,40 €), Fahrrad 8 € (4,70 €). Infos unter ☎ 03831-26810, www.reederei-hiddensee.de.

Von **Barhöft** (nördlich von Stralsund) bricht während der Saison täglich um 9 Uhr die Motorbarkasse *Admiral Raule* zum **Tagesausflug** nach Hiddensee auf, weitere Infos → S. 90.

Wassertaxis → Anreise, S. 249.

• *Übernachten/Essen* **Rosi**, *unser Tipp!* Freundliches Gasthaus mit maritimem Ambiente, sehr gute Fischsuppe, diverse Matjesvariationen, zu Kaffee und Kuchen kommen riesige Windbeutel oder hausgemachte Kuchen auf den Tisch, sehr beliebt und das zu Recht! Ostern bis Okt. Di–So ab 12 Uhr geöffnet. Pappelallee 11, ☎ 038300-50168.

Gasthaus/Pension Zur Boje, traditionelle Küche, natürlich viel Fisch. Preise okay, Matjes um 10 €, sonstige Fischgerichte um 14 €. DZ 70 €, als Appartement 80 €. Wenn Neuendorf ein Zentrum hätte, wäre es hier, die Boje jedenfalls liegt genau in der Ortsmitte, ganzjährig geöffnet. Königsbarg 18, 18565 Neuendorf, Insel Hiddensee, ☎ 038300-6520, ✆ 038300-65216, www.zur-boje-hiddensee.de.

Strandcafé, am Südende des Ortes direkt an den Dünen mit schönem, schattigem Garten, auch warme Küche, v. a. aber Café, ab 12 Uhr geöffnet, Fr Ruhetag. Auch DZ (48 €) und Ferienwohnungen (78 €). Letztere stehen ganzjährig zur Verfügung, das Café dagegen ist lediglich Mai bis Okt. geöffnet. Sehr freundlich. Grumkiel 1, ☎/✆ 038300-50188.

Fischbrötchen und frischen Fisch gibt es am Hafen bei der **Fischereigenossenschaft** (auch Fahrradverleih). Nebenan befindet sich noch ein kleiner Kiosk mit Imbiss, das **Hafenkontor**, in dem es nur das Nötigste gibt (Bockwurst, Kekse, Bier).

• *Einkaufen* Die **Sanddornkiste**, ca. 50 m vom Hafen auf dem Weg nach Vitte, alles, was sich aus Sanddorn machen lässt, und andere Souvenirs.

• *Fahrradverleih* **Freizeitladen Leschner**, Tourenrad ab 6 €/Tag, kostenlose Pannenhilfe (in Vitte beim *Fahrradverleih Kula*, in Kloster beim *Fahrradverleih Pehl*, dort kann man die Räder auch abgeben, 2,50 € Aufschlag; auch Ferienwohnungsvermittlung (ab 75 €/Tag). Ganzjährig geöffnet, im Sommer auch Zweigstelle am Hafen. Schaulbarg 7, ☎ 038300-477, www.freizeitladen-hiddensee.de.

• *Sportboothafen* Hafenkontor des Seglerhafens Neuendorf (Wasserwanderrastplatz), 40 Liegeplätze, bis 2,5 m Wassertiefe, mit Tankstelle. Am Bollwerk 6, ☎ 038300-391 oder 0170-9849720.

• *Strandkörbe* werden zur Saison direkt am Strand von Neuendorf vermietet, 7 €/Tag, 40 €/Woche, Reservierungen auch unter 038300-402.

Karten S. 263 und S. 267

Hiddensee

Verlagsprogramm

www.michael-mueller-verlag.de

Michael Müller Verlag GmbH, Gerberei 19, 91054 Erlangen
Tel. 0 91 31 / 81 28 08-0   Fax 0 91 31 / 20 75 41
info@michael-mueller-verlag.de

Strand südlich von Binz

Register

Systemkritik in Prora

Schäferidylle im Norden Rügens